섬 정책의
현재와 미래

섬의 가치와 섬주민의
행복을 일궈내는 정책

신순호

박영사

섬과의 인연, 그리고
섬의 가치와 섬주민의 행복을 일궈내는 정책

섬과 관련된 삶

한 사람이 세상에 태어나서 어떤 인연이 연결되어 삶의 자취가 어떻게 그려져 가게 되었을까?

저자는 섬에서 태어나 고등학교 과정까지 섬 소재 학교에서 마쳤으며 섬의 생활을 통해 사유의 근본을 형성하였다.

대학원 과정에서 도시 및 지역계획학을 전공하면서 아무도 연구하지 않았던 섬 지역개발에 대해 눈을 뜨기 시작했다. 비교적 이른 나이에 교수가 되어 본격적으로 섬 특성과 합리적 개발 정책 방향이 무엇인가 연구하며 박사학위 논문도 이 분야에 대해 작성하였다. 교수생활은 초기 청주대학교에서 시작하였으나 바다와 섬이 없는 지역여건으로 인해 목포대학교로 옮겨, 초창기 도서문화연구소와 임해지역개발연구소에서 본격적인 섬(정책) 연구의 기틀을 마련하는 데 최선을 다하였다. 또한 정부나 지방자치단체의 다양한 섬 정책수행과정에도 참여하여 왔다. 행정안전부 전신 내무부의 정책자문위원으로서 주로 섬과 관련된 정책에 관심을 갖고 도서개발심위위원이나 도서개발사업선정위원회 위원장으로 참여했고 특성화사업 선정 평가와 자문관련 업무로 전국의 수많은 섬을 여러 해 동안 찾았다. 섬에 대한 연구를 계속해 오면서 내무부(행정자치부) 연구과제로 우리나라 『도서백서』를 2차례 편찬하였다. 국회에 최초로 도서지역발전연구회 설립을 제안하여 제14대 국회에서 이의 발족에 역할을 하였으며 연구회 내부 세미나나 해외 섬 조사시 빠짐없이 참여하였다. 초기 한국도서(섬)학회 이사 및 감사와 한국도시행정학회장과

한국지적학회장 등으로 일했으며 섬을 보다 새롭게 인식하는 계기를 갖고자 명성 있는 시인들과 시동호인이 전국 섬을 찾아가는 섬사랑시인학교를 운영하는 교장으로 역할을 하였다. 또한, 섬 관련 연구와 국제연구자들과 공동 행사로 많은 해외 도서지역의 방문과 일본의 대학에 파견되어 1년 반 동안 섬 관련 연구를 수행했다.

도서개발촉진법의 한시법 조항 개폐를 위한 연구를 수행하였고, 1990년대 초반에는 연구 과정에서 너무나 절실했던 국책 섬 연구기관 설립의 필요성과 설립을 촉구하는 글을 간단없이 발표해 왔다. 또한 국가균형발전특별법의 섬 지역에 대한 규정으로 섬 정책 소관부서가 분리됨에 대한 문제점을 제기해 왔다. 또한 뜻밖의 지역발전위원회 위원으로 이의 개정의 참여시에도 섬 소관부서 분리의 문제점을 적시하고 이의 개정 필요성을 제기했으며 이후에도 꾸준히 제기해 오고 있다. 최근에는 해양수산부의 어촌뉴딜사업에 평가와 총괄자문가 등으로 어촌과 섬에 대한 현장 업무를 수행하고 있고, 섬지역의 주민복지 향상과 정책개발을 위해 (사)한국섬재단을 설립, 초대 이사장을 역임했다. 이렇듯 저자는 태생에서부터 연구와 활동에서 섬과 같이 하고 있으며 이러한 삶속에서 이 책을 집필하여 세상에 내놓게 되었다.

어려움이 많은 섬 연구

처음 섬에 대한 연구를 본격적으로 시작하였던 것은 1982년 청주대학교에서 교수생활을 할 때부터였다. 그 당시에 섬 연구하면서 겪었던 여러 어려움이 지금까지도 계속되고 있다.

그 첫 번째는 무엇보다 자료의 부족과 축적된 연구의 부족이다. 지역개발 분야의 연구는 대상지역의 기본 실상파악부터 시작된다. 대상이 되는 지역의 명확한 실상파악을 통해 문제를 도출하고 미래를 예측하여 궁극적으로 바람직한 사회발전상을 모색하는 것이 본질이다.

그동안 짧지 않는 기간 동안 섬 또는 도서라는 지역을 대상으로 연구해 오고 여러 정책 수행과정에 참여해 왔다. 그러나 이 책을 발간하는 과정에서도 우리 학계에는 섬 그 자체와 섬지역 발전정책에 관한 연구가 매우 부족하다는 생각이 자리한다.

지역은 수많은 사상(事象)과 내부의 요소로 구성되어 있다. 이 많은 요소들 속에 지역의 특성을 추출할 수 있는 정확한 자료의 유무는 현황을 파악하고 문제를 적시할 수 있는 열쇠로 자리한다. 올바른 연구와 정책모색은 정확한 실상 파악과 함께 시계열적 분석은 필수이며, 이는 수많은 자료 위에서 이루어진다.

그러나 연구와 정책의 대상이 되는 섬이 무엇인가가 제대로 정립되어 있지도 않은데다 그 문제 자체도 인식 못하고 있는 것이 현실이다. 그렇다 보니 섬에 대한 통계를 비롯한 여타 자료가 정확하지 않고, 연구도 어느 지역이나 분야보다도 축적되어 있지 못하다.

여기에 더하여, '어떻게 하는 것이 섬지역에 발전이 되는가' 라는 근본적인 명제 앞에서도 모순을 갖고 있는 사람들이 많다. 이런 근본적인 문제는 대상인 섬에 대한 이해가 깊지 못한 데다 섬의 특성과 가치를 제대로 파악하지 못함에서 기인된다고 여겨진다.

섬 연구의 동인(動因)

섬지역의 발전을 위한 연구의 동인(動因)은 저자가 섬지역 태생인 데에서 비롯된다.

어린 날, 여러 측면에서 상대적으로 불리한 여건의 섬에서 살아온 치열한 삶의 경험이 섬 연구 시작의 바탕으로 자리했다. 저자가 출생하고 초등학교를 다녔던 곳은 당시에 150호 정도의 마을이었다. 이 섬마을은 품질이 매우 좋은 김생산으로 상당 물량이 수출되어 당시에는 가장 잘 살았던 마을 중 하나였다. 그러나 경제적 윤택을 제외하고 문화, 보건 의료, 교육, 교통 등 무엇 하나 내륙부에 비해 나은 것이 없었다. 가장 큰 문제는 격절성에 따른 접근성의 문제이고 내부적으로 각종 시설이 입지하기에 내적 한계인 임계치(threshold) 문제였다. 특히나 불안정한 해상교통으로 상급학교 진학의 어려움과 생사에 촌각을 다투는 사고 및 응급 환자 발생시에 그대로 방치할 수밖에 없는 현실을 보고 섬지역은 왜 이렇게 밖에 살 수 없는 것인가? 하는 생각이 너무 크게 자리하였다. 섬지역에 사는 사람들도 행복해야 한다.

섬 지역은 육지부에서 가지고 있는 대부분의 삶의 요소와 자원을 가지고 있고, 국토의 외곽에 위치하여 안보적 차원에서 큰 역할을 하며, 미래의 자원인 해양의 거점으로 자리하고 있다. 그러나 섬 지역은 오랜 기간 유효적절한 정책의 미비에 따른 삶의 여건의 불편으로 인해 어느 곳보다 일찍부터 인구감소가 시작되었고 그 감소현상은 급격하게 진행되고 있다. 섬은 사라져도 좋은 곳인가?

저자가 대학원 과정을 밟던 시기에 우리나라는 강력한 권위주의시대로 중앙집권적 수단에 의해 각종 개발정책이 총량경제 중심으로 펼쳐지고 있었다. 지역개발학에 대한 연구를 하면서 느낀 것은 국가정책 분야뿐만 아니라 학문분야에서도 섬 지역은 찾아볼 수도 없을 정도로 인식 밖에 있었다. 저자는 섬 지역이 갖는 독특한 입지적 특성과 잠재력은 미래 국가와 인류에 중요성이 더욱 높아질 것이라는 생각을 하며 섬 지역의 연구에 매진하고자 각오를 갖게 되었다.

책 집필상의 핵심과 구성

이 책에는 주로 다음과 같은 부문에 중점을 두고 연구·집필하였다.

1) 용어

섬에 대한 연구의 초기부터와 이 책을 집필하는 과정동안 늘 고민하였던 부분 중의 하나는 '섬' 또는 '도서(지역)'에 대한 용어이다.

이에 관해서는 오랫동안 학문적으로나 정책수행 기관에서는 섬보다는 도서를 훨씬 많이 사용해 왔다. 또한 도(島)는 한자문화권에서는 공통으로 상용되고 있기에 국제적 이해가 높고 편리하다는 이점(利點)도 있다.

그러나 최근 들어서 섬이라는 사용빈도가 많아지고 있다. 그 이유는 크게 두 가지일 듯하다. 먼저, 도서라고 하면 문헌 또는 책이라는 의미를 갖는 도서(圖書)와 혼돈이 온다는 점이다. 실제로 일반 각종 포털사이트 등에서 도서를 검색하면 책이라는 의미가 훨씬 많이 나타난다.

두 번째로는 도서는 한자어이고 섬은 순수한 우리말이라는 점이다. 이러한 의미가 내재되어 나름의 장점을 가지고 있다하더라도 간과할 수 없는 것이 있다. 섬 또는 도서라는 용어의 쓰임 예에서 거의 고착되어진 용어를 바

꿔서 쓴다는 것이 사실상 어렵거나 매우 어색하다는 점이다. 실제로 무인도, 유인도, 연륙도, 연도 등에서 '도(島)'를 '섬'으로 대치할 경우 썩 자연스럽지 않다. 따라서 이 책에서는 용례에 따라 자연스럽게 '도(島)', '도서(島嶼)', '섬'을 혼용하도록 한다.

2) 섬의 정의(定義)

비록 국제적으로 섬에 대한 정의가 있다고는 하지만 우리나라에서는 섬에 대한 정의가 불확실한 상태로 지나쳐 오고 있다. 불확실한 섬의 정의는 필연적으로 섬의 수치를 비롯해 아주 기본적인 현황에 정확성 결여로 이어지고 있어 많은 혼란이 야기되고 있다. 이렇게 되는 데는 몇 가지 이유가 내재되어 있다. 섬을 연구하거나 관련되어 일을 하는 사람들이 섬 자체를 잘 모르고 있거나 섬의 수치가 정확하지 않다는 그 자체를 모르고 있기 때문일 것이다. 그만큼 섬에 대해 제대로 된 관심이 없는 증좌이기도 하다. 한편으로 대상을 모르고 어떻게 연구를 수행할 수 있을까?

이 책에서는 다양한 측면에서 섬의 정의를 제시하고 그 혼란의 본질을 제시하고 있다. 이러한 섬 정의에 대한 혼란의 문제점과 그 양태를 다양한 각도에서 조명한 것은 이 책이 처음이 아닐까 생각한다.

3) 섬 지역의 특성

이 책에서는 섬 연구나 정책 수립에 기본 바탕이 되는 특성에 대해 제시하고자 하였다. 섬 지역은 여타 지역과 특성이 매우 다르다. 또 그 섬 지역들 내에서도 섬들 간의 삶의 여건이 매우 다르다. 이러한 특성을 이해하지 못할 경우에는 섬 지역에 대한 핵심 문제를 정확히 파악할 수 없으며, 이의 연장선에서 발전방안 역시 적실하게 제시할 수 없을 것이다. 이러한 점에서 섬의 삶 여건이나 주민의식조사에 대한 연구수행시에 모든 섬을 하나의 범주로 보고 섬들 간의 다양성을 무시하는 연구가 적지 않다.

섬은 다양한 여건에 따라 그 삶의 방식이나 주민의식이 매우 다르다. 같은 유인도라 할지라도 육지부와 얼마만큼 떨어져 있는 있는가, 무리지어 있는가, 홀로 위치하는가, 인구규모가 어느 정도 규모인가, 산업구조와 소득은 어떤가, 이러한 부분은 섬 주민들의 삶에 심대한 영향을 주고 개발계획을 수립하고 사업을 수행할 때 시설 배치와 이용관계에 매우 중요한 요소들이다. 여기에 더하여 어떤 기후와 토질, 해안 여건, 특별한 제도의 틀에 속하고 있는가에 따라 섬주민의 삶의 여건은 크게 다르다.

한 예로 큰 섬에는 초등학교와 (병설)유치원, 중학교, 고등학교가 대부분 소재하고 있어 이들 섬 지역 주민들은 학교의 부재에 따른 문제를 제기하지 않는다. 그러나 학교가 소재하지 않는 섬은 대부분 인구규모가 작은 섬으로서 학교는 대단히 중요한 문제가 된다. 청년층의 경우, 새로 자녀가 태어나거나 소득원 또는 연고를 찾아 섬으로 유턴하여 거주할 경우에 자녀 학교 문제는 핵심 요소로 자리하게 된다. 그러나 섬 지역 전체에 대한 의식조사에는 이들 작은 규모 섬 주민의 절박한 형편은 전체 집단에 극소수로 나타나기 때문에 무시되기 일쑤다. 결과적으로 (모든)섬 지역의 문제점에 교육 문제는 드러나지 않는 연구결과로 귀착되는 우를 범하는 경우가 적지 않다.

4) 법제도와 정책

이 책에서는 우리나라 도서지역 발전과 관련된 법규를 정리하였고, 부처별로 수행하는 주요 정책과 각 지방자치단체의 주요 정책을 제시하였다.

또한 도서지역 정책과 관련하여 지방자치단체의 독자적인 입법 양상을 살펴보기 위해 조례제정 현황을 분석하였다. 지방자치단체가 실제로 수행하고 있는 대표적인 정책들을 광역 자치단체 사업 위주로 살펴보는데 일부 기초지방자치단체의 사업 내용도 살펴보았다. 이는 현재의 도서개발정책의 실제적 측면을 살펴보는 데 유용할 뿐 아니라, 일정 기간이 지난 후 비교분석할 때 현 시대의 소중한 도서개발정책 자료로 쓰이게 될 것이다.

5) 섬 발전 제도의 생성과 도서종합개발계획

정책에 있어 핵심이 된 도서종합개발계획의 심층적으로 다루어 보고자 하였다. 도서개발촉진법의 제정과 이에 따른 도서종합개발계획은 획기적인 제도로 도서개발에 큰 영향을 주고 있으나 그의 내용이나 변화상을 일목요연하게 정리된 것이 없다. 또한 법제화 과정 등 제도의 생성과정과 당시의 주변 환경에 대한 고찰과 이러한 제도 성립 이전의 정책 수행에 대한 연구나 관련 문헌이 거의 없다.

흔히 도서개발촉진법 제정 이전은 마치 도서개발 정책이 전혀 없는 것으로 주장하고 있지만, 이전에도 여러 정책이 있었고 독자적인 계획도 수립되었다. 또한 도서개발촉진법이 1986년에 제정되기까지 입법과정에서나 제정 후에도 독소조항의 개정과정에 있어서 많은 의미 있는 일들이 있었으나 이에 관련된 연구는 거의 없는 상태이다. 따라서 이 책에서는 이러한 부문을 기술하고 있는데, 도서종합개발계획 제도 시행 이전과 이후로 구분하여 도서개발 관련 정책을 분석하였다.

도서종합개발계획 시행 이전 부문에서는 국토공간의 일부로서 수행되거나 독자적인 정책으로 수행되었던 내용과 일부 자치단체에서 수행했던 정책을 살펴보았다. 또한 도서개발촉진법의 입법과정과 주요 내용을 제시함으로써 당시 도서지역에 대한 정치·행정의 시대적 환경을 살펴보는 의미를 부여하였고, 법 제정 이후 지속적인 시행에 문제가 되는 법조항의 개정 과정을 제시하였다. 도서종합개발계획은 현재 제4차 계획이 시행되고 있는데 제1차 계획에서부터 제4차 계획에까지 그 내용을 제시하여 이 분야 연구에 기반 자료로 역할을 하고자 하였다.

6) 도서개발정책에 대한 주민의식

도서개발정책 수행에 관한 정책의 성과와 반응을 주민들의 의식을 통해 살펴보고자 하였다. 도서종합개발계획 시행에 대해서는 제1차 계획기간과 제3차 계획기간 중에 대상도서 주민들을 대상으로 실시하였다. 또한 2019년에 전국섬주민대회에 참석한 주민대표를 대상으로 삶의 만족도와 정주의사, 섬 지역의 사회적 문제와 지역발전에 저해가 되는 요소, 그리고 향후 도서지역 발전 방향, 도서종합개발계획 수립시 우선해야 할 사항 등을 내용으로 주민의식 조사를 실시하여 그에 대한 분석과 방향을 제시하였다.

7) 도서지역의 교육

교육은 개인을 성숙하게 할 뿐만 아니라 사회와 국가를 발전시키는 원동력이 된다. 사회는 교육을 통하여 경제적으로 발전하고, 새로운 문화를 창조하고 계승함으로써 인간을 문명된 삶으로 인도한다. 학교가 교육의 모든 것을 이루는 곳은 아니지만 현실적으로 학교는 교육의 중심이 되고 있다. 뿐만 아니라 학교는 지역사회의 공유재로서 지역주민 활동의 중심적 공간으로 활용되고 있고 이를 통해 지역의 정체성 강화 및 활성화를 통한 '지역 공공성' 구축의 역할도 수행하고 있다.

그러나 지난 80년대 초부터 적정규모학교 정책으로 소규모 학교를 줄여가는 정책을 추진하고 있고, 도서지역도 예외는 아니다. 학교가 한번 폐교되면 재 개교되는 경우는 거의 없는 현실이다. 농촌 등 육지부에서는 해당 마을에 학교가 없더라도 발달된 교통망과 여러 교통수단에 의해 일정 거리가 있는 곳의 학교로 통학이 가능하다. 도서지역에도 학교가 존치하고 있는 규모가 비교적 큰 도서에는 농촌지역과 동일한 방법의 통학이 이루어지게 된다. 그러나 학교가 폐교되어 존재하지 않는 소규모 도서지역에는 학교 다니기가 보통 문제가 아니다. 특히 유치원이나 초등학교를 다녀야 할 어린애들이 배를 타고 인근 섬이나 해안도시의 학교를 매일 통학해야 한다. 또는 어린애가 부모와 떨어져 혼자 객지에 거주하거나 가족이 분리하여 일부— 주로 어머니와 학교 소재지에 거주하면서 학교를 다녀야 한다. 젊은 층이 소규모 도서에서 계속 거주하거나 새로운 소득원 등으로 귀도(歸島)하고자 할 때, 자녀의 교육문제는 당사자들에게 가장 큰 문제가 되지 않을 수 없다.

그러나 지금까지 도서발전정책에 있어 이러한 교육문제는 거의 주목받지 못하고 있다. 이는 교육정책과 발전정책을 다루는 부처가 상이한데다 교육정책을 다루는 중앙부처는 유치원·초·중·고등학교 등의 교육을 세부적으로 다루지 않고 지방에서 자치적으로 다루고 있는 정책구조상의 문제가 있기 때문이다. 이러한 상황은 결국 도서지역 연구를 하는 연구자들에게 그대로 연계되어 도서지역에 관한 연구 중에서 교육학 부문을 제외하고는 거의 관심을 두고 있지 않고 있다.

이 책에서는 도서지역의 교육문제에 관해 학교의 기능을 각 부문별로 살펴봄과 아울러, 문제의 실상을 실증적으로 분석하고 이에 대한 방안을 모색한다. 이러한 연구내용과 방법은 국내 연구에서 찾아보기 쉽지 않다.

8) 외국의 도서정책

외국의 도서정책은 일본의 것을 대상으로 하였다. 많은 서구의 도서 정책들은 우리와 그 여건이 상이하다. 그러나 일본은 역사적 측면을 바탕으로 제도 등의 연관성뿐만 아니라 주민들의 삶의 여건에서 유사한 점이 많다.

일본은 제도적인 측면에서 우리나라 섬발전촉진법과 성격이 상당히 유사한 이도진흥법이 있으며, 이 법에 근거해 오랫동안 추진해 오고 있는 이도진흥계획이 있다. 일본의 섬에 관한 인식과 법제를 살펴보고 이도진흥계획과 최근의 정책 변화를 살펴봄으로써 우리에게 주는 시사점을 찾고자 하였다.

또한 실제로 문화·예술을 통해 어려운 환경을 극복한 사례와 중앙정부의 지원에 의존하지 않고 지방자치단체의 자조노력과 제3섹터, 그리고 민간의 힘을 통한 지역활성화 사례를 분석하였다.

9) 책의 기술방법

한편, 책의 기술방법을 어떻게 할까에 고민이 많았다. 이것은 어떤 내용을 담을 것인가와 관련된다. 그러나 섬이라는 일정 공간이기는 하지만 그 속에는 하나의 세계 같은 수많은 삶의 요소가 있다. 이러한 다양한 분야들을 연구대상으로 하다보니 각 분야를 동일한 형식으로 기술하기가 어렵고 그 깊이도 동일하게 하기 어려웠다. 때로는 자료적 성격의 내용이 제시하고 있는데, 이는 연구자나 정책가들에게 현재 시점뿐만 아니라 훗날에도 관련 실상을 파악하는 중요한 가치가 있다고 생각되어져 여러 자료를 게재하고 있다.

앞에서 기술했던 연유와 각오 아래 나름 적지 않은 기간 동안 연구해오며 고민한 것의 주요 부문을 토대로 책을 엮어보고자 했다. 그러나 당초 의욕에 비해 부족한 점이 많아 아쉽다. 90년대 초에 '우리나라 도서지역의 특성과 개발방향'이라는 박사학위 논제를 보강하여 책으로 발간하려 했었다. 이후 좀 더 여러 분야를 보완하려다가 계속 해를 넘기게 되었다. 그러는 도중에 섬에 대한 현황과 정책이 바뀌고 이를 다시 수정하려다 보면 시간은 또 흘러가곤 하였다. 이러한 과정을 거치다보니 이 단계에서 부족하더라도 우선 책을 세상에 내 놓은 것이 바람직하다고 생각되었다. 이후 계속하여 수정과 보완을 거치는 작업을 해 나갈 생각이다.

이 책을 발간하는 동안 따뜻한 조언을 주신 국토연구원 권영섭 박사님, 자료를 세심하게 정리해준 목포대학교 박성현 교수와 문태고등학교 박정용 선생, 그리고 귀한 자료와 조언을 준 한국해양수산개발원 박상우 박사와 한국지방행정연구원 박진경, 이제연 박사께 감사드린다. 또한 설립 초기시기부터 최근까지 연구해오는 과정에 함께했던 목포대학교 도서문화연구원 여러 선생님과 80년대부터 도서지역발전분야 정책에 많은 참여 기회를 준 행정안전부와 여러 지방자치단체 관계자를 비롯해 90년대 초 국회에서 최초로 도서지역발전연구회를 설립하는 데 노력한 한화갑 (전)국회의원님과 이후 재탄생을 거듭한 국회 도서(섬)발전연구회 소속 의원님과 정시채 (전)국회의원님, 일본에서의 연구활동에 큰 역할을 해주신 山名靖英 (전)국회의원님과 立命館大學校 교수님, 국내·외 관련 연구기관과 학회 연구자, 그리고 삶의 주변에서 격려를 주신 여러분께 감사드린다.

섬(도서)발전 정책에 관한 전문 서적이 국내에 전무한 상태에서 이 책이 많은 사랑을 받고, 이후에 더 많은 연구가 이어지는 계기가 되었으면 한다. 또한 이러한 연구들이 토대가 되어 섬 지역이 발전하고 주민들이 진정으로 행복하기를 바란다.

사람에겐 정해진 운명이 있다고 한다. 저자는 섬이 운명이 되었다. 섬에서 운명을 함께한 이들께 이 책을 바친다.

2021년 4월
바닷가 연구실에서
저 자 씀

차 례

CHAPTER 01

섬의 의의와 기본 현황

CHAPTER 06

정책 방향과 마무리 말

그림 차례

Section 01 섬의 특성과 가치

우리나라는 섬(도서)[1]이 많은 나라이다. '섬'은 그 특징을 대표적으로 두 가지 측면으로 구분한다. 하나는 기암괴석과 짙게 우거진 자연림, 해안의 절경, 끝없는 수평선, 하얀 포말을 일으키는 파도, 드넓은 백사장, 싱그러운 갯바람과 푸른 바다가 있는 곳이다. 또 다른 하나는 거센 비바람과 파도, 해상 교통이 갖는 접근성의 높은 한계, 보건 의료시설의 취약, 교육·문화시설의 부재로 불편한 삶을 영위하는 불편한 삶의 공간이 그것이다. 앞부분은 가고 싶은 매력을 간직한 측면('가고 싶은 섬')이고 뒷부분은 살고 있는 주민이 겪고 있는 삶의 측면('살고 싶은 섬')이다.

흔히 이름난 관광·휴양지로서 유명한 섬을 다녀온 사람들은 우리나라의 많은 섬을 외국의 그 같은 모습으로 가꾸어 나가기를 바란다. 이를 위해서는 천연의 자연조건이 구비되어 있는 곳에 좋은 생태계를 조성해 가는 노력이 장기적으로 꾸준히 전개되어야 함은 물론 사람들이 찾을 수 있는 시설들을 특색 있고 편리하게 조성해 가야 한다.

우리나라의 3,300여 개의 섬 가운데서 사람이 살 수 있는 조건을 가진 비교적 대부분 규모가 큰 섬들은 사람이 거주하고 있다. 그것도 꽤 오래전부터 조상 대대로 살아오고 있는 삶의 터전이다. 이러한 섬들은 주민들의 삶의

---

1) 이 책에서는 우리말 '섬'과 한자어 '도서'를 문맥과 용례에 따라 혼용한다.

공간으로서 어떻게 가꾸는 것이 바람직한가가 핵심이 되어야 한다. 다시 말해, 사람이 사는 섬에 무엇을 할 것인가이다. 섬에 무엇을 할 것인가는 섬에 살고 있는 사람들이 무엇을 바라는가가 중심이 되어야 한다.

1. 주민이 바라는 연구방향과 정책

그러나 상당수 전문가들은 이 부분에 대한 생각이 다르고 전문가들의 고집은 때론 집요하기까지 하다. 30년 전 무렵, 섬 분야의 인문학적 연구를 하는 연구자들이 중심이 되어 서남권 섬 주민을 주 대상으로 토론회를 개최하였던 때의 일이다.

일부 연구자들은 낙후지역으로서 섬의 도서성(insularity)과 전통문화 보존장소로서의 가치가 있기에 개발은 하지 않아야 한다고 하며 심지어 개발은 파괴와의 동의어라고 주장을 했다(김철수, 1991: 58). 섬의 일주도로와 선착장 건설 등을 거론하며 이들 시설이 건설됨으로써 생태계의 파괴와 아주 오래전부터 살아온 삶의 형태가 크게 변모한다는 점을 강조하며 참석 주민들을 설복하려 하였다.

그러나 긴 토론회가 끝날 무렵에 청중석에 앉아있던 주민 한 사람이 '그러나 우리에게 각종 도로와 선착장 건설은 너무나 절실하다'고 얘기하자 참석한 섬 주민들은 모두 박수와 함께 함성을 질렀다. 이후에도 이러한 주장은 계속되고 있다. 정체된 섬 지역일수록 전통문화의 보존적 가치가 더 높고 그러한 요소들을 많이 간직하고 있기에 개발은 하지 말아야 한다는 것이다.

이러한 주장은 누구를 위한 주장인가? 문화란 도대체 무엇인가?

문화는 자연에 인공을 가하여 만들어 낸 생활양식이며 생활 그 자체이다. 이것은 본래적으로 변화와 운명을 지닌 것이다. 내적으로는 보다 편리한 삶을 위한 발견과 발명을 통해 문화(생활)는 변화하고, 외적으로는 외부문화와의 접촉과 수용으로 변화한다. 이 변화는 과거에도 끊임없이 계속되어 왔고 또 계속될 것이다. 오늘날 섬 지역의 문화 역시 변화가 거듭해오고 거듭해 가는 한 시점의 현상에 불과한 것이다. 다만 어느 시점의 문화, 곧 생활양식을 원상으로 보며, 그것이 어떤 가치를 가졌기에 어떻게 존속 유지시켜 나가는 것이냐 하는 방법을 모색할 필요가 있다(신순호, 1991: 7; 신순호 1995: 258−259).

문화는 쉬지 않고 변화하지만 어떤 목표나 중심이 없이 아무렇게나 변화하는 것은 아니다(현용준, 1985: 5-6). 문화는 구조적 본질을 항상 유지·조정하면서 보다 높은 단계로 변화해가기 때문에 어느 시점의 생활문화를 꼭 얽매어두고 존속시키는 보존은 생각할 수 없다. 이와 관련된 사례로 어떤 학자는 '섬에서는 한밤중에 급한 일이 생길 때에도 선박이 있으니 일주도로와 같은 건설사업은 없어야 한다'는 주장을 펴기도 한다. 이 주장에는 '작은 선박이 해상에서 얼마나 위험하며, 더구나 칠흑 같은 밤에 비바람이라도 휘몰아칠 때 급한 병이라도 발생한다면 어떻게 할 것인가. 또 이러한 환경 속에서 이루어지는 일상의 삶-어린 자녀들의 등·하교, 생필품 구입, 행정업무, 생산품 판매 등은 얼마나 불편한 것인가'를 간과하고 있는 것이다. 무엇보다 왜 이들 주민들은 누구를 위해 전근대적인 불편한 삶에 속박되어야 하는가. 다른 한편으로, 왜 그 같은 주장을 하는 전문가라는 사람들은 (대)도시의 가장 편리한 곳을 찾아다니며 가장 현대적인 삶의 공간에서 살고 있는가?

도서지역(유인도)은 빠르게 소멸되어 가고 있다. 우리나라가 근래 낮은 출산율로 인해 인구가 감소추세에 들어서고 있지만, 섬 지역은 이러한 전국의 일반 추세 훨씬 이전부터 높은 인구 감소로 많은 유인도가 사라지고 있다(신순호, 2018.9: 30; 신순호, 2020.9). 가장 큰 이유는 상대적으로 살기에 불편하기 때문이다. 한 연구에 따르면 비연륙도서 중 50년 뒤 소멸될 것으로 예상되는 도서는 63개로 전체 404개 도서의 15.6%를 차지하는 것으로 나타났다(이제연, 2017: 45-68). 섬은 사라져도 좋은 곳인가?

인간이 끊임없이 노력하는 궁극적인 목표는 무엇인가? 그것은 지금보다 더 참다운 행복과 보다 나은 삶의 질(quality of life)을 추구하는 데 있다. 이러한 궁극적 삶의 목표를 달성하는 데는 많은 요소가 필요하지만 도서라는 삶의 공간에서 살아가는 데 최유효적절한 생활환경(Environment for Living, Living Environment) 또는 정주여건은 마련되어야 한다. 이 시대에서 사람이 사는 데 보편적인 요구(needs)가 도서지역에서도 이루어지는 것은 너무나 당연한 것 아닌가 생각된다(신순호, 1989: 108-109).

2. 섬의 본질적 특성

섬 지역이 육지부와 근본적으로 다른 입지적 특성 바다로 둘러 싸여 있다는 점이다. 그러기에 접근성이 취약하다. 이 점으로 인해 이용상의 한계가 있고 비록 단순 거리가 가깝다하더라도 인접한 다른 섬이나 해안 중심지에 있는 여러 도시 기능을 이용하기에 높은 한계를 가질 수밖에 없다. 이는 소위 W. Christaller의 중심지 이론에서 핵심요소라 할 수 있는 소비자의 최소거리(distance minimization)원리가 적용될 수 없는 섬의 공간적 특성 때문이다(신순호, 1991: 15; Ranald, 1971: 370−372; Keith, 1977: 18−372; 森川洋, 1982: 29−40). 실제로 섬에는 비단 2~3㎞ 정도 떨어진 해안도시나 큰 섬에 학교가 있더라도 매일 통학하는 것이 쉽지 않다. 게다가 도서라는 단위면적은 일반적으로 면적이 협소하다. 우리나라 전체 유인도 465개(제주도 본도 제외, 이하 같음)의 1개 도서당 평균면적이 8.15㎢이고, 도서당 평균인구는 1,812.6명이다.[2] 이러한 협소한 면적과 작은 규모의 인구가 격절성이 높은 곳에 거주할 때 임계인구(threshold popullation)로 인해 각종 편익시설이나 기반시설을 설치·운용하기가 쉽지 않다. 결국 도서시장의 협소성과 높은 격절성이라는 본질적 특성은 도서지역 산업화와 편익 향상에 가장 커다란 애로가 되고 있다(박광순, 1989: 22−23).

이러한 점에서 섬 주민들은 입지 여건상 건설이 가능하면 연륙교를 원하고 또 연륙교 건설이 어려운 섬 주민들은 보다 개선된 교통수단을 원하게 됨은 당연한 일이다. 그러나 일부 전문가 중에서는 설문조사와 토론장의 참석자들의 주장을 들어 연륙교 건설을 찬성하는 주민들의 의견이 그리 높지 않다고 주장한다. 섬이라고 하더라도 그 속에는 참으로 다양한 입지적 특성을 가지고 있음을 이해하지 못한 데서 오는 주장이다.

우선 섬이라고는 하지만 이미 연륙된 섬이 우리나라에 얼마나 많은가? 제주도를 제외하고 본다면 연륙되지 않은 도서의 인구는 연륙되었거나 연륙교가 건설 중인 섬 인구의 몇 십분의 일도 안 된다. 또한 규모가 큰 섬 주민들은 상대적으로 내부에 편리한 생활기능을 소규모 섬보다 많이 갖추고 있

---

2) 여기에는 거제도나 영도, 강화도, 남해도, 진도 등 연륙된 큰 도서가 포함되어 있는 수치이나 이들 연륙된 큰 도서를 제외하면 규모는 매우 작아진다.

다. 이러한 연유로 「도서개발촉진법」에 따라 대상 도서일지라도 이미 연륙되었거나 연륙건설(확정) 중인 섬 주민과 입지 여건상 연륙이 불가능한 섬 주민이 포함된 설문 결과를 가지고 전체 섬에서는 연륙과 교통부문개선이 별로 중요하지 않다는 결과로 해석하는 오류를 범해서는 안 된다. 실제로 연륙조건이 가능한 비연륙도서 주민은 연륙건설을 가장 바라고 있을 것이다.

요약하자면 섬에 대한 개발정책은 육지부와 달리 개별 섬의 특성에 맞는 정책이 필요하다. 이러한 의미에서 유형화에 따른 정책수립의 필요성이 제기된다. 필자 역시 섬이 갖는 특성과 관련하여 오래전부터 섬의 유형에 따른 정책 수행을 강조하고 실천적 내용을 제시하였으나, 당시의 유형화 정책은 수립과정에서 이해 부족으로 큰 효과를 보지 못했다고 보여진다.

이 같은 시각은 지금까지 연장되어 섬의 인구규모, 입지형태(인접 섬 존재 여부, 육지중심지와의 거리, 부존자원 등) 등에 따라 어떤 시설이 배치되어야 하는가를 결정하여야 함에도 불구하고 여기에 대한 깊은 정책적 고려가 보이지 않는다. 더구나 지난 2010년에 도입된 포괄보조금제도가 시행된 후에는 상대적으로 소규모 섬일수록 적절한 사업수행에 어려움을 겪고 있다. 이는 규모가 큰 섬일수록 투자대비 이용자가 많고 인구규모가 작은 섬일수록 이용자가 적다는 경제적 논리가 작용함과 함께 지방 대표자를 선출하는 유권자로서의 집단이 적다는 점도 내재하고 있음이다.

3. 섬의 가치

섬 지역은 여타 육지부의 농촌이나 어촌과 다른 격절성이라는 높은 한계적 특성을 갖고 있다. 이러한 독특한 특성을 바탕으로 한 정책이 마련되어야 함에도 정책 수행 과정에서나 이를 뒷받침해야 할 관련 연구분야에서 조차도 이해가 충분하게 이루어지지 않고 있다.

일본에서는 이미 1950년 초에 이도진흥법을 마련하고 현재까지 7차에 걸친 이도진흥10개년계획을 수행해오고 있으며 이외에도 입지적 특성에 따라 3개의 특별법을 별도로 시행하고 있다.

2015년에 개정된 이도진흥법에서는 '국가의 영토, 배타적 경제수역 등의 보전, 해양자원의 이용, 다양한 문화의 보전, 자연과의 어우러진 장소와 기회 제공, 식량의 안정적 공급, 국가와 국민의 이익 보호 및 증진에 (외딴) 섬은 중요한 역할을 담당하고 있다고 인식하고 있다. 따라서 이들 섬이 그 역할을 충분히 발휘하기 위해, 자연적·사회적 조건의 특별한 개선, 지역 간의 교류 촉진, 이도(離島)로 인한 무인도의 증가와 유인도의 현저한 인구감소 현상의 방지 정책을 통한 정주촉진를 국가는 강구해야만 한다'라는 것을 도서진흥의 기본이념으로 정하고 국가의 책무로 규정하였던 바 있다.[3]

이러한 섬에 대한 일본의 국가적 관심은 배타적 경제수역을 육지부의 약 12배에 달하는 447만㎢를 주장하는 가운데, 근래 들어 또다시 74만㎢를 유엔대륙붕한계위원회에 신청해두고 있는 근저로 삼고 있는 데서도 보여주고 있다(신순호, 2010.6; 신순호, 2011.8: 63).

그러나 우리에게는 섬이 몇 개인지 그 통계적 수치마저도 혼선이 많다. 국제적으로 법제도적으로나 학술적으로 섬에 대한 정의가 있지만, 각국에서는 다른 기준을 적용하고 있는 경우가 대부분이다. 많은 국가들은 그러한 기준에 따라 섬에 대한 조사와 통계를 일관되게 제시하고 있지만 우리나라에서는 국가기관과 지방자치단체의 통계가 다르고, 어떤 것을 섬이라 할 것인가와 물리적 변형이 있었을 경우 어떤 것을 섬이라 할 수 없을 것인가 등의 기준이 없어 혼선이 가중되고 있다.

독특한 자원을 가진 섬은 어느 곳보다 귀중한 국가 영토이며 자산이다. 단순히 수면 위로 드러나 있는 작은 규모의 땅덩어리로서만이 아니라 국가영토의 초석, 배타적 경제수역의 기점, 해양자원의 이용, 자연과의 공생의 장, 식량의 안정적 공급기지로서의 역할 등등으로 섬의 가치는 실로 대단하다. 또 이 같은 가치는 시대적 요청에 따라 점증되어 가고 있다(신순호, 2011: 64).

그러나 섬에 대한 연구와 정책적 노력은 상당히 만족스럽지 못한 상태이다. 섬이 갖는 독특한 특성을 깊이 있게 파악하는 연구와 함께 적절한 정책을 수립하여 섬을 가꾸어 나가는 노력이 참으로 긴요하다.

---

3) 일본 離島振興法 제2조의 2(기본이념 및 국가의 책무) 참조

1. 섬의 정의의 논점

1) 불명확한 섬 정의

21세기 신해양시대 도래로 석유나 천연가스 등의 해양에너지를 비롯하여 광물자원이나 해양관광자원 등 해양자원 확보를 위한 국가 간 경쟁이 심화되고 있다. 이러한 해양영토와 해양자원을 둘러싼 국가 간 분쟁이 격화되어감에 따라 이의 해결을 위해 1994년 UN 해양법 협약이 발효되었다. 아울러, 해양경계나 해양자원을 둘러싼 비군사적 해상분쟁도 늘어나 전 세계는 해양자원안보를 강화하고 있는 추세이다. 섬 지역은 해양자원 확보뿐만 아니라 국토공간체계 상 해양주권 수호의 중요한 위치를 차지한다. 우리나라를 둘러싸고 일본은 독도영유권과 관련하여 지속적으로 도발하고 있으며, 중국어선의 불법조업행위 확대 및 북한의 도발 위협도 계속되고 있다.

섬 지역은 지형적·지리적 특성상 해양관광자원을 풍부하게 보유하고 있어 그 가치가 점차 증가하고 있다. 해안의 기암절벽, 해수욕장, 항·포구, 농경지, 산림 등 잠재력 있는 경관요소가 다양하게 분포하고 있으며, 독특하고 개성 있는 풍경을 지니고 있다. 최근 주5일 근무제의 정착과 함께, 웰빙문화가 확산되어 국내 관광객은 꾸준히 증가하는 추세이며, 관광패턴의 변화로 관광추세가 내륙관광에서 해양관광으로 이동하는 패턴을 보이고 있다. 무한한 개발 잠재력을 보유한 섬 지역을 활성화하여 해양영토시대, 해양관광산업을 전략적으로 육성할 필요성이 있다(박진경·김선기, 2013).

이와 같이 섬에 대한 가치가 증대되고 있지만 실제로 많은 전문가나 일반인들은 '섬이 무엇인가'에 대해 그리 잘 알고 있지 못하고 있는 듯하다. 모든 학문분야가 그렇지만 특히 지역연구에 있어 '연구 대상의 이해'는 연구의 성패를 가름하는 핵심 요소이다. 그럼에도 섬에 대한 연구에 있어 그 정의와 대상에 대해 이해도가 낮을 뿐만 아니라 연구에 대한 오류도 심각하고, 또한 이러한 문제는 정책수행 과정까지도 연장되고 있다. 더 나아가 그 오류 자체도 인식하지 못하고 연구를 수행하고 있는 경우가 많다는 점에서 문제의 심각성이 작지 않다(신순호, 2016). 실제로 동일한 세미나에서도 발표자에 따라 섬에 대한 수치가 다르고, 심지어 같은 교육생을 대상으로 열리는 공무원 교육에서 교육자(강사)에 따라 다르다. 또한 공공기관에서 제시하고 있는 수치도 통일되어 있지 않다. 이러한 문제 인식하에 이 장에서는 섬의 정의와 관련된 논점과 함께 섬의 특성을 살펴본다.

2) 섬의 정의 문제의 복잡성

'섬'의 사전적 정의는 만조(high water) 시 수면상에 노출되어 있으며, 수면에 둘러싸인 자연적으로 형성된 육지를 의미한다. 과거 「도서개발촉진법」에 근거한 제3차 도서종합개발 10개년 계획에서는 섬 지역의 정의를 대양(大洋), 내해(內海), 호소(湖沼), 대하(大河) 등의 수역에 완전히 둘러싸인 육지의 일부로 제시하고 있다. 지리학적으로는 물로 둘러싸인 육지로서 대륙보다 작은 것을 섬이라고 한다.

언어학적 측면에서 섬에 대한 정의를 구체적으로 살펴보면, 서양에서 island라는 단어는 중세어인 iland, 앵글로 색슨어인 igland[4]로부터 왔다. 그러나 15세기에 이르러 라틴어인 insula에서 온 오래된 프랑스 외래어 isle 단어에 의하여 어원학적(etymological)으로 관련 없이 철자가 변형되었다(홍선기, 2011). 앵글로 색슨어인 ig는 실제로 라틴어 aqua(물)와 같은 계통이다(Donald

표 1-1 일본인들의 생활 속에서의 섬의 의미와 활용

항목	설명과 사례
지리	주위가 수계로 둘러싸인 육지. 사방이 수계로 둘러싸인 비교적 좁은 육지, 바다로 격리가 되어 있는 본토보다 협소한 육지, 또는 강이나 호수의 가운데 있는 협소한 육지
주거경관	저수지나 정원 연못 속에 조경된 산 또는 연못이나 조경된 산 등이 있는 정원
세력	조직 내의 세력 범위 혹은 그 토지나 세력권(예. 특히 야쿠자의 나와바리)
역사공간	일본 근세에 생긴 도시구역 중 新町, 島原 이외의 遊廓이나 사창가. 유배지(예. 일본의 八丈島, 三宅島 등)
생활	여러 가지로 힘든 상황에서 겨우 도와줄 수 있는 것(예. 힘든 등산로 주변의 걸터 앉을 수 있는 바위라든지 나무그늘 같은 것)

자료: 홍선기, 2011, 섬의 생태지리와 지속가능성에 대한 소고, 「도서문화」, 제37집, pp.244~245.

---

4) 여기서 ig는 독립적으로 사용 시에 island의 의미와 유사한 것으로 현대 네덜란드어 eiland(섬), 독일어 Eiland(작은 섬)와 같이 -land에 접두어이다.

A, 2006). 동양에서의 "섬"의 한자 "島"의 문자는 철새가 잠시 날개를 접고 쉴 수 있도록 이용하는 바다에 있는 산을 나타내고 있다(「山＋鳥」). 일본의 경우, 島와 거의 동일한 뜻으로 "嶋"라는 단어를 사용한다. 일본은 섬나라인 특성 상, 島과 嶋에 관한 다양한 어휘가 발달되어 있다(홍선기, 2011).

일본에서의 島의 의미는 매우 다양하게 사용되고 있다. 그러나 지리적 특성을 설명하거나 주거경관을 설명하는 것 외에는 별로 긍정적인 표현은 없 는 것으로 보인다. 그런데도 일본인들의 성씨에는 島와 관련된 지명이 들어 간 것이 많다. 우리에게는 주로 낙도(落島)라는 표현으로 사용되는 이도(離島) 와 고도(孤島) 외에 절도(絕島), 원도(遠島) 등이 있다. 사람의 거주 유무에 따라 서 유인도(有人島)와 무인도(無人島)로 구분한다. 그것들이 모여서 나타나는 제도(諸島), 군도(群島), 열도(列島)가 있으며, 이들을 다도해(多島海, 島嶼)로 부 르기도 한다(홍선기, 2011).

영어에서는 섬을 그 크기에 따라 island, isle, islet, rock 등으로 분칭하 고(신순호, 1996), 한자어에서도 도(島 혹은 山), 서(嶼), 섬(苫), 초(焦) 등으로 분 칭한다(강봉룡, 2014). 영어와 한자어가 섬을 4개의 다른 이름으로 분칭하고 있다는 점에서 일치하고 있어 우선 흥미를 끌고 있는데, 영어와 한자의 섬 분칭이 서로 각각 정확히 대응되는지는 파악하기 힘들다.

지리학적 관점에서는 섬은 수역으로 둘러싸여 있으며 호주대륙보다 면 적이 작은 육지를 대상으로 하며 호주보다 면적이 큰 것은 대륙이라고 칭한 다. 이 기준에 따르면, 지구 최대 면적의 섬은 그린란드(Greenland)가 된다. 그 밖의 암초, 간출암, 수상암 등이 있다. 이 용어들은 수역으로 둘러싸여서 격 리되어 있는 것을 의미하는 뜻으로 "다른 것과 구별되어 있는 것"을 통칭하 는 용어로서 지형 이외의 분야에서도 사용되고 있다. 해양법에 관한 유엔협 약5) 「유엔해양법협약(United Nations Convention on the Law of the Sea, UNCLOS)」 에서 정의하는 섬은 아래와 같이 세 가지 조건에 의하여 결정된다(표 1－2). 즉, "자연적으로 형성된 육지일 것, 수역에 의하여 둘러싸여 있을 것, 만조

---

5) 「해양법에 관한 국제연합조약(United Nations Convention on the Law of the Sea)」에서는 해양에 관한 종래의 관습법의 법전화와 최근의 새로운 사태에 대응하는 새로운 입법을 내용으로 하는 영해를 비롯하여 접속수역, 공해, 어업 및 공해의 생물자원의 보전, 대륙붕에 관한 4개의 조약, 「국제연합해양법조약」이라고도 함(2010년 9월 28일 현재, 비준국 161개국).

표 1-2   유엔해양법협약(UNCLOS)에 의한 섬의 정의

유엔해양법협약(UNCLOS)에 의한 섬의 정의

PART VIII REGIME OF ISLANDS

Article 121　Regime of islands

1. An island is a naturally formed area of land, surrounded by water, which is above water at high tide.
2. Except as provided for in paragraph 3, the territorial sea, the contiguous zone, the exclusive economic zone and the continental shelf of an island are determined in accordance with the provisions of this Convention applicable to other land territory.
3. Rocks which cannot sustain human habitation or economic life of their own shall have no exclusive economic zone or continental shelf.

1. 섬은 물로 둘러싸여 있으며, 만조시에도 수면 위에 있는, 자연적으로 형성된 육지지역이다.
2. 제3항에 규정된 경우를 제외하고는 섬의 영해, 접속수역, 배타적경제수역 및 대륙붕은 다른 영토에 적용 가능한 이 협약의 규정에 따라 결정한다.
3. 인간이 거주할 수 없거나 독자적인 경제생활을 유지할 수 없는 바위섬은 배타적 경제수역이나 대륙붕을 가지지 아니한다.

시에 수몰되지 않을 것"이다.

이 정의에서 벗어나면 영해를 형성하기 위한 유효한 영토는 없어지고 만다. 따라서 일본은 오키노토리시마(沖ノ鳥島)가 파도에 의한 침식으로 만조시 수몰되지 않도록 방파 블록을 설치하려고 한다.

한편, 섬의 분포 형태에 따라서 여러 섬이 모여 있는 것을 제도, 열도, 군도 등으로 부르고 있다. 열도는 많은 섬들이 암판(plate) 경계상에 늘어서서 선형으로 형성된 것으로, 일본의 경우 오키나와가 대표적인 열도라고 할 수 있다. 제도(archipelago, a group of islands)는 뚜렷한 정의는 없지만, 많은 섬이 일정한 범위 내에 산재하여 분포하고 있는 것을 의미한다(예. the Aegean Islands). 군도(群島)는 괴상(무리형태)으로 많은 섬이 모인 것을 의미하며 필리핀군도, 마리아나군도 등이 여기에 속하고, 영어로 표기할 때는 제도와 큰 차이가 없다.

한편, 지리학적 관점에서의 도서(島嶼) 또는 섬(island)이란 대양(大洋)과 내해와 같은 바다나 호소 그리고 큰 강(大河) 등의 수계(水界)로 완전히 둘러싸인 땅(land)을 지칭하며, 대조(大潮)시에도 수몰되지 않는 자연적으로 형성

된 육지지역을 말한다. 따라서 섬은 수계로 싸여 대륙이나 이에 연속된 반도와 분리되면서 고립되어 있는 하나의 육괴(陸塊)에 해당된다. 이 같이 수계로 완전히 둘러싸여 있는 육괴라 하더라도 그린란드(2,175,600㎢)를 기준으로 하여 이보다 넓은 면적을 갖고 있는 육괴는 대륙이라 부른다. 아시아, 유럽, 아프리카, 북아메리카, 남아메리카, 남극대륙을 섬으로 부르지 않고 대륙이라 함은 바로 이러한 면적기준에서 비롯된다(신순호, 1996). 따라서 섬은 그린란드 이하의 크기를 가지면서 수계로 둘러싸인 고립된 육괴라 할 수 있다.

섬에 대한 정의에 관해 국제적으로 법제 또는 학문적으로 이 같은 내용이 있다 하더라도 매우 포괄적이어서 실제로 각국에서는 각기 다르게 적용하고 있는데서 문제의 복잡성이 있다.

3) 유인도의 정의

우리나라 각종 통계상 섬 개수가 오랫동안 명확하지 않았다.

섬에 대한 정의와 통계 수치에 대한 혼선에 있어서 유인도는 그나마 무인도에 비해 나은 편에 속한다. 이는 유인도가 무인도에 비해 규모가 크고 사람이 살고 있다는 사실로 인해 행정기관에서도 좀 더 쉽게 파악할 수 있기 때문이다. 도서에 대한 수치의 혼선은 우선적으로 도서에 대한 정의가 불명확한 데서 기인되고 있는바, 도서에 대한 정의들을 정책 자료에 의해 살펴보면 다음과 같이 나타나고 있다(신순호, 2016: 140).

'70년 대 초 전라남도의 정책자료에는 도서는 "4위(圍)가 완전히 수면으로 둘러싸이고 main-land보다 상대적으로 협소한 육지"라고 하고 있으며, 내무부에서는 "만조시 사면이 바다로 둘러싸인 지역으로서 현재 간척 매립되었거나 방파제, 방조제, 교량 등으로 연륙된 지역과 제주도를 제외한 지역"이라 하고 있다(신순호, 1983). 이후 도서개발촉진법에서는 '만조시 사면이 바다로 둘러싸인 지역'[6]을 지칭하지만, 이 경우에도 육지와 연결된 도서로서 육지와 연결된 때로부터 10년이 지난 도서는 (대상)도서로 보지 않고 있다.[7]

이 같은 정책이나 법규의 대상 도서의 범위가 정의되었기 때문에 연구에서도 이를 그대로 원용하는 때가 많다. 그러나 이러한 경우에 몇 가지 측

---

6) 「도서개발촉진법 시행령」 제2조제1항 참조.
7) 「도서개발촉진법 시행령」 제2조제2항 참조.

면에서 사실을 제대로 인식하지 못하고 오류를 범할 때가 있다(신순호, 2016: 140). 우선, 제주도를 제외하고 있는 부분이다. 상당수 정책이나 법규에서는 제주도(본도)를 개발 대상에서 일종의 main-land로 포함하여 타 육지지역과 동일한 대상으로 다루고 있기 때문에 도서로서 특별히 다루지 않고 있다. 그러나 대외적으로 우리나라 도서 수를 발표할 경우에는 이점을 분명히 해야 함에도 아무런 전제 없이 제외하는 경우가 대다수이다.

두 번째로는 유인도 기준이다. '어떤 경우를 사람이 거주한다고 보는가'에 대한 부분이다. 이는 위에서 살펴본 정책적 정의에서 '사람이 거주하는 도서'라고 하며, 이는 정책적 측면에서 보다 더 구체적으로 볼 때 '민간인이 생활근거를 두고 연중 계속적으로 생업을 영위하여 살고 있는 도서로서, 다만 어업이나 농업 등을 목적으로 일시적으로 거주하거나 전략상 군경만이 주둔하고 있는 도서는 제외한다'라고 하고 있다(내무부, 1985).

따라서 섬의 크기 등에 관계없이 정책적 정의에 따라 '사람이 거주하는 도서'를 유인도로 할 수 있으나, 주민등록부에의 등재 여부와 '일시적 거주 또는 상시적 거주'기준에 대한 소소한 부분의 논란이 있을 수 있다(신순호, 2016: 141).

4) 무인도의 정의

무인도라고 할 때 가장 먼저 말할 수 있는 것은 '사람이 살고 있지 않는 섬'이라고 할 수 있다. 다시 말해 유인도가 아닌 섬이다. 그러나 '무인도로서 가장 문제가 되는 것은 어떤 것이 섬이냐' 하는 근본적 질문에 대한 답과 연결된다. 사람이 사는 섬은 대부분 면적이 사람이 거주가능 할 정도의 비교적 큰 곳으로 그린란드(Greenland) 이하의 면적이면 문제가 되지 않으나, 문제는 '지구표면에 나타나는 아주 작은 모든 곳을 섬이라 하느냐'가 문제의 핵심이다(신순호, 2016: 141).

국제적으로 섬의 면적 규모 Island, Isle, Islit라고 하고 가장 작은 0.001 평방마일 미만의 크기를 암초(Rock)로 구분하고 있으나(신순호, 1996), 통상 암초는 섬에서 대부분 제외하고 있다. 그러나 실제로 각국마다 섬이라 하는 기준이 없거나 있더라도 각기 차이가 있다. 일본의 경우를 보면 해상보안청은 1987년 『해상보안의 현황』에서 제시한 섬의 수치가 최근까지 변화를 보이지 않고 있다. 여기에는 홋카이도·혼수·시코쿠·큐슈, 오끼나와를 비롯한 일본의 섬을 총 6,850여 개로 발표하고 있다. 또한 섬의 기준으로 ① 주위가 0.1km 이상 ② 본토와 연결되고 있는 경우에는 다리, 방파제 같이 기다란 구조물에 연결되어 있을 때에는 섬으로 취급하고 그보다 폭이 넓어 본토와 일체화되어 있는 경우는 제외 ③ 매립지는 제외하는 기준을 가지고 있다(행정자치부, 2015: 60).

그러나 우리나라의 경우에는 특별한 기준이 없다. 이러한 연유로 섬의 현황 특히 무인도의 수치에는 혼선이 매우 심하다. 각 시·군·구에서 기존에 파악된 섬 외에 해상(수면)에 들어나 있는 곳을 찾아 공부(公簿)에 등록함으로써 제도적으로 섬이 되는 경우가 일반적이기 때문이다(신순호, 2016: 141–142).

이러한 혼선을 인식하여 해양수산부에서는 지난 2006년도부터 무인도를 일제 조사[8]를 하여 우리나라의 총 무인도 수를 2,876개(2008년 12월 말 기준)로 하였다. 그러나 이후에도 공공기관에서 제시한 수치는 많은 차이를 보이고 있다. 일례로 국토해양부의 2008년 말 기준 무인도서 현황을 보면 전국의 총 무인도서수는 2,876개이며 이 가운데 전남의 무인도서는 1,744개이나, 같은 해 전남통계연보에서는 1,688개로 나타나 있다(국토해양부, 2009). 또한 신안군의 2012년도 도서수는 신안군통계연보(2013)에서 유인도 72개, 무인도 932개로 총 1,004개로 되어 있으나, 같은 해 전라남도통계연보(2013)에 게재된 신안군 도서는 유인도 91개, 무인도 789개로 총 880개로 집계되어 있다.

전라남도통계연보에 나타난 전라남도의 도서에 대한 수치를 보면 1990년에 총 도서 수 1,986개(유인도 300개, 무인도 1,686개)에서, 2001년에 총 도서 수 1,967개(유인도 280개, 무인도 1,688개)이다. 이후 2009년에는 총 1,964개(유인도 276개, 무인도 1,688개)로 총 도서 수가 감소 추이를 보이고 있다. 그러나 2010년에는 총 도서 수가 2,219개(유인도 296개, 무인도 1,923개)로 전년도 대비 255개가 증가하는 것으로 나타나 있다. 유인도가 20개, 무인도가 235개가 증가한 것이다. 1년 사이에 왜 이러한 수치의 변화가 있게 된 것인가?

행정적 착오가 있을 수 있지만 무인도 통계에 대한 가장 오류는 크게 보

---

8) 「무인도서의 보전 및 관리에 관한 법률」(2008.2.4. 시행)

아 두 가지로 요약된다. 첫째는 무엇을 섬이라고 하느냐라는 기준이 없는 것이 가장 큰 요인이고, 다음으로는 기준과 관련하여 섬의 현황에 대한 관리주체와 운영상의 문제를 들 수 있다. 한편 「무인도서의 보전과 관리에 관한 법률」에서는 무인도서를 다음과 같이 규정하고 있다.

무인도서란 바다로 둘러싸여 있고 만조 시에 해수면 위로 드러나는 자연적으로 형성된 땅으로서 지속적으로 경제활동을 위해 정착한 사람이 거주하지 아니하는 곳으로 정의하고 있다. 여기에는 섬에 사람이 거주하더라도 도서 내 제한적인 지역에 다음과 같은 사유로 거주하는 경우에는 이는 무인도서로 간주하고 있다.[9] 즉, ① 「항로표지법」 제2조제1호에 따른 항로표지의 운영, ② 「항만법」 제2조제5호 나목1)에 따른 항행보조시설의 운영, ③ 「수산업법」에 따른 적법한 어로행위를 위한 일시 거주, ④ 군사상 목적 또는 치안을 위한 주둔, ⑤ 무인도서의 개발(법 제16조에 따라 개발사업계획의 승인을 받아 개발하는 경우로서 사람이 거주하기 시작한 때부터 5년 동안만 해당된다), ⑥ 관계 행정기관의 허가 · 승인 등을 받은 목적의 수행이다.

이 같은 규정 등과 관련하여 해양수산부에서는 2020년 기준으로 우리나라 무인도를 2,918개로 제시하고 있다. 이는 무인도서의 보전과 관리에 관한 법률에 근거한 무인도서종합관리계획의 대상도서이다. 그러나 해양수산부 무인도서 종합정보시스템에서는 무인도서 일반 현황에서는 2,878개로 제시하고 있으며, 소유형태별 면적현황과 무인도서 통계에서의 무인도서 수치를 각각 다르게 제시하고 있다.[10]

5) 형태가 변질된 섬

지형적 변화로 인해 섬의 형태에 (큰) 변화가 있을 경우에 어떤 기준에 따라 섬으로의 존재를 인정할 것인가에 대한 문제이다(신순호 2016, 142–143).

---

9) 무인도서 보전 및 관리에 관한 법률 제2조 및 같은 법 시행령 제2조 참조
10) 2021년 2월 말 현재, 해양수산부 무인도서 종합정보시스템에서 제시하고 있는 무인도서수는 무인도서현황에서 2,878개, 소유형태별 면적현황(지적공부 등록 무인도서)과 거리구간별 도서형황에서 2,644개이고 무인도서통계(행정지역 통계)에서는 2,583개로 각각 제시하고 있다. http://uii.mof.go.kr/UII/INTRO/index.html

과학기술 등의 발달로 근래 들어 대규모 간척이나 매립이 과거에 비해 보다 용이해졌다. 이러한 연유로 섬으로서 그 지형적(자연) 형태가 이미 상실되었거나 육안으로 섬으로 볼 수 없게 된 경우가 있게 된다.

이 경우 '어느 정도' 또는 '어떻게 된 경우'를 섬에서 제외시켜야 할 것인가? 또한 본토와 교량이나 제방 등으로 연결하였을 경우에도 어떤 경우를 섬이라 계속하고 어떤 경우를 도서에서 제외시킬 것인가. 여기에 대한 연구나 정책적 기준이 전혀 마련되어 있지 않은 데서 혼선은 계속되고 있다.

실제로 저자도 이 문제에 대해 크게 고민했던 적이 있다. 지난 1996년 내무부에서 의뢰 받아 「한국도서백서」와 2011년(행정안전부)에 「대한민국도서백서」를 편찬할 당시 가장 힘들었던 부문 중에 하나가 이 문제였다.[11]

6) 인공섬과 내수면의 섬

인공섬과 내수면에 있는 섬에 대한 논의이다. 인공으로 섬을 조성하였을 때 '인공섬을 섬이라 할 것인가'와 만약 그렇다면 '어느 정도' 그리고 '어떤 형태의 것을 섬이라 할 것인가'의 문제가 있다. 또 하나 논의의 대상은 강이나 호소 등 내수면에 위치하고 섬들에 대한 내용이다. 섬의 정의와 관련하여 기술한 바와 같이 4면이 수면으로 둘러싸여 있는 육괴를 섬이라고 할 때, 호수나 강, 하천에 위치하여 수면으로 둘러싸여 있는 육괴를 어떻게 보아야 할 것인가.

우리나라도 서울의 여의도와 한강줄기의 남이섬, 자라섬, 하중도, 상중도 고슴도치섬 등이 있으며 그 밖의 내수면에도 섬들이 있다. 그러나 이들 섬은 섬으로서 인식되지 않기 때문에 섬이라는 범주의 정책적 학술적 논의조차 거의 없는 상태이다.

7) 연륙과 관련된 섬

과거에 항공수단이 발달하기 이전에는 섬을 벗어나 다른 곳을 왕래할 때에는 바다를 건너는 교통수단 —거의 대부분 해상교통수단— 을 통해서 왕래하였다. 물론 지금도 항공편이 없는 섬 지역 주민은 해상교통 수단에 의

---

11) 시화지구간척사업으로 어도, 오음도, 황산도와 영산강유역간척사업으로 금호도와 임하도가 그 대상도서인바, 현장을 살펴볼 당시 이들은 도서로서 볼 수 없어 1996년 발간된 『한국도서백서』에서 제외시켰다(신순호 편, 1996, 「한국도서백서」, 내무부).

존 할 수밖에 없다. 그러나 교량 등의 구조물을 통해 자동차나 도보에 의해 섬 외의 지역과 통행이 가능한 도서를 연도도서·연륙도서라고 이름한다.

우리나라에서는 일반적으로 육지와 연결된 도서를 도서 연륙화 또는 연륙도서(이하 연륙도서)라고 한다. 다시 말해 연륙도서는 섬에 교량이나 여타 인공 구조물로 인해 육지와 통행이 육지부 내부에서 이루어지고 있는 것과 동일하게 행해지고 있는 섬을 말한다. 그러나 여기에도 몇 가지 논점이 남는다.

우선 섬은 섬 밖의 곳과 연결되는 교통수단은 해상교통이라는 것이 유일하다고 하는 것이 일반적이나 비행기 등 항공수단에 의한 곳도 많아졌다. 우리나라에서는 2021년 초까지 정기 항공로가 개설된 곳은 제주도뿐이지만, 이미 다른 나라의 많은 섬에는 정기 항공로가 개설되어 있다.12) 이처럼 항공기에 의한 섬과 외부와의 통행이 이뤄진 곳은 섬에서 유일한 교통수단이 해상 교통수단이라고 말하기 어렵다. 다만, 우리나라에서는 2021년 초 현재까지 유일하게 정기 항공로가 개설되어 있는 제주도는 일반적으로 정책상 섬의 범주에 넣지 않고 있기 때문에 해상 교통수단이 섬의 유일한 교통수단이라고 얘기하여도 큰 무리는 없었을 것이다. 그러나 제주도를 제외하고서도 앞으로 우리나라에서도 정기 항공로가 섬에 개설되어 정기적으로 운항하게 될 경우 해상 교통수단이 섬의 유일한 교통수단이라고 말하기 어렵게 될 것이다.

다음으로 보다 본질적으로 논의되어야 할 것은 연륙이라는 의미가 육지와 연결된다는 의미이기 때문에 섬이 교량이나 여타 인공구조물로 육지부와 연결되는 경우이다.

과거에는 섬의 육지부와의 연결은 교량이나 댐 건설과 간척으로 인한 경우가 대부분이었다. 따라서 이 같은 경우를 연륙이라고 하는 것이 당연시하여 왔던 것이 일반화되어 왔다. 그러나 육지부와의 연결은 교량이나 간척·댐 건설 외에도 여러 수단이 있게 된다. 이미 상당히 오래전에 터널에 의한 섬과 육지부의 교통운행이 이루어지고 있다.

또한 섬의 육지부와의 연결에 대해서 사람과 화물이 통행되는 자동차나

---

12) 일본의 경우에는 이도(이도진흥법 대상 도서) 가운데 정기항로가 있는 섬은 2015년 4월 기준으로 224개이고, 정기항공로가 있는 섬은 13개이다. 国土交通省, 2018, 離島地域における振興施策, pp.16-17.

기차 등이 다닐 수 있는 도로나 철로가 개설되어야 하는 것만을 연륙이라 해야 할 것인가. 차량이 다니지 않고 사람만 다닐 수 있는 도보교(인도교)가 있고 또는 삭도에 의한 운반이나 통행이 이뤄지는 경우도 있는데 이를 포함할 것인가이다.

또 하나 논의할 쟁점으로는 설령 차량이 운행된다 하더라도 일정시간밖에 운행할 수밖에 없는 경우이다. 이는 인공 구조물에 의하지 않고 자연적 지형에 의한 경우도 있고 인공적으로 노둣길을 조성해서 간조시 일정시간만 통행이 가능한 경우도 있다. 여기에 해당 되는 섬을 연륙도서라 해야 할 것인가 그렇지 않을 것인가.

연륙이라는 의미는 오래전부터 물로 둘러싸인 섬이 육지부와 연결되었다는 것을 의미한다. 어떤 경우를 육지부와 연결되었다고 해야 하고 얼마만큼 완전하게 연결되어야 하는가에 대한 논의가 필요하다.[13] 연결을 물리적 의미에 초점을 둘 것인가 아니면 통행이라는 실질적 인간행동에 둘 것인가에 따라 의미가 달라지게 될 것이다.

이에 대해서 필자는 섬 발전 정책은 섬에서 일어나는 제반 삶의 환경의 개선에 초점을 두고 있기 때문에 물리적 의미의 연륙보다는 「사람이 해상 및 항공 교통 외의 교통수단으로 육지부와 교통할 수 있는가」에 보다 가치를 두고 연륙(도서)의 의미를 해석하는 것이 적절하다고 판단된다.

2. 섬의 유형[14]

1) 규모별

국제수로국(International Hydrographic Bureau: IHB)에서는 섬의 크기에 따라서 ① small islets: 1~10㎢, ② islets: 10~100㎢, ③ island: 100~5,000,000㎢

---

13) 이와 관련하여 일본에서는 섬의 교량정비사업에 대해서, 교량은 수도교(水道橋), 인도교, 철도교, 현수교, 육교, 해교(海橋) 등 같이 용도와 형태, 건설지에 따라 호칭 이름을 달리하나 이들을 포함해서 가교화(架橋化)라고 표기하고 있는 경우가 있다. 가교화는 앞에 나열한 교량 등에 의해 해상 선박으로부터 육상 차량으로의 교통 이행, 즉 항상 육상 교통의 도입을 내포하고 있으며, 구체적으로는 고속선·페리 등의 정기선을 대신해 자가용 등의 차량을 이용하는 것을 가리킨다. 前畑明美, 2013, 『沖縄島順の架橋化と社会変容』, 御茶の水書房, p.2.

14) 유형 중 1)~7)까지는 신순호, 1996, 「도서개발전략」, 내무부, pp.3-6을 주로 인용함.

로 분류한다(Mitchell P. Strohl, 1963: 69).

또한 크기에 따라서는 ① island: 1,000평방마일 이상, ② isle: 1평방마일~1,000평방마일, ③ islet: 0.001평방마일~1평방마일, ④ rocks: 0.001평방마일 이하로 분류하는데, island는 정식 섬이라 하는 데 이론이 없고, rocks은 일반적으로 섬이라 하지 않는다(Hodgson, R. D. and Smith, R. W., 1976: 230; 신순호, 1996: 3)

2) 성인별(成因別)

섬은 그 형성 원인에 따라 육도(陸島)와 양도(洋島)로 구분한다. 육도(陸島)는 대륙과 같은 구성 물질로 되어 있으며 과거에는 육속으로 되어 있다가 지반의 침강이나 해면의 상승으로 바닷물에 의해서 대륙이나 그에 부속된 반도에서 분리, 고립된 것이다. 따라서 수계로 둘러싸인 것 이외에는 지질적으로 육지와 차이가 없다. 그 크기는 그린랜드에서 암초에 이르기까지 다양하다.

양도(洋島)는 바다에서 새로 생긴 섬으로, 화산도와 산호섬이 대표적이다. 바다에서의 화산활동이나 산호초의 성장이 암석에서의 확인이 아니라(즉, 화산암이나 석회암), 지형적으로 확인 가능한(즉, 화산지형이나 산호초 지형) 제4기의 활동이 있었을 때, 화산도나 산호섬으로 부른다(藤岡謙二郎·浮田典良, 1995: 3). 따라서 우리나라에서는 제주도와 울릉도, 독도 등이 양도에 속하며, 나머지는 모두 육도이다.

한편, 독립된 섬이라 하더라도 오랜 지질시대를 거치면서 파랑의 작용으로 육지에서 발달한 사주에 의해 육지와 연결되는 경우도 있다. 이러한 섬을 연개도(陸繫島, land tied island)라 하며, 인공적으로 교량 등에 의해 육지와 연결되었을 때에는 연륙도(連陸島)라 한다. 그리고 섬과 섬이 교량에 의해 연결되었을 때는 연도(連島)라 부르고 있다. 연륙된 섬에 연결된 섬을 연도연륙도라고 한다.

또한 개개의 섬은 파랑의 강한 침식으로 가장 자리가 파쇄되면서 섬과 분리된 이른바 'sea stack'이 발달하며, 이들 'sea stack'은 간조시에는 육상에 모습을 드러내나 만조시에는 수몰된다. 이러한 것은 섬이라 부르지 않고 '여'라고 하며, 기본적으로 섬에 포함시키지 않는다. 인공적으로 매립에 의해 육화되었을 때는 섬은 「섬」으로서의 기능이 사라지게 되며, 이러한 섬은 섬이라 부르지 않고 역사적 기록에 의해서만 섬의 명맥을 유지할 뿐이다(신순호, 1996).

3) 구성 물질별

섬은 구성 물질에 따라 바위섬과 모래섬으로 구분된다. 바위섬은 주로 기반암(基盤岩)으로 이루어진 데 반하여, 모래섬(또는 모래톱)은 해안의 퇴적물(모래, 실트 등)로 구성되어 있으며 우리나라에서는 대하천의 하구에 발달한다. 낙동강 하구 전면에 발달한 사주인 진우도, 대마등, 샛등이 좋은 예이다.

4) 형태별

우리나라의 모든 섬은 독립적으로 존재하는 경우도 있지만 많은 섬들은 주변에 크고 작은 섬과 함께 하나의 무리를 이루는 경우가 많다.

앞서 정의부문에서 기술했듯이 이러한 섬들을 군도(群島) 또는 제도(諸島)라 한다. 제도(諸島: archipelago, a group of islands)는 많은 섬이 일정한 범위 내에 산재하여 분포하고 있는 것을 의미하며, 군도(群島)는 괴상(무리형태)으로 많은 섬이 모인 것을 의미한다. 그러나 영어로 표기할 때는 군도와 제도는 큰 차이가 없다. 또한 이러한 섬들이 암판(plate) 경계상에 늘어서서 직선상 또는 직선에 가까운 형태로 배열되어 있을 때는 열도(列島)라 부르는바, 남해안과 서해안에서는 이러한 섬들을 많이 볼 수 있다.

5) 주민의 거주 여부별15)

주민의 거주여부별로 유인도, 무인도, 그리고 일시 거주도서로 구분한다. 유인도는 주로 민간인이 생활근거를 두고 연중(年中) 계속 또는 상당기간 동안 생업을 영위하며 살고 있는 도서를 지칭한다. 그러나, 우리나라에서 일부 연구의 관점이나 주민등록법상으로는 거주 도서 내에 주민이 등록되어 있는 도서를 말한다(신순호, 1996).

무인도는 유인도를 제외한 도서로서 사람이 살지 않는 도서를 말한다.

---

15) 유인도와 무인도에 대해서는 별도로 상세하게 다루도록 한다.

전략상 군경만이 주둔하고 있는 섬도 무인도로 분류하고 있다.

일시 거주 도서는 사람이 일년 중 일정 기간 동안만 거주하는 도서이다. 주로 농산물이나 수산물 등의 생산물을 생산하기 위해 산물이 생산되는 시기에만 사람이 거주하는 경우가 많은데, 우리나라에서는 이들 도서를 일반적으로 무인도로 취급하고 있다.

6) 기능적 중심성 및 섬의 규모별

섬이 인접하여 있을 때 섬들 간에 기능적으로 밀접한 관계를 가지고 있다. 규모나 편의기능의 보유, 의존도 등을 기준으로 분류하는 방법으로 모도(또는 본도, 중심도서)와 자도(또는 부속도서)가 그것이다. 모도(母島, 또는 본도, 중심도서)는 정기여객선의 운항횟수가 비교적 많고 주민의 기초 행정수요를 충족시켜줄 수 있는 공공기관(읍·면·동사무소, 경찰서·파출소, 우체국, 농·수협 등)과 중·고등학교, 병·의원, 약국, 여관, 생활필수품의 구매시설 등과 같은 일정한 교육, 의료, 생활편익시설을 갖추어 주변의 작은 도서에 생활 기능적 파급효과를 밀접히 주는 비교적 규모가 큰 도서를 말한다.

자도(子島) 또는 부속도서는 정기여객선이 취항하지 않거나 운항횟수가 비교적 적고 기초수요(basic needs)를 충족할 공공기관이나 편익시설들이 갖춰지지 않아 인근의 모도 또는 중심도서에 크게 의존하고 있는 비교적 규모가 작은 도서를 말한다(신순호, 1996).

7) 정책에 따른 유형

정책상 도서를 유형화하는 경우는 해당 정책 목적을 보다 편리하고 효율적으로 수행하기 위해 마련하는 것이다. 따라서 정책의 목표와 달성하고자 하는 내용에 따라 그 대상을 가장 합리적으로 분류하여야 한다.

(1) 제3차 도서종합개발계획

행정안전부에서 수립한 제3차 도서종합개발10개년계획에서는 도서의 유형을 도서의 입지, 관광 및 휴양형태, 도서의 자원 유형에 따라서 구분하고 있다(표 1-3 참조).

우선, 도서를 입지에 따라 육지근접형, 군도형, 고립형으로 분류한다. 육

표 1-3 도서의 유형

기준	유형	특성
입지	육지근접형	해안중심도시로부터 인접한 거리에 위치하여 도서가 갖는 격절성이 상대적으로 적거나 해소가 가능한 도서
	군도	일정규모(인구 500명) 이상의 큰 섬을 중심으로 다수의 도서가 인접하여 분포된 도서로서 모도와 자도로 구성
	고립형	육지 또는 인접도서와 상당한 거리에 위치하여 도서군을 이루지 못하고 독립적으로 분포되어 있는 도서
관광 및 휴양형태	관광방문형	도서의 매력 등 2~3일 관광에 목적을 둔 도서
	정주휴양형	편안함을 주며 일정기간 휴양을 위한 도서
	관람경유형	일시적으로 방문하여 관람하는 도서
도서자원	관광자원형	도서의 수려한 풍광, 어메니티를 활용하여 관광자원화하거나 생태화한 유형화
	문화유적형	도서에 있는 역사문화유적 등을 활용한 유형화
	농업자원형	농업시설 및 생산소득 사업위주의 유형화
	수산자원형	수산시설 및 생산소득 사업위주의 유형화
	체험형	도서의 자연과 생활 등을 체험할 수 있는 유형화

자료: 신순호 외, (2008), 「도서진단제도 및 평가시스템 구축을 통한 도서개발사업 효율화 방안 연구.
(행정안전부)

지근접형은 해안중심도시로부터 인접한 거리에 위치하여 도서가 갖는 격절성이 상대적으로 적거나 해소가 가능한 도서이다. 군도형은 일정규모 이상의 큰 도서를 중심으로 다수의 도서가 인접하여 분포된 도서로서 모도와 자도로 구성된다. 고립형은 육지 또는 인접도서와 상당한 거리에 위치하여 도서가 군을 이루지 못하고 독립적으로 분포되어 있는 도서이다.

다음은 관광 및 휴양형태에 따라 관광방문형, 정주휴양형, 관람경유형으로 분류한다. 관광방문형은 도서의 매력 등 2~3일 관광에 목적을 둔 도서이고, 정주휴양형은 편안함을 주며 일정기간 휴양을 위한 도서이며, 관람경유형은 일시적으로 방문하여 관람하는 도서를 말한다.

도서의 자원유형에 따라서는 관광자원형, 문화유적형, 농업자원형, 수산자원형, 체험형으로 분류한다.[16] 관광자원형은 도서의 수려한 풍광, 어메니티를 활용하여 관광자원화하거나 생태화한 유형이고, 문화유적형은 도서에

---

16) 유형은 계획의 변경시 관광자원(생태관광)형, 농업자원형, 수산자원형, 복합형 등으로 변경됨

있는 역사문화유적 등을 활용한 유형, 농업자원형은 농업시설 및 생산소득 사업위주의 유형, 수산자원형은 수산시설 및 생산소득 사업위주의 유형, 체험형은 도서의 자연과 생활 등을 체험할 수 있는 유형을 말한다.

(2) 제4차 도서종합개발계획

제4차 도서종합개발계획에서는 도서의 규모, 기초인프라, 육지와의 거리 (교통여건) 등에 따라 도서를 8개 유형로 구분하고 발전전략 수립하고자 하고 있다.

4차 계획에서의 8개 유형은

① 인프라가 부족하고 육지와 가까우며 농어업이 발달한 도서
② 인프라가 부족하고 육지와 가까우며 관광이 발달한 도서
③ 인프라가 부족하고 육지와 멀며 농어업이 발달한 도서
④ 인프라가 부족하고 육지와 멀며 관광이 발달한 도서
⑤ 인프라가 갖추어졌고 육지와 가까우며 농어업이 발달한 도서
⑥ 인프라가 갖추어졌고 육지와 가까우며 관광이 발달한 도서
⑦ 인프라가 갖추어졌고 육지와 멀며 농어업이 발달한 도서
⑧ 인프라가 갖추어졌고 육지와 멀며 관광이 발달한 도서이다.

(3) 일본 이도진흥시책상의 유형

일본에서는 섬개발을 위한 정책에서 섬을 6개의 유형으로 분류하고 있다. 일본의 지정 유인이도는 본토에서 시간 거리, 지리적 조건, 인구 규모 등에 따라 고립소형 이도(도서), 고립대형 이도, 내해·본토근접형 이도, 외해·본토근접형 이도, 군도형 주이도, 군도형 부속이도로 나누고 있다.[17]

내해·본토근접형 이도는 본토 중심도시에서 항로 1시간권 내의 이도 중 결항률이 거의 없는 항로 있는 이도를 말하며, 외해·본토근접형 이도는 본토 중심도시에서 항로 1시간권 내의 이도 중 내해·본토근접형 이도를 제외한 나머지 이도를 말한다. 여기서 본토 중심도시란 이도 사람들의 광범위한 생활권역 중에서 중심적 존재가 되는 본토에 위치한 도시를 말한다. 즉, 중심

---

17) 때론 일본의 지정 유인이도를 5가지로 분류하기도 하는데 이는 군도형 주이도와 군도형 부속이도를 군도형 이도라고 합하여 분류하기 때문이다. 国土交通省, 2018, 離島振興施策 참조

그림 1-1　도서의 유형

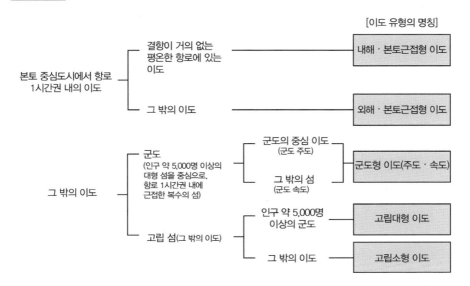

자료: 国土交通省 都市・地域整備局 離島振興課, 2011, 離島振興計画フォローアップ, p.4.

도시는 이도와 전국교통네트워크와의 접점이라 할 수 있다.

　　군도형 이도는 군도 주도와 군도 속도로 나뉘는데, 인구 약 5,000명 이상의 대형 섬을 중심으로 항로 1시간권 내에 근접한 복수의 섬의 중심 이도를 군도 주도라 하고, 그 밖의 섬을 군도 속도라고 한다. 고립대형 이도는 고립된 인구 약 5,000명 이상의 군도를 말하고, 고립소형 이도는 고립대형 이도를 제외한 나머지 섬을 말한다(그림 1-1 참조).

　　8) 기 타

　　그 밖에도 도서 유형은 기준이나 쓰임에 따라 다양하게 분류할 수 있다. 도서 개발을 전제로 산업, 자연, 문화적 특성을 기준으로 하여 농경도서, 축산도서, 수산업도서, 휴양관광도서, 문화유적보존도서, 자연보존도서로 분류하기도 한다. 이와 같은 기준을 보다 세분하여 수목원도서, 과수원도서, 약초재배도서, 목초지도서, 방목도서, 야생동식물도서, 해수욕장, 낚시터, 야영장으로 구분하고 있는 경우도 있다(최재율, 1990: 382).

1. 개관

1) 일반 현황

우리나라의 유인도서는 제주도 본도를 제외하고 2020년 4월 기준으로 465개이고,[18] 무인도는 2,878개[19]로 전체 3,343개이다. 이의 면적은 유인도가 3,790.9㎢이고 무인도는 76.6㎢으로 전체 면적은 3,867.5㎢이다.[20] 2020 기준의 유인도서 수는 1974년의 832개에 비해 약 40%가 감소되었다.[21]

465개 유인도(제주도 본도 제외, 이하 같음)의 전체인구는 842,864명[22]으

표 1-4 도서 현황

구분	총 도서	유인도서(제주도 본도 제외)	무인도서
도서 수(개)	3,343(100%)	465 (13.9%)	2,878(86.1%)
도서 면적(㎢)	3,867.5(100%)	3,790.9(98.0%)	76.6(2.0%))

자료: 유인도는 행전안전부 내부자료(2020.4 기준)의 개별 유인도서의 면적을 합계한 수치이며 무인도는 해양수산부 무인도서종합정보시스템 무인도서현황 자료임

---

18) 여기의 유인도에는 제주도 본도를 포함하고 있는 수치이나 이 책에서는 특별히 언급하는 것을 제외하고 모든 대상에서 제외한다. 이는 거의 모든 정책에서 제주도 본도를 섬으로 다루고 있지 않을 뿐만 아니라 인구규모나 면적 등에 있어 일반도서와 매우 다른 특성을 갖고 있기 때문이다.

19) 여기에서 제시하는 무인도서의 수치는 해양수산부의 무인도서종합정보시스템의 무인도서현황에서 소유별형태를 기준으로 제시된 수치이다. 무인도의 수치는 많은 자료가 일치되지 않고 차이가 나고 있는바, 해양수산부가 2020년 8월 기준으로 위성DB를 참고로 제2차 무인도서 종합관리계획 수립을 위한 잠정적인 관리대상 도서는 2,918개이다. 이 가운데는 지적공부상 지번이 부여되지 않는 미등록 도서가 363개가 포함되어 있다. 무인도서종합정보시스템에서는 무인도를 2,583개, 2,878개, 2,644개(지적공부등록무인도서) 등으로 제시하고 있는바, 무인도서정보조회와 행정지역별 무인도서통계는 2,583개, 무인도서현황에서 소유형태별 도서수는 2,878개, 같은 무인도서현황의 거리구간별 도서현황은 2,644개로 표시되고 있다.

20) 도서에 대해서는 정확히 일치된 수치를 파악하기 어려운 실정인바, 무인도는 도서수에서 상당한 차이를 보이고 있으며, 유인도의 경우는 행정안전부의 내부자료에는 면적이 3,784㎢로 파악되나 2020년 6월 기준의 유인도서 개별 면적을 합산한 결과 3,790.6㎢로 추계된다.

21) 내무부의 『도서지』(1975)과 『도서지』(1985), 『한국 도서백서』(1996)에는 연륙도서의 일부 또는 조사시점의 연륙도서 전부를 제외하여 조사·수록하였다. 신순호(1996), 『도서개발전략』 참고.

22) 행정안전부의 내부 자료를 기준으로 하되 내부 표에 누락된 인구를 더한 수치임.

표 1-5 면적 규모별 유인도서(2020.4. 현재)

면적규모(㎢)	도서 수(개)	구성비(%)
0.1 미만	41	8.8
0.1~1미만	216	46.5
1~5 미만	122	26.2
5~50 미만	72	15.5
50 이상	14	3.0
합계	465	100.0

주: 제주도 본도 제외
자료: 행정안전부 내부자료

표 1-6 인구 규모별 유인도서(2020.4. 현재)

인구규모(명)	도서 수(개)	구성비(%)
1~25 미만	127	27.3
25~50 미만	66	14.2
50~100 미만	69	14.8
100~500 미만	123	26.5
500~1,000 미만	21	4.5
1,000 이상	59	12.7
합계	465	100.0

주: 제주도 본도 제외
자료: 행정안전부 내부자료에 일부 도서 확인·보정

로 1개 도서당 평균면적이 8.15㎢이고, 도서당 평균인구는 1,812.6명이다.

섬의 현황을 분석할 때 제주도 본도는 면적이나 여타 측면에서 국제적인 섬의 정의에 따를 때 당연히 섬에 포함된다. 그러나 제주도 본도는 우리나라의 대부분의 정책에서는 섬의 범주에 넣지 않고 있다. 실제로 제주도는 그 면적규모나 인구규모 등으로 보아 육지부와 도보나 자동차 운행으로 연결되지 않고 해상교통 수단만이 유일한 도서와 외부와의 교통수단인 순수 의미의 여타 도서(이하 이 같은 의미의 도서를 편의상 "순수의미 도서" 또는 "비연륙도서"라 한다)들과 비교할 때, 삶의 여건이나 발전정책 측면에서 매우 다른 여건이다.

다음 관련된 부문에서 보다 구체적 서술이 있겠지만, 우리나라 순수 의미의 도서들은 우선 임계인구(threshold popullation)로 인한 재화나 서비스 공

표 1-7 시도별 유인도서 현황

구분	부산	인천	경기	충남	전북	전남	경북	경남	제주	합계
도서수 (개,%)	3 (0.6)	38 (8.2)	5 (1.1)	33 (7.1)	25 (5.4)	273(58.8)	3 (0.6)	77 (16.6)	8 (1.7)	465 (100.0)
도서면적 (km²,%)	18 (0.5)	707 (18.7)	3 (0.1)	152 (4.1)	41 (1.1)	1,856 (49.0)	73 (1.9)	903 (23.8)	13 (0.4)	3,790 (100.0)
인구 (명,%)	120,282 (14.3)	178,253 (21.2)	835 (0.1)	15,736 (1.9)	5,228(0.6)	170,218 (20.2)	9,849 (1.2)	337,928 (40.1)	4,437 (0.5)	842,766 (100.0)

주 : 제주도 본도 제외
자료: 행정안전부 내부자료에 일부 도서 확인·보정

표 1-8 시도별 도서현황(단위: 개, km²)

구분	도서수			도서 면적		
	합계	유인도	무인도	합계	유인도	무인도
부산광역시	48	3	45	39.40	34.69	4.71
인천광역시	151	40	111	691.28	683.99	8.29
울산광역시	3	–	3	0.04	–	0.04
경기도	53	12	41	44.47	43.74	0.73
강원도	34	–	34	0.26	–	0.26
충청남도	270	34	236	158.53	150.04	8.49
전라북도	105	25	80	37.06	34.77	2.29
전라남도	2,020	276	1,744	1,796.89	1,756.44	40.45
경상북도	43	3	40	72.72	72.58	0.14
경상남도	565	81	484	901.43	892.2	9.23

주 : 제주도 본도 제외
자료: 행정안전부.2008 제 3차 도서종합개발 10개년 계획; 국토해양부, 2010. 무인도서종합관리계획 등

급 받을 수 있는 중심지와의 격절성이 높고 내부적으로 규모의 경제가 형성 될 수 없는 것이 제주도 본도와는 근본적으로 삶의 여건이 다르다.[23] 이 같 은 관점에서 일본에서도 정책적 관점에서 규모가 큰 혼슈, 홋카이도, 시코쿠, 규슈, 오키나와는 일반적으로 여타 섬과 분리하고 있다.[24]

---

23) 중심지와 중심지서비스와 규모의 경제에 관한 보다 자세한 내용은 국내외 각종 지역개발(정책) 관련 문헌에 제시되고 있으며 도서지역과 관련된 이의 내용은 신순호(1986), '도서지역개발촉진 을 위한 이론모색', 「임해지역개발연구」제5집, 목포대학교 임해지역개발연구소, pp.61–80와 신 순호(1991), '우리나라 도서지역의 특성과 개발방향에 관한 연구'「서울시립대학교 대학원 박사 학위논문」, pp.10–16에 자세히 기술되고 있다.
24) 일본의 이도진흥법에 따른 이도진흥계획 등에서도 5대 도서외의 도서를 이도(離島)라고 하여 분리하고 있다. 일본 海上保安庁「海上保安の現況」, 1987과 일본 国土交通省,「離島地域におけ

2) 규모별 도서

유인도서의 면적규모별 분포를 보면 0.1㎢ 미만 도서는 41개로 전체 유인도서의 8.8%를 차지하고, 0.1~1㎢ 미만 도서는 216개로 전체 유인도서의 약 절반을 차지하는 46.5%를 차지하고 있다. 또한 1~5㎢ 미만 도서는 122개 (26.2%)이며 5~50㎢ 미만 도서는 72개(15.5%)이며 50㎢ 이상되는 도서는 14개로 3.0%를 차지하고 있다.

인구규모별 분포를 보면 1~25명 미만 도서는 127개로 전체 유인도서의 27.3%를 차지하고 25~50명 미만은 66개로 14.2%이다. 또한 50~100명 미만은 69개(14.8%)이며 100~500명 미만은 123개(26.5%), 500~1,000명 미만은 21개(4.5%)이고 1,000명 이상의 인구를 가진 도서는 59개로 12.7%이다.

유인도서의 각 시·도별 분포를 보면 부산이 3개로 전체의 0.6%를 차지하며, 인천이 38(8.2%), 경기 5(1.1%), 충남 33(7.1%), 전북 25(5.4%), 전남 273(58.8%), 경북 3(0.6%), 경남 77(16.6%), 제주가 8개로 1.7%를 차지하고 있다.

2. 연륙 유인도서와 비연륙 유인도서

1) 비연륙 유인도서

연륙되지 않고 도로나 철로 또는 보도 등으로 육지부와 연결되지 않은 도서는 삶의 여건 측면에서 본래 의미의 도서라고 볼 수 있다. 연륙과 연도·연륙되지 않는 섬은 오래전 자연현상에 의해 섬으로 생성하게 되었던 때부터 지금까지 섬 그대로의 성격을 가지고 있거나, 연도는 되었으나 육지부와 육상 교통수단 등으로 통행하지 않는 도서이다.

이러한 비연륙도서와 달리 과거에 섬이었으나 도로(교량) 등의 인공구조물이 섬과 육지부간에 축조되어 육상 교통수단 등이 곧바로 통행하는 섬을 연륙도서 그리고 연륙도서와 연도된 섬을 연도연륙도서라 한다. 이 같이 섬이 육지부와 연결된 섬은 비연륙도서와는 아주 다른 삶의 여건을 갖게 된다. 여기에는 섬의 핵심적 특성인 접근성에서 가장 큰 차이점을 갖는다. 연륙 또

る振興施策」, 2018, 및 일본 「離島振興法」 참조.

는 연도연륙을 통해 육상교통수단이 곧 바로 육지부와 연결되는 섬은 접근성 측면에서 보면 섬이라기보다는 기존의 육지부의 지역들과 차이점을 찾기 힘들다.

　　교통문제 특히, 육지부와 육상교통수단이 연결되지 않고 해상교통만을 이용하는가, 그렇지 않는가가 삶의 정주 여건과 정책적 측면에서 많은 부분이 밀접하게 연관되어 있다.[25) 이러한 점에서 연륙 및 연도연륙도서(이하 본 장에서는 연륙과 연도연륙도서를 특별한 경우를 제외하고 연륙도서로 통칭한다)와 비연륙도서를 가려내고 분석하는 것은 도서지역 발전을 위한 정책 연구의 가장 중요한 핵심요소이다.

　　그러나 국내 거의 대부분 연구에서는 이에 대한 깊은 인식이 없이 그저 섬(도서)이라는 동일한 범주 속에 넣고 있다. 심지어는 일부 법 대상, 특히 섬발전촉진법(과거 도서개발촉진법)에서 적용하는 대상을 가지고 섬(유인도서)의 정의로 혼돈하는 경우도 적지 않다. 이와 더불어 일부 인구관련 연구를 제외하고서는 연륙도서와 분리하여 비연륙된 섬만을 대상으로 현황이나 비교 등의 연구도 역시 거의 해오지 않고 있다.

　　우리나라 비연륙 유인도서는 2020년 4월 기준으로 376개로 전체 유인도 465개의 약 80.9%를 차지하고 있다. 이들 비연륙 유인도서는 전체 면적이

표 1-9　면적 규모별 비연륙 유인도서

면적규모(㎢)	도서수(개)	구성비(%)
0.1 미만	37	9.8
0.1~1 미만	193	51.3
1~5 미만	99	26.3
5~50 미만	45	12.0
50 이상	2	0.5
합계	376	100.0

자료: 행정안전부 내부자료에 일부 도서 확인·보정

---

25) 육지부와 섬과를 연결하는 데에는 해상교통수단 외에도 항공교통수단도 있으나, 면적규모가 크고 인구가 많이 거주하는 섬의 경우는 항공교통수단이 큰 역할을 하게 되나, 일반적으로 규모가 작은 섬에는 비록 항공교통수단이 있다 하더라도 해상교통수단이 핵심 수단이 되고 있다.

표 1-10	비연륙 유인도서 인구규모별 분포	
인구 규모(명)	도서 수(개)	구성비(%)
1~25 미만	121	32.2
25~50 미만	59	15.7
50~100 미만	61	16.2
100~500 미만	96	25.5
500~1,000 미만	15	4.0
1,000 이상	24	6.4
합계	376	100.0

자료: 행정안전부 내부자료에 일부 도서 확인·보정

1,108.9㎢이고, 1개 도서당 평균면적은 2.95㎢이다. 이들 도서의 면적규모별 분포는 <표 1-9>와 같다. 이들 도서 중 0.1㎢ 미만 도서는 37개로 전체의 9.8%를 차지하고 있고, 0.1~1㎢ 미만 도서는 193개로 51.3%이며, 1~5㎢ 미만 도서는 99개(26.3%), 5~50㎢ 미만 도서 45개(12.0%)이고 50㎢ 이상 도서가 2개로 0.5%를 차지하고 있다. 전체적으로 볼 때 1㎢ 미만의 비연륙 유인도서가 230개로 전체의 61.2%를 차지하고 있어 비연륙 유인도서의 협소성을 보이고 있다. 50㎢ 이상의 도서는 2개는 울릉도와 백령도이다.

전체 376개의 비연륙 유인도서 인구는 97,524명이고, 1개 도서당 평균인구는 259명이다.

비연륙 유인도서의 인구규모별 분포는 <표 1-10>에서 보여 주듯이, 1~25명 미만 도서가 121개로 전체 비연륙 유인도서 가운데 32.2%를 차지하고 있고, 25~50명 미만 도서는 59개로 전체의 15.7%를 차지하고 있다. 또한 50~100명 미만 도서는 61개로 16.2%이고, 100~500명 미만 도서는 96개로 전체의 25.5%이고, 500~1,000명 미만 도서는 15개(4.0%)이며, 1,000명 이상의 도서는 24개로 6.4%를 차지하고 있다.

전체적으로 볼 때 인구 100명 미만의 비연륙 유인도서가 241개로 전체의 64.1%를 차지하고 있어 비연륙 유인도서의 과소성을 보이고 있다. 1,000명 이상의 도서는 울릉도와 백령도를 비롯하여 주로 육지부와 먼 거리에 위치하고 있는 경우가 많다. 비연륙 유인도서는 연륙도서와 비교하여 볼 때 도서당 평균인구와 평균면적이 상대적으로 적다.

시·도별 도서 분포를 보면 전라남도가 224개로 전체 비연륙 유인도서

표 1-11 시도별 비연륙 유인도서

	인천	경기	충남	전북	전남	경북	경남	제주	합계
도서수 (개,(%))	28 (7.4)	4 (1.1)	27 (7.2)	19 (5.1)	224 (59.6)	3 (0.8)	63 (16.8)	8 (2.1)	376 (100.0)
도서면적 (㎢,%)	160.88 (14.5)	2.56 (0.2)	23.72 (2.1)	29.28 (2.6)	709.28 (64.0)	73.26 (6.6)	95.93 (8.7)	14.04 (1.3)	1,108.94 (100.0)
인구 (명,%)	15,149 (15.5)	259 (0.3)	2,792 (2.9)	3,590 (3.7)	53,279 (54.6)	9,849 (10.1)	8,071 (8.3)	4,535 (4.7)	97,524 (100.0)

자료: 행정안전부 내부자료에 일부 도서 확인·보정

표 1-12 면적 규모별 비연륙 유인도서(1994년 기준)

면적규모(㎢)	도서 수(개)	구성비(%)
0.1 미만	49	10.6
0.1~1 미만	218	47.0
1~5 미만	124	26.7
5~50 미만	70	15.1
50 이상	3	0.6
합계	464	100.0

자료: 신순호, 1996, 도서개발전략, 내무부, p.10/ 내무부,1996, 한국 도서통계

의 59.6%를 차지하고 이들 도서인구는 53,278명으로 전체의 54.6%를 차지하고 있다. 다음으로 경상남도가 63개로 16.8%로 인구는 8,071명으로 8.3%를 차지하고 있다. 인천광역시는 28개(7.4%) 도서에 인구 15,149명으로 15.5%를 차지하고 있고, 충청남도 27개(7.2%) 도서와 인구 2,792명(2.9%), 전라북도 19개(5.1%)에 인구 3,590명(3.7%), 제주특별자치도 8개(2.1%)에 인구 4,535명(4.7%)이며 경기도는 4개(1.1%)에 인구 259명(0.3%)이며, 경상북도는 3개(0.8%) 도서에 인구 9,849명으로 전체의 10.1%를 차지하고 있다.

경기도에 속한 4개와 경상북도의 3개 도서는 모두 비연륙 도서이고 연륙도서는 없다. 또한 제주특별자치도 역시 8개 유인도서 역시 모두 비연륙 도서이나 흔히 추자도로 불리는 섬은 상추자도와 하추자도의 2개 섬이 1971년에 연도되었다.

이 같은 비연륙 유인도서를 과거의 모습과 비교해 보면, 1994년도는 총 464개였다. 2020년 기준의 비연륙 유인도서와 비교할 때 88개가 감소되어 19.0%가 감소되었다. 감소된 도서를 살펴보면 5~50㎢ 미만 도서가 70개에

표 1-13　인구 규모별 비연륙 유인도서(1994년 기준)

인구규모(명)	도서 수(개)	구성비(%)
1~25 미만	106	22.9
25~50 미만	51	11.0
50~100 미만	73	15.7
100~500 미만	142	30.6
500~1,000 미만	34	7.3
1,000 이상	58	12.5
합계	464	100.0

자료: 신순호, 1996, 도서개발전략, 내무부, p.11/ 내무부,1996, 한국 도서통계

서 45개로 줄어들어 가장 크게 감소하였고 이어서 0.1~1㎢ 미만도서 역시 크게 줄었다.

　그러나 비율로 보았을 때는 5~50㎢ 미만 도서가 35.7%로 가장 많이 줄어들었고, 다음으로 50㎢ 이상의 도서이다. 연륙하는 데는 연륙거리가 짧아야 되는 등의 지리상의 요인이 크게 좌우하지만 그렇다 하더라도 같은 조건이라면 큰 규모의 도서를 연륙하고 있음을 알 수 있다. 이 같은 비연륙 유인도서를 인구 측면에서 1994년도 비연륙도서와 비교해 보면 1994년의 464개 도서의 인구는 255,487명이었다. 2020년은 97,524명으로 이를 단순히 비교하면 157,963명이 감소하였다. 감소된 도서를 살펴보면 1~25명 미만 도서가 106개이었으나 121개로 늘었고, 25~50명 미만 도서는 51개에서 59개로 늘었다. 그러나 50~100명 미만 도서는 73개에서 61개로 줄어들었고 100~500 미만의 도서는 142개에서 96으로 줄었으며, 500~1,000명 미만 도서는 34개에서 15개로 줄었고 1,000명 이상도서는 58개에서 24개로 크게 줄었다.

　인구의 관점에서 보면 비연륙 유인도서는 1994년과 비교할 때 전체적으로 도서수가 줄었고 인구도 크게 줄었다. 그 가운데서도 인구규모가 큰 도서일수록 그 도서수가 크게 감소하였고, 인구규모가 작은 1~25명 미만 도서나 25~50명 미만 도서는 오히려 그 수가 늘었다.

　이와 같은 비연륙 유인도서의 감소현상과 관련하여 생각되는 것은 인구가 감소현상이 진행됨으로써 인구규모가 큰 도서는 점점 인구가 적어져서 작은 인구규모로 변화해 가고 더 나아가 작은 규모의 도서는 결국 소멸되어 가고 있는 현상을 보여주는 것이라 분석된다.

2) 연륙 유인도서

섬이 유일하게 해상교통수단에 의해 섬 밖의 육지부와 연결하였던 것에서 벗어나 인공 구조물의 축조에 의해 자동차나 도보로 육지부와 연결된 경우가 있다. 과거에는 주로 섬과 육지부를 연결하는 데는 교량에 의한 경우가 대부분이었다. 또한 섬과 육지부 사이가 가깝고 연결지점의 해저 지형의 수심이 깊지 않고 드러나 있는 경우에는 직접 토석으로 연결하는 경우가 있었다. 그러나 과학·기술의 발달로 이러한 방법 외에도 여러 가지 방법으로 섬과 육지부는 연결되고 있다.

섬이 기존의 육지부와 연결된 이후에는 주민들의 삶의 여건이나 지역발전 정책측면에서 볼 때 비연륙도서와는 많은 차이가 있는바, 이를 분리해서 살펴보는 것은 매우 중요하다. 2020년 10월 말 기준 육지부와 자동차나 도보로 통행이 가능한 연륙 유인도서(연륙 유인도서와 연도연륙 유인도서를 포함, 이하에서는 연륙 유인도서 표기함)는 89개이다.

이들 도서의 전체 면적은 2,681.9㎢로 전체 유인도서 면적의 70.9%를 차지하고 있다. 이들 면적규모별 분포는 <표 1-14>에서 보여주는 바와 같다. 이들 도서 중 0.1㎢ 미만 도서는 4개로 전체의 4.5%를 차지하고 있고, 0.1~1㎢ 미만 도서는 23개로 25.8%이며, 1~5㎢ 미만 도서는 23개(25.8%), 5~50㎢ 미만 도서는 27개(30.3%)이고 50㎢ 이상 도서는 12개로 13.5%를 차지하고 있다.

이들 연륙 유인도서의 총 인구(2020년 10월 말)는 745,340명으로 전체 도

표 1-14 면적 규모별 연륙 유인도서

면적규모(㎢)	도서 수(개)	구성비(%)
0.1 미만	4	4.5
0.1~1 미만	23	25.8
1~5 미만	23	25.8
5~50 미만	27	30.3
50 이상	12	13.5
합계	89	100.0

자료: 행정안전부 내부자료에 일부 도서 확인·보정

표 1-15 인구 규모별 연륙 유인도서

인구규모(명)	도서 수(개)	구성비(%)
1~25 미만	6	6.7
25~50 미만	7	7.9
50~100 미만	8	9.0
100~500 미만	27	30.3
500~1,000 미만	6	6.7
1,000 이상	35	39.3
합계	89	100.0

자료: 행정안전부 내부자료에 일부 도서 확인·보정

서인구의 88.4%에 해당된다. 이들 도서의 인구규모별 분포는 <표 1-15>에서 보여주는 바와 같다. 1~25명 미만 도서는 6개로 65개 전체 연륙도서의 6.7%에 해당되고, 25~50명 미만 도서는 7개(7.9%), 50~100명 미만 도서는 8개(9.0%), 100~500명 미만 도서는 27개(30.3%)이고, 1,000명 이상 도서는 35개로 전체의 39.3%로 가장 많다.

과거에 비해 연륙 유인도서는 시간이 흐름에 따라 그 숫자가 더 많아지고 있다. 또한 이들 도서는 비연륙된 도서에 비해 대부분 인구가 많으며 도서 당 평균인구 역시 훨씬 많다. 연륙 유인도서의 도서당 평균 인구는 8,375명으로 비연륙 유인도서에 비해 상대적으로 매우 많다. 또한 도서당 평균 면적 역시 30.1㎢로 비연륙 유인도서에 비해 매우 넓은 면적이다.

이들 연륙 유인도서의 시·도별 분포를 보면 부산이 3개로 전체의 3.4%이며, 인천이 10개(11.2%), 경기 1개(1.1%), 전북 6개(6.7)이며 전남이 49개로 전체의 55.1%를 차지하고 있고 경남은 14개로 15.7%를 차지하고 있다. 유인도가 있는 경북과 제주는 연륙도서가 없는바, 섬과 육지부와의 거리가 멀고 일부는 상대적으로 규모가 작아 연륙에 따른 효과성이 낮은 것이 요인이라 보인다.

표 1-16 시도별 연륙 유인도서(연도연륙 포함)

구분	부산	인천	경기	충남	전북	전남	경북	경남	제주	합계
도서수 (개,%)	3 (3.4)	10 (11.2)	1 (1.1)	6 (6.7)	6 (6.7)	49 (55.1%)	– (0.0)	14 (15.7)	– (0.0)	89 (100.0)
도서면적 (㎢,%)	38.76 (1.4)	546.64 (20.4)	1.42 (0.1)	128.86 (4.8)	12.03 (0.4)	1,146.73 (42.8%)	– (0.0)	807.48 (30.1)	– (0.0)	2,681.93 (100.0)
인구 (명,%)	120,282 (16.1)	163,104 (21.9)	576 (0.1)	12,944 (1.7)	1,638 (0.2)	116,939 (15.7%)	– (0.0)	329,857 (44.3)	– (0.0)	745,340 (100.0)

자료: 행정안전부 내부자료에 일부 도서 확인·보정

3. 인구구조

1) 현황

우리나라 도서지역 전체 인구는 2020년 6월 말 기준으로 833,925명 가운데 남자는 429,043명, 여자는 404,882명으로 성비는 106.0이고, 가임여성은 총 152, 292명으로 전체 여성의 37.6를 차지하고 있다. 15세 미만 유소년인구는 총 965,350명으로 전체 인구의 11.4%를 차지하며, 65세 노년인구(고령자)는 187,636명으로 22.5% 비율을 보이는바, 이미 초 고령사회에 진입하였다. 도서지역의 총 부양비는 51.4이고, 유년부양비는 17.3이며 노년부양비는 34.1이고, 노령화지수는 196.8이다.

도서지역 인구구조를 전국과 비교해 볼 때, 도서지역에 비해 전국의 성비는 같은 해 전국의 성비 100.4에 비해 높은 편이다. 총 부양비는 전국의 38.6에 비해 매우 높으며, 전국의 유년부양비는 16.9로 비슷하다. 전국의 노년부양비는 21.7로 도서지역이 매우 높다. 노령화지수는 전국의 129.0와 비교할 때 도서지역이 매우 높다.[26]

전체적으로 볼 때 도서지역의 인구는 전국에 비해 총부양비가 높은데, 이는 노년 인구가 상대적으로 많은 비중을 차지하고 있는 데서 기인하고 있다. 따라서 노령화 지수도 매우 높아 도서지역의 노인인구의 생애주기를 감

---

[26] https://kosis.kr/visual/nsportalStats/index.do?menuId=all 참조

표 1-17 시도별 성별 도서 인구

광역시도	합계	남성	여성	가임여성	15세 미만			65세 이상		
					계	남성	여성	계	남성	여성
부산	118,671	58,573	60,098	20,891	9,082	4,602	4,480	31,691	13,625	18,066
인천	181,993	94,274	87,719	37,081	22,114	11,380	10,734	36,658	16,684	19,974
경기	831	446	385	86	20	11	9	287	143	144
충남	15,734	7,940	7,794	1,833	907	447	460	5,585	2,429	3,156
전북	4,715	2,602	2,113	571	254	123	121	1,381	629	752
전남	171,855	88,839	83,016	22,093	13,747	7,031	6,716	56,502	23,657	32,845
경북	9,247	5,042	4,205	1,334	647	329	318	2,377	1,086	1,291
경남	326,948	169,254	157,694	67,867	48,317	25,013	23,304	51,960	21,895	30,065
제주	3,931	2,073	1,858	537	272	143	129	1,195	487	708
합계	833,925	429,043	404,882	152,293	95,360	49,079	46,271	187,636	80635	107,001

자료: 행정안전부 내부자료

안 할 때 특별한 사회적 변동이 없는 한 도서지역의 인구는 향후 큰 폭의 인구감소가 진행될 것으로 보인다.

2) 비연륙 유인도서와 연륙 유인도서의 인구구조 비교

연륙 유인도서 89개의 총인구(2020년 6월 말 기준)는 740,313명 가운데 15세 미만 유소년인구는 88,829명으로 전체 인구의 12.0%를 차지하며, 65세 노년인구는 155,872명으로 21.1% 비율로 이미 초 고령사회에 진입하였다. 연도연륙 도서지역의 총 부양비는 49.44이고, 유년부양비는 17.9이며 노년부양비는 31.5이고, 노령화지수는 175.5이다. 가임여성는 141,836명으로 전체 여성의 39.2%를 차지하고 있다.

한편 비연륙 유인도서 376개의 총 인구는 93,612명인데 이 가운데 15세 미만 유소년인구는 65,20명으로 전체 인구의 7.0%를 차지하며, 65세 노년인구는 31,764명 33.9% 비율로 매우 높은 비율의 초고령사회이다. 비연도연륙 도서지역의 총 부양비는 40.9이고, 유년부양비는 7.0이며 노년부양비는 33.9이고, 노령화지수는 487.2이다. 가임여성은 10,457명으로 전체 여성의 24.1%를 차지하고 있다.

비연륙 유인도서와 연륙 유인도서를 비교하여 볼 때 비연륙 유인도서가 연륙 유인도서에 비해 훨씬 취약한 인구구조를 보이고 있다. 비연륙 유인도

표 1-18 비연륙 유인도서와 연륙 유인도서의 인구

구분	전체 인구			0~14세			65세 이상			가임여성
	소계	남	여	소계	남	여	소계	남	여	
연륙유인 도서 (89)	740,313	378,908	361,405	88,829	45,824	43,005	155,872	67,130	88,742	141,836
비연륙 유인도서 (376)	93,612	50,135	43,477	6,520	3,254	3,266	31,764	13,505	18,259	10,457
총합 (465)	833,925	429,044	404,882	95,350	49,079	46,271	187,636	80,635	107,001	152,293

자료: 행정안전부 내부자료에 일부 도서 확인·보정

서는 연륙 유인도서에 비해 총부양비가 낮은데, 내부적으로 유년부양비가 매우 낮고 노년부양비는 약간 높다. 전체 여성인구에 대한 가임여성의 비율은 연륙 유인도서가 39.2%인 데 비해 비연륙 유인도서는 24.1%이다. 노령화지수는 연륙 유인도서가 175.52인데 비해 비연륙 유인도서는 무려 487.2로 엄청난 차이를 보이고 있다.

기술한 바와 같이 연륙 유인도서는 비교적 도서규모가 크고 인구규모가 큰 도서가 많다. 또한 육지부와 상대적으로 근접되어 있다. 결국 도서 자체가 인구가 많이 거주하고 있기 때문에 상위 기능의 편익시설이 갖추어질 수 있어 편리성이 높은 데다 무엇보다 다양한 육상교통수단이 있어 삶을 영위하는 데 제반 여건이 편리하다.

종합하여 볼 때, 비연륙 유인도서는 상대적으로 삶의 여건이 불편하며 이것이 결국 인구의 구조의 취약으로 연결되고 있는바, 이러한 여건이 특별히 변하지 않는 한 향후 급격한 인구 감소가 지속되어 종국에는 인구소멸 현상에 직면할 가능성도 배제하기 어렵다. 이와 관련해 한 연구에 따르면 연구 시점인 2016년을 기준하여 향후 50년 이내에 소멸될 것으로 예상되는 도서를 63개로 추정하였는데, 이들 대상 모두가 비연륙 유인도서로 나타났다(이제연, 2017: 61-62).

CHAPTER 02 법제도와 정책

Section 01 섬 지역 관련 법제와 중앙부처 정책

1. 섬 지역 관련 법제

　섬은 다른 지역과 마찬가로 지역의 특성과 내부적 요소에 의해 행정수요가 발생하게 되며 이를 충족하기 위한 각종 수단이 필요하게 된다. 이 같은 섬 지역 역시 합리적인 발전을 위해서는 종합적인 측면에서 계획작용과 개별적 내용의 규제작용을 대상으로 하는 지역개발 행정작용을 하게 되며 여기에는 당연히 일정한 법체계를 갖게 된다(류지태·박종수, 2019: 1221).

　이와 관련하여 국가가 일정한 행정활동을 위한 목표를 예측적으로 설정하고, 목표로 설정된 장래의 일정 시점에 있어서 일정한 질서 실현을 목적으로 활동 기준을 정립하는 것을 일종의 행정계획이라 한다. 공간과 관련된 행정계획은 계획의 범위에 따라 전체계획과 부문계획이 있게 된다.

　전체계획은 특정한 지역에 관련하여 당해지역에서 의미를 갖는 모든 요소들을 포함하여 여러 이해관계를 조정하여 결정하는 계획을 말한다. 전국적 관점에서 다뤄지는 모든 행정계획인 국토종합계획, 건축, 국토이용계획, 교통, 공간질서 관련 법제는 도서지역에도 동일하게 적용된다. 또한 각종 산업과 관련하거나 운송·교통과 해양, 자연·생태에 대한과 보전(보호), 문화와 의료 등 모든 관련 법률이 동일하게 적용됨은 말할 것도 없다.

이에 반해 부문계획은 특정된 개별대상 영역이나 특정된 부문에 한정하여 다뤄지는 계획을 말하는바, 공간적 측면에서 도서지역에만 적용되는 것이다.

1) 섬 지역만을 대상으로 하는 법규

행정계획과 관련하여 상대적인 관점에서 전체 섬 지역에 적용되는 법이 있으며, 일부 섬 지역에만 적용되는 경우도 있다.[1) 전자에 해당 법으로서 대표적인 것은 「섬 발전 촉진법(이전, 도서개발 촉진법)」[2)과 「무인도서의 보전 및 관리에 관한 법률(약칭 무인도서법)」이며, 후자에 해당되는 법은 「서해 5도 지원 특별법」과 「독도의 지속가능한 이용에 관한 법률(약칭 독도이용법)」을 들 수 있다.[3)

이러한 관점에서 주로 섬 지역의 발전·보전과 관련된 법률은 다음의 <표 2-1>과 같다. 먼저 유인도서를 관리하는 법으로서는 「섬 발전 촉진법」과 무인도서를 관리하는 「무인도서의 보전 및 관리에 관한 법률(약칭 무인도서법)」이 대표적이다.

「섬 발전 촉진법」은 행정안전부 소관으로 섬 지역발전에 관한 가장 대표적인 법률로서 유인도서의 생산·소득 및 생활기반시설의 정비·확충으로 생활환경을 개선함으로써 도서지역 주민의 소득 증대와 복지 향상을 도모할 목적으로 1986년에 제정되어 오랫동안 여러 차례 개정하며 시행되어 오다가 2020년 12월 22일 「섬 발전 촉진법」으로 개정되었다. 따라서 섬 발전 촉진법이라고 개정하기 전 오랫동안 적용되어 왔던 도서개발촉진법은 유인도 특히 도서주민의 삶의 여건과 도서지역(유인도)의 발전과 관련해 도서종합개발계획을 중심으로 큰 역할을 하는 있는바, 이에 대해서는 본 책에서 별도로 다

---

1) 상대적인 관점에서 섬 지역 전반에 적용되는 법을 일반법이라고 하며 도서개발촉진법과 무인도서의 보전 및 관리에 관한 법률을 들고 있고, 섬 지역의 일부에만 적용되는 법을 개별법이라 하여 서해 5도 지원 특별법과 독도의 지속 가능한 이용에 관한 법률을 들고 있다. 박진경, 2017, '주민 삶의 질 개선을 위한 도시개발정책 추진방안에 관한 연구', 「도서문화」 제50집, pp.126-153

2) 도서개발촉진법은 법률 제17692호로 2020년 12월 22일 섬 발전 촉진법으로 개정되었다.

3) 기타 특정도서의 자연생태계 및 자연환경을 보전하기 위한 환경부의 독도 등 도서지역의 생태계 보전에 관한 특별법(약칭 도서생태계법) 이 있다. 이때 특정도서는 사람이 거주하기 아니하거나 극히 제한된 지역에만 거주하는 섬, 즉 무인도서를 말한다.

루도록 한다.

「섬 발전 촉진법」에 따른 유인 도서지역에 대한 정책을 수행하는 부서는 행정안전부(특수상황지역)와 국토교통부(성장촉진지역)로 나누어져서 관리하고 있다(신순호 외, 2010: 39-43; 신순호, 2014: 22).

「무인도서법」은 해양수산부 소관으로 무인도서와 그 주변 해역의 보전 및 체계적 관리를 통하여 공공복리의 증진에 이바지하기 위하여 2007년에 제정하였다. 「섬 발전 촉진법」이 유인도서의 개발 및 지원에 초점을 둔 제도인 반면, 「무인도서법」은 무인도서의 보존·관리를 위한 행위제한에 중점을 둔 제도로서 섬 지역을 유인도서와 무인도서에 따라 적용 법령과 부처가 이원화되어 있다(박진경, 2015; 신순호 외, 2010: 36-43; 신순호, 2014: 22-23).

섬 지역 전반을 그 대상으로 하지 않고 일부만을 적용대상으로 하고 있는 법으로서는 먼저 「서해 5도 지원 특별법」을 들 수 있다. 이법은 남북 분단 현실과 특수한 지리적 여건상 북한의 군사적 위협으로 피해를 입고 있는 서해 5도의 생산·소득 및 생활기반시설의 정비·확충을 통하여 정주여건을 개선함으로써 지역주민의 소득증대와 생활안정 및 복지향상을 도모할 목적으로 2010년 제정되었다.

또한 「독도의 지속가능한 이용에 관한 법률(약칭 독도이용법)」은 독도와 독도 주변 해역의 이용과 보전·관리 및 생태계보호 등을 위하여 필요한 사항을 정함으로써 독도와 독도 주변 해역의 지속가능한 이용에 이바지함을 목적으로 2005년 제정되었다.

독도 등 섬 지역의 생태계 보전에 관한 특별법은 특정 섬의 다양한 자연생태계, 지형 또는 지질 등을 비롯한 자연환경의 보전에 관한 기본적인 사항을 정함으로써 현재와 미래의 국민 모두가 깨끗한 자연환경 속에서 건강하고 쾌적한 생활을 할 수 있도록 하기 위해 제정되었다.

도서·벽지 교육진흥법은 도서(島嶼)·벽지(僻地)의 의무교육을 진흥하기 위하여 제정되었으며 이 법은 섬 지역만을 그 대상으로 하지 않고 섬 외의 벽지를 그 대상으로 하고 있으나 도서를 법 이름으로 하고 있는 섬 지역 교육에 관한 유일한 법이다. 이 법은 지리적·경제적·문화적·사회적 혜택을 받지 못하는 지역의 의무교육을 진흥하기 위한 목적으로 1967년에 제정되었다. 그러나 「도서벽지교육진흥법」은 도서벽지교육을 진흥하기 위하여 국가와

표 2-1 섬 발전과 보전 관련 법

구 분	법명	주무부처
유인도서법	섬발전촉진법	행정안전부 (국토교통부)
무인도서법	무인도서의 보전 및 관리에 관한 법률	해양수산부
지정학적으로 특수한 도서관리를 위한 별도의 법	서해 5도 지원 특별법	행정안전부
	독도의 지속가능한 이용에 관한 법률	해양수산부
도서(벽지)교육 관련 법	도서벽지교육진흥법	교육부

자료: 박진경, 2015, 「도서 미래발전을 위한 효율적 관리방안」, 한국지방행정연구원, p.37; 신순호, 2018.8, "섬 지역발전을 위한 정책이야기', 「작은 섬, 큰 이야기」,도서문화연구원, p.34 재구성

지방자치단체의 역할을 구분하고, 수당 지급의 근거를 규정하고 있으나, 사실상 도서벽지 학교에서 근무하는 교사에게 수당을 지급하기 위한 근거로서의 의미에 초점이 맞추어져 있다.[4]

2) 섬 지역 관련 주요 법률

기술한 바와 같이 법에서 규제하는 내용이 섬 지역에서도 존재할 경우에는 모든 법이 육지부와 동일하게 적용되는 것이 일반적이나 이러한 법 가운데서도 그 지리적 특성과 정주여건에 따라 섬 지역에 보다 관련이 깊은 법이 있게 된다. 이러한 법 가운데 대표적인 것을 살펴보면 <표 2-2>에서 보여주는 바와 같다(충청남도, 2020.12; 이호상 외, 2020.10).

표 2-2 섬 지역 정책 관련 주요 법률

구분	법령	소관부처	
		부처	담당
어촌발전 및 정주기반	국가균형발전특별법	산업통상자원부/기획재정부	지역경제총괄과/지역예산과
	어촌특화발전 지원 특별법	해양수산부	어촌어항과
	해양심층수의 개발 및 관리에 관한 법	해양수산부	해양개발과
	어촌·어항법	해양수산부	어촌어항과
	동·서·남해안 및 내륙권 발전 특별법	국토교통부	기획총괄과
	농어촌 정비법	농림축산식품부/해양수산부	농촌정책과, 농업기반과, 지역개발과, 농촌산업과, 농촌산업과/어촌어항과
	수도법	환경부	물이용기획과

---

4) 임연기(2017), 「도서벽지 교육진흥 및 안전관리를 위한 정책연구」, 교육복지정책중점연구소, 요약문.

구분	법령	소관부처	
		부처	담당
	방조제관리법	농림축산식품부	농업기반과
지역 경제와 수산업 발전	해양수산발전기본법	해양수산부	해양정책과
	수산업 어촌 발전 기본법	해양수산부	해양정책과
	수산업법	해양수산부	어업정책과, 어촌양식정책과
	어장관리법	해양수산부	양식산업과
	낚시관리 및 육성법	해양수산부	수산자원정책과
	소금산업진흥법	해양수산부	유통정책과
	수산과학기술 진흥을 위한 시험연구 등에 관한 법률	해양수산부	소득복지과
	자유무역협정체결에 따른 농어업인 등의 지원에 관한 특별법	농림수산식품부/해양수산부	농업정책과/수산정책과
	농수산물 품질관리법	농림축산식품부/해양수산부 /식품의약품안전처	식생활소비정책과/어촌양식정책과 /농수산물안전과
해운업, 여객화물, 선박운항	해운법	해양수산부	해운정책과, 연안해운과
	어선법	해양수산부	어선안전정책과
	선박법	해양수산부	해사안전정책과
	항만운송 사업법	해양수산부	항만운영과
	마리나 항만의 조성 및 관리 등에 관한 법률	해양수산부	해양레저관광과
	대중교통 등의 육성 및 이용촉진에 관한 법률	국토교통부/ 해양수산부	버스정책과, 생활교통과/연안해운과
	유선 및 도선사업법	행정안전부	안전제도과
환경· 경관과 생태계 보호, 문화와 관련된 법	연안관리법	해양수산부	해양공간정책과, 항만연안재생과
	자연공원법	환경부	자연 공원과
	어업자원 보호법	해양수산부	어업정책과
	문화재 보호법	문화재청	법무 감사 담당관, 천연 기념물과
	농어촌정비법	농림축산식품부/해양수산부	농촌정책과, 농업기반과, 지역개발과, 농촌산업과/어촌어항과
	동·서·남해안 및 내륙권 발전 특별법	국토교통부	기획총괄과
	해양산업클러스터의 지정 및 육성등에 관한 법률	해양수산부	항만물류기획과
	해양과학조사법	해양수산부	해양영토과
	수산자원 관리법	해양수산부	수산자원정책과
	자연환경 보전법	환경부	자연 생태 정책과, 자연공원과
	야생생물 보호 및 관리에 관한 법률	환경부	생물다양성과
	습지보전법	환경부/해양수산부	자연생태정책과/해양생태과
	수도법	환경부	물이용기획과
	해양생태계의 보전 및 관리에 관한 법률	해양수산부	해양생태과
	공유수면 관리 및 매립에 관한 법률	해양수산부	해양공간정책과
	해양수산생명자원의 확보·관리 및 이용 등에 관한 법률	해양수산부	해양수산생명자원과
	수산생물 질병 관리법	해양수산부	어촌양식정책과
	해양환경관리법	해양수산부	해양환경정책과, 해사산업기술과, 해양보전과
	접경지역 지원 특별법	행정안전부	지역균형 발전과

자료: 이호상 외(2020.10), 도서산림 관리정책 현황 및 시사점, 「산림정책이슈」, 국립산림과학원 pp.13-16를 수정 ·재구성

이러한 법으로서는, 첫째, 어촌발전 및 정주기반과 관련이 깊은 법으로서는 어촌특화발전 지원 특별법, 어촌·어항법, 동·서·남해안 및 내륙권발전 특별법, 농어촌 정비법, 해양심층수의 개발 및 관리에 관한 법률, 방조제 관리법, 수도법, 국가균형발전특별법 등이 있다.

둘째, 지역경제와 수산업 발전 관련법으로서는 수산업·어촌 발전 기본법, 해양수산발전 기본법, 어장관리법, 수산업법, 농수산물 품질관리법, 낚시관리 및 육성법, 소금산업 진흥법, 수산과학기술 진흥을 위한 시험연구 등에 관한 법률, 자유무역협정체결에 따른 농어업인 등의 지원에 관한 특별법 등을 들 수 있다.

셋째, 해운업 발전과 여객·화물의 운송 및 선박과 관련된 법으로서는 해운법, 선박법, 어선법, 유선 및 도선사업법, 항만운송 사업법, 마리나 항만의 조성 및 관리 등에 관한 법률, 대중교통 등의 육성 및 이용촉진에 관한 법률 등을 들 수 있다.

넷째, 환경·경관과 생태계보호, 문화와 관련된 법으로서는 자연공원법, 자연환경보전법, 어업자원보호법, 해양과학조사법, 수산자원관리법, 공유수면 관리 및 매립에 관한 법률, 연안관리법, 야생물 보호 및 관리에 관한 법률, 해양수산생명자원의 확보·관리 및 이용 등에 관한 법률, 수산생물질병 관리법, 습지보전법, 해양생태계의 보전 및 관리에 관한 법률, 문화재보호법, 농어촌 정비법, 수도법, 동·서·남해안 및 내륙권 발전 특별법, 해양산업클러스터의 지정 및 육성 등에 관한 법률, 접경지역 지원 특별법, 해양관리법 등을 들 수 있다.

표 2-3 섬 지역 정책 관련 주요 법률 제정목적

법령	제정목적
국가균형발전특별법	지역 간의 불균형을 해소하고, 지역의 특성에 맞는 자립적 발전을 통하여 국민생활의 균등한 향상과 국가균형발전
어촌특화발전 지원 특별법	어촌의 주민들이 신뢰와 협동을 바탕으로 지속가능한 발전을 자생적으로 도모
해양심층수의 개발 및 관리에 관한 법	미래 세대와 공공의 이익을 위하여 국가가 해양심층수를 보전·관리하고 환경친화적으로 개발·이용하게 함으로써 국민의 건강한 삶에 기여하고 관련 산업의 육성·발전
어촌·어항법	어촌의 종합적이고 체계적인 정비 및 개발에 관한 사항과 어항(漁港)의 지정·개발 및 관리에 관한 사항을 규정함으로써 수산업의 경쟁력을 강화하고 어촌주민의 삶의 질을 향상시켜 살기 좋은 어촌 건설과 국가의 균형발전
동·서·남해안 및 내륙권 발전 특별법	동·서·남해안권 및 내륙권을 동북아시아의 새로운 경제권 및 국제적 관광지역으로 발전시키는 데 필요한 사항을 규정하여 경제·문화·관광 등 지역산업을 활성화하고 지역 간 교류와 국제협력 증대를 통하여 국가경쟁력 강화와 국가균형발전

법령	제정목적
농어촌 정비법	농업생산기반, 농어촌 생활환경, 농어촌 관광휴양자원 및 한계농지 등을 종합적·체계적으로 정비·개발하여 농수산업의 경쟁력을 높이고 농어촌 생활환경 개선을 촉진함으로써 환경친화적이고 현대적인 농어촌 건설과 국가의 균형발전
수도법	수도(水道)에 관한 종합적인 계획을 수립하고 수도를 적정하고 합리적으로 설치·관리하여 공중위생을 향상시키고 생활환경을 개선
방조제관리법	농업을 목적으로 하는 간척지(干拓地)를 보존하고 농수산물의 재해를 방지하기 위하여 특히 필요한 방조제(防潮堤)를 국가나 지방자치단체가 관리하게 함으로써 농업생산력의 증진과 국민경제의 발전을 도모하고 국토를 보존
해양수산발전기본법	해양 및 해양수산자원의 합리적인 관리·보전 및 개발·이용과 해양수산업의 육성을 위한 정부의 기본정책 및 방향을 정함으로써 국가경제의 발전과 국민복지의 향상
수산업 어촌 발전 기본법	수산업과 어촌이 나아갈 방향과 국가의 정책 방향에 관한 기본적인 사항을 규정하여 수산업과 어촌의 지속가능한 발전을 도모하고 국민의 삶의 질 향상과 국가 경제 발전
수산업법	수산업에 관한 기본제도를 정하여 수산자원 및 수면을 종합적으로 이용하여 수산업의 생산성을 높임으로써 수산업의 발전과 어업의 민주화 도모
어장관리법	어장(漁場)을 효율적으로 보전·이용하고 관리하는 데 필요한 사항을 규정함으로써 어장의 환경을 보전·개선하고 지속가능한 어업과 양식업생산의 기반을 조성하여 어장의 생산성을 높이고 어업인, 양식업자 및 양식업종사자의 소득을 증대
낚시관리 및 육성법	낚시의 관리 및 육성에 관한 사항을 규정함으로써 건전한 낚시문화를 조성하고 수산자원을 보호하며, 낚시 관련 산업 및 농어촌의 발전과 국민의 삶의 질 향상
소금산업진흥법	소금산업의 진흥과 소금의 품질관리에 필요한 사항을 정하여 소금산업의 발전 및 경쟁력 강화를 도모하고 국민에게 품질 좋은 소금 및 소금가공품을 공급함으로써 국가경제 발전과 국민의 삶의 질 향상
수산과학기술 진흥을 위한 시험연구 등에 관한 법률	수산과학기술의 진흥을 위하여 수산업 분야에 관련된 시험연구 및 기술보급과 수산업인 등에 대한 교육훈련의 실시에 필요한 사항을 규정함으로써 수산업발전
자유무역협정체결에 따른 농어업인 등의 지원에 관한 특별법	자유무역협정을 이행할 때에 농어업등의 경쟁력을 높이고 피해를 입거나 입을 우려가 있는 농어업인등에 대한 효과적인 지원대책을 마련함으로써 농어업인 등의 경영 및 생활의 안정
농수산물 품질관리법	농수산물의 적절한 품질관리를 통하여 농수산물의 안전성을 확보하고 상품성을 향상하며 공정하고 투명한 거래를 유도함으로써 농어업인의 소득 증대와 소비자 보호
해운법	해상운송의 질서를 유지하고 공정한 경쟁이 이루어지도록 하며, 해운업의 건전한 발전과 여객·화물의 원활하고 안전한 운송을 도모함으로써 이용자의 편의를 향상시키고 국민경제의 발전과 공공복리의 증진
어선법	어선의 건조·등록·설비·검사·거래 및 조사·연구에 관한 사항을 규정하여 어선의 효율적인 관리와 안전성을 확보하고, 어선의 성능 향상을 도모함으로써 어업생산력의 증진과 수산업의 발전
선박법	선박의 국적에 관한 사항과 선박톤수의 측정 및 등록에 관한 사항을 규정함으로써 해사(海事)에 관한 제도를 적정하게 운영하고 해상(海上) 질서를 유지하여, 국가의 권익을 보호하고 국민경제의 향상
항만운송 사업법	항만운송에 관한 질서를 확립하고, 항만운송사업의 건전한 발전을 도모하여 공공의 복리를 증진함
마리나 항만의 조성 및 관리 등에 관한 법률	마리나항만 및 관련 시설의 개발·이용과 마리나 관련 산업의 육성에 관한 사항을 규정함으로써 해양스포츠의 보급 및 진흥을 촉진하고, 국민의 삶의 질 향상
대중교통 등의 육성 및 이용촉진에 관한 법률	대중교통을 체계적으로 육성·지원하고 국민의 대중교통수단 이용을 촉진하기 위하여 필요한 사항을 규정함으로써 국민의 교통편의와 교통체계의 효율성을 증진
유선 및 도선사업법	유선사업(遊船事業) 및 도선사업(渡船事業)에 관하여 필요한 사항을 정하여 유선 및 도선의 안전운항과 유선사업 및 도선사업의 건전한 발전을 도모함으로써 공공의 안전과 복리의 증진

법령	제정목적
연안관리법	연안(沿岸)의 효율적인 보전 · 이용 및 개발에 필요한 사항을 규정함으로써 연안환경을 보전하고 연안의 지속가능한 개발을 도모하여 연안을 쾌적하고 풍요로운 삶의 터전으로 조성
자연공원법	자연공원의 지정·보전 및 관리에 관한 사항을 규정함으로써 자연생태계와 자연 및 문화경관 등을 보전하고 지속 가능한 이용
어업자원 보호법	한반도와 그 부속도서의 해안과 좌의 제선을 연결함으로써 조성되는 경계선간의 해양을 어업자원을 보호하기 위함
문화재 보호법	문화재를 보존하여 민족문화를 계승하고, 이를 활용할 수 있도록 함으로써 국민의 문화적 향상을 도모함과 아울러 인류문화의 발전
농어촌정비법	농업생산기반, 농어촌 생활환경, 농어촌 관광휴양자원 및 한계농지 등을 종합적 · 체계적으로 정비 · 개발하여 농수산업의 경쟁력을 높이고 농어촌 생활환경 개선을 촉진함으로써 환경친화적이고 현대적인 농어촌 건설과 국가의 균형발전
동·서·남해안 및 내륙권 발전 특별법	동 · 서 · 남해안권 및 내륙권을 동북아시아의 새로운 경제권 및 국제적 관광지역으로 발전시키는 데 필요한 사항을 규정하여 경제 · 문화 · 관광 등 지역산업을 활성화하고 지역 간 교류와 국제협력 증대를 통하여 국가경쟁력 강화와 국가균형발전
해양산업클러스터의 지정 및 육성등에 관한 법률	해양산업클러스터의 지정 및 운영을 통하여 해양산업과 해양연관산업의 집적 및 융복합을 촉진하고 기술개발 등을 지원함으로써 지역경제를 활성화하며 나아가 국가경쟁력의 강화
해양과학조사법	외국인 또는 국제기구가 실시하는 해양과학조사의 절차를 정하고, 대한민국 국민, 외국인 또는 국제기구가 실시한 해양과학조사의 결과물인 조사자료의 효율적 관리 및 공개를 통하여 해양과학기술의 진흥
수산자원 관리법	수산자원관리를 위한 계획을 수립하고, 수산자원의 보호 · 회복 및 조성 등에 필요한 사항을 규정하여 수산자원을 효율적으로 관리함으로써 어업의 지속적 발전과 어업인의 소득증대
자연환경 보전법	자연환경을 인위적 훼손으로부터 보호하고, 생태계 와 자연경관을 보전하는 등 자연환경을 체계적으로 보전 · 관리함으로써 자연환경의 지속가능한 이용을 도모하고, 국민이 쾌적한 자연환경에서 여유 있고 건강한 생활의 영위
야생생물 보호 및 관리에 관한 법률	야생생물과 그 서식환경을 체계적으로 보호·관리함으로써 야생생물의 멸종을 예방하고, 생물의 다양성을 증진시켜 생태계의 균형을 유지함과 아울러 사람과 야생생물이 공존하는 건전한 자연환경을 확보
습지보전법	습지의 효율적 보전·관리에 필요한 사항을 정하여 습지와 습지의 생물다양성 을 보전하고, 습지에 관한 국제협약의 취지를 반영함으로써 국제협력의 증진
수도법	수도(水道)에 관한 종합적인 계획을 수립하고 수도를 적정하고 합리적으로 설치· 관리하여 공중위생을 향상 시키고 생활환경을 개선
해양생태계의 보전 및 관리에 관한 법률	해양생태계를 인위적인 훼손으로부터 보호하고, 해양생물다양성을 보전하며 해양생물자원의 지속가능한 이용을 도모하는 등 해양생태계를 종합적이고 체계적으로 보 전·관리함으로써 국민의 삶의 질을 높이고 해양자산을 보호
공유수면 관리 및 매립에 관한 법률	공유수면(公有水面)을 지속적으로 이용할 수 있도록 보전 · 관리하고, 환경친화적인 매립을 통하여 매립지를 효율적으로 이용하게 함으로써 공공의 이익을 증진하고 국민 생활의 향상에 이바지함
해양수산생명자원의 확보·관리 및 이용 등에 관한 법률	해양수산생명자원을 종합적이고 체계적으로 확보 · 관리 및 이용하기 위하여 필요한 사항을 규정함으로써 해양수산생명자원의 효율적이고 지속가능한 이용을 도모하고 해양수산생명자원에 대한 주권을 강화하며 해양수산생명공학의 경쟁력을 확보하여 국민경제의 발전
수산생물 질병 관리법	수산생물질병이 발생하거나 퍼지는 것을 막기 위한 종합적인 관리체계를 마련함으로써 수산생물의 안정적인 생산 · 공급과 수생태계 보호 및 국민건강의 향상
해양환경관리법	선박, 해양시설, 해양공간 등 해양오염물질을 발생시키는 발생원을 관리하고, 기름 및 유해액체물질 등 해양오염물질의 배출을 규제하는 등 해양오염을 예방, 개선, 대응, 복원하는 데 필요한 사항을 정함으로써 국민의 건강과 재산을 보호
접경지역 지원 특별법	분단으로 낙후된 접경지역의 지속가능한 발전에 필요한 사항을 규정하여 새로운 성장동력

법령	제정목적
	을 창출하고 주민의 복지향상을 지원하며, 자연환경의 체계적인 보전·관리를 통하여 국가의 경쟁력 강화와 균형발전

자료: 이호상 외(2020.10), 도서산림 관리정책 현황 및 시사점, 「산림정책이슈」, 국립산림과학원 pp.13-16를 수정·재구성

2. 중앙부처의 섬 발전정책

1) 부처별 섬 지역 관련 주요 정책

섬 지역과 관련된 계획은 상위 계획으로서 전국토를 대상으로 하는 제5차 국토종합계획(2020~2040)이 대표적이며 전국을 대상으로 한다. 섬 지역에 비교적 관련이 깊은 계획으로서는 관광개발기본계획, 해양수산발전기본계획, 어촌종합개발계획 등을 들 수 있다.

각 부처가 수행하는 정책은 섬 지역만을 대상으로 하는 것도 있지만 보다 광범위한 범역 속에서 섬 지역이 일부분으로 포함하는 것도 있다. 이러한 각 부처별 계획 및 사업 가운데 비교적 섬 지역에 영향을 크게 미치는 것으로 행정안전부, 해양수산부, 문화체육관광부, 국토교통부, 환경부, 보건복지부, 교육부, 산림청 등 여러 부처 사업이 있다.

행정안전부는 도서종합개발계획, 서해5도종합발전계획, 휴가철 찾아가고 싶은 33섬 사업을 수행하고 있으며, 해양수산부는 해양관광진흥기본계획, 해양수산발전기본계획, 어촌종합개발사업, 어촌체험마을사업, 어촌관광활성화사업, 어촌뉴딜300, 내항여객선 운임보조, 가고 싶은 섬 사업을 수행하고 있다. 문화체육관광부는 가고 싶은 섬 시범사업, 국토끝섬 관광자원화 사업, 관광개발기본계획, 남해안관광클러스터사업을 추진하고 있다.

국토교통부는 남해안권 발전종합계획, 국토종합계획, 신발전지역(성장촉진지역 해당도서) 개발촉진지구 관련 사업을 수행하고 있다. 환경부는 특정도서관리, 식수원개발, 생태자원보호 유네스코 생물권 보전지역 관리 사업, 보건복지부는 보건진료소 운영 및 개선사업, 교육부는 도서벽지 학교 운영 사업을 추진하고 있다.

산림청은 조림, 숲 가꾸기 등 임야관리 사업, 문화재청 문화재, 천연기념물, 명소 등 지정 및 관리 사업, 국립공원관리공단은 다도해해상국립공원 관

| 표 2-4 | 부처별 섬 지역 관련 주요 정책 |

부처	정책내용
행정안전부	도서종합개발사업, 서해5도종합발전계획, 휴가철 찾아가고 싶은 33섬 등
해양수산부	해양관광진흥기본계획, 해양수산발전기본계획, 어촌종합개발사업, 어촌체험마을사업, 어촌관광활성화사업, 어촌뉴딜300, 내항여객선 운임보조, 가고싶은섬 등
문화체육관광부	가고싶은섬 시범사업, 국토끝섬 관광자원화 사업, 관광개발기본계획, 남해안관광클러스터사업 등
국토교통부	남해안권 발전종합계획, 국토종합계획, 신발전지역(성장촉진지역 해당도서) 개발촉진지구 등
환경부	특정도서관리, 식수원개발, 생태자원보호 유네스코 생물권 보전지역 관리 등
보건복지부	보건진료소 운영 및 개선사업
교육부	도서벽지 학교 운영
산림청	조림, 숲 가꾸기 등 임야관리
문화재청	문화재, 천연기념물, 명소 등 지정 및 관리
국립공원관리공단	다도해상국립공원 관리, 명품마을 사업 등
해양환경관리공단	해상오염 방제, 해양보호구역 지정 및 관리

자료: 홍장원 외, 2018, 도서지역 해양관광 발전전략 연구, 한국해양수산개발원, p.33을 토대로 추가·수정

리, 명품마을 사업, 그리고 해양환경관리공단은 해상오염 방제, 해양보호구역 지정 및 관리 등을 수행하고 있다(표 2-4 참조).

2) 주요 정책의 내용

이러한 정책들 중에 국토전반에 걸쳐 적용하는 제도가 있으며 이 제도 속에 섬 지역 관련된 내용을 부분적으로 담고 있는 경우가 있고, 섬 지역만을 대상으로 하거나 섬 지역에 직접적으로 영향을 크게 미치는 계획들이 있다. 여기에는 국토 내 공간계획에 있어 다른 하위계획의 방향과 지침이 되는 최상위 계획이라 하는 국토종합계획이 있고, 제2차 해양수산발전기본계획(2011~2020)과 제2차 연안통합관리계획 변경계획(2016~2021), 제2차 해양관광진흥 기본계획(2013~2024), 제2차 해양생태계 보전·관리 기본계획(2019~2028), 제3차 어촌·어항발전 기본계획(2020~2024), 제3차 관광개발기본계획(2012~2021), 제4차 농어업인 삶의 질 향상 및 농어촌 지역개발 기본계획(2020~2024), 제5차 해양환경종합계획(2021~2030) 등이 있다. 섬 지역 그 자체만을 대상으로 하는 계획으로서는 제2차 무인도서 종합관리계획(2020~2029), 제4차 도서종합 개발계획(2018~2027), 제2차 특정도서 보전 기본계획(2015~2024) 등이 있다. 이

들 계획의 목표와 함께 섬 지역에 관련된 주요 내용을 요약해 보면 다음과 같다.

국토종합계획은 이전의 관련법들을 통합·조정하여 제정되어 2002년에 제정된 국토기본법에 의해 마련된 계획이다. 이 계획은 국토 내 공간계획에 있어 다른 하위계획의 방향과 지침이 되는 최상위 계획이다(대한국토도시학회, 2019: 98; 미래도시연구회, 2013: 334-335). 국토종합계획에서는 섬 지역과 관련하여 정주여건 개선과 해양관광 활성화로 활력 넘치는 어촌 조성과 새로운 낙후·위기지역의 선제적 발굴·예방과 맞춤형 지원, 연안 및 해양 환경의 지속가능한 보전과 이용, 교통취약지역 교통SOC의 질적 수준 향상, 교통취약지역의 수요 응답형 교통 확산, 미래 항공수요에 대한 대응 강화 등의 내용을 담고 있다(표 2-5 참조).

표 2-5 제5차 국토종합계획(2020~2040)의 주요 내용

구분		내용
비전 및 목표	비전	모두를 위한 국토, 함께 누리는 삶터
	목표	① 어디서나 살기 좋은 균형국토 ② 안전하고 지속가능한 스마트국토 ③ 건강하고 활력 있는 혁신국토
섬 지역 관련 주요 내용		• 정주여건 개선과 해양관광 활성화로 활력 넘치는 어촌 조성 - 낙도지역의 어업인 안전쉼터 조성, 어업안전보건센터를 통한 찾아가는 어업인 의료서비스강화, 어촌 고령·취약가구에 가사도우미 지원 • 새로운 낙후·위기지역의 선제적 발굴·예방과 맞춤형 지원 - 성장촉진지역, 섬·접경지역, 산업위기대응특별지역 등 부처별로 다양한 선정기준과 지원제도를 장소기반으로 통합 운영하여 지역발전효과 제고 • 연안 및 해양 환경의 지속가능한 보전과 이용 - 섬 잠재력 극대화, 내수면 및 해양레저·관광사업 발굴·육성 - 섬 등 해양관광자원의 보전대책 마련, 하수처리, 방제, 쓰레기 처리, 해양폐기물 처리 등 환경보전 추진 • 교통취약지역 교통SOC의 질적 수준 향상 - 접근성이 취약한 섬 지역 도로망의 투자평가방식 및 국가와 지방자치단체 등 사업주체 결정의 다양화를 통해 교통취약지역의 접근성 강화 • 교통취약지역의 수요응답형 교통 확산 - 지역 여건에 적합한 대중교통 준공영제·공영제 도입을 검토하고, 10원 택시·여객선, 유동적 노선버스 운영 등 수요응답형 교통체계를 확산 • 미래 항공수요에 대한 대응 강화 - 섬 지역 등 교통취약지역 주민의 이동권 보장을 위한 울릉·흑산 등 소형공항 건설, 항공레저·훈련비행 수요 등에 대응하는 소형항공운송사업 활성화

자료: 제5차 국토종합계획(2020~2040) 및 충청남도 섬가꾸기 종합계획(2020) 참조 수정

구분		내용
비전 및 목표	비전	환황해 경제권을 주도하는 지식/첨단산업 융복합벨트
	목표	① 지식과 기술이 융합된 동북아 첨단산업 거점 육성 ② 글로벌 경제의 관문이자 환황해권의 네트워크 허브 조성
섬 지역 관련 주요 내용		• 지역별 자연에너지 활용여건에 따라 대규모 신재생에너지 발전단지 조성으로 기후변화에 적극 대응 – 옹진 덕적군도 조류발전단지, 무의도(대초지도), 태안지역 태양광 발전단지 등을 조성 • 수퍼경기만권, 충남서해안권, 새만금권 등 권역별 관광거점 육성 – 연안섬의 어항 등을 재정비하여 휴양·체험형 관광지로 개발하고 위축된 지역경제의 활성화에 기여 – 천수만을 중심으로 태안 기업도시, 서산 웰빙특구, 안면도 등을 결합하여 레저·휴양, 농업·생명공학이 연계된 국제 관광콤플렉스 조성 – 섬–연안 연계 복합레저체험, 해양레포츠, 에코뮤지엄 등 해양 에코테인먼트 파크 조성 • 서해안 고유의 우수 자연환경 및 생태자원을 보전·복원하면서 체험학습 및 생태관광자원으로 개발·활용 – 철새 이동경로의 중간기착지인 유부도 일대에 국제철새 밴딩센터, 탐조시설 등을 설치하여 동아시아 철새 생태지구로 조성

자료: 서해안권 발전 종합계획 변경계획(2010~2020) 및 충청남도 섬가꾸기 종합계획(2020) 수정

서해안권 발전 종합계획 변경계획(2010~2020)은 서해안 대상지역에 대해 지식과 기술이 융합된 동북아 첨단산업 거점 육성과 글로벌 경제의 관문이자 환황해권의 네트워크 허브 조성하고자 하는 계획이다. 여기에서 섬 지역과 관련된 주요 내용은 지역별 자연에너지 활용여건에 따라 대규모 신재생에너지 발전단지 조성으로 기후변화에 적극 대응과 수퍼경기만권, 충남서해안권, 새만금권 등 권역별 관광거점 육성 그리고 서해안 고유의 우수 자연환경 및 생태자원을 보전·복원하면서 체험학습 및 생태관광자원으로 개발·활용하고자 하고 있다(표 2-6 참조).

제2차 해양수산발전기본계획(2011~2020)에서는 지속가능한 해양환경의 보전 및 관리와 신해양산업의 육성 및 전통적 해양산업의 고도화, 신해양질서의 능동적 수용을 통한 해양 영역 확대를 목표로 섬 지역에 대해 다음과 같은 내용을 담고 있다. 여기에는 섬과 인접연안 네트워크 형성으로 고립, 불리한 여건의 극복 및 지속가능한 연안관리를 도모하고 섬 지역의 독특한 연안환경·생태자원, 다양한 개발수요, 기후변화 및 기상이변의 취약성을 인식하고 수용할 수 있는 특성별 관리체계를 구축한다. 또한 무인도서의 생태적 특성, 보전가치, 이용 및 개발 잠재력 등을 종합적으로 고려한 무인도서별 관리유형을

표 2-7		제2차 해양수산발전기본계획(2011~2020)의 주요 내용
구분		내용
비전 및 목표	비전	세계를 주도하는 7대 해양 강국 실현
	목표	① 지속가능한 해양환경의 보전 및 관리 ② 신해양산업의 육성 및 전통적 해양산업의 고도화 ③ 신해양질서의 능동적 수용을 통한 해양 영역 확대
섬 지역 관련 주요 내용		• 섬-인접연안 네트워크 형성으로 고립 불리 극복 및 지속가능한 연안관리 도모 – 무인섬과 주변해역을 효과적으로 이용·보전·관리할 수 있도록 국가 차원에서 무인섬 종합관리기본계획 수립 • 섬 지역의 독특한 연안환경/생태자원, 다양한 개발수요, 기후변화 및 기상이변의 취약성을 인식하고 수용할 수 있는 특성별 관리체계를 구축 • 무인섬의 생태적 특성, 보전가치, 이용 및 개발 잠재력 등을 종합적으로 고려한 무인 섬별 관리유형을 지정하고 유형별 정책방향을 제시 • 전국의 무인섬 및 무인섬 주변해역 실태조사를 실시 및 GIS DB를 구축 • 연안 크루즈 기항지 관련 관광상품을 개발하고, 테마섬 발굴을 통한 연안과 섬 지역 간의 연계관광 프로그램을 마련 • 생활 및 관광여건 개선을 위해 항로를 다변화하고, 여객선, 수상비행기, 호버크래프트 등 다양한 교통수단 개발과 함께 관련 기반시설을 조성 • 숙박, 전기, 수도 등 관광기반시설 확충으로 섬 지역의 장애요인을 극복하여 다양한 도시 휴양 수요를 유치 • 섬별 특성을 고려하여 관광개발사업을 실시하되 소규모 섬까지 개발이 가능하도록 거점 섬을 개발한 후 인근 섬 지역을 연계한 관광코스를 개발 • 관련 제도 개선 및 민자유치방안을 마련하여 각종 유·무인섬 관광사업을 추진 • 섬관광 활성화를 위한 홍보방안(행사, 정보제공 포털사이트 등 구축)을 마련하고, 섬 지역의 지속적인 개발 및 홍보를 위한 전담기구를 설치

자료: 충청남도 섬가꾸기 종합계획(2020) 및 제2차 해양수산발전기본계획(2011~2020) 참조 수정

지정과 함께 유형별 정책방향을 제시하고 전국의 무인도서 및 무인도서 주변 해역 실태조사를 실시와 GIS DB의 구축 등을 담고 있다(표 2-7 참조).

    제2차 연안통합관리계획 변경계획(2016~2021)에서는 섬 지역과 관련하여 해양영토의 거점으로 국가관리 필요성이 있는 무인도서의 선별 및 관리·활용방안을 마련하고 갯벌, 하굿둑 인공호, 폐염전 등 생태복원과 지역경제 발전과 연계 추진하고자 한다. 또한 보호가치가 높은 해양생물과 그 서식지를 체계적으로 보호하고, 회복방안을 마련하기 위한 보호대상 해양생물의 보전·복원 추진전략을 마련하는 내용을 담고 있다. 그 밖에도 해양쓰레기 최소화를 위해 쓰레기 발생원의 집중적 관리와 우수 자연경관을 지닌 해안과 섬 지역의 경관보전과 관리방안을 추진하며, 섬의 유형별 발전방안과 무인도서 관리를 강화하고자 하고 있다.

표 2-8	제2차 연안통합관리계획 변경계획(2016~2021)의 주요 내용	

구분		내용
비전 및 목표	비전	찾고 싶은 에코(ECHO) 연안, 상생과 협력의 해양영토 창조
	목표	① 계획적 관리로 조화를 이루는 '통합연안'(Integrated Coast) ② 생태계 가치를 유지·증진하는 '생명연안'(Eco-based Coast) ③ 쾌적하고 안전하여 살고 싶은 '정주연안'(Atractive Coast) ④ 참여와 책임으로 함께 가꾸는 '협력연안'(Co-managed Coast)

섬 지역 관련 주요 내용		• 해양영토의 거점으로 국가관리 필요성이 있는 무인섬 선별 및 관리·활용방안 마련
		  – 영해기점 무인섬과 그 주변 섬, 군사시설이나 국가기간시설 보호, 해저케이블 관리, 불법어선 단속 등 국가 안보차원에서 활용될 수 있는 무인섬 관리
		  – 보전 무인섬 훼손 유형 조사 및 관리대책 마련, 훼손된 보전 무인섬의 생태계 복원 조치 등
		• 갯벌, 하굿둑 인공호, 폐염전 등 생태복원과 지역경제 발전 연계 추진
		  – 「갯벌 복원을 통한 자원화 종합계획」 적극 이행으로 갯벌 복원의 환경·경제·문화 효과 창출
		  – 훼손된 갯벌어장 환경개선 및 친환경 어장 관리 기준 설정, 어장환경 관리 의무 강화 추진 등으로 지속 이용 가능한 갯벌어장 조성
		  – 갯벌복원을 위한 기술행정 시행지침(안) 등 관계 법령 마련
		• 보호가치가 높은 해양생물과 그 서식지를 체계적으로 보호하고, 회복방안을 마련하기 위한 보호대상 해양생물 보전·복원 추진전략 마련
		  – 생물서식처 건강성 증진을 위한 서식지 기능개선·복원 및 대체 서식지 조성 사업 추진
		  – 보호대상 해양생물 서식지 보호를 위한 보호종 주요 출현·서식해역에 대한 해양보호구역(해양생물보호구역) 지정 및 지역거점 생태관광 활성화 추진
		• 해양쓰레기 최소화를 위해 쓰레기 발생원의 집중적 관리
		  – 초목, 생활쓰레기 발생 핫스팟지역 관리 및 태풍, 집중호우 대응 수거를 통해 하천 쓰레기 수거 효율 고도화
		• 우수 자연경관을 지닌 해안·섬 지역의 경관보전·관리방안 추진
		  – 모래해안, 해안사구, 갯벌, 섬 지역의 해안경관 정밀조사와 관리대책 마련
		• 섬의 유형별 발전방안과 무인섬 관리 강화
		  – 지리적·생태적·사회문화·산업적 특성과 정주여건에 따른 섬발전권역별 발전방안 추진
		  – 영해기점 섬과 무인섬의 관리 강화

자료: 충청남도 섬가꾸기 종합계획(2020) 및 제2차 연안통합관리계획 변경계획(2016~2021) 참조 재구성

섬 지역의 자연적 특성 등과 소득향상, 관광수요의 급증에 따라 섬 지역이 관광의 핵심지역으로 떠오르고 있다. 이와 관련하여 제2차 해양관광진흥기본계획(2013~2024)에서는 해양레저문화 확산을 통한 국민행복 실현과 해양레저·관광산업 육성을 통한 창조경제 발전을 목표로 하고 있다. 이를 달성하는 내용 가운데 섬 지역과 관련된 주요 내용은 섬 관광 기반 정비로 생태관광, 어촌·해양스포츠 등으로 다양화될 수 있도록 체험콘텐츠와의 연계상품 개발하고 섬여행기 수집, 계절별·테마별 섬 소개 등 다양한 이벤트를 시행하고 통합 마케팅을 지원하고자 계획하고 있다. 또한 연안해상교통 여건

표 2-9	제2차 해양관광진흥 기본계획(2013~2024)의 주요 내용	
구분		**내용**
비전 및 목표	비전	품격과 매력이 넘치는 동북아 해양관광허브 실현
	목표	① 해양레저문화 확산을 통한 국민행복 실현 ② 해양레저·관광산업 육성을 통한 창조경제 발전
섬 지역 관련 주요 내용		• 섬 관광 기반 정비 　－ 생태관광, 어촌·해양스포츠 등으로 다양화될 수 있도록 체험콘텐츠와의 연계상품 개발 　－ 섬여행기 수집, 계절별·테마별 섬 소개 등 다양한 이벤트를 시행하고 통합 마케팅 지원 　－ '성공적 섬 개발을 위한 멘토링' 서비스를 통해 섬 주민간 공감대 형성 및 조직화 촉진을 위한 주민교육 실시 • 연안해상교통 여건 개선을 통한 섬관광 접근성 제고 　－ 여객선 현대화를 위해, 선박건조 금융 지원을 위한 이차보전제도 확대 및 낙도보조항로 국고여객선 대체 건조(매년 1~2척) 지속 추진 – 섬 지역 관광활성화를 위한 여객선 이용자에 대한 운임지원·환경친화적인 무인섬 이용·개발을 통한 관광·휴양지 조성 　－ 거리별·자연여건별 잠재력을 고려하고 무인섬의 친환경적 이용·활용을 전제로 한 단계적 개발 추진 • 무인섬 현황도 및 GIS 기반 정보관리시스템 개발 　－ 무인섬과 주변해역에 대한 위치·수심 등 지형정보 및 생태·환경·인문 등 실태조사 정보를 통합한 현황도 제작 　－ 섬명, 소재지, 육지와의 거리 및 면적, 지도를 통한 위치 확인 등 정보제공이 가능한 GIS 기반 정보관리시스템 개발

자료: 충청남도 섬가꾸기 종합계획(2020) 및 제2차 해양관광진흥 기본계획(2013~2024) 참조 재구성

개선을 통한 섬 관광 접근성을 제고하고자 여객선 현대화를 위해 선박건조 금융 지원을 위한 이차보전제도 확대 및 낙도보조항로 국고여객선 대체 건조를 지속 추진하고, 섬 지역 관광활성화를 위한 여객선 이용자에 대한 운임지원·환경친화적인 무인섬 이용·개발을 통한 관광·휴양지 조성하는 내용을 담고 있다.

　제2차 해양생태계 보전·관리 기본계획(2019~2028)에서는 섬 지역과 관련해 해양보호구역 확대 추진을 위해 훼손된 해양생태계 및 해양생물 주요 서식지 복원 사업을 실시하는 계획을 하고 있다. 또한 해양보호생물 서식지 관리 및 개체수 회복으로 해양보호생물 서식지와 산란지의 보호 또는 복원을 추진하고, 유해·교란 해양생물 피해를 최소화, 해양·수산생물 안전관리 기반 강화로서 해양생태계 관리를 위한 육상오염원 관리 정책과 해양쓰레기 관리를 강화하는 내용을 담고 있다(표 2-10 참조).

표 2-10	제2차 해양생태계 보전·관리 기본계획(2019~2028)의 주요 내용

구분		내용
비전 및 목표	비전	다함께 누리는 풍요로운 해양생태계의 혜택
	목표	① 해양생물 및 해양생태계 서식지 보전 ② 해양생태계서비스 혜택 증진 ③ 해양생태계 거버넌스 구축·운영 강화

섬 지역 관련 주요 내용		• 해양보호구역 확대
		  – 갯벌 유네스코 세계자연유산 등재 추진
		• 해양생태계 복원 사업 확대 추진
		  – 훼손된 해양생태계 및 해양생물 주요 서식지 복원 사업 실시
		• 해양보호생물 서식지 관리 및 개체수 회복
		  – 해양보호생물 서식지·산란지 보호 및 복원 추진
		  – 지방자치단체별 대표 해양보호생물 지정 및 보호사업 시행
		• 유해·교란해양생물 피해 최소화
		  – 적조·해파리 등 유해성이 입증된 생물에 대한 관리 강화
		• 해양·수산생물 안전관리 기반 강화
		  – 해양생태계 관리를 위한 육상오염원 관리 정책 추진
		  – 해양쓰레기 관리 강화

주: 해양수산부에서는 「무인도서의 보전 및 관리에 관한 법률」 의거 수행하는 제3차 어촌·어항 발전기본계획(2020~2024)은 수행하고 있다. 여기에서 수행하고자 하는 과제 수는 12개로 사업규모는 약 4조 3천억 원이다.
자료: 충청남도 섬가꾸기 종합계획(2020) 및 제2차 해양생태계 보전·관리 기본계획(2019~2028) 참조 재구성

    섬 지역발전에 있어 밀접한 영향을 미치고 있는 제3차 어촌·어항발전기본계획(2020~2024)에서는 통합재생과 균형발전, 특화개발과 지역혁신을 목표로 하고 있다. 여기에서 섬 지역발전과 관련된 중요 내용은 어촌·어항 통합재생 인프라 확충 및 유휴자원 재생계획을 들수 있는데 여기에는 낙후된 선착장 등 어촌 필수기반시설을 현대화하고 지역 고유자원을 활용하여 어촌·어항을 통합한 특화개발을 위해 어촌뉴딜 300 사업을 추진하고자 한다.
    또한 모두가 살기 좋고 균형 있게 발전하는 어촌·어항을 조성하기 위해 어항 내 레저선박 이용 공간의 분리배치 및 어항시설(경사로, 주차장 등)을 단계별로 확충하고, 레저선박 이용자에 대한 가이드라인 마련 등을 통해 어업인과의 갈등을 해소한다. 그리고 더불어 잘사는 어촌 기반 구축과 지역성장을 주도하는 어항의 기능 강화, 특색 있는 어촌경제 활성화를 추진하고자 계획하고 있다.
    그 밖에도 새로운 활력을 창출하는 어항개발 및 경쟁력 강화와 안전한

표 2-11 제3차 어촌·어항발전 기본계획(2020~2024)의 주요 내용

구분		내용
비전 및 목표	비전	어촌을 신명나는 삶터로, 어항을 활력있는 경제거점으로
	목표	① 통합재생과 균형발전 ② 특화개발과 지역혁신
섬 지역 관련 주요 내용		• 어촌·어항 통합 재생 인프라 확충 및 유휴자원 재생 – 낙후된 선착장 등 어촌 필수기반시설을 현대화하고 지역 고유자원을 활용하여 어촌·어항을 통합한 특화개발을 위한 어촌뉴딜 300 추진 – 어촌지역 빈집 및 유휴시설에 대한 실태조사를 실시하고 어촌경제 기반 활용방안 마련 • 모두가 살기 좋고 균형있게 발전하는 어촌·어항 조성 – 어항 내 레저선박 이용공간 분리배치 및 어항시설(경사로, 주차장 등) 단계별 확충, 레저선박 이용자 가이드라인 마련 등을 통해 어업인과의 갈등 해소 – 영토보전·관광자원으로 의미가 있는 섬 등의 어촌소멸 예방 및 활성화 방안 마련 • 더불어 잘사는 어촌 기반 구축 – 수산물 생산 및 가공, 유통 서비스 등 각 산업을 융·복합하여 어업외 소득 창출 마을기업 육성 – 어촌특화기업에 청년 전문경영인을 도입하고, 다양한 아이템을 가진 복수의 마을 참여를 통해 규모의 경제 실현 • 지역성장을 주도하는 어항의 기능 강화 – 어항 여건변화를 고려한 지정기준 개편 및 연차별 국가어항 신규 지정·해제 추진 – 어선 이용패턴, 주변 어장분포 및 수산물 유통실태 등을 고려하여 선택 집중을 통해 경쟁력을 갖춘 거점어항 개발 • 특색있는 어촌경제 활성화 – 경관 중심의 자연, 역사 등 어촌 고유자원을 활용하여 스토리가 있는 어촌테마마을 조성 – 국가중요어업유산 발굴 보전 활성화를 위한 종합계획을 수립하고, 어업유산의 인지도 제고를 통해 지역 대표브랜드로 육성 • 새로운 활력을 창출하는 어항개발 및 경쟁력 강화 – 어촌뉴딜30사업과 연계한 새로운 개발방향을 도출하고, 마리나·항만 바다둘레길 등 관련사업 연계 및 신규사업 발굴 – 일반인 방문 수요가 많은 국가어항을 대상으로 경관계획을 수립하고 국가어항 시설별 디자인 가이드라인 마련 • 안전한 어촌·어항 기반 구축 – 4차 산업 기술을 활용하여 어항관리 원격지원 및 실시간 어항시설 관리체계 구축 – 어촌지역 고령자 생활편의 관련 첨단 기술 적용 방안 마련 – 기후변화에 대응하여 방파제 등 국가어항 외곽시설 보강사업 지속 추진 – 어항시설 안전점검 대상 확대 및 유지보수 실시, 노후어항 정비사업 지속 추진 • 깨끗하고 편리한 어촌·어항 만들기 – 생활 및 경관디자인 개념을 적용하여 어촌의 환경 및 경관을 개선하기 위해 '바다가꿈' 프로젝트 지속 추진 – 어항에 방치된 폐기물 등 관리기반을 조성하여 쾌적한 레저 및 관광 여가 공간을 제공 – 부잔교, 소형인양기, 어구창고 등 어민들의 안전성 및 작업 효율을 위한 편익시설 확충 – 관광객이 많은 국가어항 대상으로 공공와이파이 제공 및 종합안전정보표지판 설치

자료: 제3차 어촌·어항발전 기본계획(2020~2024) 참조 수정

어촌·어항 기반 구축, 깨끗하고 편리한 어촌·어항만들기 등의 내용을 담고 있다.

해양수산부의 여러 사업 가운데 '어촌뉴딜300사업'은 지역경제 침체 및 인구감소 등 어촌사회 문제를 해결을 목적으로 기반시설 확충 및 어촌주민의 삶의 질 향상을 지원하기 위한 생활SOC 일환으로 추진하고 있다. '어촌뉴딜 300사업'은 소규모 항·포구 등 어촌지역의 300개소를 현대화하여 어촌을 활력 있고, 매력 있는 공간으로 창출하는 사업이다. 여기에는 해상교통시설의 현대화를 통해 어촌지역의 접근성을 제고하고 어촌의 핵심자원을 개발하여 해양관광 활성화와 어촌지역 혁신역량 강화를 통해 활력 있는 어촌을 조성하는 데 목적을 두고 있다.

어촌뉴딜사업은 1차연도(2019년) 대상사업지와 2차연도(2020년)사업지를 공모를 통해 최종적으로 선정하였다. 이 사업은 3년 동안 사업지 300곳을 선정하여 연차별로 사업을 수행하고자 계획하고 있다. 1차연도는 70개가, 2차연도에는 120개로 1·2차 합계 190개 대상지가 선정되었다. 이 가운데 도서지역은 61곳이 선정되어 전체의 32.1%를 점하고 있다. 전체 사업규모는 300개 어촌을 대상으로 1개소당 약 100억원의 규모로 어촌·도서지역에 그 사업

표 2-12 어촌뉴딜300 사업 시도별/도서별 대상지 수

합계	전체	도서
합계	190	61
부산	5	0
인천	10	7
울산	3	0
경기	6	1
강원	7	0
충남	20	7
전북	14	10
전남	63	22
경북	16	2
경남	38	10
제주	8	2

자료 : 박상우 외, 2019

예산규모가 매우 크다.

　　기존 선정된 어촌뉴딜 300사업의 사업시설별 예산비중은 생활SOC 개선이 포함된 공통사업이 63.7%, 특화사업 33.7%, 소프트웨어사업 3.5%순으로 나타났으며, 공통사업에 주로 초점을 맞추고 있다. 공통사업은 방파제 정비, 어항시설정비, 해상교통시설 정비사업에 편중되어 생활편의시설과 안전시설은 상대적으로 적은 것으로 분석되고 있다(박상우 외, 2019).

　　우리나라 전체를 대상으로 하는 제3차 관광개발기본계획(2012~2021)에서는 섬과 관련된 주요 내용으로 내륙문화와 섬 문화를 연계하는 아시아 대표 문화관광축을 설정하고 자연환경 및 공동체 보전형의 '섬 관광' 개발 활성화를 담고 있다.

　　제4차 농어업인 삶의 질 향상 및 농어촌 지역개발 기본계획(2020~2024)에서는 농어촌 전반에 대해 기본이 되는 내용의 계획을 수립하였다. 섬 지역과 관련된 내용으로는 의료서비스 여건 개선과 통합 돌봄시스템 구축 및 사회 안전망 내실화와 농어촌 특성을 반영한 교육서비스 확충이 있다. 또한 농어촌 통학여건 개선, 다문화학생 지원, 대학 진학 기회 확대, 장학금 지원과 농어촌 평생학습 강화 및 농어촌 지역 문화·여가 향유 여건 향상이 있다. 어촌·섬 지역과 관련이 깊은 농·어촌 지역 교통여건 확충에는 생활구간 운임 할인 등 해상운송비 및 낙도지역 교차 운항 지원을 통해 섬 접근성 향상과 첨단 교통의 농어촌 도입 및 여객선 현대화, 스마트 해상 안전 교통망 구축이 있으며 농·어촌 주거 여건 및 기초생활 인프라개선에는 섬 주민 생활환

표 2-13　제3차 관광개발기본계획(2012~2021)의 주요 내용

구분		내용
비전 및 목표	비전	글로벌 녹색한국을 선도하는 품격 있는 선진관광
	목표	① 성장동력으로 부가가치를 창출하는 경제관광 ② 한국문화가 생동하는 창조관광 ③ 국민의 생활 속에 스며드는 생활관광 ④ 환경과 인간이 공존하는 녹색관광 ⑤ 사회통합과 협력을 실현하는 공정관광
섬 지역 관련 주요 내용		• 내륙문화와 섬문화를 연계하는 아시아 대표 문화관광축을 설정 • 자연환경 및 공동체 보전형 '섬 관광' 개발을 활성화

자료: 충청남도 섬가꾸기 종합계획(2020) 및 제3차 관광개발기본계획(2012~2021) 참조 수정

| 표 2-14 | 제4차 농어업인 삶의 질 향상 및 농어촌 지역개발 기본계획(2020~2024)의 주요 내용 |

구분		내용
비전 및 목표	비전	전국 어디서나 삶의 질이 보장되는, 사람이 돌아오는 농어촌
	목표	① 주민을 포용하는 자립적 지역사회 ② 어디서나 서비스 접근성이 보장되는 3·6·5 생활권 ③ 농어촌다움이 살아있는 생명의 터전
섬 지역 관련 주요 내용		• **의료서비스 여건 개선** 　– 보건소, 진료소 등의 시설·장비 현대화 지원 　– 취약지역 응급의료기관의 유지·운영을 위한 인력·재정·기술 등 지원 　– 찾아가는 의료서비스 지원 　– 여성 농어업인 특수 건강검진 도입, 농어업인 정신건강 관리 지원 등 • **통합 돌봄시스템 구축 및 사회 안전망 내실화** 　– 농어업인·농어촌 주민 국민연금·건강보험 지원 강화 및 어선원·어선 재해보상 보험 개선 　– 어작업 환경·장비 개선 추진 및 민관 협업을 통한 수난구호 확대 　– 소형 영세 어업인 대상 소방, 구명 및 항해 안전장비 지원 등 • **농어촌 특성을 반영한 교육서비스 확충** 　– 농어촌 통학여건 개선, 다문화학생 지원, 대학 진학 기회 확대, 장학금 지원 　– 학교 시설 및 관사에 대한 주기적 안전 점검 실시 　– ICT 기반 학습활동 지원 등 • **농어촌 평생학습 강화 및 농어촌 지역 문화·여가 향유 여건 향상** 　– 공공도서관, 체육공간, 생활문화센터 등 조성 　– 향토문화자원 활용 생활문화 육성 • **농어촌 지역 교통여건 확충** 　– 생활구간 운임할인 등 해상운송비 및 낙도지역 교차 운항 지원을 통해 섬 접근성 향상 　– 첨단 교통의 농어촌 도입 및 여객선 현대화, 스마트 해상 안전 교통망 구축 　– 위험도로 구조개선 • **농어촌 주거 여건 및 기초생활 인프라 개선** 　– 섬 주민 생활환경 향상을 위한 해상 운송비 지원 　– 어촌뉴딜 30 사업으로 접근성을 개선하고 어촌 활력 제고 　– 취약 어항시설 안전대책 마련 • **농어촌다움을 유지하는 환경·경관 보전** 　– 해양폐기물 저감 방안 마련 및 해양 오염 자율 방제 활동 추진 　– 친환경 농어업 프로그램 도입 및 갯벌 복원 추진 • **지역자원 및 관광을 활용한 소득기반 다각화** 　– 지역특화 상품 다양화 및 경쟁력 강화, 유통체계 확충 　– 농어촌·농식품 자원 연계 및 수요자 맞춤형 컨텐츠 사업화 촉진 　– 지역 단위 농어촌 관광 협업체계 강화 등 • **농어촌 취업·창업 촉진** 　– 예비 귀농어·귀촌인에 대한 수요자 맞춤형 교육 확대 　– 귀농어·귀촌인의 창업 및 취업, 안정적인 정착 지원 등 　– 인근 도시 및 지역의 유휴 인력과 농어업 분야 인력을 중계하는 일자리지원센터 확대

자료: 충청남도 섬가꾸기 종합계획(2020) 및 제4차 농어업인 삶의 질 향상 및 농어촌 지역개발 기본계획 (2020~2024) 참조 수정

표 2-15 제5차 해양환경종합계획(2021~2030)의 주요 내용

구분		내용
비전 및 목표	비전	사람과 자연이 건강하게 공존하는 바다
	목표	① 보전 – 해양의 가치를 높이는 환경·생태 관리 ② 이용 – 쾌적한 해양환경의 조성과 이용도 증진 ③ 성장 – 친환경적 해양 경제활동의 지속가능한 성장

섬 지역 관련 주요 내용		• 해양 분야 온실가스 저감 수단 다양화
		  – 연안습지 탄소 저장능력 규명 및 블루카본을 통한 온실가스 감축(갯벌 복원 확대)·해양 생태계 기후변화 적응력 확보
		  – 기후변화 등에 따른 멸종위기 종복원 체계 확립
		  – 해양생태계 기후변화 영향 모니터링 강화
		• 시민참여형 해양쓰레기 관리 기반 구축
		  – 시민 참여형 해변쓰레기 관리제도 도입
		  – 어업인의 자발적 폐어구 관리체계 구축
		• 해양생태관광 활성화
		  – 해양정원 조성
		  – 갯벌생태계 활용 생태관광 시스템 정착

자료: 제5차 해양환경종합계획(2021~2030) 및 충청남도 섬가꾸기 종합계획(2020) 참조 재구성

경 향상을 위한 해상 운송비 지원, 어촌뉴딜 300 사업으로 접근성을 개선하고 어촌 활력 제고, 취약 어항시설 안전대책을 마련하고 있다. 그 밖에도 농·어촌다움을 유지하는 환경·경관 보전과 지역자원 및 관광을 활용한 소득기반 다각화, 농·어촌 취업·창업 촉진을 그 내용으로 하고 있다.

제5차 해양환경종합계획(2021~2030)에서는 해양 분야 온실가스 저감 수단 다양화와 시민참여형 해양쓰레기 관리 기반 구축, 해양생태관광 활성화를 주요 내용으로 하고 있다. 여기에는 보다 세부적으로 시민 참여형 해변쓰레기 관리제도 도입, 어업인의 자발적 폐어구 관리체계 구축, 해양정원 조성을 담고 있다.

무인도서 관리에 직접적이고 종합적인 제2차 무인도서 종합관리계획(2020~2029)에서는 무인도서 이용활성화 기반으로 무인도서 이용자원 발굴과 활용과 안전하고 쾌적한 이용을 위한 기반시설 설치, 적극 이용을 위한 규제 완화를 계획하고 있다. 또한 과학적 관리를 통한 보전 내실화로서는 보전형 무인도서 지정 및 복원과 해양영토·안보 대비 활용 및 관리, 무인도서의 과학적·체계적 관리를 계획하고 민관 거버넌스 구축 부문에는 민간의 무인도서 이용·관리 지원과 유관기관 간 협력체계 구축, 개방적 무인섬 관리플랫

표 2-16	제2차 무인도서 종합관리계획(2020~2029)의 주요 내용		
구분		**내용**	
비전 및 목표	비전	자연과 사람, 건강과 활력이 넘치는 무인섬 창출	
	목표	① 국민에게 다가갈 수 있도록 무인섬 이용 개발 ② 무인섬마다 특색을 고려하여 관리 사각지대 없는 정책 추진 ③ 미래 세대도 누릴 수 있도록 무인섬 보전 환경 조성	

섬 지역 관련 주요 내용		• 무인섬 이용활성화 기반 마련
		  – 무인섬 이용자원 발굴과 활용
		  – 안전하고 쾌적한 이용을 위한 기반시설 설치
		  – 적극 이용을 위한 규제 완화
		• 과학적 관리를 통한 보전 내실화
		  – 보전형 무인섬 지정 및 복원
		  – 해양영토·안보 대비 활용 및 관리
		  – 무인섬의 과학적·체계적 관리
		• 민관 거버넌스 구축
		  – 민간의 무인섬 이용·관리 지원
		  – 유관기관 간 협력체계 구축
		  – 개방적 무인섬 관리플랫폼 구축	

자료: 제2차 무인도서 종합관리계획(2020~2029) 및 충청남도 섬가꾸기 종합계획(2020) 참조 재구성

폼 구축을 계획하고 있다(표 2-16 참조).

제4차 도서종합 개발계획(2018~2027)는 품격 높은 삶의 터전으로서 섬, 국가 성장동력으로서 섬, 주민이 거주하는 생활영토로서 섬이라는 목표를 두고 해당 기간 동안 유인도서에 대한 종합개발계획을 수행한다. 여기에 대해서는 별도의 장에서 보다 자세히 살펴보도록 한다.

독도 등 도서지역의 생태계 보전에 관한 특별법에 따라 제2차 특정도서 보전 기본계획(2015~2024)이 수립되어 시행하고 있다. 이 계획은 독도 등 특정도서(特定島嶼)의 다양한 자연생태계, 지형 또는 지질 등을 비롯한 자연환경의 보전에 관한 기본적인 사항을 정함으로써 현재와 미래의 국민 모두가 깨끗한 자연환경 속에서 건강하고 쾌적한 생활을 할 수 있도록 함을 주 목적으로 한다. 여기에는 전국 무인도서 자연환경조사와 자연생태계 정밀조사 및 모니터링 실시, 특정도서 객관적 평가기준 마련, 관리유형 지정, 인벤토리 구축 및 정보 제공과 염소 등 방목 가축 관리, 특정도서 쓰레기 집중 수거 추진한다. 또한 낚시객 출입 및 훼손행위 관리와 어업 활동 및 개발사업 관리, 훼손된 특정도서의 자연생태계 회복 추진 등의 내용을 담고 있다.

표 2-17	제4차 도서종합 개발계획(2018~2027)의 주요 내용	

구분		내용
비전 및 목표	비전	지속가능한 우리 국토, 섬의 가치 재발견!
	목표	① 품격 높은 삶의 터전으로서 섬 ② 국가 성장동력으로서 섬 ③ 주민이 거주하는 생활영토로서 섬
섬 지역 관련 주요 내용		• 지역산업 고도화를 통한 섬 주민 소득 및 생산성 제고 　– 농수산업의 경쟁력 제고를 위한 산업기반 고도화 　– 융복합화 지원을 통한 소득원 다각화 • 농수산업 기반시설 정비 및 확충을 통한 쾌적한 생산환경 조성 　– 가공·유통·판매시설 현대화, 수산업 기반시설 정비 및 확충을 통한 생산력 제고 　– 재난대비 및 농업기반시설 개선을 통한 농업활동 개선 • 주민역량 강화를 통한 공동체 활성화 및 일자리 창출 　– 지역 일꾼 만들기 및 경제·환경적으로 지속가능한 섬마을 조성 　– 섬별 맞춤형 교육을 통한 농수산 특산품 생산성 제고 • 수요자 중심의 통합형 복지체계 및 양질의 의료환경 구축 　– 수요자 니즈 기반 지역공동체 중심의 통합적 복지인프라 구축 　– 섬 지역 의료시설 확대를 통한 생활밀착형 의료 서비스 기반 구축 • 생활속 문화환경 구축 및 교육여건 조성 　– 문화인프라 조성 및 문화콘텐츠 발굴로 문화예술 향유 기회 확대 　– 지역사회 평생교육 기반 구축, 다양한 교육 프로그램 개발 및 운영지원 • 내륙 및 섬 간 이동성 확보 및 안전한 교통편의시설 조성 　– 해상교통 대체수단 확보 및 해상교통수단 정비를 통한 안전성 제고 　– 선착장 개선을 통한 주민·관광객 불편 해소 • 섬의 다양한 잠재자원 발굴 및 자원가치 제고 　– 지역특화자원을 활용한 섬의 관광자원 발굴 및 명소화 　– 섬의 고유한 자산에 대한 스토리텔링 자원발굴 • 체류하고 싶은 섬관광기반 창출 　– 체험형 관광프로그램 개발. 관광객 편의시설 개선을 통한 체류형 관광 증진 　– 관광인식 개선을 통한 환대 서비스 증진 　– 주민소득창출과 연계될 수 있는 관광자원 개발 및 커뮤니티 비즈니스 활성화 • 편리하고 안전한 정주환경 조성 　– 섬 지역 도로환경 정비로 생활 편의성 제소 　– 종합방재대책 수립을 통한 생활환경의 안전성 증진 　– 연료운송시스템 개선을 통한 형평성 확보 및 해양안전 강화 • 수자원 확보·관리 및 환경기초시설 정비로 삶의 질 향상 　– 안정적이고 양질의 상수원 확보 　– 환경기초시설 확충을 통한 환경오염예방 및 공공수역 수질개선 도모 　– 환경기초시설 정비를 통한 생활환경 정비 및 깨끗한 섬 마을 만들기 • 마을 중심의 섬 생활개선 및 중심마을–배후지역 연계 추진 　– 섬의 중심마을에 생활개선사업 집중 투자 　– 다양한 사업의 패키지 투자로 주민 삶의 질 제고 　– 중심마을 육성을 통한 섬의 중심지 거점기능 확충 및 투자 효율성 제고

자료: 4차 도서종합 개발계획(2018~2027) 및 충청남도 섬가꾸기 종합계획(2020) 참조 재구성

표 2-18 제2차 특정도서 보전 기본계획(2015~2024)의 주요 내용

구분		내용
비전 및 목표	비전	특정 도서의 생태계 보전 및 효율적 관리체계 구축
	목표	① 자연생태계 조사 및 모니터링 ② 특정도서의 체계적인 관리기반 마련 ③ 훼손된 특정도서의 관리 및 회복 ④ 불법 행위에 대한 감시 및 감독 기능 강화 ⑤ 국립공원 내 특정도서 관리 강화 ⑥ 독도 보전 및 관리 대책 추진 ⑦ 특정도서 내 사유지 매입 추진 ⑧ 특정도서 인식증진 및 홍보 강화
섬 지역 관련 주요 내용		• 전국 무인도서 자연환경조사, 자연생태계 정밀조사 및 모니터링 실시 • 특정도서 객관적 평가기준 마련, 관리유형 지정, 인벤토리 구축 및 정보 제공 • 염소 등 방목 가축 관리, 특정도서 쓰레기 집중 수거 추진 • 낚시객 출입 및 훼손행위 관리, 어업 활동 및 개발사업 관리 • 훼손된 특정도서의 자연생태계 회복 추진 • 특정도서 관리 인력 확충 및 정기 순찰 실시 • 국립공원관리공단을 통한 국립공원 내 특정도서 관리 추진 • 사유지 중 민감한 지역의 단계적 매입 • 특정도서의 자연생태 우수성 홍보 강화, 국민 눈높이에 맞는 자연생태 정보 제공

자료: 제2차 특정도서 보전 기본계획(2015~2024) 및 충청남도 섬가꾸기 종합계획(2020) 참조 재구성

표 2-19 섬 발전 추진대책의 주요 내용

구분		내용
섬 발전 추진대책	개요	「섬의 날」 지정과 함께 「섬의 날」 제정 취지 반영과 여름 휴가철 섬 관광 활성화를 위해 국무총리 주재 국정현안점검조정회의의 심의 거쳐 확정
	주요 내용	• 행정안전부, 국토교통부, 해양수산부, 문화체육관광부 등 8개 부처가 '섬 발전추진대책' 수립 　- 섬 가치 제고로 '지속가능한 섬' 조성 　- 주민참여 활성화로 '살고 싶은 섬' 실현 　- 관광활성화로 '가고 싶은 섬' 구현 　- 중앙·지방 협력체계 강화와 정책 기반 구축으로 '발전하는 섬' 지원 • '섬 발전 추진대책'은 다양한 부처의 섬 관련 사업을 종합적으로 추진하여 섬 발전 정책의 시너지 효과를 도모 　- 해양수산부 : 어촌뉴딜 300, 해양쓰레기 처리, 노후 여객선 현대화, 여객선 준공영제 확대, 해양레저관광 활성화(어촌테마마을, 수중레저 등), 갯벌생태계 복원 등 　- 문화체육관광부 : 야생화 자원화, 탐방길 등 트레킹 코스 개발 　- 교육부 : 섬 지역 정보통신기술(ICT) 교육여건 개선(고교 무선 인프라 구축 등) – 보건복지부 : 의료취약지 의료지원 시범사업 등 • 지방자치단체 및 공공기관에서 생활기반, 의료·복지, 관광·교통 관련 다양한 사업 추진 　- 생활기반 관련 : 지하수 저류지 사업(인천), 해수담수화 사업(제주·군산·여수), 군산 섬 지역 가스시설 개선(가스안전공사), LPG 배관망 구축(남해), 마을정비형 공공주택

구분	내용
	사업(LH) – 복지·의료 관련 : 찾아가는 시청(인천), 섬 지역 보건의료서비스 개선(인천), 섬 지역 치매예방(경남), 보건진료소 원격 화상진료(완도), 섬 지역 하천하구 정비사업(군산), 해양쓰레기 운반선 건조(통영) – 관광·교통 관련 : 섬 지역 경관계획(인천), 섬마을 너울길 조성(여수), 농촌형 교통모델 사업(섬마을 행복버스, 인천)

자료: 제41회 국정현안점검조정회의 회의자료 및 충청남도 섬가꾸기 종합계획(2020) 참조 작성

표 2-20 섬 발전 추진대책 주요 과제

구분		주요 과제	
지속가능한 섬	섬 가치 제고	• 섬 특산물 활용 메뉴 개발 • 섬 자원 활용 관광상품 개발	• 트레킹코스 개발 • 해양생태관광(어촌체험마을) 확대
	생활편의 시설 개선 확충	• 차량진입이 가능한 선착장 확충 • 상하수도 및 전기 공급 • 노후 여객선 현대화 사업 • 섬내 대중교통 개선	• 의료 취약지 의료지원 사업 • 드론 택배 • ICT 교육여건 개선 사업
	섬 가꾸기	• 경관조성 • 폐교 폐가 리모델링	• 민박시설 지원 등
살고 싶은 섬	주민참여 지원	• 활동가 전문가 주민 네트워크 구축	• 역량교육 강화
	주민 소득사업 지원	• 섬 주민 역량 강화 • 회계제도 개선	• 섬 간 협력사업 확대
	일자리 사업 발굴	• 쓰레기 수거	• 섬 해설사
	민간부문 참여 확대	• 판로확대 • 시설개선	• 특산품 개발
가고 싶은 섬	여행 부담 경감	• 여객선 준공영제 확대 • 관광객 운임지원 확대	• 관광상품 할인
	홍보 지원	• 섬의 날 행사(8월 8일) • 섬 관광 활성화	• 휴가철 찾아가고 싶은 33섬
	섬 관광정보 플랫폼 구축	• 섬 별 관광자원(유래, 교통, 숙박정보 등)	• 섬 현황(국가 통계 등)
발전하는 섬	거버넌스	• 부처별 추진 사업 DB화	• 섬 개발 실무위원회 민간위원 위축
	정책 추진	• 섬 별 마스터플랜 수립 • 섬 발전 연구·진흥기관 설립 검토	• 범부처 섬 종합 발전계획 수립

자료: 충청남도 섬 섬가꾸기 종합개발계획(2020), 행정자치부 보도자료 (2018) 참조

표 2-21　기관별 독도 관련 사업

사업유형	사업내역	시행부처
경비대 운영	울릉경비대 및 독도경비대 운영지원	경찰청
관리선·함정운영	독도평화호, 독도관리선, 대형함정운영 및 건조	국토해양부, 해양경찰청, 경상북도
교육·홍보	홍보책자, 홍보영상물 제작 및 배포, 사진전시회	문화체육관광부, 교육과학기술부, 환경부
국제분쟁대비	한국관련 오보대응, 국제법적 논리개발, 국제표기정보수집	외교통상부, 문화체육관광부, 교육과학기술부
생태계보전	귀화종 및 외래종 유입방지·제거, 독도산림생태게 복원, 독도 바다사자 복원	문화재청, 환경부, 산림청
시설건립·운영	독도교육센터, 독도박물관, 안용복기념관, 독도현장관리사무소, 독도종합해양관학기지, 해양기상관측망 등 시설건립·운영	국토해양부, 기상청, 문화체육관광부, 환경부
위원회 지원	독도영토수호대책특별위원회, 국방위원회, 국토해양위원회, 행정안전위원회 지원	국회사무처
인력·유관기관 인프라구축	전문인력 및 영토영해 관련 국내외 시민단체 유관기관 네트워크 구축	교육과학기술부
전략정책개발	전략정책 개발	교육과학기술부
조사·연구·학술대회 및 도서발간	대응논리 개발 연구활동 및 학술대회, 영토영해관련 국내외 학술서적 번역발간, 전후 일본 공문서 조사연구, 지질 및 지반 조사, 독도 주변해역, 해양생태계 조사, 어업실태조사 및 수산자원 조사	환경부, 문화재청, 문화체육관광부, 농림수산식품부, 국토해양부, 교육과학기술부, 경상북도
행사지원	독도의용수비대 기념사업회 지원	국가보훈처
현장시설 정비	독도탐방로 및 접안시설 정비, 어업인 숙소유지관리, 서도 주민숙소 확장, 서도 콘크리트 계단정비, 쓰레기 수거 및 처리	국토해양부, 기상청, 문화재청

자료: 주간경향, 2011.08.30. 독도 영유권 관련 사업 '탁상정책': 국토연구원, 2020.8, 「섬발전연구 진흥원 설립 타당성 등 연구」, p.48 에서 재인용.

　　「섬의 날」지정과 함께 이의 제정 취지 반영과 여름 휴가철 섬 관광 활성화를 위해 국무총리 주재 국정현안점검조정회의의 심의를 거쳐 확정한 섬 발전 추진대책 가운데 주요 내용이다. 이는 행정안전부, 국토교통부, 해양수산부, 문화체육관광부 등 8개 부처가 '섬 발전추진대책'을 수립하고 섬 가치 제고로 '지속가능한 섬' 조성, 주민참여 활성화로 '살고 싶은 섬' 실현, 관광

활성화로 '가고 싶은 섬' 구현, 중앙·지방 협력체계 강화와 정책 기반 구축으로 '발전하는 섬' 지원과 섬 가치 제고로 '지속가능한 섬' 조성 등이 포함되어 있다.

기술한 바와 같이 각 부처는 국토 공간의 하나인 일반적인 정책대상지로서 도서에 대한 정책을 수행하기도 하고, 도서만을 대상으로 하기도 한다. 정부는 지난 2019년 8월 8일을 섬의 날로 제정하여 제1회 기념행사를 개최하는 등 섬에 대한 관심을 이전보다 새롭게 하는 양상이다. 이와 같은 맥락 속에 2019년 6월에는 국무총리 주재하는 국정현안점검조정회의에서 행정안전부, 국토교통부, 해양수산부, 문화체육관광부 등 8개 부처가 참여하는 '섬 발전 추진 대책' 수립하고 심의를 거쳐 확정하였다.

여기에는 섬 가치 제고로 '지속 가능한 섬', 조성과 주민참여 활성화로 '살고 싶은 섬', 실현, 관광활성화로 '가고 싶은 섬' 구현, 중앙·지방 협력체제 강화와 정책 기반 구축으로 '발전하는 섬' 지원을 주된 내용으로 하고 있다 (표 2-20 참조).

독도관련 정책 국토의 한 부분인 독도는 국제환경이나 생태적 측면에서 매우 중요하며 독특하다. 이에 따라 각 부처나 공공기관에서는 <표 2-21>과 같이 여러 사업을 수행하고 있다. 분쟁을 야기하는 일본의 경우에는 영토·주권대책 기획조정실을 신설하여 대응하고 있다. 이에 반해 한국은 해양수산부 국제협력정책관>해양영토과, 경상북도 환동해지역본부>해양수산국>독도정책과 등에서 관련 정책을 담당하고 있다(국토연구원, 2020.8).

Section 02   지방자치단체의 도서정책

1. 개설

근래 들어 해양주권과 자원에 대한 국제적 관심이 더욱 높아지면서 도서에 대한 관심이 고조되고 있다. 도서지역은 국토의 외연(外緣)에 자리하고 있고 다양하며 독특한 자연환경과 유·무형의 문화를 보유하며 해양주권과 해양자원의 거점 역할을 하는 등으로 그 가치가 다른 어느 지역에 비해 낮지 않다(신순호·박성현, 2014).

　　그러나 도서지역에 대해서는 오랫동안 제대로 그 가치를 인식하지 못한 데다 기본적인 부문에서부터 적정한 정책이 전개되지 않았다. 국가 차원이나 일부 지방자치단체 차원에서 도서지역 관련 정책을 시도했으나 미약한 수준에 머물었고, 법적 근거를 바탕으로 1988년의 도서종합개발계획[5]이 마련되면서 보다 진전된 수준의 정책이 추진되고 있다. 이와 더불어 도서지역 발전을 위한 여러 국가차원의 정책 외에도 지방자치단체 차원에서도 독자적인 도서지역에 대한 정책을 추진하는 경우가 차츰 생겨나고 있다.

　　지방자치단체 차원의 도서정책에 대해 살펴본다는 것은 해당 지방자치단체(또는 단체장)가 도서지역에 대해 어떠한 인식을 가지고 정책목표를 설정하고 있는가를 확인하는 바탕이 될 수 있다. 일반적으로 정책목표가 설정되면 목표실현을 위해 이를 구체화한 다양한 제도가 만들어진다. 다양한 제도 중에서 조례는 지역정책을 제도화한다는 점에서 무엇보다 의미가 있다. 자치 입법화되지 않은 지역정책은 상황에 따른 임의집행으로 인해 정책의 지속성을 담보할 수 없으며, 선거를 통해 단체장이 바뀔 경우 정책이 중단될 여지도 크다.[6] 본 장에서는 도서 관련 조례를 통해서 해당 지방자치단체가 도서 정책을 바라보는 관점에 대해 비교 검토하고 그 시사점을 살펴본다.

　　우리나라는 그동안 중단되었다가 지난 1995년 이후 지방자치단체의 장과 지방의회 의원을 주민이 직접 선출함으로써 지방자치제도가 본격적으로 시행되고 그 뿌리가 점점 깊어 감에 따라 조례에 대한 중요성과 활성화에 대한 필요성이 높아지고 있다. 그러나 지방자치 성공의 가장 중요한 요건이라고 할 수 있는 조례에 관해서는 크게 연구되어지지 않고 있는데(전기성, 2011), 특히 도서지역에 관련된 자치법규 및 지방자치단체의 사업에 대한 연구는 거의 전무한 실정이다.

---

5) 행정안전부는 '찾아가고 싶은 도서 가꾸기'와 '명품도서'사업을 한시적으로 수행한 바 있으며, 문화체육관광부는 '가고 싶은 도서 시범사업'을, '국토교통부는 '국토 끝도서 관광자원화'사업을, 국립공원관리공단은 '명품마을'사업을 추진하였다.

6) 조례는 중앙정부의 일방적인 정책추진에서 벗어나 그 지역의 고민과 특성을 반영하여 제도화한 것이기 때문에 지역상황에 부합하는 지역의 정책을 추진하기 용이하다는 장점을 갖고 있다(최상일·우장명, '충청북도 농업·농촌 조례 분석', 「지역정책연구」 제25권 제1호, 충북발전연구원, 2014.).

자치법규는 지방자치단체가 법령의 범위 안에서 그 사무에 관하여 지방의회의 의결을 거쳐 제정하는 조례와 지방자치단체의 장이 법령 또는 조례가 위임한 범위 안에서 그 권한에 속하는 사무에 관하여 제정하는 규칙으로 구분되고 있다. 여기에서는 지방자치단체의 도서정책을 조례를 통해 살펴본다. 또한 지방자치단체는 중앙정부의 정책을 지역에 알맞게 시행하는 것으로 도서지역 정책을 수행해 오고 있는 것과 자치단체의 독자적인 의사결정 과정을 통해 추진해 가는 것들이 있다.

일반적으로 대부분의 국가정책은 도서지역을 우리나라 여타 지역과 동일하게 정책 적용의 대상으로서 수행되는 것이 일반이나 도서지역만을 별도의 정책 대상으로 하는 경우도 있다. 지방자치단체 역시 중앙정부의 위임에 의한 정책이 관할 자치구역내에서 펼쳐지기 때문에 도서지역 외의 지역과 같이 적용되는 정책도 있으며 도서지역만을 그 대상으로 하는 정책도 있게 된다. 여기에서는 주로 지방자치단체의 조례와 함께 지방자치단체 가운데 시·도에서 독자적으로 추진하는 도서지역에 대한 사업들 위주로 살펴본다.

2. 도서지역 관련 조례의 의의

도서를 관리 또는 개발하기 위한 제도로서 여러 법률이 있고 이에 따른 계획 등을 마련하여 시행하고 있다. 이 같은 법률은 통상 추상성이나 보편성을 띠고 있고, 시행령이나 시행규칙은 중앙정부의 판단과 사정에 따라 제정되므로 지역의 고유한 문제를 해결하는 데 한계가 있다(윤찬영, 2013). 이러한 관점에서 지역적 특성을 고려한 조례가 제정된다면, 법적 근거를 확보하고 지방자치단체 수준에서 이러한 문제해결에 커다란 기여를 할 수 있다.

지방분권의 강화를 주장하는 입장에서는 지방자치는 지방에서의 정치이며 지방정치의 가장 큰 역할은 지방자치의 골간이 되는 합리적인 제도를 만들어 내는 것이라고 하고 있다. 이러한 합리적인 제도는 바로 지방의회가 심의·의결하는 조례에 의해 마련되고 운영된다. 조례의 의의에 관련하여 볼 때, 지방자치단체가 자기의 사무를 자기의 책임아래 행할 수 있는 권한을 지방자치권이라 하며, 이러한 지방자치권의 하나로서 지방자치단체가 지방자치에 필요한 법규를 스스로 정립하는 권능을 자치입법권이라 한다(행정안전부, 2012).

「대한민국헌법」제117조제1항에서는 "법령의 범위 안에서 자치에 관한 규정을 제정할 수 있다"고 규정하고 있고, 「지방자치법」제22조에서는 "지방자치단체는 법령의 범위 안에서 그 사무에 관하여 조례를 제정할 수 있다"고 규정하고 있다. 여기서 법령이란 헌법과 법률, 시행령과 시행규칙을 말한다. 따라서 조례는 지방자치단체가 관할하는 지역 안에서만 효력을 갖는 '공간적 효력의 범위'와 함께 '법령의 범위 안'이라는 한계를 동시에 갖고 있는 것이다. 또한, 지방자치단체의 조례는 그 사무에 관한 것으로, 위임된 국가사무에 관해서는 조례제정권이 없는 반면, 자치단체 고유사무로서 「지방자치법」에 규정된 사무인 자치사무와 개별 법령에 의해 위임된 사무인 단체위임사무에 관련해서는 조례를 제정할 수 있다(박성현, 2017).

지방의회에서 도서 관련 조례를 활성화하여야 하는 이유를 요약해 보면 우선, 조례를 통해 도서지역정책의 계속성과 체계성을 부여하기 위해서이다. 최근 법규는 사회를 변화시키는 중요한 수단이 되며 일정한 목표를 설정하고 필요한 정책수단을 체계적으로 종합하는 기능을 한다. 지방자치단체가 그 업무를 지속적으로 수행하기 위해서는 지방자치단체의 정책프로그램을 일반적·추상적인 조례로 입법화해 두는 것이 바람직하다. 특히 조례의 제정이나 개정, 폐지는 법률과 유사하게 지방의회의 심의를 거치면서 주민의 의견을 수렴하는 등 규칙이나 그 밖의 활동형식과는 구별되는 비교적 엄격한 절차를 거쳐서 제정된다. 그리고 조례로 표현된 정책은 수시로 변경하기 어렵기 때문에 지속성을 갖는다고 볼 수 있다.

둘째, 조례로 정책을 프로그램화함으로써 특정한 업무에 대하여 수시로 결정해야 하는 부담을 줄일 수 있고, 이를 평등하게 집행할 것을 요구함으로써 업무집행의 객관성을 보장하는데 기여한다(이기우, 2008)는 점을 들고 있다. 위에서 살펴본 바와 같이 조례란 규범의 적용을 받게 되는 지역주민에게 더욱 가까이 있는 자가 규범을 제정하도록 함으로써 규범제정자와 수범자의 간격을 좁히고, 지역특성을 고려해야 하는 입법자의 부담을 경감시켜 탄력적 규율을 가능케 하는 것이다(박성현, 2017; 권영성, 2009). 이러한 측면에서 도서지역에 대한 정책을 국가수준이 아닌 지방자치단체의 수준에서 조례를 대상으로 살펴본다.

3. 시·도별 조례 제정 현황과 유형

1) 조례 현황

도서지역의 정주여건을 개선하기 위해 해당 지방자치단체는 정책 수단으로 조례를 제정하여 정책사업을 추진하고 있다. 자치법규정보시스템을 통해 살펴보면, 2020년 말 기준으로 8개 광역시·도에서 19개의 조례를 제정하여 시행하고 있다.

전국에서 가장 많은 도서를 보유하고 있는 전라남도는 「전라남도 섬 가꾸기 지원 등에 관한 조례」를 2016년 6월 13일에 제정하고, 도지사 시책사업으로 '가고 싶은 섬 가꾸기 사업'을 추진하고 있다. 또한 2018년에 '섬의 날'이 국가기념일로 제정되고, 이어 2019년 '제1회 섬의 날' 기념행사가 전라남도에서 개최됨에 따라 이의 지원을 위해 필요한 사항 등을 정하는 「전라남도 섬의 날 기념에 관한 조례」를 정하였다.

또한 「전라남도교육청 섬 지역 교육 진흥 조례」가 2019년 11월 7일에 제정되었다. 이 조례는 전라남도 섬 지역의 교육 진흥에 필요한 사항을 규정하여 섬 지역 교육의 기회균등에 이바지하기 위한 것으로, 교육감은 섬 지역 특수성을 반영한 섬 지역교육 진흥 기본계획을 매년 수립하여 시행하도록 하고 있다.

경상남도는 「경상남도 도서지역 주민 여객선 운임 등 지원 조례」를 2012년 11월 1일에 제정하였고, 「경상남도교육청 도서·벽지 교육진흥에 관한 조례」를 2017년 2월 9일 제정하여 도서주민들의 기본적인 이동권과 교육권을 보장하기 위한 정책을 추진하고 있다.

충청남도는 「충청남도 도서민 생필품 해상물류비 지원 조례」를 2016년 2월 22일에 제정하여 도서민이 기초 생활필수품을 육지와 동일한 가격에 구입할 수 있도록 물류비를 지원하는 정책을 추진하고 있다. 또한 「충청남도 섬가꾸기 지원에 관한 조례」를 2019년 7월 10일에 제정하여 섬 자원을 보존하고 섬 지역의 공동체 활성화와 관광 여건의 종합적·체계적인 개선에 필요한 사항을 규정함으로써 섬 주민의 소득 증대와 삶의 질 향상에 이바지하고자 하고 있다.

경기도는 「경기도 도서지역 주민에 대한 여객선 요금 등 지원 조례」를

표 2-22 시·도별 도서 관련 조례 현황

구분	조례명	제안자	제정일	소관부서
전남	전라남도 섬 가꾸기 지원 등에 관한 조례	도의원	2016.06.13.	섬해양정책과
	전라남도 섬의 날 기념에 관한 조례			
	전라남도교육청 섬 지역 교육 진흥 조례		2019.11.07.	교육청 혁신교육과
	전라남도 도서지역 농수산물 해상운송비 지원 조례		2020.11.26	해운항만과
경남	경상남도 도서지역 주민 여객선 운임 등 지원 조례	도의원	2012.11.01.	항만물류과
	경상남도 섬 발전 지원 조례		2019.12.26.	균형발전과
	경상남도교육청 도서·벽지 교육진흥에 관한 조례		2017.02.09.	교육청 학교지원과
충남	충청남도 도서민 생필품 해상물류비 지원 조례	도지사	2016.02.22.	해운항만과
	충청남도 섬 가꾸기 지원에 관한 조례	도의원	2019.07.10.	
경기	경기도 도서지역 주민에 대한 여객선 요금 등 지원 조례	도지사	2005.12.19.	해양수산과
	경기도 도서 연안 지역 문화 및 생태 보전 지원 조례	도의원	2017.11.13.	
인천	인천광역시 도서지역 여객선 운임 등 지원 조례	도의원	2007.12.24.	도서지원과
	인천광역시 도서 발전 지원 조례		2019.02.20.	
전북	전라북도교육청 도서·벽지 교육진흥에 관한 조례	도의원	2015.12.14.	교육청 행정과
	전라북도 도서지역 여객선 운임 지원에 관한 조례		2020.05.29.	해양항만과
제주	제주특별자치도 도서지역 여객선운임 지원 조례	도의원	2008.12.24.	해양항만과
	제주특별자치도 도서지역 특산물 해상운송비 지원 조례		2016.12.30.	통상물류과
경북	경상북도 도서지역 여객선 유류 보조금 지원 조례	도의원	2014.10.27.	독도해양 정책과
	경상북도 도서지역 여객선 운임 지원에 관한 조례		2019.10.31.	
	경상북도 울릉도 친환경에너지 자립섬 조성 및 특수목적법인 설립 및 출자 등에 관한 조례	도지사	2015.05.21.	청정에너지 산업과

자료: 시·도 의안자료를 바탕으로 구성

타 지방자치단체에 비해 이른 시기인 2005년 12월 19일에 제정하여 현재까지 경기도 내의 도서지역 주민들의 기본적인 이동권을 보장해 주려는 노력을 하고 있다. 또한 「경기도 도서 연안 지역 문화 및 생태 보전 지원 조례」를 2017년 11월 13일 제정하였다.

인천광역시는 「인천광역시 도서지역 여객선 운임 등 지원 조례」를 2007년 12월 24일 제정하였고, 그 지원대상을 도서주민뿐만 아니라 인천시민에게 확대하여 도서지역 발전촉진과 시민복리 증진에 기여하고 있다. 또한 2019년 2월 20일에는 「인천광역시 도서발전 지원 조례」를 제정하였다.

전라북도는 「전라북도교육청 도서·벽지 교육진흥에 관한 조례」를 2015년 12월 14일 제정하여 도서지역 학생들의 기본적인 교육권을 보장해주고 있다. 또한 전라북도는 2020년 5월 29일에 「전라북도 도서지역 여객선 운임 지원에 관한 조례」를 제정하였다.

제주특별자치도는 2008년 12월 24일에 「제주특별자치도 도서지역 여객선운임 지원 조례」를 제정한 후, 2016년 12월 30일에 「제주특별자치도 도서지역 특산물 해상운송비 지원 조례」를 제정하여 도서주민의 이동권을 확보할 뿐만 아니라 물류비의 지원까지 확대해 주고 있다.

경상북도는 2014년 10월 27일에 「경상북도 도서지역 여객선 유류 보조금 지원 조례」와 2015년 5월 21일에 「경상북도 울릉도 친환경에너지 자립섬 조성 특수목적법인 설립 및 출자 등에 관한 조례」를 제정하여 울릉도 주민의 이동권과 전력인프라 지원에 관한 서비스를 제공하고 있다. 또한 「경상북도 도서지역 여객선 운임 지원에 관한 조례」를 2019년 10월 31일에 제정하였다.

지방자치단체의 조례는 해당 지역의 특성과 시기적으로 필요한 사항에 관해서 해당 자치단체가 수행할 사항을 규정하고 있는데 전체적으로 섬 지역의 어려운 실정에 대해 주민들에 대한 지원을 주로 그 내용으로 하고 있다. 그 가운데서도 대부분의 지방자치단체에서는 도서지역 여객선 운임 지원에 관한 조례를 제정하여 시행하고 있고, 도서의 교육진흥에 관한 조례 역시 많은 자치단체가 제정·시행하고 있다.

도서 관련 조례의 특징을 보다 구체적으로 살펴보면(신순호·박성현, 2017: 117−118), 첫째, 현재 제정·시행되고 있는 도서 관련 조례는 법령의 위임에 따라 제정된 위임조례가 아닌 주민의 생활권을 현실적으로 보장하기 위한 자치조례이다. 일반적으로 자치사무의 성질은 당해 지방자치단체에만 이해관계가 있는 사무와 지방자치단체가 자기의 의사와 책임 및 부담 아래 처리할 수 있는 사무, 지방자치단체의 존립유지에 관한 사무(자치입법, 조직, 행정), 주민의 공공복지에 관한 것으로 해당구역 내에 한정된 사무를 말한다.

둘째, 도서 관련 조례는 2000년 중반 이후 점차 제정되기 시작하였고, 주로 도서민들의 여객선 운임을 보조하는 정책사업을 다루는 내용이었다. 1991년 지방자치제가 도입되었으나 도서와 관련된 조례는 2005년에 들어와서야 비로소 제정되었다는 점과 도서를 가장 많이 보유한 전라남도나 도서의

표 2-23　도서 관련 조례의 유형구분

유형구분	조례
종합발전 지원형	• 전라남도 섬 가꾸기 지원 등에 관한 조례 • 경상남도 섬 발전 지원 조례 • 충청남도 섬 가꾸기 지원에 관한 조례 • 인천광역시 도서발전 지원 조례
이동권 지원형	• 경상남도 도서지역 주민 여객선 운임 등 지원 조례 • 경기도 도서지역 주민에 대한 여객선 요금 등 지원 조례 • 인천광역시 도서지역 여객선 운임 등 지원 조례 • 전라북도 도서지역 여객선 운임 지원에 관한 조례 • 제주특별자치도 도서지역 여객선운임 지원 조례 • 경상북도 도서지역 여객선 유류 보조금 지원 조례 • 경상북도 도서지역 여객선 유류보조금 지원 조례
교육권 지원형	• 전라남도교육청 섬 지역 교육 진흥 조례 • 경상남도교육청 도서 · 벽지 교육진흥에 관한 조례 • 전라북도교육청 도서 · 벽지 교육진흥에 관한 조례
기초생활 지원형	• 전라남도 도서지역 농수산물 해상운송비 지원 조례 • 충청남도 도서민 생필품 해상물류비 지원 조례 • 제주특별자치도 도서지역 특산물 해상운송비 지원 조례
개별상황 지원형	• 전라남도 섬의 날 기념에 관한 조례 • 경기도 도서 연안 지역 문화 및 생태 보전 지원 조례 • 경상북도 울릉도 친환경에너지 자립섬 조성 및 특수목적법인 설립 및 출자 등에 관한 조례

자료: 시 · 도 의안자료를 바탕으로 구성

인구가 많은 경상남도가 아닌 경기도에서 시작되었다는 점 등은 특기할 만한 사항이다. 도서가 많은 지방자치단체에서는 많은 도서지역에 재정적 지원에 많은 부담이라는 점과 함께 지방자치단체 정책사업의 순위에 있어 도서정책이 크게 부각되지 않았다고 볼 수 있다.

셋째, 도서 관련 조례는 지방자치단체장(시 · 도지사) 제출보다는 지방의원(시 · 도의원) 발의가 다수를 차지한다는 특징이 있다. 통상 지방의원의 조례제정은 정책개발 능력을 평가하는 지표로 사용되고 있는 경우가 많다. 또한, 지방의원이 도서와 관련된 조례를 제정한다는 것은 도서에 대한 개인적 관심도가 높고[7] 집행부에서 고려하지 못한 정책사업을 발굴했다는 점에서 의의를 찾을 수 있다. 이 점과 관련하여 지방의원이 도서에 대한 적극적인 정책개발 의지를 조례라는 수단으로 전개할 경우, 의결권을 행사하는 지방의회는

---

7) 통상, 지방의원의 지역구가 도서인 경우가 많아 지역의 숙원사업을 해결하는 방안으로 접근하고 있다.

집행부에서 제출하는 조례보다 그 절차가 보다 간소화되고 정책 추진이 빠르다는 장점도 있다.

　도서 관련 조례는 도서지역의 정주여건을 개선하기 위한 지원과 관련이 되어 있는바, 이를 지원목적 및 내용에 따라 세분하면, 종합발전 지원형, 이동권 지원형, 교육권 지원형, 기초생활 지원형과 기타로 유형화할 수 있다. 구체적으로 <표 2-22>와 <표 2-23>에서 보는 바와 같이 종합발전 지원형은 전라남도의 「전라남도 섬 가꾸기 지원 등에 관한 조례」가 2016년 6월 13일에 제정된 이래 충청남도, 경상남도, 인천시가 이어서 제정하여 시행하고 있다.

　이동권 지원형은 경기도에서 「경기도 도서지역 여객선 요금 등 지원 조례」가 2005년 12월 19일 제정된 이래 인천광역시, 제주특별자치도, 경상남도, 경상북도, 전라북도에서 조례를 제정·시행 중이다.

　교육권 지원형은 전라북도에서 2015년 12월 14일 「전라북도교육청 도서·벽지 교육진흥에 관한 조례」를 제정한 이래 경상남도와 전라남도에서 동일한 조례명으로 제정·시행 중이다. 기초생활 지원형은 「충청남도 도서민 생필품 해상물류비 지원 조례」를 2016년 2월 22일에 제정한 이래 도서지역 특산물이나 농수산물의 해상운송비를 지원하는 조례를 제주특별자치도와 전라남도가 제정·시행하고 있다.

　그 밖에도 개별지역상황 지원형은 지역의 특성과 특별한 상황에 대처하기 위한 조례로 경상북도의 「울릉도 친환경에너지 자립섬 조성 및 특수목적법인 설립 및 출자 등에 관한 조례」와 경기도의 「경기도 도서 연안 지역 문화 및 생태 보전 지원 조례」, 그리고 전라남도의 「전라남도 섬의 날 기념에 관한 조례」가 제정·시행하고 있다.

2) 조례의 유형 분석

　각 자치단체의 도서 관련 조례를 지원목적 및 내용에 따라 종합발전 지원형, 이동권 지원형, 교육권 지원형, 기초생활 지원형과 개별상황 지원형로 기술한 바와 같이 분류하여 이러한 유형별로 그 주요 내용을 살펴보도록 한다.

(1) 종합발전 지원형

우리나라 도서의 약 60%를 보유하고 있는 전라남도는 2016년 6월 13일에 「전라남도 섬 가꾸기 지원 등에 관한 조례」를 의원발의로 제정하였다. 이 조례는 타 시·도와 차별화된 전라남도 비교우위 자산인 섬을 아름답게 가꾸어 '가고 싶은 곳'으로 조성하고, 섬 고유 생태자원의 보존·회복 및 매력적인 도서 문화의 관광자원화가 필요하다는 인식에서 제정되었다.

주요내용은 섬 가꾸기 사업의 체계적인 추진을 위해 자문위원회의 설치 및 구성, 중간지원조직 운영, 재정지원, 포상으로 구성되어 있다. 이 조례는 전라남도의 브랜드 시책사업인 '가고 싶은 섬 가꾸기 사업'[8]을 안정적으로 추진할 수 있는 제도적 장치를 마련하고 추진동력을 얻었다는 데 의의가 있다. 또한 조례로서 도서지역의 종합발전사업 추진할 수 있다는 가능성을 제시하였다.

이 조례는 다른 광역지방자치단체에도 영향을 주어 이후 인천광역시에서는 2019년 2월 20일에 「인천광역시 도서발전 지원 조례」를 제정하였고, 계속하여 충청남도에서는 2019년 7월 10일에 「충청남도 섬가꾸기 지원에 관한 조례」를 제정하였다. 경상남도에서는 「경상남도 섬 발전 지원 조례」를 2019년 12월 26일에 제정하여 시행하고 있다.

전라남도의'가고 싶은 섬'을 가꾸기 위한 추진전략은 주민 주도적 섬 가꾸기, 아름다운 섬 경관 조성, 매력적인 섬 문화 전승 등이다. 주민 주도적 섬 가꾸기는 주민이 가꾸는 아름다운 섬마을, 휴양과 힐링을 위한 장기체류 프로그램 개발, 섬 특산물을 활용한 주민소득 창출 등이 추진되는 사업이다. 아름다운 섬 경관 조성은 섬의 특색에 맞는 꽃·나무 가꾸기, 섬과 어울리는 경관 조성, 고유하고 희귀한 생물종 보존 등이 추진되는 사업이다.

마지막으로 매력적인 섬 문화 전승은 섬의 정체성을 살리는 전통문화 복원, 정겨운 섬마을 인심과 토속음식을 관광자원화, 섬의 역사·전설 등 스

---

8) '가고 싶은 도서'가꾸기 가업대상지는 첫 해인 2015년 6개 섬을 선정한 데 이어 현재까지 10개 섬을 '가고 싶은 도서'으로 선정하고 해마다 2개 섬을 추가해 2024년까지 모두 24개 섬을 가꿀 계획이다. 선정된 섬으로는 2015년 6개 도서(여수 낭도, 고흥 연홍도, 강진 가우도, 완도 소완도, 진도 관매도, 신안 반월·박지도), 2016년 2개 도서(보성 장도, 완도 생일도), 2017년 2개 도서(여수 손죽도, 신안 기점·소악도)이다.

토리텔링화 사업이 있다. 이 사업은 섬 개발에서 섬 가꾸기로 전환했다는 점과 중앙부처의 지원 없이 지방자치단체 예산으로 사업을 추진한다는 점에서 다른 광역지방자치단체는 물론 관련 중앙부처에서 주목하고 있다(김준, 2016).

(2) 이동권 지원형

현재 우리나라에서는 육지와 떨어진 도서지역으로 갈 수 있는 유일한 교통수단은 제주도 본도를 제외하고서는 선박을 이용한 방법 밖에 없다. 연안여객선은 도서 주민에게는 지하철, 버스와 같은 중요한 대중교통수단이며, 일반 국민에게는 도서지역으로 왕래할 수 있는 유일한 교통편이라 할 수 있다(신순호, 1983, 1986.1, 1987.12, 1988.1a, 1988.1b, 1990.12, 1989.6, 1991, 2017.7, 2018.9, 2019.7; 류재형, 2011).

그러나 오랫동안 연안여객선은 '대중교통 수단'에 포함되지 않았다. 「대중교통의 육성 및 이용촉진에 관한 법률」 제2조 2호에는 대중교통수단에 대해 일정한 노선과 운행시간표를 갖추고 다수의 사람을 운송하는 데 이용되는 것이라고 명시하고 있다. 노선버스, 지하철과 도시철도, 철도가 운송수단으로 명시되고 있다. 그런데, 일정한 노선과 운행시간표를 갖추고, 다수의 사람을 운송하고 있는 여객선은 포함되지 않는데, 이는 도서 교통에 대한 인식이 매우 부족함에서 오는 것이라고 할 수밖에 없어 보인다. 같은 법 제3조 제1항 제6호에는 국가 및 지방자치단체의 책무로 모든 국민이 편리하고 안전하게 대중교통을 이용할 수 있도록 대중교통을 육성하고 지원하기 위하여 규정한 사항에 대한 정책을 수립하고 이를 시행하도록 하고 있다. 이 법의 제3조 제1항 제6호에 '오지·도서 및 벽지 등의 지역에 대한 대중교통서비스의 강화'를 규정하고 있음에도 불구하고, 도서 교통수단인 여객선을 대중교통으로 인정하지 않았던 것은 정책과 입법상의 문제를 내포하고 있었다.

그러다가 2020년 6월에 들어 「대중교통의 육성 및 이용촉진에 관한 법률」의 개정으로 연안여객선이 대중교통수단으로 인정되었다.9) 향후 연안여객선은 대중교통수단으로서 각종 계획과 후속 조치가 절실하나 법 개정 이후

---

9) 대중교통의 육성 및 이용촉진에 관한 법률 제2조 제2호 라목에서는 「해운법」 제2조 제1호의2에 따른 여객선(같은 법 제3조 제1호에 따른 내항 정기 여객운송사업에 사용되는 경우에 한정한다)으로 대중교통의 정의를 하고 있다.

아직은 별다른 후속 조치가 이루어지지 않고 있는 실정이다.

그동안 이러한 법률적인 한계로 인해 노정되는 많은 문제점을 해결해 가기 위해서 자치단체는 연안여객선에 대한 지원 조례를 제정하여 시행하고 있다. 이에 관련된 조례를 가장 먼저 제정한 경기도는 2005년 12월 19일에 「경기도 도서지역 주민에 대한 여객선 요금 등 지원 조례」를 도지사 제안으로 제정하였다. 이 조례는 연안여객선이 도서지역 주민의 유일한 교통수단임에도 불구하고 요금이 높아 주민의 이동 등 경제활동을 제약하는 원인을 해결하기 위해 도서주민에게 육지를 오가는 데 소요되는 여객선 요금 및 선박용 연료비를 지원하여 생활편의 증진과 소득증대에 기여하는 데 목적을 두고 있다. 한편, 경상남도 역시 이 조례와 목적과 적용범위를 같이하는 「경상남도 도서지역 주민 여객선 운임 등 지원 조례」를 2012년 11월 1일에 제정하였다.

인천광역시는 2007년 12월 24일에 「인천광역시 도서지역 여객선 운임 등 지원 조례」를 의원발의로 제정하였는데, 이 조례는 경기도와 달리 도서지역을 방문하는 모든 인천시민에게 여객선 운임을 보조해 줌으로써 도서지역 발전 촉진 및 시민복리 증진을 도모하고 있다. 이 조례는 시민의 세금으로 지원되는 보조금을 도서 지역주민뿐만 아니라 모든 시민에게 적용하는 함으로써 연안여객선을 대중교통수단의 범주로 귀속하였다는 점에서 발전적인 모델이다. 또한 일정 예산을 책정하여 예산 소진 시까지 전 국민에게 여객선 운임을 보조해 줌으로써 지역관광과 경제활성화를 꾀하고 있다.

제주특별자치도는 2008년 12월 24일에 「제주특별자치도 도서지역 여객선운임 지원 조례」를 의원발의로 제정하였다. 이 조례는 도서지역을 방문하는 여객선 이용자에 대하여 운임의 일부를 지원함으로써 도시와 도서간 교류 증진을 통해 지역경제 활성화와 지역의 균형발전을 도모하는 것을 목적으로 하고 있다. 적용범위는 운임이 1만원을 초과하는 도서이다. 이 조례는 제주도 전체가 관광지라는 특징을 살려 모든 국민들에게 관광기회의 폭을 넓혀주고 있다는 특징이 있다.

경상북도는 2014년 10월 27일에 「경상북도 도서지역 여객선 유류 보조금 지원 조례」를 의원발의로 제정하였다. 이 조례는 경상북도 도서 지역(울릉도)의 유일한 여객 정기노선인 포항－울릉간 노선이 동절기 선박정기검사 등으로 소형여객선이 대체 운항되고 이로 인한 잦은 결항으로 생필품 품귀현상, 이동권의 제한 등 지역주민과 관광객의 불편이 발생하여 제정하였다. 즉, 동절기 정기 여객선의 정상운항을 위한 유류 보조금 지원에 법·제도적 근거를 마련하여 도서지역 주민의 생활편의 등 복리 증진과 지역경제 활성화에 기여하고자 조례를 제정하였다.

(3) 교육권 지원형

우리나라는 오래전부터 적정 규모학교 정책을 시행해오고 있어 대부분의 지역에서는 소규모 학교를 줄여가는 정책을 추진하고 있다. 이는 한편으로는 교육의 경쟁력을 제고하려는 의도로 그 타당성도 일부 내재되어 있다. 도서 지역 역시 이 정책에 당연히 포함된다. 그러나 문제는 무교 도서 지역에 취학 대상자가 발생하였을 경우이다.

이미 폐교된 도서 지역에 학교가 재 개교 되는 경우는 거의 없다. 이처럼 도서 지역에 학교가 없을 경우 학교가 소재한 모도 또는 중심지인 도시지역으로 통학하거나, 부모와 떨어져 학교 소재지에 혼자 거주(친척, 또는 하숙, 자취)하거나, 가족이 분리하여 가족 일부와 함께 학교 소재지에 거주할 수밖에 없는 한계적 상황이 내재되어 있다(신순호, 2017.7).

전라북도와 경상북도는 이러한 도서 지역의 교육진흥을 위하여 교육청 차원에서 조례를 제정하여 지원하고 있다.

전라북도는 2015년 12월 14일에 「전라북도교육청 도서·벽지 교육진흥에 관한 조례」를 의원발의로 제정하였다. 도서·벽지 지역은 취약한 접근성 등으로 인하여 다른 지역에 비해 불리한 교육여건에 놓여 있으므로 지역 간 교육격차 완화 등을 위하여 이들 지역에 대한 특별한 정책적 배려가 필요하였다. 전라북도는 조례를 통해 교육감에게 도서·벽지 교육진흥 기본계획을 수립하도록 하고, 학습지도에 필요한 행정적·재정적 지원을 하도록 함으로써 도서·벽지의 교육환경과 여건을 개선하여 학생들에게 양질의 교육기회를 제공하는데 조례의 목적을 두고 있다.

경상북도 역시 이러한 제도의 취지로 2017년 2월 9일에 「경상남도교육청 도서·벽지 교육진흥에 관한 조례」를 의원발의로 제정하였다.

(4) 기초생활 지원형

「대한민국헌법」제123조제2항은 지역 간의 지역발전을 위해 지역경제를 육성할 국가의 의무를 규정한 것으로 발전의 저해요소를 안고 있는 도서 지역에 대해 육지부와의 지역 간 경제적 불균형을 축소하는 노력을 기울여야 할 당위성을 언급하고 있다(신순호·박성현, 2017: 123-124). 이러한 헌법적 가치를 존중하고 광역지방자치단체 차원에서 도서 지역과 육지부의 경제적 불평등 해소와 기초생활 여건을 지원하기 위하여 제주특별자치도와 충청남도, 전라남도에서 조례를 제정하여 지원사업을 전개하고 있다.

제주특별자치도는 2016년 12월 30일에 의원발의로 「제주특별자치도 도서지역 특산물 해상운송비 지원 조례」를 제정하였다. 이 조례는 제주특별자치도 부속 도서지역에서 생산되는 특산물에 대한 해상운송비 지원을 통하여 정주여건이 불리한 도서지역 주민의 소득증대를 도모하고 지역경제 활성화에 기여하는 것을 목적으로 한다. 즉, 도서지역에서 생산되는 특산물에 대한 해상운송비 지원을 통하여 정주여건이 불리한 도서지역 주민의 소득증대 등을 위하여 지원대상, 지원기준 등을 정하고 있다.

충청남도는 2016년 2월 22일에 「충청남도 도서민 생필품 해상물류비 지원 조례」를 도지사 제출로 제정하였다. 제정이유로는 2013년부터 「농어업인 삶의 질 향상 및 농어촌지역 개발촉진에 관한 특별법」제29조(농어촌의 기초생활여건 개선)의 포괄적인 근거에 따라 내부지침으로 도서민 생필품 해상물류비를 도비보조사업으로 지원해 왔으나, 2014년 5월 28일에 「지방재정법」의 개정으로 지방자치단체가 권장하는 사업을 위해 필요하다고 인정하는 경우(제17조제1항제4호) 조례에 보조금 지출근거가 직접 규정되어야만 지원이 가능하게 됨에 따라 조례를 제정하게 되었다. 지원 대상품목으로는 액화석유가스(LPG), 난방용 유류, 분뇨수거 차량 등의 해상물류비이다.

전라남도는 2020년 11월 26일 「전라남도 도서지역 농수산물류해상운송비 지원 조례」를 제정하여, 농수산물 해상운송비 지원체계 구축 등 도서지역 농어업인의 소득증대에 필요한 시책을 추진하였다(제3조). 제4조에서는 도서지역에서 생산된 농수산물의 가격 경쟁력 제고를 위해 예산의 범위에서 농어업인에게 해상운송비를 지원할 수 있도록 하고, 지원대상으로는 해상운송비 지원 대상은 지원 신청연도 1월 1일을 기준으로 1년 이상 도서지역에 주소를 두고 실제 거주하며, 직접 농수산물을 생산하여 육지에 유통·판매하는 농·어업인으로 하고 있다(제5조).

(5) 개별상황 지원형

지역에 어떤 상황이 있을 경우에 이를 대비하거나 지역의 개별적 특성에 대한 지원과 원활한 업무수행을 위해 마련하는 조례가 있다. 이 같은 경우로는 전라남도의 「전라남도 섬의 날 기념에 관한 조례」를 우선 들 수 있다. 당시 섬이 가장 많이 산재되어 있는 전라남도 서부권의 대학(목포대) 연구자들을 중심으로 꾸준히 주장해 오던 「섬의 날」이 국가기념일로 제정되고 이어 2019년 제1회 섬의 날 기념행사가 전라남도에서 개최되는 기념행사를 지원하기 위해 정하였다. 여기에는 섬의 날 기념 본 행사 및 관련 행사, 섬 관련 축제 및 문화제, 섬 관련 국제 학술행사와 행사참여자에 대한 운임, 기념행사 등을 수행하기 위하여 법인이나 단체에 예산의 범위에서 보조금 등의 지원에 관한 사항을 주로 담고 있다.

경상북도는 2015년 5월 21일에 「경상북도 울릉도 친환경에너지 자립도서 조성 특수목적법인 설립 및 출자 등에 관한 조례」를 도지사 제출로 제정하였다. 울릉도 친환경에너지 자립도서 조성사업은 정부의 에너지 신산업 육성정책의 일환으로 추진하는 국가중점사업으로 경상북도의 재정여건상 막대한 사업재원 조달에 한계가 있어 민관 합동개발방식(제3섹터방식)으로 추진하게 되었다. 이 조례에는 특수목적법인(SPC) 설립 및 출자 등에 관한 사항을 규정하였다.

경기도는 2017년 11월 13일에 「경기도 도서 연안 지역 문화 및 생태 보전 지원 조례」를 제정하였다. 이 조례는 「문화다양성의 보호와 증진에 관한 법률」 제3조 및 「해양생태계의 보전 및 관리에 관한 법률」 제4조 규정 등에 따라 경기도 도서와 연안 지역의 문화·생태 자원의 보전에 관하여 필요한 사항을 규정하기 위하여 제정하였다.

여기에는 경기만 연안과 도서에 대해서 문화 보전 및 가치 증대, 환경 및 생태계 보전, 생태계 보전 및 관리를 위한 필요 시설 설치·운영, 문화보전과 생태계의 보전 및 관리를 위한 조사·연구 등을 지원하고, 3년마다 관련 용역을 실시하여 정책에 반영하도록 하고 있다.

4. 지방자치단체의 도서개발 사업의 실제

지방자치단체는 중앙정부의 정책을 지역에 알맞게 시행하는 것으로 섬 정책을 수행해 오고 있는 것과 자치단체의 독자적인 의사결정 과정을 통해 추진해 가는 것들이 있다. 기술한 바와 같이 대부분의 정책은 섬 지역을 우리나라 여타 지역과 동일하게 정책 적용의 대상으로서 수행되는 것이 일반이나 섬만을 별도의 정책 대상으로 하는 경우도 있다. 여기에서 제시하는 도서개발사업들은 각 광역 지방자치단체가 주로 섬만을 그 대상으로 하는 것으로, 비교적 최근에 추진되었거나 추진 중에 비교적 주요한 내용들이다(경상남도, 2020).

1) 광역 지방자치단체의 주요 도서개발사업

(1) 전라남도

우리나라에서 시·도 가운데 가장 많은 섬을 보유하고 있는 전라남도는 자치제도가 활성화되기 이전부터 여러 도서관련 정책을 독자적으로 마련하였다. 최근까지 수행하고 있는 대표적인 도서개발사업은 <표 2-24>에서 보여주는 바와 같다.

가고 싶은 섬 사업은 전라남도가 가장 의욕적으로 추진하고 있는 사업으로 사업기간은 2015~2024년(10년)이며, 24개 섬(2015년 6개, 2016~2024년까지 매년 2개씩 추가)을 사업대상으로 하고 있다. 여기의 사업비는 1,060억 원(도비 50%, 시·군비 50%)이며, 1단계는 2015~2019년으로 섬당 40억 원이며, 2020~2024년에는 섬당 50억 원이다. 사업내용은 섬별로 주제를 정하여 관광자원화를 도모하고 자는 것으로 주로 마을식당, 마을펜션, 폐교마을회관 리모델링, 마을 경관개선 및 환경정비, 섬 둘레길 조성 등 기반시설 확충, 마을 기업 운영 등이다.

전라남도는 특성 있는 다수의 섬을 효율적인 정책을 수행하고자 섬 관련 조직체계를 정비하였다. 해양수산국/섬해양정책과/섬정책팀으로 조직되어 있고, 섬 업무를 주관하는 인적 구성도 강화하여 5인(팀장 1, 주무관 4명)이 섬 관련 업무를 전담하고 있다. 또한 섬발전지원센터를 2018년 11월에 개소하여 지속가능한 섬이 되도록 안정적이고 체계적인 섬 정책 지원 및 관리를 위해 전국 최초로 설립·운영하고 있다.

표 2-24	전라남도 도서개발사업

유형구분	내용
가고싶은 섬 사업	• 추진배경 – 공동화 되어가는 섬 재생사업으로 주민은 살고 싶고 관광객은 가고 싶은 생태 여행지로 가꾸는 주민주도형 사업 – 주민과 함께 섬 고유의 생태자원 보존 및 재생, 섬 문화 발굴 • 사업개요 – 사업기간 : 2015 ~ 2024년 (10년) – 사업대상 : 24개 섬 (2015년 6개, 2016 ~ 2024년까지 매년 2개씩 추가) – 사업비 : 1,060억 원 (도비 50%, 시군비 50%)이며 1단계는 2015 ~ 2019년 섬당 40억 원, 2020~2024년 섬당 50억 원 – 사업내용 : 섬별로 주제를 정하여 관광자원화 (마을식당, 마을펜션, 폐교마을회관 리모델링, 마을 경관개선 및 환경정비, 섬 둘레길 조성 등 기반시설 확충, 마을기업 운영 등) • 추진상황 – 지금까지 16개 섬을 선정하여 기반조성 후 9개 섬 개방 – 2015년 : 여수 낭도, 고흥 연홍도, 강진 가우도, 완도 소안도, 진도 관매도, 신안 반월·낙지도 (6) – 2016년 : 보성 장도, 완도 생일도 (2) – 2018년 : 완도 여서도, 진도 대마도 (2) – 2020년 : 영광 안마도, 신안 선도 (2) • 가고 싶은 섬 선정 이후 변화 – 방문객이 증가 : 2015년 8,965명에서 2019년 10,941명으로 약 1년에 1,00명씩 증가 – 귀어인구 증가 : 2015년 6가구 9명에서 2019년 20가구 26명으로 증가 – 주민소득 창출 : 4년간 총 2,795백만 원 증가함 • 섬별 주제가 있는 차별화된 사업 발굴 – 연홍도 미술관, 반월박지도 퍼플섬, 여서도 돌담, 손죽도 마을정원 등 – 폐교, 회관 등 공공유휴 시설을 리모델링 하여 주민 소득사업으로 활용 • 주민주도형 사업추진 섬 인재 발견 교육 및 사회적기업 설립 – 섬별 특성에 맞는 주민대학 운영 – 가고 싶은 섬 주민 대상 섬 코디네이터 양성 교육 – 사회적경제 자립기반 마련을 위한 마을기업 설립 : 10개 섬, 13개 법인 • 섬 정책 추진을 위한 아카이빙 및 지원기반 구축 – 전국 최초 섬 자원 조사 및 데이터베이스 구축 – 전남 섬 가꾸기 지원조례 제정(2016년 6월) 및 섬 발전지원센터 개소(2018년 1월) – 지속가능한 가고 싶은 섬 사업을 위한 보완·발전 방안 수립(2019년 7월) – 가고싶은 섬 가꾸기 세부 추진지침 개정(2019년 9월) – 광주 기상청과 연계한 가고싶은 섬 홈페이지 기상기후서비스 제공 시스템 구축(2019년 12월) – 20인 미만 거주 섬 주민의 정주여건 개선 추진(작은 섬 큰 기쁨 사업, 2016년) • 섬 관광 활성화를 위한 상품 운영 및 홍보 – KTX연계 섬 여행상품 운영 : 가우도, 관매도, 기점소악도, 반월박지도 4개 상품, 50명 참여 – 가고 싶은 섬 투어 가이드북 제작 : 16개섬(둘레길, 등산길, 마을길 등) – 섬 교육교재 제작 및 교사 설명회 추진(도 교육청 협업, 2020년 7월) – 섬 전통음식 자원화를 위한 채록(35개 섬 40개 음식) 및 홍보(2017 ~ 2019년) – 유튜브 영상제작(3종) 홍보, 섬에서 3일 살기 체험, 섬 소환 이벤트 등 운영
전남 섬 관련 조직 정비	• 해양수산국 / 섬해양정책과 / 섬정책팀에서 섬 업무 주관(5인 : 팀장 1, 주무관 4명) – 전국에서 섬이 가장 많고, 섬 관련 기관이 집적화되어 섬 발전 정책을 선도

유형구분	내용
	• **중앙정부의 섬 정책 견인** － 도서개발촉진법 개정을 최초 건의('16.9.)하여 섬의 날 제정('18. 2.) － 제1회 섬의 날 국가기념행사 유치 및 성공적 추진('19. 8. 8. ~ 8.10.) － 섬 발전을 위한 국회 토론회 개최('19. 2. 20.) － 섬 특구 지정방안 및 가고 싶은 섬 콘텐츠 개발 연구용역('20.7.30.) －「한국 섬 진흥원」설립근거 마련,「도서개발 촉진법」개정('20.12.1.) － 2028 세계 섬 엑스포 기본계획 및 타당성 조사 연구용역('20.12.31.)
섬발전지원 센터 운영	• **목적** : 지속가능한 섬이 되도록 안정적이고 체계적인 섬정책 지원 및 관리를 위해 전국 최초 「섬 발전지원센터」설립 · 운영 • **센터현황** － 개소일/위치 : 2018. 11. 6. / 전남 중소기업진흥원 5층 － 근무인원 : 5명(센터장, 현장지원팀장, 도 파견 1, 전담인력 2) － 운영예산 : 225백만 원(인건비 74, 운영비 14, 인력양성 사업 등 137) ※ 설치근거 : 전라남도 섬발전지원센터 운영규정 • **주요역할** － 가고 싶은 섬 사업 멘토링, 갈등관리, 네트워크 구축 등 현장 지원 － '가고 싶은 섬' 마을공동체 사업 컨설팅 및 연계사업 추진 － 소통과 협력을 위한 주민 역량강화 교육 등

자료: 전라남도 내부자료 수정, 재작성

(2) 충청남도

충청남도는 섬관련 행정을 효율적으로 수행하고자 조직을 정비하였는데 해양수산국 / 해운항만과 / 섬발전팀의 조직체계를 갖추고 여기에는 3인(팀장 1명, 주무관 2명) 인력을 배치하여 보다 적극적인 행정을 수행하고 있다. 행정 안전부 주관의 찾아가고 싶은 섬 특성화사업에 10개소가 선정되어 추진하고 있으며, 노인 등 여객선 운임 무료화 사업을 2021년 7월부터 시행 중에 있다.

또한 충청남도는 조례를 근거로 섬가꾸기종합계획을 마련하여 연륙되지 않은 유인도 29개와 격렬비열도를 대상으로 2021년~2025년(5년)간 여러 사업을 계획하고 있다. 이 계획에는 4개 부문 81개 사업을 계획하며, 주요 핵심 사업은 스마트 에너지 자립섬 조성, 섬 행복센터 건립운영, 섬 전문 생물자원 연구센터 및 스마트 팜 조성, 양식자원 복합단지 조성, 섬가꾸기센터 조성 및 운영, 섬 향토음식 개발 및 상품화, 충남 섬 취약지역 생활여건 개조 프로젝 트 등이 포함되어 있다.

표 2-25　충청남도 도서개발사업

유형구분	내용
섬 관련 조직 정비 및 섬 정책 사업	• 해양수산국/해운항만과/ 섬발전팀에서 주관(3인 : 팀장1명, 주무관 2명) • 도서종합개발계획사업 　– 사업량 : 24개 도서 100개 사업 　– 총사업비 : 1,019억 원(특수상황지역 977억 원, 성장촉진지역 42억 원) 　– 사업내용 : 선착장 정비, 해안도로 개설, 상하수도 설치 등 • 찾아가고 싶은 섬 특성화사업(행안부) 　– 선정도서 10개소, 총사업비 198억 원 　– 사업내용 : 탐방로, 갯벌체험장, 경관수 식재 등 • 노인등 여객선 운임 무료화 사업 　– 전국 최초 75세 도서민 운임 무료화('20년 7월) • 도서민 편의시설 확충사업 　– '20년 2개 시군/ 760백만 원, '21년 2개 시군/ 1,300백만 원 　– 사업내용 : 생활편의 증진 및 정주여건 개선 위한 생활 인프라 확충 지원
충남 섬 가꾸기 종합계획 수립('21년)	• 계획의 범위 : 32개 섬(연육되지 않은 유인도 29개 섬 및 무인섬 3개 섬) 　– 유인섬 29개 : 보령시 16, 서산시 4, 당진시 4, 서천군 1, 홍성군 1, 태안군 3 　– 무인섬 3개 : 태안군 3(격렬비열도, 궁시도, 대방이섬) 　– 시간적 범위 : 20년간(단기 '21년~'25년, 중장기 '26년~'40년) • 비전 ·목표 · 추진전략 : 4대 목표, 12개 추진전략 • 유형별 발전방향 : 7개 유형 　– 관광 클러스터형, 주민주도형, 원격섬 테마형, 수도권 대응형, 생태관광형, 모둠살이형, 국가 중요자원형 • 부문별 발전계획 사업 : 4개 부문, 81개 사업 　– 정주·생활환경, 산업·경제, 교류·관광, 환경 · 건축 · 경관 부문 •주요 핵심사업 스마트 에너지 자립섬 조성, 섬 행복센터 건립운영, 섬 전문 생물자원 연구센터 및 스마트 팜 조성, 양식자원 복합단지 조성, 섬가꾸기센터 조성 및 운영, 섬 향토음식 개발 및 상품화, 충남 섬 취약지역 생활여건 개조 프로젝트

자료: 충청남도 내부자료 및 경상남도 섬 발전 종합계획(2020) 수정, 재작성

(3) 인천광역시

　　인천광역시는 도서 특성화 시범마을 육성사업과 도서 특성화 사업, 매력 있는 애인(愛人)섬 만들기 사업을 수행하고 있다. 도서 특성화 시범마을 육성 사업은 대이작도, 덕적도, 장봉도, 강화 국정마을 총 4개 도서를 대상으로 하고 있는바, 공통부문 사업으로 섬 자원 발굴 및 콘텐츠화와 운영시스템 구축 및 역량강화, 섬관광 활성화 홍보 · 마케팅을 계획하며 섬단위별로 섬의 특성에 따라 특화사업을 수행하고 있다. 도서특성화사업으로는 역사문화, 자연생태, 건강 웰빙 등 다양한 섬별 테마 도출로 섬 활성화 기반시설 구축 및 섬 관광 활성화 추진하여 이미 8개 섬 마을 사업들을 완료하였으며, 옹진군 소

이작도 섬 관광 활성화 사업(2018~2021), 옹진군 덕적도 진리 섬 관광 활성화 사업(2020~202), 서구 세어도 섬 관광 활성화 사업(2019~2021), 중구 소무의도 섬 관광 활성화 사업(2019~2021)을 추진하고 있다. 그 밖에도 매력 있는 애인 (愛人)섬 만들기 사업을 2016년~2025년(10개년) 기간 동안 추진하고 있다.

표 2-26 인천광역시 도서개발사업

유형구분	내용

도서 특성화 시범마을 육성사업	• 사업의 공간적 범위 : 대이작도, 덕적도, 장봉도, 강화 국정마을 총 4개 도서
	• 사업비 : 총 20억원 (인천광역시비 10억 원, 옹진군·강화군 10억 원)
	• 사업의 세부내용 : 공통부문 사업, 섬 단위 특화사업
	 ✓ 공통부문 사업 1 : 섬 자원 발굴 및 콘텐츠화
	  – 자연, 생태, 문화, 인적자원 조사 및 콘텐츠화
	  – 전통어업, 어법, 생태, 전통음식 등 문화양식 조사 및 콘텐츠화
	 ✓ 공통부문 사업 2 : 운영시스템 구축 및 역량강화
	  – 운영시스템 구축을 위한 주민 조직화 컨설팅 및 주민 교육
	  – 섬 단위 6차산업 (생산, 가공, 판매) 운영시스템 구축
	 ✓ 공통부문 사업 3 : 섬 관광 활성화 홍보·마케팅
	 ✓ 섬 단위 특화사업 1 : 대이작도 바다생태 체험형 특화사업
	 ✓ 섬 단위 특화사업 2 : 덕적도 바다 시장형 특화사업
	 ✓ 섬 단위 특화사업 3 : 장봉도 섬 트레킹 중심형 특화사업 개발
	 ✓ 섬 단위 특화사업 4 : 강화 국정마을 농촌체험형 특화사업

도서 특성화 사업	• 역사문화, 자연생태, 건강 웰빙 등 다양한 섬별 테마 도출로 섬 활성화 기반시설 구축 및 섬 관광 활성화 추진 • 인천 내 8개 섬 마을 완료사업 – 연산군유배지 외 장봉도, 대이작도, 불음도, 덕적도, 강화읍, 승봉도, 석모도 • 옹진군 소이작도 섬 관광 활성화 사업(2018~2021) – 섬 여행자센터, 탐방로, 볼거리, 특산물 등을 개발 • 옹진군 덕적도 진리 섬 관광 활성화 사업(2020~202) – 덕적도 단호박 상품 개발, 단호박 활용 관광콘텐츠 개발 • 서구 세어도 섬 관광 활성화 사업(2019~2021) – 야생화를 활용한 경관개선 및 가공판매 시스템 구축으로 관광콘텐츠 발굴 • 중구 소무의도 섬 관광 활성화 사업(2019~2021) – 섬 고유자원을 활용한 여행자센터 운영, 섬이야기 박물관 운영
매력있는 애인(愛人)섬 만들기 사업	• 인천 섬 관련 4개 분야 27개 과제 4개 세부사업에 전체사업비 2조 3,230억 원으로, 40개 유인도를 중심으로 추진 • 2018년까지 완료되는 단기사업 32개, 2019년 이후 진행되는 장기사업 15개로 구분하여 추진 – 추진기간 : 2016년 ~ 2025년(10개년) – 추진과제 : 4개분야, 27개 과제 47개 세부사업(섬 접근성 개선, 정주여건 개선, 소득증 대, 관광여건 개선) – 추진방법 : 인천광역시, 강화군, 옹진군, 인천시 서구, 인천관광공사 등 사업별 협업추진 – 소요예산 : 24,039억원(국비 1,425, 지방비 2,12, 민자 10,492)

자료: 인천광역시 내부자료 및 경상남도 섬 발전 종합계획(2020) 수정, 재작성

(4) 경상북도

경상북도는 섬가꾸기 정책방향으로 기반산업 혁신 역량 강화와 울릉도 고유 가치와 매력창조, 쾌적하고 살고 싶은 울릉 건설, 지역별 특화발전으로 균형발전 도모, 환경 섬 울릉의 지속가능성 제고를 담고 있다. 기반산업 혁신 역량 강화에는 특화 농축산물 생산, 유통, 6차산업화의 체계화와 울릉도의 대표적인 소득작물인 산채의 생산, 유통, 가공의 혁신을 통한 고품질화, 그리고 어촌의 정주여건 개선 및 어촌·어항의 관광자원화를 통한 어업의 소득확대로 지역경제 활성화 기반 마련을 중심으로 하고 있다.

경상북도는 울릉도가 갖는 천혜의 자연자원을 비롯한 다양한 특성을 중심으로 섬 정책을 수행하고 있다.

표 2-27 경상북도 도서개발사업

유형구분	내용
경상북도 섬 가꾸기 정책방향	• **기반산업 혁신 역량 강화** 　– 특화 농축산물 생산, 유통, 6차산업화 체계화 　– 울릉도의 대표적인 소득작물인 산채의 생산, 유통, 가공의 혁신을 통한 고품질화 　– 어촌의 정주여건 개선 및 어촌·어항의 관광자원화를 통한 어업의 소득확대로 지역경제 활성화 기반 마련 • **울릉 고유 가치와 매력창조** 　– 지역 고유의 특화자원 발굴 및 관광매력 고도화 　– 자연생태자원, 역사문화 자원, 특산물 등을 활용한 융복합 관광매력 창출 　– 울릉도와 독도의 일체성 강화를 통한 울릉주민의 자긍심 고취 및 지역발전 도모 　– 독도를 안전하고 건강한 삶의 터전으로 조성함으로써 울릉도·독도의 지속가능한 미래 발전을 도모 • **쾌적하고 살고 싶은 울릉 건설** 　– 친환경 신에너지섬 조성 　– 에너지 신기술을 활용한 친환경 섬 조성을 통해 울릉도·독도가 가진 청정한 이미지 유지·발전 (파력, 온도차발전 등) 　– 정주여건 개선 • **지역별 특화발전으로 균형발전 도모** 　– 도동, 저동 – 행정, 서비스업, 수산업 　– 천부, 나리분지 – 해양레포츠, 영토교육, 생태체험 　– 사동, 남양 – 광역교통, 상업, 해양경관 　– 태하, 현포 – 역사문화관광, 해양자원 사업화 • **친환경섬 울릉의 지속가능성 제고** 　– 천혜의 자연생태 자원과 경관을 보유한 울릉도의 아름다움과 청정함은 울릉이 가진 중요한 자산 중의 하나로 지속가능한 이용 및 보전을 통한 지역의 미래가치 창조

자료: 경상북도 내부자료 및 경상남도 섬 발전 종합계획(2020) 수정, 재작성

(5) 그 밖의 사업

각 지방자치단체에서는 관할 구역의 여건에 따라 여러 사업을 펼쳐나가고 있는데 주요한 사업들은 다음 <표 2-28>과 같다.

표 2-28 기타 지방자치단체 도서개발사업

유형구분	내용
생활기반	• 전력 : 모든 섬 주민이 전기를 이용하고 있으며, 　– 소규모 섬을 제외하고 대부분 한전계통의 전기시설이 가설되어 있고 원격 낙도의 경우 내연 시설 운영 　– 마을회관 등 공동시설의 경우 태양열 등 재생에너지를 이용한 시설이 설치 • 식수와 담수화 　– 육지와 근접이나 대규모 섬에는 섬물에 대한 사업이 상수도가 보급되어 있으나 현재도 물 사정이 원활하지 않는 섬이 있는 바, 지방상수도 및 간이상수도 시설 및 해수담수화시설을 추진
의료	– 병원선을 통해 섬을 순회 진료를 시행중이며 일부는 병원선은 건조 중 : 1회 진료 시 평균 일정 기간 투약처방 등 상시적인 처치 및 모니터링 어려움이 내재됨
운임·운송비 지원	• 도서민 여객선 운임지원 사업 　– 섬 정주여건 개선의 일환으로 섬 주민의 과중한 교통비 부담 완화를 위해 추진 　– 관내 섬 주민 및 차량을 대상으로, 터미널 이용료를 포함한 여객운임과 차량운임 지원 • 생필품 운송비지원 관련 　– 도서 지역 생필품 운송비, 섬 주민의 생활연료 등 해상운송비 부담 경감
해양환경 관련	• 갯벌생태계 복원 　– 갯벌생태계 복원을 통한 우수 생물종 서식환경 개선 및 갯벌어장 소득 증대 • 해양쓰레기 정화사업 지원 　– 어촌지역 해양환경 개선에 따른 관광객 증대로 지역경제 활성화 및 깨끗한 어촌이미지 제고를 목적으로 함
기타 사업	– 무인섬 해양쓰레기 수거, 항포구 및 섬 지역 쓰레기 수거, 해양쓰레기 이동식 집하장 설치, 섬 지역 해양쓰레기 콜센터 운영 사업

자료: 경상남도 섬 발전 종합계획(2020) 및 각 자치단체 자료 취합 구성

2) 기초 지방자치단체의 주요 도서개발사업 : 전라남도 신안군

도서로 형성되어있거나 도서를 많이 보유하고 있는 시·군·구에서는 도서개발사업이 곧 자치단체의 업무이다. 이러한 여건의 시·군·구에서는 지방자치제도가 본격적으로 시행되고 예산제도에 있어 보다 탄력성이 부여됨에 따라 해당 자치구역내 도서에 대한 개발 사업이 차츰 다양하게 전개되어가고 있다.

그 가운데서도 전라남도 신안군은 과거 모든 행정구역이 도서지역이었고 현재도 많은 도서가 비연륙도서로 구성되어 있어 특색 있는 도서개발사업을 추진하고 있다. 신안군의 도서개발사업은 먼저 야간여객선 운항 및 작은 섬 도선운영 공영제를 들 수 있는데, 이는 2007년 1월 15일 「신안군 야간운항 여객선 등에 대한 지원조례」를 제정하고 3개의 항로에 야간 운행을 실시하고 있다. 신안군에서는 작은 섬 도선을 직접 운영함으로써 이용객 수요에 따라 증회 또는 증선 운영으로 이용객 불편을 해소하고 해상교통 체계를 크게 개선하는 사업을 수행하고 있다. 또한 신안군에서는 버스완전공영제 도입 사업, 1도[島] 1뮤지움 조성 사업, 사계절 꽃피는 1004섬 조성 사업, 신재생에너지 주민참여형 개발이익 공유제 사업, 청년이 돌아오는 어선 임대 사업, 갯벌을 활용한 청업귀어 지원 개체굴 사업 등 도서지역 특성과 주민의 편익 증진을 위한 다양한 사업을 전개하고 있다.[10)

다음은 신안군의 도서개발사업 중 주요 내용이다.

표 2-29   전라남도 신안군 도서개발사업

유형구분	내용
야간여객선 운항 및 작은 섬 도선운영 공영제	• 추진 배경 – 선박의 대형화, 선박 자재 및 건조기술의 발달, 항해 장비 현대화로 야간운항 가능 – 작은 섬 지역주민 해상교통 편익 제고 및 시간적, 경제적 부담 해소 • 사업 개요 – 2007. 1.15. 「신안군 야간운항 여객선 등에 대한 지원조례」 제정 – 야간 운항 현황(3개노선): ① 목포(북항) ~ 도초(화도) / 도초농협, ② 암태(남강) ~ 비금(가산) / 해진해운, ③ 안좌(복호) ~ 장산(북강) ~ 신의(동리) / 남신안농협 – 작은섬 도선운영 공영제: 2008년 시행, 운영예산 연간 50억 원 • 성과 – 육지와 다름없는 24시 해상교통망 확보로 섬 주민 정주여건개선 – 작은섬 도선을 신안군에서 직접 운영함으로써 이용객 수요에 따라 증회 또는 증선 운영으로 이용객 불편을 해소하고 해상교통 체계 획기적 개선
버스완전 공영제 도입	• 추진 배경 – 인구감소, 자가용 증가 등에 따른 이용객 감소로 경영난으로 불규칙 배차, 결행, 운행중단으로 주민 불편초래 – 365일 안정적인 대중교통 서비스 제공 필요 • 사업 개요

---

10) 신안군에서 2021년 3월 기준으로 추진하고 있거나 추진하였던 사업 중 대표적인 도서개발사업으로 신안군 자료를 토대로 정리함.

유형구분	내용
	– 운영개요 : 완전공영제로 117개 노선 / 차량 67대 / 운전기사 71명 – 시행현황 : 2008년 (관할행정구역 전면시행 : 2013년), 연간 40억 원(군비) • 성과 – 읍면 지역경제 활성화 (연 67만명 이용): 읍면소재지 주민 집객효과로 지역경제 크게 기여 – 노인 등 교통약자 복지교통 실현: 65세 이상, 초·중·고학생 무료 – 준공영제도의 경비절감 방향 제시: 신안군 공영버스 (대당) 연간 7,500만 원 소요, 전국 공영버스 (대당) 연간 1억 2,000만 원 소요
1도[島] 1뮤지움 조성	• 추진 배경 – 섬 주민들의 문화적 자긍심 고취와 문화향유 기회를 증대하고, 문화예술을 통한 지역 활성화 필요 • 사업 개요 – 사업기간 : 2018. 9. ~ 2024. – 사 업 량 : 압해 저녁노을미술관 포함 24개소(완료 12, 향후계획 12) – 사 업 비 : 127,700백만 원(국26,200, 도23,800, 군74,100, 민자3,600) • 성과 – 지역의 역사와 문화가 담긴 섬 미술관·박물관 추진으로 관광 명소화 – 지역 일자리 창출효과 기여 : 직접고용 60명, 간접고용 180명
사계절 꽃피는 1004섬 조성	• 추진 배경 – 사계절 꽃피는 1004섬의 미래상을 반영할 수 있는 비전을 구체화하며 꽃과 나무가 어우러진 특색 있는 테마섬 조성을 위한 종합적 방향 제시 • 사업 개요 – 사업기간 : 2018. ~ 2023.(6개년) – 사업내용 : 나무심기, 가로수, 마을숲, 소공원 등(50,000백만 원) • 성과 – 섬과 청정갯벌, 생태자원을 활용한 1004섬의 우수한 자연경관 가치를 극대화하고 사계절 꽃과 나무가 어우러진 녹색 1004섬 디자인
신재생에너지 주민참여형 개발이익 공유제	• 추진 배경 – 무한대 자원인 바람과 햇빛 효율을 활용한 이익실현 방안제시(타지역에 비해 15%높음) – 인구감소와 노령인구 급증으로 인구소멸 위험지역 대응과 새로운 소득원 창출(2018년 42,063명, 65세 이상 고령인구 약 34%) • 사업 개요 – 전국 최초 「신재생에너지 개발이익 공유 조례」 제정('18.10.5.) – 기존 신재생에너지 개발에 따른 대기업 중심의 이익 독점 방식 탈피 – 군민에게 재생에너지 개발이익 공유, 특히 어업인 등 이해당사자에게 2배의 소득 보장 – 8.2GW 완료시 군민소득 연간 약 3천억 원 예상 – 1인당 6백만 원/년 • 성과 – 신재생에너지 사회적 갈등 해소: 발전사업자와 군민이 함께 참여하고 개발이익을 공유함으로써 신재생에너지 사업에 따른 갈등 해소 – 세계 최대규모 8.2GW 해상풍력 유치: 민간투자 48조원, 기업유치 40개, 상시일자리 4,000개, 직접접일자리 117,000개 창출
청년이 돌아오는 어선 임대사업	• 추진 배경 – 고령화로 인한 어업인구 감소 및 높은 어선구매 비용으로 인한 어선어업 진입장벽을 낮춤 • 사업 개요 – 사업기간 : 2018년 ~ 현재(사업비 27억원 – 군비 100%) – 임대어선 : 8척 (천사1호 ~ 천사8호)/ 척당 2~5명(선단구성) – 대상 : 우리군 거주 청년 및 귀어인으로 (사)신안군어선업 육성협회에 가입된 자

유형구분	내용
	• 성과 – 귀어인구 섬 지역 전국 1위, 전국 귀어인구 2위 (2019년 통계청 발표) – 귀어 희망자에 대한 어선 및 어구구입에 따른 초기부담 경감 – 어업진입 장벽 제거를 통한 청년어업인 유입으로 어촌경제 활성화 도모
갯벌을 활용한 청업귀어 지원 개체굴 사업 추진	**• 추진 배경** – 양식품종 획일화에 따른 생산량 대비 가격하락, 수급조절 등 양식어가 경영난 가중되고 있어 부가가치가 높은 새로운 양식품종 도입을 통한 새로운 소득창출에 기여 – 개체굴을 우리군 지속 가능한 고부가가치 전략품종으로 육성하여 청년 귀어인 유입과 일자리 창출은 물론 수출을 통한 외화수입원의 견인역할 등 어촌 및 지역경제 활성화 도모 **• 사업 개요** – 사업기간 : 2019. 12. ~ 2022. 11.(사 업 량 – 440 Set, 1320망 150천미) – 설치지구 : 9개소【자은(백산·면전·분계), 도초(작은시목), 하의(큰목섬·대야도), 신의(타리도), 비금(고막), 도초(시목)】 **• 성과** – 개체굴 완전양식체계 확립 및 선진 가공처리시스템 도입 등 개체굴 양식 산업화 추진 – 청년 일자리 창출과 어업인의 새로운 소득원 발굴

자료: 신안군 내부자료 수정, 재구성

CHAPTER 03   도서종합개발계획

Section 01   제도의 생성과 변화

1. 개관

한국의 개발정책은 1960년대 이후 (대)도시 및 일부 성장잠재력이 있는 거점지역 중심의 불균형성장전략 정책기조에 의해 도서지역은 개발의 축에서 벗어나 상대적 낙후지역으로 전락되었다. 이러한 기조에 따라 1960년대의 도서개발정책은 대도시와 성장 잠재력이 있는 일부 지역위주의 정책에 따라 정책적 고려대상에서 벗어나 있었다. 그나마 국가개발정책이 마련된 경우에도 도서지역은 연안역의 일부분으로 취급되었다. 다만 60년대 후반에 당시 내무부 중심으로 후진지역개발을 위한 특수개발 목적 행정에 대하여 추진하기 시작했다.

1970년대 들어 새마을운동이 펼쳐지면서 도서지역 역시 전국 농어촌지역과 같이 1970년대 들어 새마을운동이 펼쳐지면서 지역개발에 대한 주민의식이 싹트기 시작했고, 마을 단위의 일부 개발사업이 전개되었다. 또한 내무부를 비롯한 해당부처에서는 60년대 후반에 추진된 특수지역개발을 생산기반시설 위주로 실시하였으나, 전국적인 국토개발사업과는 연계성이 결여되었고 개발효과도 크지 않았다. 내무부에서는 이와 별도로 도서종합개발계획을 행정계획 차원에서 마련하여 전국적인 도서지역에 대한 종합개발계획으로서 의미는 부여할 수 있었으나 법적 뒷받침을 받지 않는 등의 원인으로 기대만큼의 큰 효과는 없었다.

1980년대 들어서 전 국토적인 차원에서 특정지역 계획에 도서지역(다도해특정지역)을 대상구역으로 변경·지정하여 해당 도서지역에 대한 종합계획을 수립·추진하였다. 또한 내무부 주관 하에 1980년대에도 계속 5개년 단위 도서종합개발계획(1차 1980~1984, 2차 1985~1989)이 수립되었는데, 이 계획은 독자적인 법이 마련되지 않아 큰 실천력을 발휘하지 못했다. 여러 우여곡절을 거쳐 1986년에 도서개발촉진법이 제정되고 이에 따라 도서종합개발계획이 마련됨으로써 법적 뒷받침을 받은 보다 안정적이고 실천력 있는 전국 차원의 도서개발 정책이 수행되기 시작했다.

1990년대에 들어서는 본격적으로 도서종합개발계획이 수행되기 시작하였다. 이 계획은 오랫동안 누적된 불리한 정주여건과 지역경제 활성화에 목표를 두고 도서 주민의 생활편익과 소득증대, 복지활성화에 관련된 사업을 추진하였다.

2000년에 들어서서는 섬에 대한 인식변화가 보다 크게 일어나기 시작했다. 국민소득의 향상과 주 5일제 근무제 도입, 관광수요 대폭 증가 등의 사회

그림 3-1 시대별 도서지역 개발정책의 변화

1960년대	1970년대	1980년대	1990년대	2000년대	2010년대
• 연안역의 일부분으로 취급. 정책적 고려 대상이 되지 못함	• 새마을 운동과 함께 처음으로 정부의 관심을 받음 • 한계/특수지역으로 입지불리 극복을 위한 개별사업 시작. 지역개발차원의 타 사업과 연계부족	• 종합적 개발계획 수립 시작. 기초 생활/생산기반 확충. 모도 중심의 거점개발 • 1986년 도서개발촉진법의 제정으로 제1차 도서종합개발 10개년 계획이 추진됨	• 도서민의 생활편익 확충. 소득증대. 복지향상 등 정주여건 개선 및 경제 활성화에 주력	• 섬에 대한 인식변화, 섬 자원에 따른 유형화/특성화를 통해 해양관광산업 육성	• 실질적인 소득증대와 삶의 질 향상을 도모할 수 있도록 체계적이고 종합적인 정책방안 마련 • 섬이 지닌 자연, 문화, 역사, 자원 등의 분석을 토대로 유형별로 특성 있게 개발

자료: 한국지방행정연구원, 2014, 제3차 도서종합개발 10개년('08~'17)계획 변경(안) 타당성 검토, p.11 참조 수정

적 환경 변화와 함께 섬에 대한 국민들의 인식이 크게 바뀌게 되었고, 종합개발계획에서는 섬개발에 있어 유형화와 특성화를 중심으로 추진하고자 하였고, 여타 정책들도 해양관광사업을 육성하는 데 보다 큰 관심을 갖기 시작했다.

2010년대 이후에는 도서종합개발계획을 중심으로 섬이 지닌 자연과 문화, 역사 자원 등을 토대로 한 유형별로 특성 있게 개발하고자 하였다. 이와 함께 내부적으로는 도서지역에 대해 보다 실질적인 소득증대와 삶의 질 향상를 도모할 수 있는 정책에 초점을 맞추었다.

종합적으로 볼 때 도서지역 개발정책은 1960년대 국가적인 개발정책에서 소외되어 있었지만 그러한 가운데서도 일부 정책은 시도되었다. 법적 뒷받침이 없어 그나마 추진된 도서지역의 개발정책은 1986년의 도서개발촉진법이 제정되기 이전에는 관계부처의 개별사업 위주로 단편적이고 산발적이었다(신순호, 2014). 우리나라 도서개발계획의 제도 생성에 대한 고찰은 크게 나누어 도서개발촉진법 제정을 기점으로 법제정 이전과 제정과정 이후로 대별하여 살펴봄이 적절할 것으로 보인다.

2. 도서개발촉진법 제정 이전

1) 특정지역계획

우리나라는 1963년에 국토건설종합계획법을 제정한 이래 역사상 처음으로 전국토를 대상으로 1972~1981년을 계획기간으로 하는 제1차 국토종합개발계획을 수립하여 시행하였다. 이 계획기간 중에도 특수지역의 개발을 위하여 특정지역을 지정·개발하는 노력을 하였지만 도서지역에 까지는 개발의 손길이 미치지 못하였다. 전국계획의 일환으로서 '특정지역계획'에 대한 법적 근거를 마련하였지만 초기에는, 별도의 대상지로 보기보다는 연안의 일부분으로 보았다. 이 같은 독자적인 법 체제를 갖지 않고 국토종합개발 관점의 법제에 포함되었던 법 체제 속의 일부분으로 도서개발이 포함되었던 것은 초기 일본의 경우와 흡사하다.[1]

---

1) 일본은 초기 국토총합개발법에 의해 도서개발정책이 추진되어오다 1953년 7월 22일에 이도진

특정지역은 당초 1965년에 서울-인천 특정지역을 지정하는 것을 시작으로 1967년에는 영산강특정지역을 지정하였다.[2] 이후 1982년부터 시작되는 2차 국토종합개발계획에서는 1차 계획에 대한 성찰 속에 전 국토의 균형발전을 목표로 하여, 초기의 6개의 특정지역 중 일부를 지정에서 해제·변경하였다. 영산강특정지역은 광주권개발계획의 시행으로 소기의 목적을 달성할 단계에 이르렀다고 판단하고, 영산강특정지역은 대상구역을 변경하였다. 변경된 대상구역은 전라남도 서남해안과 도서지역으로 하면서 다도해특정지역으로 개칭하였다.[3] 다도해특정지역은 1982년에 고시되어 목표연도는 1991년으로 하였다(건설부, 1984).

다도해 특정지역의 면적은 2,237.47㎢이며 이는 전 국토 면적의 2.3%이며 전라남도의 18.4%를 차지하였다. 여기에는 전체 도서지역으로 되어있는 신안군, 진도군, 완도군 전역과 도서가 포함되어 있는 무안군, 해남군, 강진군, 장흥군, 고흥군, 여천군, 영광군의 도서와 일부 육지부가 포함되었다. 전체 면적 중 육지부는 872.38㎢이고 1,365㎢는 도서지역으로 해당 특정지역 면적의 61%를 차지하고 있어 실천력을 가진 도서 관련된 종합계획이라고 볼 수 있다(건설부, 1984: 49).

여기에 포함된 도서는 전남의 유인도서 320개를 모두 포함하고 있다(건설부, 1984: 76). 이 계획의 지역개발방향으로는 지역의 특성에 따른 개발방안으로서 7가지를 제시하고 있다. 그것은 ① 연륙에 의한 연륙화 개발 ② 연도에 의한 광역연도화 개발 ③ 단위도서 중심의 극점(極點)개발 ④ 성장 가능지→산업기반 확충 개발 ⑤ 답보지역 → 필수부문에 한정된 개발 ⑥ 쇠퇴지역→개발억제 ⑦ 생활권별 중심도서개발이다.

이 계획의 목표로서는 「인구정착 유도」를 내세우고 이를 위해 ① 개발 가능성의 확대 ② 자연환경 보전 ③ 도서의 격절성 해소 ④ 산업 기반시설 정비 ⑤ 주민 복지수준의 제고를 세부목표로 하고 있다(건설부, 1984: 76).

흥법이 제정되어 이 법에 따라 이도진흥계획이 수립·시행되고 있다. 일본 이도진흥협의회 (1999), 「이도진흥30년사」.

2) 당초 특정지역은 1965년부터 1981년까지 7개 지역이 지정되었는데 이들의 전체 면적은 25,242㎢로 전국토의 25.6%를 차지하였다. 대한국토도시계획학회(1987.7), 「한국국토·도시계획사」.

3) 1982년 12월 18일 대통령 고시 제83호.

표 3-1	다도해특정지역 면적과 행정구역
면적	행정구역
2,237.47㎢	전라남도 : 신안군, 진도군, 완도군 전역 무안군, 해남군, 강진군, 장흥군, 고흥군, 여천군, 영광군 일부

자료: 건설부,1984.4,「다도해특정지역개발(도서개발)계획」, p.29.

| 표 3-2 | 다도해 특정지역 개발계획 주요 사업 |

구분		사업내용
기반시설 확충 및 정비	교통시설의 기반확충	도로개설 및 개량포장(국도, 지방도, 군도) 1,947㎞, 항만건설 2개소, 연도교 3개소
	통신개설	자동화 및 광역화 29,680회선
	전력	자가발전 783㎾(18개 도서)
산업진흥시설 정비	농업	간척 4,031ha(2개 지구) 특용작물 269ha(23개 지구,7종)
	수산업	어항개발 7개소, 어선수리소 3개소, 급유시설 3개소, 냉동시설 3개소, 인공어초 28,400개소
관광·위락시설		관광거점지 개발 1개 지구
사회개발		상수도 23,400ton/일(11개소), 하수도 25,490㎥(8개 지구), 하수처리장 19,500ton/일(5개 지구), 분뇨처리장 85.5㎥/일(11개 지역), 교육시설 13개교 신설(중학 10, 고교 3)

자료: 대한국토계획학회, 1989.7, 「한국국토·도시계획사」, p.43 참조 수정 .

　　다도해특정지역의 주요사업은 도로(포장 및 확장), 연도교, 항만(방파제, 물양장, 선착장, 접속호안), 전기, 통신, 상수도, 하수도, 저수지, 특용작물, 경지정리, 간척사업, 급유시설, 어선수리소, 냉동시설, 인공어초, 관광·위락, 교육(중학교, 고등학교), 환경보전 등으로 총 투자액(계획)은 246,847백만 원이었다. 다도해특정지역개발 계획의 주요 사업 내용은 <표 3-2>와 같다.

2) 다도해종합개발계획

　　섬이 많았던 전라남도에서는 제1차 국토건설종합개발계획의 기간 중에 '74－'81 다도해종합개발계획(전라남도, 1975, 30－31)을 수립하였다. 여기에 포함된 도서는 총 1,927개(유인도 402, 무인도 1,525개)로 전국 도서의 79%를 차지하고 있다. 당시의 계획지역은 도서지역만을 대상으로 한 것은 아니고 연안

지역과 천해간석지를 포함한 총 5,816.1㎢로 전라남도 전체면적의 45.5%에 해당하는 면적이었고, 이 가운데 도서지역 면적은 1,797.4㎢로 계획면적의 30.9%를 차지하였다.

주요 사업은 먼저 농업생산기반사업계획으로 농경지확장, 수리시설, 경지정리, 농로개설, 방조제보수와 어업기반시설에서 어업기본시설(선착장, 방파제, 물양장, 호안, 등대, 부잔교, 급수시설, 급유시설), 어항수리와 건설(어항수리·건설), 어선건조(어선, 채취선, 운반선, 활어선 건조), 소형조선소시설, 동력개량, 장비개량, 유통시설(위판장, 수산물저장창고), 어구공장, 어분공장, 가공시설, 제빙공장, 냉동시설 그리고 FY75시행사업으로는 농업생산기반조성사업(농경지확장, 수리시설, 경지정리, 농로개설, 방조제보수, 도서지역 특용작물 및 임산물)과 어업생상기반시설(선착장, 방파제, 물양장, 호안, 등대, 부잔교, 어선건조, 유통시설 등)이 있었다.

3) 특수지역개발

특수지역개발사업은 내무부와 지방자치단체가 1960년대 후반부터 추진하였다. 이는 국토건설종합계획법상 특정지역계획과 별개로 국토공간 외에 특수행정목적이 사업이 필요한 곳에 후진지역개발을 추진하였다(내무부 특수지역과, 1978, 지역개발 및 특수지역개발 관계 자료, p.838). 특수지역을 경제·사회·문화 등 제 분야에서 상대적으로 현저히 낙후되어 있는 후진지역과 특수한 개발여건 및 개발계획을 가지고 있는 지역, 그리고 특수행정 목적 수행을 위하여 개발이 필요한 지역을 지칭하였다.

여기에는 후진지역개발 대상으로 도서낙도 개발사업, 광산지구 정비사업을 포함하고, 특수행정 목적 수행사업으로 민통선북방지역 개발사업, 전술적 취약지 대책사업, 서해5도 대책사업, 기지촌 정화사업, 한수이북 주요도로변 정비사업을 포함하였다. 이와 같은 특수지역개발사업 일환으로 대통령의 특별지시에 따라 1969년 취약지대상 사업이 시작되었다. 이는 대통령 훈령 제28호에 의거 내무부 주관하에 관계부처 합동으로 추진되었는데 취약지로는 도서낙도, 접적지역, 서해5도, 광산지구, 기지촌이 주 대상지가 되었다.

도서지역에 대한 사업도 도서낙도개발사업이라는 이름으로 취약지대상사업의 일환으로 추진하였다. 부처별 사업 내용으로 내무부는 독립가옥 집단화, 작전도로 개설·관리, 샛길 개설·관리, 헬기장 설치·관리를 그리고 국방부와 건설부는 작전도로 개설, 농수산부는 독립가옥 이주민의 영농대책, 보건사회부는 의료지원과 독립가옥 집단화에 따른 이주 근로자에 대한 양곡지원, 체신부는 통신망 확충을 추진하였다. 이 사업의 일환으로 1974~1975년 기간에 해안·도서지역 독립가옥 1,339 세대를 이주조치 하였으며, 이후 1969년부터 1977년까지 해당 대상지에서는 총 10,682세대를 이주하는 사업을 시행하였다.

도서낙도 사업으로서 주요부처별 사업내용을 보면 체신부의 통신사업, 농수산부의 소류지·방조제 등 농업기반사업과 축우지원사업, 보건사회부의 새마을사업 노임취로사업으로 시행한 도로, 도수로보수정비사업, 동력자원부(전 상공부)의 농·어촌 전화사업, 건설부의 주택개축 및 대규모 연륙교량가설, 수산청의 방파제, 호환, 선착장 시설 등의 어항수축사업과 어선건조, 동력개량 및 패류양식, 피조개 채묘, 굴 투석, 해태 등의 양식사업, 산림청의 조림사업과 해운항만청의 낙도교통대책사업 등을 들 수 있으며, 도서개발사업은 1970년대 초, 새마을운동의 불길이 도서에까지 확대됨에 따라 정부지원도 본격화되기 시작하였다.

내무부에서는, 1972년도부터 인구 50인 이상이 상주하는 도서를 개발대상으로 선착장 축조, 도로개설, 교량가설, 발전시설, 행정선 건조, 여객 대합실, 상비약 비치 등의 사업을 중점 추진하였다(내무부 특수지역과: 950−951).

도서낙도 대상 사업추진사업은 '72~'77년 기간 동안 선착장, 도로, 발전시설, 행정선 건립 등의 총 6,238건에 1,381백만 원의 사업비가 투입되었는데 이들 사업비는 교부세와 지방비 그리고 자담으로 구성되었다(표 3−3 참조).

이 같은 사업을 추진하는 과정에서 내무부 자체적으로 특수지역개발사업에 대한 자체진단과 방향을 제시하고 있다(내무부 특수지역과: 959~962).

도서낙도 개발사업은 시책의 대부분이 단기적인 처방에 치중한 나머지 근본적 문제 해결에 미흡하였고, 행정협조 미약으로 부처별 개별계획에 따라 산발적으로 추진되어 유기적인 개발이 이루어지지 못하였다. 또한 개발자금 확보에 있어서도 도서지역의 막대한 사업비에 비하여 투자효과가 상대적으로 낮아 예산확보가 어렵고, 예산 확보시에도 기존 예산 내에서 할애됨으로 예산규모가 빈약하였다. 앞으로 도서낙도개발은 중앙정부가 주도하는 종합

표 3-3 '72~'77년 도서낙도 대상 사업추진 실적

구분	단위	사업량	사 업 비(백만 원)			
			계	교부세	지방비	자담
계	–	6,238	1,381	975	289	117
선착장	m	5,535	512	358	128	26
도로	km	86	295	217	65	13
교량	m	70	21	15	4	2
발전시설	개소	31	262	125	96	68
행정선	척	40	217	217	–	–
대합실	동	76	66	43	15	8
상비약	상자	400	8	–	8	–

자료: 내무부 특수지역과 자료(1978)

개발계획으로 지속적으로 추진되어야 한다.

도서지역 개발을 위한 기본 방안은 첫째, 도서 주민의 기초적 생활수요를 우선적으로 해결하여야 한다. 도서지역에서 가장 시급한 것은 식수대책, 교통통신, 의료, 전기, 주택문제 등으로 타 사업에 우선하여 중점투자하여 최단시일내에 마무리 지어야 할 것이다.

둘째, 도서 내의 선착장, 도로, 교량, 소류지, 관정 등의 생산기반 시설을 완비함과 동시, 소득수준 향상을 위한 어선 건조, 양식사업, 유통구조 개선, 특수작물, 축산, 조림 등의 생산소득사업과 문화복지시설의 확충도 점진적으로 달성해 나가야 할 것이다.

셋째, 대대적 간척사업을 추진하여 국토이용의 효율화를 기하고 해수욕장, 명승지 개발 등으로 해양위락공간으로서의 기능을 다할 수 있도록 적극 개발해야 할 것이다.

넷째, 이러한 사업계획은 유관부처간의 충분한 협의에 의하여 이루어진 종합개발계획으로 추진하여 행·재정적 집중 지원을 하여야 할 것이다.

다섯째, 이러한 사업들은 개별 도서로 추진하기보다는 지형, 거리 등을 감안, 도서 권역을 작성하여 중심, 거점 도서 개발을 우선하고, 낙도에 단계적으로 확대해 나가야 할 것이다.

여섯째, 도서개발을 유관기관의 공동참여로 지연시책을 종합 체계화 할 수 있는 종합 조정기구가 요망되고, 도서개발 촉진법(시행령) 등의 제정으로

법적 뒷받침이 이루어져야 할 것이다.

4) 도서개발촉진법 제정 이전의 도서종합개발계획

전국의 도서지역만을 대상으로 하는 종합개발계획은 도서개발촉진법이 제정된 이후에야 하는 수립되었다고 국내 대부분 연구에서 제시하고 있으나, 이전에도 그 같은 도서종합개발계획은 존재하였다. 순수하게 전국 도서지역만을 대상으로 한 개발계획은 행정계획 차원에서 마련한 내무부 주관의 도서종합개발계획(1973~1979년)이 효시라 할 수 있다. 이 계획은 행정주체별 개별사업 위주 추진방식을 지양하고 보다 종합적이고 합리적인 개발을 모색한다는 종합계획이었다.

그러나 이러한 계획들로 인해 도서지역에 대한 사업은 나름의 실적도 있었다. 1972~1978년 기간 동안 도서개발 사업비로 국비 17,280백만 원, 지방비 7,247백만 원, 융자 3,617백만 원, 주민 부담 8,185백만 원으로 전체 36,329백만 원의 사업비가 투자되었다. 여기에는 기초 생활수요 확충사업으로 식수대책, 교통통신, 의료, 전기, 주택개량 사업으로 16,684백만 원의 사업비가 투자되었고, 기반시설 및 소득사업으로 도서기본시설, 생산기반, 생산장비, 양식, 공동이용시설, 특수작물 및 축산, 조림·사방 부문에 15,906백만 원이 투자되었다. 그밖에도 관광휴양 및 간척사업으로 3,738백만 원의 사업비가 투자되었다.

또한 내무부 주관 하에 1980년대에도 계속 도서종합개발계획(1차 1980~1984, 2차 1985~1989)이 수립되었다. 이 가운데 2차계획은 상주인구 50인 이상 333개에 특별히 개발이 필요한 도서 19개를 더하여 총 352개 도서를 대상으로 하였다. 총 사업비는 98,590백만 원으로 여기에는 국비 6,562백만 원, 지방비 47,375백만 원, 주민 부담 44,653백만 원으로 구성되었다(내무부. 도서종합개발계획 '85 – '89).

부처별로는 내무부가 교통, 급수, 기반시설, 문화복지 사업에 66,655백만 원을 계획하고, 농수산부는 농업기반시설과 소득증대 사업에 11,109백만 원, 동력자원부는 한전전기와 자가발전 사업에 10,408백만 원, 보건사회부는 급수와 의약 사업에 1,018백만 원을 그리고 수산청은 방파제 사업 등으로 9,400백만 원을 연차적으로 계획하였다. 이 계획은 모도중심의 14개 권역별

표 3-4　'72-'78년 도서개발 사업별 개발실적

사업명	사 업 비(백만 원)				
	계	국비	지방비	융자	주민
총계	36,329	17,280	7,247	3,617	8,185
(1) 기초 생활수요 확충사업	16,684	6,393	3,686	2,509	4,097
식수대책	1,332	660	310	0.7	352
교통통신	5,844	2,597	2,361	138	748
의료	668	656	13	–	2
전기	5,978	2,433	501	2,033	1,011
주택개량	2,871	47	502	337	1,985
(2) 기반시설 및 소득사업	15,906	7,495	3,373	1,092	3,946
도서기본시설	6,784	3,919	2,000	8.5	857
생산기반	2,661	1,443	670	61	487
생산장비	2,559	1,260	24	521	753
양식	741	129	168	140	304
공동이용시설	1,586	465	402	17	702
특수작물 및 축산	1,048	33	44	344	627
조림 · 사방	526	246	64	–	216
(3) 관광휴양 및 간척사업	3,738	3,392	188	16	142
관광휴양지 조성	103	32	53	16	2
간척	3,635	3,360	135	–	140

자료: 내무부 특수지역과 자료(1978)

거점개발을 중심으로 추진 전략을 마련함과 아울러 도서를 원격도서, 연안도서, 고립도서로 분류하였다. 이 계획은 관련부처가 협의를 통해 비교적 깊이 있게 수립되었으나 독자적인 법이 마련되지 않는 상태의 행정계획차원에서 이루어져 재정적 지원이 크게 뒷받침 되지 못하고 지속적인 실천력을 발휘하지 못하였다.

3. 도서개발촉진법 제정

1) 도서개발촉진법의 입법과정

도서개발촉진법은 1986년에 제정되어 88년부터 시행되었다. 그러나 이 법을 제정하고자 하는 노력은 이전부터 계속되어 왔다. 1974년에 12월 9일에

김상영 의원(민주공화당) 외 21의원이 「도서개발촉진법(의안번호 090287)」이라는 이름으로 제안하였으나 본 회의 상정이 보류되어 임기만료로 폐기되었다.[4] 이후 1980년 11월에 내무부에서 도서지역을 포함한 낙후지역개발촉진법을 제정하려고 시안을 마련하는 등 상당히 깊이 분석하고 검토하였으나, 당시 내무부 장관이 재원조달전망이 불투명하다는 이유로 유보 지시를 하여 중단되었다(내무부 자료, 1982).

1981년 정시채 의원(민주정의당)은 일본 등 외국자료의 수집과 해당분야의 전문가와 학자들의 의견을 수렴하여 「도서개발촉진법」이라는 법명으로 법조문을 성안하였다. 정시채 의원은 성안된 법안을 1981년 8월에 민정당 정책회의에 제안하였으나 검토기간의 불충분으로 '81정기국회에 상정하지 못하였고, 이후 1982년 정기 국회에 제안하기 위해 또다시 민정당 정책위원회에 제출하였으나 '우리나라 재정여건으로는 시기상조'라는 일부 의원의 주장으로 심의가 보류되어 국회제안이 무산되었다.

그 후 1983년에 다시 정시채 의원은 민주정의당에 법안을 제출했으나 산간오지가 더 낙후되었다는 일부 의원의 반대로 국회제안이 보류되었고, 1985년에 정기 국회에 가까스로 제안되었다. 그러나 예산의 지원을 필요로 하는 법안은 의원입법이라도 정부의 협의를 거치도록 되어 있어 관계부처인 경제기획원·내무부·건설부의 협의가 이루어져야 하나 경제기획원의 강력한 반대로 다시 벽에 부딪히게 되었다(정시채, 2016: 159-160).

국회에서 난항을 겪어오던 법안은 정치적 환경 변화와 함께 다시 1986년 11월 27일에 정시채 의원 등 6인 외 39인이 제안하여 같은 해 소관위원회인 내무위원회에 11월 28일 회부하여 12월 10일 제 12차 내무위원회에 상정하여 원안 가결되었다.[5]

같은 해 12월 11일에는 법사위에 회부되어 12월 12일 상정하여 체계자

---

4) 내무부 자료, 도서개발촉진법(안) 검토자료(1982)에 의하면, '1975년 11월에 김상영 의원(민주공화당) 외 20명 의원이 「도서개발촉진법」 제안하였으나 본 회의 상정이 보류'라고 기술되어 있음. 그러나 국회 의안정보시스템에 의하면 '1974.12.09.김상영 의원(민주공화당)외 20명 의원이 「도서개발촉진법」 제안하였으나 임기만료로 폐기'로 나타남.

5) 여기에는 정시채 의원이 국회예산결산특별위원장을 맡게 된 것과 관련이 컸던 것으로 보이는 바, 예산결산위원장이 실질적으로 주도하여 제안한 법안에 이전에 강력 반대하였던 예산주무부서인 경제기획원으로서도 특별한 문제가 없는 한 동의하지 않을 수 없을 것으로 보인다. 정시채(2016), 「정시채 자서전 : 나의 삶 나의 생각」, 도서출판 오래, pp.159-160 참조.

| 표 3-5 | 도서개발촉진법 제정 경위 |

구분	경위
초기	• 1974.12.9. 김상영 의원(민주공화당)외 21의원, 「도서개발촉진법(의안번호 090287)」이라는 이름으로 제안하였으나 임기만료 폐기 • 1975.11. 김상영 의원(민주공화당)외 20명 의원, 「도서개발촉진법」제안- 본 회의 상정 보류 • 1980. 11. 내무부, 도서지역을 포함한 낙후지역개발촉진법을 제정을 위한 시안 마련 - 내무부 장관, 재원조달전망 불투명 이유로 유보 지시. 중단

후기	• 1981. 정시채 의원(민주정의당), 일본 등 외국자료의 수집과 해당분야의 전문가와 학자들의 의견을 수렴. 「도서개발촉진법」 법조문 성안
	• 정시채 의원, 법안을 1981. 8월 민정당 정책회의에 제안- 검토기간 불충분으로 '81정기국회에 상정하지 못함
	• 1982. 정시채 의원, 법안을 민정당 정책위원회에 다시 제출 - '우리나라 재정여건으로는 시기상조'라는 일부 의원의 주장으로 심의 보류
	• 1983. 정시채 의원, 민정당에 법안 제출 - 산간오지가 더 낙후되었다는 일부 의원의 반대로 국회 제안 보류
	   - 1985. 정기 국회에 제안 - 경제기획원 반대로 무산
	   - 1986. 11. 27. 정시채 의원 등 6인 외 39인 제안
	   - 1986. 11. 28. 국회 내무위원회에 11월 28일 회부
	   - 1986. 12. 10. 제 12차 내무위원회 원안 가결
	   - 1986. 12. 11. 국회 법사위 12월 12일 체계자구심사의 수정 가결
	   - 1986. 12. 17. 제 131회 국회 제 20차 본 회의 원안 가결
	   - 1986. 12. 24. 12월 31일 공포

자료: 도서개발촉진법안 입법참고자료, 대한민국 국회 의안정보 시스템 참조

구심사의 수정 가결을 거쳐, 최종적으로 1986년 12월 17일 제 131회 국회 제 20차 본 회의에 상정되어 원안 가결되었다. 이후 1986년 12월 24일 정부에 이송되어 같은 해 12월 31일 공포되었다.

결국 김상영 의원이 제안하려던 때부터는 11년, 정시채 의원이 제안하였던 때부터서는 5년이라는 기간이 흘러 최종 법안으로 국회의 의결을 거치게 되어 세상의 빛을 보게 되었다.

2) 도서개발촉진법 제안 이유와 주요 내용

도서개발촉진법의 제안 이유 및 주요 내용은 다음과 같다.[6] 제안이유는 크게 두 가지이다. 첫째, 우리나라는 삼면이 바다로서 수많은 도서를 갖고 있으면서도 그동안 이 지역에 대한 국가차원의 적극적인 지원시책이 없어 내륙과의 격차가 심화되고 이로 인해 도서인구가 급속히 감소되는 추세에 있다.

---

6) 대한민국 국회 내무위원회, 1986.12, 도서개발촉진법안 심사보고서

표 3-6 도서개발촉진법의 제안이유와 주요내용

구분	경위
제안 이유	가. 우리나라는 삼면이 바다로서 수많은 도서를 갖고 있으면서도 그동안 이 지역에 대한 국가차원의 적극적인 지원시책이 없어 내륙과의 격차가 심화되고 이로 인해 도서인구가 급속히 감소되는 추세에 있음. 나. 이러한 실정에 있는 도서를 종래의 지방자치단체에 의한 단기적이고 산발적인 개발방식을 지양하고, 국가의 지원 아래 장기적인 개발계획을 수립, 추진함으로써 도서 주민의 소득증대와 생활수준 향상을 도모하려는 것임.
주요 내용	가. 도서의 범위와 개발 목적을 정함 나. 개발이 필요한 도서를 시·도지사가 신청하고, 도서개발심의위원회의 심의를 거쳐 대통령의 승인을 얻어 내무부장관이 지정하도록 함.(제 4조) 다. 사업계획은 시·도지사가 작성, 내무부장관에게 제출하면, 도서개발심의위원회의 심의를 거쳐 대통령의 승인을 얻어 확정하도록 함.(제 6조, 재 7조) 라. 연도별 사업계획을 시·도지사가 작성, 내무부장관에게 제출하면 도서개발심의위원회의 심의를 거쳐 국무총리의 승인을 얻어 확정하도록 함.(제 8조) 마. 사업시행자는 국가, 지방자치단체, 정부투자기관, 대통령령이 정하는 바에 의하여 내무부장관이 지정하는 자로 정함(제 9조). 바. 국가와 지방자치단체는 사업시행자에게 필요한 자금을 보조, 융자 또는 알선하도록 하고, 국가의 보조비율은 시행령에서 정하도록 함.(제 10조) 사. 지정도서의 사업계획을 추진하기 위하여 세제상의 필요한 지원조치를 할 수 있도록 함(제 13조) 아. 이 법의 유효기간을 1997년 12월 31일까지로 함.(부칙 2)

자료: 도서개발촉진법안 입법참고자료, 대한민국 국회 의안정보 시스템, 대한민국 국회 내무위원회 회의록 참조

둘째, 이러한 실정에 있는 도서를 종래의 지방자치단체에 의한 단기적이고 산발적인 개발방식을 지양하고, 국가의 지원 아래 장기적인 개발계획을 수립, 추진함으로써 도서 주민의 소득증대와 생활수준 향상을 도모하려는 것이다.

3) 법 제정 이후의 문제점 대두와 개정

도서개발촉진법의 제정으로 제1차 도서종합개발10개년계획이 진행되고 있었으나 향후 계속되어야 할 것임에도 가장 큰 문제는 한시법이라는 점이다. 당초 법 제정 당시에는 국가 재정상의 이유로 부정적 정책인식을 가진 기획재정부와 도서지역만이 특혜성 입법이라는 인식을 가진 여타 지역 국회의원들로 인해 상당한 어려움이 입법과정 내내 계속되어 왔었다. 이러한 부정적 분위기를 해소하기 위해서는 일본의 이도진흥법과 같이 한시법으로 제정하는 것이 보다 입법과정의 어려움을 피할 것이라는 인식이 자리하였던 것이다.

그러나 막상 법이 제정되고 나서 관련 계획이 추진되고 보니 초기 10년

기간의 계획기간의 사업추진으로는 소기의 목적 달성에 턱 없이 부족함이 들어나게 되었다. 도서개발의 지속성을 위해서는 한시법이 갖는 효력만료는 심각한 과제임이 틀림없었다. 이의 문제를 해결하는 것은 한시법으로 규정하는 법 조항을 개정하는 것이었다.

도서개발촉진법의 한시조항에 대한 개정작업은 많은 우여곡절을 거쳐 이루어지게 되었던 바 이에 대한 과정은 다음과 같다(정시채, 2016: 162-164).

도서개발촉진법은 도서지역개발이 일정 수준에 이르러 육지부와 같게 되면 이법을 폐지한다는 10년 한시법으로 제정되었다. 그러나 도서지역이 계속 발전해 나가기 위해서는 한시법이 아닌 일반법으로 개정되어야 하므로 1997년 시한만료를 앞두고서 개정 작업에 들어갔다. 1995년 8월 4일 정시채 의원이 운영하는 「한국농촌문제연구소」가 주관하여 목포 신안비치호텔에서 '도서개발의 실태와 발전방향'에 관한 세미나를 개최하였다.

주제 발표는 목포대학교 신순호 교수가 하였고 각계 토론자의 토론이 있었다. 정시채 의원은 이 세미나 결과를 정책보고서로 작성하여 주무부인 내무부와 관계부처 그리고 민주정의당과 청와대에 제출하였다. 이후 정시채 의원은 이를 토대로 도서개발촉진법의 한시법 조항을 폐지하여 일반법으로 개정하는 법절차를 추진하여, 1995년 11월 13일 국회 내무위원회 제8차 회의에서 개정안이 통과되고 같은 해 제177회 정기국회 본회의에서 정시채 의원이 심사보고를 한 후 의결되어 도서개발촉진법이 한시법이 아닌 일반법으로 개정되었다.

결국 이와 같은 과정을 거쳐 도서개발촉진법은 한시법으로서의 규정을 삭제함으로써 계속하여 도서개발 정책을 추진해 가는데 확실한 뿌리 역할로 자리할 수 있게 되었다.

4) 도서개발촉진법의 적용과 관련 제도 변화

기술한 바와 같이 유인도서의 낙후성에 대한 문제 해결을 위해 1986년 「도서개발촉진법」이 제정되고 무인도서에 대한 보존과 실태파악을 위해 「무인도서의 보전 및 관리에 관한 법률」등이 제정 운영되고 있다. 그 외에도 도서지역 역시 국토전반을 대상으로 하는 법제도가 그대로 적용되고 있음은 물론이다.

도서개발촉진법(섬 발전 촉진법)은 도서종합개발계획과 관련 사업이 도서지역개발 정책을 수행하는 중심으로 자리해오고 있다. 그런데 유인도서를 관장하는 소관 부처가 2010년 국가균형발전특별법의 개정으로 인해 분리되는 큰 변화를 가져오게 되었다(신순호 외, 2010: 36 – 43; 신순호, 2014. 4: 22 – 23; 신순호, 2018.7: 285 – 286).

　　이의 가장 큰 내면적 배경은 전국을 지역의 개발 수준에 따라 분리하여 적정한 정책을 수행하고자 하는 제도의 취지에서 비롯된다. 이와 관련되어 2008년부터 시작된 제3차 도서종합개발10개년계획이 추진되던 중 박근혜정부 출범에 따른 지역발전정책 패러다임 전환으로 2010년 국가균형발전특별법 개정에 따라 시군별로 자율적으로 계획을 수립하기 위하여 포괄보조금제도가 도입되었다. 기초자치단체는 성장촉진지역(국토교통부), 특수상황지역(행정안전부), 일반농산어촌지역(농림축산식품부), 도시활력증진지역(국토교통부)의 4개 지역으로 구분되어 각 지역별로 중앙부처를 정하여 해당 중앙부처가 사업의 예산 집행과 사업관리를 추진하고 있다. 포괄보조금제도 하에서 도서개발사업은 시군구 자율편성사업으로 전환되었으며, 국토교통부 소관의 성장촉진지역과 행정안전부 소관의 특수상황지역으로 이원화되어 추진되고 있다. 제4차 도서종합개발10개년계획(안)에서 지정한 371개 개발대상도서 중에서 186개 도서는 특수상황지역, 나머지 185개 도서는 성장촉진지역에 해당된다. 전반적으로 특수상황지역의 도서지역에 대한 투자액이 성장촉진지역보다 많은 편이다(박진경, 2017: 138 – 140; 신순호, 2018.7: 286 – 287).

Section 02 　도서종합개발계획의 내용

1. 개관

　　앞 부문에서 기술 한 바와 같이 도서지역에 대한 정책 추진 노력은 계속되어 왔었다. 도서지역 개발정책은 시·도 차원에서 마련되거나 전국 차원이라 할지라도 여타계획에서 하나의 부분으로 추진되었고, 도서만을 대상으로 추진되었던 정책도 법적 뒷받침을 받는 실효성 있고 지속적인 정책 측면에서 크게 미흡하였다. 중앙정부에서 추진하는 도서개발정책은 관계부처의 개별 사업위주로 단편적이고 산발적으로 추진되어 오는 가운데 여러 우여곡절 끝에 1986년에 들어 도서개발촉진법이 마련되었다.

　이 법에 따라 도서의 생산·소득 및 생활기반시설의 정비·확충으로 생활환경을 개선함으로써 도서주민의 소득증대와 복지향상을 도모하기 위하여 도서종합개발계획이 마련되었다. 또한 이전까지 각 부처별로 연계성이 없이 추진되었던 사업들이 일정 계획 아래 효율성을 제고시키고 부처 간에 사업의 중복성을 피하는 효과를 상당히 가져왔다(신순호, 2014.4: 13; 신순호, 1996.12: 108-109). 물론 이후에도 각 부처는 별도의 계획에 따라 사업을 수행하고 있지만 기반시설 등에 있어서는 과거에 비해 중복성을 피하고 계획기간내의 수행될 사업의 내용을 사전 확인할 수 있게 되었고,[7] 계획내용에 따라 계획된 사업을 연차적으로 수행함으로써 효과성을 평가할 수 있는 시스템을 갖게 되었다. 그러나 이 제도에 의한 가장 큰 긍정적 요체는 사업수행에 있어 재정확보에 대한 법적 뒷받침을 받을 수 있으며, 지방자치단체들의 재정계획 역시 사전에 큰 무리 없이 이뤄질 수 있게 되었다는 점이다(신순호, 1996.8).

　앞서 기술한 바와 같이 많은 우여곡절을 겪다가 의원입법으로 1986년에 「도서개발촉진법」이 제정됨으로써, 이에 따라 1988년에 제1차 「도서종합개발 10개년계획」을 수립하게 되었다. 그러나 이 법은 당초 한시법으로 1997년 12월 31일까지 효력을 갖게 되어 있었으므로 새롭게 제2차 10개년 계획을 수립하기 위해서는 법 개정이 필요하게 되었으나 1995년 12월 30일 법 개정으로 이 같은 내용은 삭제되었다. 이 같은 법을 근거로 도서종합개발계획은 제1차 10개년계획(1988~1997년), 제2차 10개년계획(1998~2007년), 제3차 10개년계획(2008년~2017년), 제4차 10개년계획(2018~2027년)의 기간으로 현재 제4차 도서종합개발 10개년계획을 시행 중에 있다.

　10년 기간 단위의 도서종합개발계획은 각 단위별 계획에 따라 주요 목표와 실천 전략과 세부 계획내용에 차이가 있다. 그러나 대체적으로 주민소

---

7) 물론 이후에도 각 부처는 별도의 계획에 따라 사업을 수행하고 있는바, 국토해양부(현 국토교통부)는 어촌지역소득증대사업, 해상교통증대사업을, 문화체육관광부에서는 가고 싶은 섬 시범사업을, 환경부에서는 도서지역식수원개발사업과 해상국립공원관리사업을, 문화재청에서는 문화재보존관리 및 활용사업 등을 수행해 오고 있다.

득 증대와 생활수준 향상을 위하여 필요한 주거환경 및 시설의 개선에 관한 사항, 산업진흥 및 자원개발, 교통·통신의 편익증진에 관한 사항 등이 포함되어 있다.[8] 이하에서는 제1차에서부터 현재 시행중에 있는 제4차까지의 주요 도서종합개발계획의 내용을 살펴본다.

2. 제1차 도서종합개발계획

제1차 도서종합개발계획(1988~1997)은 479개 개발대상도서의 생활기반시설의 개선, 소득기반시설의 확충, 그리고 문화·복지수준의 향상을 기본목표로 4가지의 개발전략을 제시하였으며 처음으로 시작했던 10개년계획의 특성상 주민의 생활기반시설 해결을 우선과제로 선정하였다. 제1차 도서종합개발계획의 주요 내용은 다음과 같다(신순호, 1996.6).

표 3-7　　제1차 도서종합개발계획

내용
• 개발목표 　지역 균형개발로 소득 및 삶의 질의 향상을 위해, 　– 생활기반시설의 개선을 통해 생활불편을 해소하고 　– 소득기반시설의 확충을 통해 자립기반을 구축하며 　– 문화복지수준 향상을 통해 정착의욕을 고취하는 데 목표를 둔다.
• 개발전략 　– 지역단위 종합개발을 통해 지역격차를 해소하고 　– 모도(母島) 중심의 생활권 형성을 통해 자도(子島)의 고립감을 해소하고 　– 도서별 특성개발을 통해 도서의 자원화를 도모하고 　– 자연환경 보전을 통해 개발과 보전의 조화를 꾀하도록 한다.
• 추진방침 　– 기초적 생활수요 및 기반시설의 우선 해결을 통해 소득향상 및 문화복지시설을 단계적으로 강화하도록 하는 바, 　　1단계 : 생활기반시설(급수, 전기, 교통)의 우선 해결 　　2단계 : 생산기반시설 및 소득증대사업 추진 　　3단계 : 문화복지시설 및 환경개선사업 추진

자료: 제1차 도서종합개발계획(1988~1997)/ 신순호, 1996.6, 「도서개발전략」 내무부 참조

---

8) 풍수해나 재해 등을 방지하기 위한 방파제·방조제 시설과 산림녹화 등 국토 보전에 관한 사항과 그 외 교육·후생·의료·문화 및 전기시설 설치와 개선, 환경보전, 국가안전 및 도서개발사항 등이 포함된다(박진경, 2017: 137).

1) 제1차 도서종합개발계획의 개요

제1차 도서종합개발계획은 1988년에서 1997년의 기간 동안 479개 섬을 대상으로 실시되었다. 사업목표는 궁극적으로 '떠나는 섬에서 돌아오는 섬'에 두고 생활기반시설 개선, 소득기반시설 확충, 문화복지수준 향상을 보다 실천적 목표로 삼았다.

2) 종합계획의 내용

제1차 도서종합개발계획의 계획기간은 1988~1997년으로 10개년이고 투자계획은 총 3,886억 원으로 연평균 387억 원이다. 여기에는 생활기반시설(전기, 급수, 교통, 의료) 2,125억 원, 생산기반시설(어항, 방조제, 농업용수 등) 1,582억 원, 환경개선사업(주택개량, 진개 및 분뇨처리시설 등) 179억 원이 계획되었다. 이의 투자 구성비를 보면 국비 4,549억 원(71.1%), 지방비 1,181억 원(18.5%), 민융자 668억 원(10.4%)이다.

부처별 사업내용을 보면 내무부가 3,331건의 사업량으로 전체 사업량의 83.3%를 차지하고 있고, 사업비는 3,886억 원으로 전체의 65.6%를 차지하고 있다. 내무부는 주로 급수시설, 전기시설, 도로시설 등의 생활기반시설과 도선건조, 소규모어항시설, 방조제 배수갑문 등의 생산기반시설을 계획하였다. 내무부 외의 타 부처에서는 농림수산부, 통상산업부, 보건복지부, 건설교통부, 산림청, 수산청, 해운항만청 등이 전체 666개의 사업량에 1,335억 원(전체의 34.4%)의 사업비를 계획하였다.

표 3-8 제1차 도서종합개발계획의 사업별 계획

구 분		기본계획	
		사업량(건)	사업비(억 원)
합 계		3,997	3,886
생활기반시설	소 계	1,330	2,126
	급수시설	284	206
	전기시설	169	137
	도로시설	837	1,755
	의료시설 등	40	28

구 분		기본계획	
		사업량(건)	사업비(억 원)
생산기반시설	소 계	2,128	1,581
	어항시설	996	1,288
	방조제	255	123
	배수갑문	335	42
	기타(농업용수 등)	542	128
환경개선사업	소 계	539	179
	복지·편의시설	132	59
	하수도시설	61	17
	하천정비	87	44
	기타(진개처리장 등)	259	59

자료: 신순호, 1996.6, 『도서개발전략』, 내무부

표 3-9 부처별 계획과 추진실적

구분	사업명	종합계획('88~'97)	
		사업량(건)	사업비(억 원)
합 계		3,997	3,886
내무부	소 계	3,331	2,551
	자치단체시행사업	3,327	2,495
	급수시설	284	206
	전기시설	133	111
	도로시설	758	1,182
	도선건조	66	23
	소규모어항시설	883	614
	방조제	255	123
	배수갑문	335	42
	기타	613	194
	해상국립공원개발	4도서	56
타 부 처	소 계	666	1,335
농림수산부	농업용수시설	17개소	55
통상산업부	전화사업	36도서	26
보건복지부	소 계	40	28
	보건진료소신축	36	8
	쾌속병원선	4	20
건설교통부	다도해특정지역개발	5도서	246
산림청	사방 및 조림사업	4	1
수산청	소 계	560	731
	3종어항개발	19	543
	노후어선대책	447	57

구분	사업명	종합계획('88~'97)	
		사업량(건)	사업비(억 원)
해운항만청	항만시설보강	4항	248
국방부	낙도홍보		

자료: 신순호, 1996.6, 「도서개발전략」, 내무부

3. 제2차 도서종합개발계획

제2차 도서종합개발계획(1998~2007)은 1차 계획에도 불구하고 지속적인 도서지역의 인구감소와 낙후화가 진행되자 410개 개발대상도서를 대상으로 육지와 도서간 및 도서와 도서간 격차해소에 중점을 두고 육지근접형, 군집형, 고립형 등 입지유형별 개발 계획을 수립하였다.

제2차 도서종합개발계획의 기본목표는 크게 세 가지이다(행자부, 2006. 12; 광주전남발전연구원, 2006.12). 첫째, 삶의 질 향상을 위한 도서주민의 정주기반조성이다. 둘째, 지역경제활력화 도모를 위한 도서특산물 중점 육성이다. 셋째, 국토균형발전촉진을 위한 낙후지역의 장기적 · 종합적 개발이다.

또한 추진 전략으로는 부문별 개발지표를 설정, 가시적인 개발비전 제시와 도서의 특성을 살린 "입지유형별 친환경적 개발 추진 그리고 단계별로 특정분야에 집중투자하여 사업효과를 제고를 제시하고 있다.

1) 제2차 도서종합개발계획의 개요

표 3-10   제2차 도서종합개발계획

	내용
기본 목표	• 삶의 질 향상을 위한 도서주민의 정주기반조성 • 지역경제활력화 도모를 위한 도서특산물을 중점 육성 • 국토균형발전촉진을 위한 낙후지역의 장기적·종합적 개발

추진
전략
	• 부문별 개발지표를 설정, 가시적인 개발비전 제시
	  – 육지와 도서간 균형개발로 도서주민의 소외감 해소
	  – 도서와 도서간 격차해소에 중점
	• 도서의 특성을 살린 "입지유형별" 친환경적 개발 추진
	  – 육지근접형 : 주요생활시설을 육지 · 도서가 기능 분담
	  – 군집형 : 모도 중심의 도시적 기능 육성, 자도로 파급
	  – 고립형 : 자생적 기반 조성
	• 단계별로 특정분야에 집중투자하여 사업효과를 제고
	  – 1단계('98 ~ 2002) : 기초생활기반시설 우선 해결

내용
– 2단계(2003 ~ 2005) : 생산기반시설, 소득증대사업 중점 추진 – 3단계(2006 ~ 2007) : 문화복지시설, 관광소득기반조성 등

	내용
추진 방향	• 종합계획은 10개년('98~2007) 계획으로 운용하되, 사업의 실효성 제고를 위해 2단계 사업 완료(2005)년도에 계획의 타당성을 점검 · 분석하여 향후계획에 반영 • 개발대상도서 지정은 시·도지사의 신청에 의거 도서개발촉진법상의 지정기준의 저촉여부를 판단하여 지정 • 중점추진사업을 설정·추진하여 투자효과를 제고 • 국고보조 및 지방비 외에 민자를 유치하여 사업의 활력화를 도모 • 개발사업의 효율적인 추진을 위하여 국가계획과 조화를 모색 • 계획수립 및 사업추진 등에 도서주민의 의견을 최대한 반영, 추진 • 재정투자규모의 합리적 설정으로 원활한 사업 추진 • 도서의 자연여건 및 특성을 살린 "입지유형별" 개발 • 육지근접형 (174) => 주요생활시설을 육지·도서간 기능분담 개발 · 연안생활 중심지와 통합적 개발, 생활권 분담 형성 · 기초적 생활편의시설 중점 개발 　– 교통편의 증진으로 접근성 향상 / – 급수·전기문제의 완전 해결 • 군집형 (208) => 모도중심의 도시적 기능육성, 자도로 파급 · 모도(중점개발도서) 　– 인구 300인 이상 도서로서 주변 도서의 중심이 되는 도서를 선정, 주변도서의 중심도서로 종합개발 　　=> 기반시설, 의료, 교육, 문화, 복지시설 집중 확충 　– 주변도서와의 원활한 교류를 위한 종합적 교통체계 구축 · 자도 　– 인구 300인 이상 거주도서는 자체 중점개발 　– 인구 300인 미만 거주도서는 기초적 생활기반시설 확충 　– 모도와의 기능적 연계개발, 생활권 형성 • 고립형(28) => 자생적 기반조성 및 어선 대피기능 확보 · 자생적 생활기반시설 우선 개발 / · 안보적 취약요인 해소 / · 육지와의 교통체계 구축 • 관계부처와의 유기적인 연계추진으로 사업효과 제고 　– 기획예산처 : 사업계획에 의한 국고보조금 지원 / – 산업자원부 : 전기시설에 따른 기술 및 재정융자금 지원 　– 농림부 : 배수개선, 경지정리사업 지원 등 농업분야 지원 / – 환경부 : 식수원 개발사업 지원 및 해상국립공원 개발 　– 보건복지부 : 의료사업 지원 / – 건설교통부 : 연륙·연도교 사업 지원 / – 행정자치부 ; 지방자치단체의 시행사업 　– 해양수산부 : 국가어항개발, 노후어선교체, 양식사업 지원 / – 산림청 : 조림 및 사방사업 • 종합계획에 의한 연도별 사업계획의 내실 있는 수립 추진

주: 사업량은 도서에 따라 여러 사업이 수행되어 중복된 수치임
자료: 행정자치부, 2006.12, 「도서(섬)지역 개발전략 연구」 /행정자치부, 「제2차 도서종합개발사업 변경계획(1998~2007)」/ 광주전남발전연구원 2006.12 「도서(섬)지역개발전략 연구」 참조.

2) 종합계획의 내용

제2차 도서종합개발계획의 대상 도서는 8개 시·도, 37개 시·군에 걸쳐 있는 410개 도서이다. 이는 전체 유인도의 83.5%에 해당된다. 대상으로 미지 정된 82개 도서는 상주인구 10인 미만인 도서가 45개이고, 공항건설 및 간척 사업 등에 포함된 도서가 8개, 연륙된 지 10년 이상 경과한 도서가 29개이다.

재원별 투자계획은 총 2조 1,717억 원 가운데 공공투자가 2조 1,633억 원(99.6%)이고, 민자 및 융자 투자는 84억 원(0.4%)이다. 공공투자 2조 1,633억 원 가운데는 국비가 1조 5,497억 원으로 전체의 71.6%를 차지하고, 지방비는 6,136억 원(28.4%)이다. 전체 재원 2조 1,717억 원 가운데 행정자치부 소관 사

표 3-11 제2차 도서종합개발계획의 내용

	내용
기간 및 현황	• 제 2차 도서개발계획 사업추진기간 : 1998~2007(10년) • 8개 시·도, 37개 시·군·구의 410개 도서 지정 　– 도서개발촉진법 제 4조 및 동법시행령 제 3조의 선정기준에 의해 전체 유인도서 492개 도서의 83.5% 지정 　– 미지정 도서 82개 도서는 상주인구 10인 미만인 도서 45개 도서, 공항건설 및 간척사업 등에 포함된 8개 도서, 연륙 10년 이상 경과 도서 29개 도서
사업계획 및 투자계획	• 재원별 투자계획은 총 2조 1,717억 원 가운데 공공투자에 2조 1,633억 원(99.6%), 민자 및 융자 투자로 84억 원(0.4%) 　– 공공투자 2조 1,633억 원 가운데 국비 1조 5,497억 원(71.6%), 지방비 6,136억 원(28.4%) 　– 총 2조 1,717억 원 가운데 행정자치부 소관 1조 717억 원(49.3%), 타부처 소관 1조 1,000억 원(50.3%) • 분야별 투자계획 　– 생활기반시설 : 9,353억 원(43.1%) 　　· 급수시설(상수도시설, 식수원개발 등) 　　· 전기시설(전기공급, 자가발전시설 등) 　　· 도로시설(도로개설, 확·포장, 연륙·연도교 등) 　– 생산기반시설 : 11,395억 원(52.5%) 　　· 어항시설(연안항, 국가 및 지방어항, 소규모어항시설 등) 　　· 소득증대시설(농수산물가공시설, 특화단지 조성, 유료낚시터 등) 　　· 저장시설(저온저장고, 공동창고, 활어보관시설 등) 　– 문화·복지시설 등 : 969억 원(4.4%) 　　· 환경·위생시설(하수도, 하천정비, 진개처리시설, 하수종말처리장 등) 　　· 의료·복지시설(복지회관, 대합실, 병원선 대체건조 등) 　　· 관광기반시설 등

자료: 행정자치부, 2006.12, 「도서(섬)지역 개발전략 연구」 / 광주전남발전연구원 2006.12 「도서(섬)지역개발 전략 연구」 참조

표 3-12 제2차 도서종합개발계획의 시설별 사업계획 총괄(행정자치부+7개 부처)

구분	단위	사업량	사업비 추정(백만 원)			
			계	국비	지방비	민·융자
합계	도서/건	410/4,282	2,171,704	1,549,722	613,573	8,409
생활기반시설	도서/건	345/1,896	935,308	678,977	253,863	2,468
급수시설	도서/개소	151/116	149,685	104,788	44,897	–
전기시설	〃	13/13	5,924	1,941	1,515	2,468
도로시설	〃	228/1,721	771,194	566,448	204,746	–
도선건조	도서/척	13/16	5,705	3,840	1,855	–
철부선접안시설	도서/개소	7/9	2,800	1,960	840	–
생산기반시설	도서/건	317/2,068	1,139,481	794,935	338,655	5,891
어항시설	도서/개소	89/119	670,963	473,544	197,419	–
소규모어항시설	〃	305/1777	383,273	268,182	115,091	–
농업기반시설	〃	21/33	10,567	8,689	1,878	–
산림기반시설	〃	49/88	24,294	11,869	10,274	2,151
저장시설	〃	6/7	1,457	1,020	437	–
소득증대시설	〃	38/64	48,927	31,631	13,566	3,740
문화 · 복지시설	도서/건	56/79	66,118	54,253	11,815	50
복지시설	도서/개소	56/78	18,903	13,119	5,734	50
의료시설	〃	31/34	47,215	41,134	6,081	–
환경위생시설	도서/건	150/315	19,161	13,412	5,749	–
환경시설	도서/개소	136/288	18,397	12,877	5,520	–
공중화장실	〃	23/27	764	535	229	–
생활안전시설	도서/건	55/132	11,363	8,145	3,491	–

주: 사업량의 수치는 도서에 따라 다수의 사업이 시행됨.
자료: 행정자치부, 2006.12, 「도서(섬)지역 개발전략 연구」 / 행정자치부, 「제2차 도서종합개발사업 변경계획(1998~2007)」 / 광주전남발전연구원 2006.12 「도서(섬)지역개발전략 연구」 참조

업은 1조 717억 원으로 전체의 49.3%를 차지하고 있으며, 여타 부처 소관 사업은 1조 1,000억 원(50.3%)이다. 분야별 투자계획은 급수시설과 전기시설, 도로시설인 생활기반시설에 9,353억 원으로 전체의 43.1%를 차지하고, 어항시설과 소득증대시설, 저장시설이 포함된 생산기반시설에 11,395억 원(52.5%)이며, 환경·위생시설과 의료·복지시설, 관광기반시설이 포함된 문화·복지시

설 등이 969억 원(4.4%)이다.

행정자치부와 여타 7개 부처가 수행하고자 한 제2차 도서종합개발계획의 시설별 사업계획을 세부적으로 살펴보면 <표 3-12>와 같다.

생활기반시설 부문은 345개 도서에 935,308백만 원의 사업비를 계획하였으며, 이 가운데는 도로시설이 228개 도서에 77,194백만 원이고, 급수시설이 151개 도서에 149,685백만 원으로 중심이 되고 있다. 생산기반시설 부문은 317개 도서에 1,139,481백만 원의 사업비를 계획하였으며, 이 가운데는 어항시설이 89개 도서에 670,9634백만 원이고, 소규모어항시설이 305개 도서

표 3-13 제2차 도서종합개발계획의 행정자치부 소관 사업

구분		단위	사업량	사업비 추정(백만 원)			
				계	국비	지방비	민·융자
합계		도서/건	401/3,963	1,071,704	747,226	320,688	3,790
생활기반시설		도서/건	244/1,819	581,815	407,144	174,671	-
	급수시설	도서/개소	50/55	11,909	8,345	3,564	-
	전기시설	도서/개소	10/12	1,064	745	319	-
	도로시설	도서/개소	224/1,696	560,337	392,254	168,083	-
	도선건조	도서/척	13/16	5,705	3,840	1,855	-
	철부선접안시설	도서/개소	7/9	2,800	1,960	840	-
생산기반시설		도서/건	317/1,879	439,919	305,217	130,962	3,740
	소규모어항시설	도서/개소	305/1,777	383,273	268,182	115,091	-
	농업기반시설	도서/개소	19/31	6,262	4,384	1,878	-
	저장시설	도서/개소	6/7	1,457	1,020	437	-
	소득증대시설	도서/개소	38/64	48,927	31,631	13,556	3,740
문화·복지시설		도서/건	56/79	19.173	13.308	5.815	50
	복지시설	도서/개소	56/78	18,903	13,119	5,734	50
	의료시설	도서/개소	1/1	270	189	81	-
환경위생시설		도서/건	56/118	19,161	13,412	5,749	
	환경시설	도서/개소	52/110	18,397	12,877	5,520	-
	공중화장실	도서/개소	7/8	764	535	229	-
생활안전시설		도서/건	26/68	11,636	8,145	3,491	-

자료: 행정자치부, 2006.12, 「도서(섬)지역 개발전략 연구」 / 행정자치부, 「제2차 도서종합개발사업 변경계획(1998~2007)」 / 광주전남발전연구원 2006.12 「도서(섬)지역개발전략 연구」 참조

에 383,273백만 원으로 이들 2개 사업이 가장 많은 사업비 비중을 차지하고 있다. 문화·복지시설부문은 복지시설이 56개 도서에 18,903백만 원, 의료시설이 31개 도서에 47,215백만 원이다. 그 밖에 환경위생시설은 150개 도서에 19,161백만 원, 생활안전시설은 55개 도서에 11,363백만 원이다. 단위사업시설을 보면 도로시설과 어항시설, 소규모어항 시설, 급수시설 순으로 많은 사업비 규모이다.

제2차 도서종합개발계획 가운데 행정자치부 소관 사업은 전체 3,963개 사업에 1,071,704백만 원의 사업비를 계획하였다.

여기에는 생활기반시설 부문이 244개 도서에 사업비 581,815백만 원이고, 생산기반시설부문은 317개 도서에 439,919백만 원이며, 문화·복지시설부문은 56개 도서에 19,173백만 원, 환경위생시설부문은 56개 도서 19,161백만 원이고, 생활안전시설부문은 26개 도서에 사업비 11,636백만 원이다. 행정자치부 소관 사업 가운데는 도로시설이 224개 도서에 560,337백만 원으로 사업비가 가장 많고, 다음으로 소규모어항 시설이 305개 도서에 383,273백만 원으로 이들 두 사업이 전체 사업비의 88%를 차지하고 있다.

제2차 도서종합개발계획에 있어 행정자치부 외에 여타 7개 부처 소관 사업은 <표 3-14>와 같다.

이들 부처 사업은 251개 도서에 총 319개 사업으로 사업비는 1,100,000백만 원이다. 사업부문별로는 생활기반시설부문이 101개 도서에 353,493백만 원이고, 생산기반시설부문이 142개 도서에 699,562백만 원이며 환경·복지시설부문이 30개 도서에 사업비 46,945백만 원이다. 개별 사업단위별로는 해양수산부의 어항시설이 89개 도서에 473,544백만 원으로 가장 많은 사업비 규모이고, 다음으로 환경부 소관의 급수시설로 101개 도서에 137,776백만 원과 수원지개발이 60개 도서에 103,130백만 원이다.

제2차 도서종합개발계획의 시·도별 투자계획을 보면 <표 3-15>와 같다. 인천광역시는 개발대상도서가 35개에 431건의 사업비는 177,538백만 원이며, 경기도는 4개 도서에 25건 사업에 8,755백만 원이다. 충청남도는 24개 도서에 195사업으로 56,549백만 원이고, 전라북도는 23개 도서에 114건의 사업으로 사업비는 58,892백만 원, 전라남도 248개 도서에 2,948건의 사업량에 사업비 1,458,844백만 원이다. 경상북도는 1개 도서에 127건의 사업으로 사업비

| 표 3-14 | 제2차 도서종합개발계획의 행자부 외 타 부처 소관 사업 |

구분	단위	사업량	사업비 추정(백만 원)				소관부처
			계	국비	지방비	민·융자 등	
합계	도서/건	251/319	1,100,000	802,496	292,885	4,619	
생활기반시설	도서/건	101/77	353,493	271,833	79,192	2,468	
급수시설	도서/건	101/51	137,776	96,443	41,333	–	환경부 (식수원개발)
수원지개발	도서/건	60/20	103,130	72,191	30,939	–	
해저관로	도서/건	17/11	18,812	13,168	5,644	–	
해수담수화	도서/건	23/19	15,634	10,944	4,690	–	
관정개발	도서/건	1/1	200	140	60		
전기시설	도서/건	3/1	4,860	1,196	1,196	2,468	산자부 (전화사업)
도로시설	도서/건	4/25	210,857	174,194	36,663		건교부 (연륙·연도교)
생산기반시설	도서/건	142/209	699,562	489,718	207,693	2,151	
어항시설	도서/개소	89/119	670,963	473,544	197,419	–	해수부 (어항건설)
농업기반시설	도서/개소	2/2	4,305	4,305	–	–	농림부 (배수개선)
산림기반시설	도서/개소	49/88	24,294	11,869	10,274	2,151	산림청 (산림녹화)
조림사업	도서/개소	23/23	4,451	2,365	1,972	114	
육림사업	도서/개소	28/28	4,874	1,972	1,972	930	
임도개설	도서/개소	32/32	13,590	6,799	5,684	1,107	
사방사업	도서/개소	2/2	319	223	96	–	
병해충방제	도서/개소	1/1	260	110	150	–	
산림욕장	도서/개소	2/2	800	400	400	–	
환경·복지시설	도서/건	30/33	46,945	40,945	6,000		
의료시설	도서/척	30/33	46,945	40,945	6,000		보건복지부 (병원선 대체건조)

자료: 행정자치부, 2006.12, 「도서(섬)지역 개발전략 연구」/ 행정자치부, 「제2차 도서종합개발사업 변경계획
(1998~2007)」/ 광주전남발전연구원 2006.12 「도서(섬)지역개발전략 연구」 참조

165,131백만 원이며, 경상남도는 68개 도서의 367건의 사업에 사업비
211,282백만 원이며 제주특별자치도는 7개 도서에 75건의 사업으로 사업비
는 34,713백만 원이다.

표 3-15 제2차 도서종합개발계획의 시·도별 투자계획

시도별		개발대상 도서수	사업량 (건)	사업비 추정(백만 원)			
				계	국비	지방비	민·융자 등
합계	합계	410	4,282	2,171,704	1,549,721	613,574	8,409
	행정자치부	410	3,963	1,071,704	747,225	320,689	3,790
	타부처	248	319	1,100,000	802,496	292,885	4,619
인천 광역시	합계	35	431	177,538	117,769	59,076	693
	행정자치부	35	387	102,354	71,665	30,689	–
	타부처	21	44	75,184	46,104	28,387	693
경기도	합계	4	25	8,755	5,729	3,026	–
	행정자치부	4	24	6,755	4,729	2,026	–
	타부처	1	1	2,000	1,000	1,000	–
충청남도	합계	24	195	56,549	33,190	20,891	2,468
	행정자치부	24	183	30,507	21,355	9,152	–
	타부처	18	12	26,042	11,835	11,739	2,468
전라북도	합계	23	114	58,892	41,996	16,821	75
	행정자치부	23	100	32,818	22,972	9,846	–
	타부처	17	14	26,074	19,024	6,975	75
전라남도	합계	248	2,948	1,458,844	1,050,716	405,161	2,967
	행정자치부	248	2,761	710,110	495,532	212,728	1,850
	타부처	133	187	748,734	555,184	192,433	1,117
경상북도	합계	1	127	165,131	131,024	33,989	118
	행정자치부	1	119	33,486	23,440	10,046	–
	타부처	1	8	131,645	107,584	23,943	118
경상남도	합계	68	367	211,282	144,979	64,283	2,020
	행정자치부	68	321	131,803	90,949	38,964	1,890
	타부처	50	46	79,479	54,030	25,319	130
제주특별 자치도	합계	7	75	34,713	24,318	10,327	68
	행정자치부	7	68	23,871	16,583	7,238	50
	타부처	7	7	10,842	7,735	3,089	18

자료: 행정자치부, 2006.12,「도서(섬)지역 개발전략 연구」/ 광주전남발전연구원 2006.12「도서(섬)지역개발
전략 연구」 참조.

4. 제3차 도서종합개발계획

제3차 도서종합개발계획(2008~2017)은 '매력 있고 살기 좋은 섬'을 창출하기 위해서 도서특성진단을 통해 도서의 공간적 분포, 도서의 중심성과 생활권체계를 고려하여 유형화하고, 유형에 맞는 종합적 발전계획을 수립하고자 하였다.

1) 제3차 도서종합개발계획의 기본목표

표 3-16 제3차 도서종합개발계획

	내용
기본 목표	• 「매력있고 살기좋은 섬」 창출 • 「매력있는 섬」은 주5일제 정착, 여가패턴의 변화에 따라 대내외적으로 급증하고 있는 도서관광 수요를 고려 • 「살기좋은 섬」은 도서를 지속적인 소득증대가 이루어지고, 문화·복지·교육을 향유할 수 있는 살기좋은 삶터로 만들고자 함 • 세부 지향점 : 쾌적성, 다양성, 지역성, 지속가능성
개발 대상 도서 지정	• 제3차 도서종합개발계획의 개발대상도서는 372개 도서 • 시도별로는 전남 217, 경남 62, 인천 33, 충남 25, 전북 23개 등 – 대상도서로는 거주 주민 10인 이상 도서를 원칙으로 하되 10년 이내에 연육된 도서 포함 <제3차 도서종합개발계획 대상도서>

<제3차 도서종합개발계획 대상도서>

계	인천	경기	충남	전북	전남	경북	경남	제주
372	33	4	25	23	217	1	62	7

	내용
절차	• 중앙부처(행정안전부, 도서개발심의위원회)에서 계획수립 가이드라인 제시→ 시·군·구, 가이드라인에 맞추어 도서종합개발계획(안)을 수립→ 시·도, 취합 조정→행정안전부, 관계부처 협의 및 도서개발심의위원회 심의를 거쳐 확정 <도서개발계획 수립절차>

<도서개발계획 수립절차>

- ① 도서종합개발계획 수립지침 작성 (도서개발심의위원회) → 안전행정부 → ⑤ 시·도, 시·군·구별 종합개발 계획 종합 검토 및 관계부처 사업계획 취합 / ⑥ 관계부처 협의 / ⑦ 도서개발심의위원회 심의 / ⑧ 국무총리 보고·확정
- ↓↑
- ② 사·도별 종합계획 수립지침 시달 → 시·도 → ④ 사군구별 종합계획 집계·조정, 보고
- ↓↑
- 시·군·구 → ③ 사·군·구, 도서별 종합계획 수립, 보고

	내용
주요 사업	• 연륙·연도교 건설사업 : 총 10개소, 4,128억 원 • 유형화 사업 : 도서의 자원·문화·기후·역사 등 특성화에 따라 유형화하여 계획을 수립하는 방식으로 260개 사업계획 수립 – 사업비 : 8,906억 원

	내용
	– 관광자원형 166, 수산자원형 63, 체험관광형 14, 농업자원형 14, 문화유적형 3
소관 및 연계	• 도서종합개발계획은 행정안전부 소관으로 각 자치단체시행사업이 진행되는데, 3차에서는 문화 관광체육부·농림부·보건복지부·환경부·건설교통부· 해양수산부·산림청의 사업이 연계되어 있음 　– 문화관광체육부 : 가고싶은 섬(4개 도서지역) 　– 농림부 : 방조제(11개 도서지역) 　– 환경부 : 식수원 개발 등(50개 도서지역) 　– 건설교통부 : 개발촉진지구(1개 도서지역)

자료: 신순호 외, 2010,,「도서지역 개발실태 및 개선방안」, 한국지방행정연구원/ 행정자치부, 2008,1,「제3차
　　도서종합개발 10개년('08~17) 계획」 참조

　　행정안전부는 섬 지역의 특성을 자연·생태형과 문화·체험형, 산업·레저형으로 나누어 자원유형별 개발계획을 제시한 바 있다. 특히, 제3차 계획에서는 주민을 도서종합개발계획을 수립하는 과정에 참여시킴으로써 실효성과 책임성을 높이고, 중앙과 지방이 협력적으로 사업을 추진하는 과정을 중시하고 있다.

2) 종합계획의 내용

　　제3차 도서종합개발계획의 각 소관부처별 투자계획은 총 2,520,781백만원이고 이 가운데 행정자치부 소관 사업은 1,787,394백만 원으로 전체의 70.9%를 차지하고 있고 여타 부처의 소관사업은 733,387백만 원(29.1%)이다.

표 3-17　제3차 도서종합개발계획의 사업 내용

구분	단위	사업량	사업비 추정(백만 원)			
			계	국비	지방비	민·융자
합계	도서/건	351/1,407	2,520,781	1,779,994	716,494	24,293
행정자치부	도서/건	351/1,109	1,787,394	1,234,606	529,117	23,671
자치단체 시행사업	도서/건	351/1,109	1,787,394	1,234,606	529,117	23,671
관계부처(7개 부처)	도서/건	124/298	733,387	545,388	187,377	622
문 화 관 광 부 (가 고 싶은 섬)	도서/개소	4/4	40,200	20,100	20,100	–
농 림 부(방 조 제)	도서/개소	11/27	42,406	32,039	10,367	–
보 건 복 지 부 (보 건 진 료 소 개 선)	도서/개소	–	–	–	–	–
환 경 부 (식수원 개발 등 6개 사업)	도서/개소	50/60	233,755	162,544	71,211	–

구분		단위	사업량	사업비 추정(백만 원)			
				계	국비	지방비	민·융자
건설교통부 (개발촉진지구)		도서/개소	1/6	34,000	34,000	–	–
해양수산부	지방어항건설	개소	67	250,000	200,000	50,000	–
	어촌종합개발사업	도서	46	82,759	66,206	16,553	–
산림청 (조림, 숲가꾸기 등 11개사업)		도서/개소	53/134	50,267	30,499	19,146	622

주 : 보건복지부 사업(보건진료소)은 매년 사업수요에 따라 결정되어 사업량 산출이 어려움
자료 :신순호 외, 2010, 「도서지역 개발실태 및 개선방안」, 한국지방행정연구원/ 행정자치부, 2008.1, 「제3차 도서종합개발 10개년 ('08~17) 계획」 참조

그러나 국가균형특별법의 제정(2004.1.16)과 개정에 따른 시행(2011.1.24)에 의해 도서개발계획 대상 도서를 크게 특수상황지역과 성장촉진지역으로 나누어지게 되었다. 이에 따라 각각의 해당지역에 따라 도서개발 주관부서가 상이한바, 특수상황지역 내 도서(186개)는 행정안전부가, 성장촉진지역 내 도서(186개)는 국토교통부가 주관하는 도서개발정책 2원화 형태로 변화되었다 (신순호, 14.4: 22–23; 신순호 외, 2010: 39–40).

3) 제3차 도서종합개발계획의 특징

제3차 도서종합개발계획의 특징으로는 다음 두 가지를 들 수 있다. 첫째, 연육·연도교 건설에 따른 개발대상도서 지정 축소이다. 제1차 도서종합개발계획부터 점점 개발대상도서가 감소하는 추세를 반영한 것이다. 둘째, 지역 특성에 따른 유형화 사업계획 수립 권고이다. 앞서 기술한 바와 같이 제3차 도서종합개발계획에서는 도서의 자원, 문화, 기후, 역사, 입지적 여건 등 도서의 특성을 고려하여 다섯 가지로 유형화하였다.

표 3-18   제3차 도서종합개발계획의 특징

내용

• 연육·연도교 건설에 따른 개발대상도서 지정 축소
  ㅇ 제3차종합계획에서는 372개 도서(7개 시도, 37개 시군구)가 개발대상도서로 지정
    – 제1차 계획에서 479개, 제2차 계획에서 410개, 제3차 계획에서 372개 도서로 개발대상도서가 감소
      하는 추세이며 이는 연육·연도교 건설에 따른 것으로 보임
 	
• 지역 특성에 따른 유형화 사업계획 수립 권고
  ㅇ 도서의 자원, 문화, 기후, 역사, 입지적 여건 등 도서의 특성을 고려하여 유형화하고 그에 따라 계획을 수립
    ① 관광자원(생태관광)형 : 관광시설 및 생산소득 사업
    ② 농업자원형 : 농업시설 및 생산소득 사업
    ③ 수산자원형 : 수산시설 및 생산소득 사업
    ④ 문화유적형 : 역사, 문화, 자연개발을 활용한 사업
    ⑤ 체험형 : 자원과 소득활동에 참여하는 사업
    ※ 유형화는 단일유형도 가능하며 유형간 결합을 통한 복합형태의 유형화도 가능하도록 함

자료: 신순호 외, 2010, 「도서지역 개발실태 및 개선방안」, 한국지방행정연구원 참조

4) 계획의 변경

당초 계획을 제6공화국 출범 등의 정책 여건변화로 변경(2015년 3월 확정)하였는바, 그 요인과 내용은 다음과 같다(행정자치부, 2015).

표 3-19   제3차 도서종합개발계획의 변경

내용

• 요인
  ✓ 2013년 새 정부출범에 따른 지역발전정책 변화
    – 시설물 위주의 토목공사에서 지역공동체 중심의 사업방식 전환
  ✓ 2010년 광역특별회계 도입 후 기초자치단체 자율편성사업 전환에 따른 사업 변경·보완 필요성 대두
 	
• 변경내용
  ✓ 당초 계획 : 사업건수 1,109 사업비 17,874억 원
  ✓ 변경 : 사업건수 1,317   사업비 17,286억 원
    * 당초 계획과 비교하여 사업건수는 208건이 증가하였으나 사업비는 588억 원이 감소
  ✓ 분야별로는 생활기반, 문화복지시설 분야가 대부분 감소되고, 생산기반시설은 가장 크게 261억 원 증가

자료: 행정자치부, 2015.3, 제3차 도서종합개발 10개년('08~'17) 변경계획 참조

표 3-20 제3차 도서종합개발계획의 변경사항

구분	대표사업	기존계획		변경계획		증감	
		규모	사업비	규모	사업비	규모	사업비
계	–	1,109	17,874	1,317	17,286	208	△588
생활기반시설	도로, 급수, 도선건조 등	349	4,198	435	4,021	86	△177
생산기반시설	관광기반, 어항개발 등	597	12,308	766	12,569	169	261
문화복지시설	다목적회관, 대합실	54	515	81	479	27	△36
환경위생시설	하수도, 오수처리시설 등	85	695	30	186	△55	△509
생활안전시설	하천정비 등	24	158	5	31	△19	△127

자료: 행정자치부(2015.3), '제3차 도서종합개발 10개년 변경계획' 참조

5. 제4차 도서종합개발계획

1) 제4차 도서종합개발계획의 개요

제4차 도서종합개발계획(2018~2027)은 '지속가능한 우리 국토, 섬의 가치 재발견!'이라는 비전하에서 '품격 높은 삶의 터전으로서 섬, 국가성장동력으로서 섬, 주민이 거주하는 생활영토로서 섬'을 목표로 삼아 추진하고 있다. 상향식의 체감형 사업추진과 부처 연계, 도서간 연계의 연계사업추진, 그리고 중심마을에 집약적으로 투자하여 주민 삶의 질 향상에 계획의 역량을 집중하는 사업추진을 중요시하고 있다.

도서지역은 육지와 비교하여 상당히 낙후되어 있기 때문에 그간 도서종합개발10개년계획은 주민의 정주여건과 관련되는 인프라 사업위주로 추진되어 왔다. 제4차 계획(안)에서도 주민 삶의 질과 직접적으로 관련되는 지역 내 생활기반시설 및 문화복지시설 설치사업이 주요한 사업으로 추진하고 있다. 그러나 도서개발사업 추진이 진행되어 오면서 최근에는 차츰 생활기반시설이나 문화복지시설 정비뿐만 아니라 도서가 지니고 있는 해양문화관광자원을 개발하기 위한 전략이나 일자리·소득증대 전략이 중요시되고 있는 추세다. 또한 제1차 계획에서 제4차 계획으로 오면서 점차 도서의 입지특성 및 사회경제적 개별특성을 반영하자 하고 있으며, 주민이 원하는 체감형 사업 위주의 상향식 계획을 추진하고 있다는 특징을 보이고 있다(박진경, 2017).

제4차 도서종합개발계획은 371개를 대상으로 하여 제3차 도서종합개발

표 3-21　제4차 도서종합개발계획 개요

비전	목표	추진전략
지속가능한 우리국토, 섬의가치 재발견	품격 높은 삶의 터전으로서 섬	① 소득증대·일자리 확충으로 섬 활력 제고 ② 복지문화 등 삶의 질 증진
	국가 성장 동력 으로서 섬	③ 섬의 경쟁력 향상을 위한 교통여건 개선 ④ 지속가능한 체류형 관광기반 육성
	주민이 거주하는 생활영토로서 섬	⑤ 쾌적하고 안전한 정주여건 창출 ④ 중심마을 육성을 통한 주민생활개선

	내용
기본 목표	○ 제4차 도서종합개발계획은 「지속가능한 우리국토, 섬의 가치 재발견」이라는 비전을 제시하고, 3대 목표와 6개 추진전략에 따라 1,256개의 지역발전 특별회계 시군구 포괄보조 사업을 종합하여 2018~2027년의(10년간) 도서 발전을 위한 계획을 수립하여 추진함. ○ 3대 목표 : 품격 높은 삶의 터전으로서 섬, 국가 성장 동력으로서 섬, 주민이 거주하는 생활영토로서 섬 〈비전, 목표, 추진전략〉

〈대상도서 현황〉

대상 도서	구분	특수상황지역				성장촉진지역			
		시군구 (개)	도서수 (개)	면적 (k㎡)	인구 (인)	시군구 (개)	도서수 (개)	면적 (k㎡)	인구 (인)
	합계	20	186	550.1	56,263	16	185	1,011.3	81,951
	인천	4	32	260.6	21,965	–	–	–	–
	경기	2	4	3.5	846	–	–	–	–
	충남	4	21	32.1	3,982	2	3	3.6	190
	전북	1	16	22.4	4,037	2	7	14.4	1,343
	전남	3	48	116.2	11,416	8	167	918.1	69,853
	경북	–	–	–	–	1	2	72.7	10,256
	경남	4	57	101.2	9,783	3	6	2.5	309
	제주	2	8	14.1	4,234	–	–	–	–

자료: 행정자치부, 2015.3, 제3차 도서종합개발 10개년('08~'17) 변경계획

계획 대상도서보다 1개가 감소되었다. 연륙 10년이 경과된 도서 18개 제외, 10인 이상으로 인구가 증가한 도서 9개 및 10인 미만이나 개발이 필요한 도서로서 시·도지사가 신청한 8개 도서가 추가되었다.

대상도서는 특수상황지역에 20개의 관할 시·군·구가 포함되어 있는 바, 인천 4개 시군구, 경기 2, 충남 4, 전북 1, 전남 3, 경남 4, 제주 2개 시군구의 관할 도서가 포함되어 있고, 성장촉진지역에는 16개 시군구가 포함되어 있는데 여기에는 충남 2, 전북 2, 전남 8, 경북 1, 경남에 3개 시군구가 포함

표 3-22　제4차 도서종합개발계획 사업 부문

내용
부문별 투자 계획
• **부문별 투자계획** 부문별 사업계획 : 6개 부문으로 구분하여 추진하는 방향을 제시 ① 소득증대, 일자리 부문 　ㅇ 어업자원 등 특화자원을 활용해 도서주민의 소득원을 다각화하고 공동작업장 등을 통해 주 　　 민이 참여하는 소득증대 방안 마련 　ㅇ 도서지역에서 생산된 농수산물을 가공·유통·판매 시설 현대화 및 방파제, 물양장, 부잔교 등 　　 어업기반시설 정비 ② 복지·문화 부문 　ㅇ 도서지역 주민의 정주성을 향상시키고, 높은 삶의 질을 보장하기 위해 복지 인프라 확충 및 　　 주민들이 문화·교육·여가 활동 공간 조성 　ㅇ 도서지역 노인·저소득층 등 취약계층 증가에 대응한 복지·문화 등 맞춤형 사회안전망 지원시 　　 설 구축 및 자립 기반 강화 ③ 교통 부문 　ㅇ 도서 정주여건에 중요한 요소인 도서주민의 기본적인 이동권 확보 및 육지 거주 주민과의 교 　　 통 형평성 달성 사업 추진 　ㅇ 항구까지 육상수송과 항구에서의 수송선박 적재, 항구에서의 하선 등 육지부에 비해 상대적 　　 으로 복잡한 물류체계의 개선 ④ 섬 관광 활성화 부문 　ㅇ 해안 및 해양자원, 산악자원 등의 생태자원과 역사·문화자원 등 인문자원에 기반한 도서만 　　 의 특성화된 관광자원개발 　ㅇ 경유형 대중관광에서부터 체류형 특별관심관광으로 전환되어가는 최근의 관광패턴을 감안, 　　 도서의 강점을 살린 관광 프로그램 개발 ⑤ 섬 정주여건 개선 부문 　ㅇ 대한민국의 영토로서 도서에 주민이 지속 거주할 수 있는 기반을 마련하기 위해 도로, 수자 　　 원, 안전, 환경 개선 등 지원 　ㅇ 정주여건을 개선하고 환경을 보전하기 위한 기초생활기반시설 확충 ⑥ 마을 생활환경 개선 패키지 사업 　ㅇ 주민이 거주하는 마을에 종합계획 상 사업을 집약적으로 투자하여 주민 삶의 질 향상에 계획 　　 의 역량을 집중하는 패키지 사업 추진 　ㅇ 4차 종합계획 기간('18~'27) 중 체계적이고 장기적인 집중 투자로 주민 거주지 생활 여건을 　　 실질적으로 개선, 육지와의 격차 해소 　※ 6개 부문에 따라 지방자치단체 자율적으로 예산 편성, 사업비 배분
시도별 투자계획
• **시·도별 투자계획** ㅇ 계획에 포함된 전체 사업은 1,256건으로 사업비는 15,132억 원임 ㅇ 각 시도별로는 인천이 92건에 2,414로 전체 사업비의 16.0%, 경기 6건 158억 원(1.0%), 충 　 남 100건 1,019억 원(6.7%), 전북 58건 896억 원(5.9%), 전남 680건 7,262억 원 　 (48.0%), 경북 24건 267억 원(1.8%), 경남 223건 2,490억 원(16.5%), 제주 65건에 466 　 억 원으로 전체의 3.1%임

자료: 행정안전부, 2018.2, 개발대상도서 지정 및 제4차 도서종합개발계획(안)

되어 있다.

2) 종합계획의 사업계획

제4차 도서종합개발계획 사업 규모는 종합개발계획 기간 내 국가균형발전특별회계[9]의 1조 5,132억 원(국비 1조 3,115억 원, 지방비 2,017억 원)으로 계획되었다. 사업비는 국가균형발전특별회계의 생활기반계정 시군구자율편성사업으로서 국비 보조율은 80~100%로서 특수상황지역은 80%, 성장촉진지역

표 3-23 제4차 도서종합개발계획의 부문별 투자 계획

구분	사업건수		사업비(2018~2027)			
			합계		국비(억)	지방비(억)
	건수	비율	사업비(억)	비율		
합 계	1,256	100%	15,132	100%	13,115	2,017
					86.7%	13.3%
1. 소득증대·일자리	516	41.2%	4,572	30.2%	4,161	411
1-1 유통·판매·가공	74	5.9%	419	2.8%	390	29
1-2 어업기반	436	34.8%	4,121	27.2%	3,742	379
1-3 농업기반	6	0.5%	32	0.2%	29	3
2. 복지·문화	90	7.2%	542	3.6%	460	82
2-1 복지	68	5.4%	274	1.8%	234	41
2-3 문화	22	1.8%	267	1.8%	226	41
3. 교통개선	38	3.0%	2,486	16.5%	2,040	446
3-1 연륙·연도교	14	1.1%	2,339	15.5%	1,907	432
3-2 도선건조·대합실	24	1.9%	148	1.0%	134	14
4. 관광 활성화	224	17.9%	2,814	18.8%	2,399	415
4-1 관광기반	224	17.9%	2,814	18.8%	2,399	415
5. 주민정주여건개선	369	29.4%	4,250	28.1%	3,670	580
5-1 도로	262	20.9%	3,099	20.5%	2,758	341
5-2 안전	46	3.7%	310	2.0%	259	50
5-3 발전	1	0.1%	2	0.01%	2	–
5-4 급수	10	0.8%	134	0.9%	118	17
5-5 용수확보	11	0.9%	108	0.7%	89	18
5-6 환경	31	2.5%	439	2.9%	365	74
5-7 연료운반	8	0.6%	160	1.1%	80	80
6. 마을생활개선 패키지 사업	19	1.5%	468	3.1%	385	83
6-1 패키지 사업	19	1.5%	467	3.1%	385	83

자료: 행정안전부, 2018.2, 개발대상도서 지정 및 제4차 도서종합개발계획(안)

은 100%이다. 부문별 투지계획은 6개 부문으로 구분하고 각 부문별 추진방향을 제시하고 있다. 6개 부문은 소득증대. 일자리 부문, 복지문화 부문, 교통부문, 섬관광활성화 부문, 섬 정주여건 개선 부문, 마을 생활환경 개선 패키지 사업이다. 시·도별 투자계획은 전체 사업 1,256건에 사업비는 15,132억 원이다.

제4차 도서종합개발계획의 부문별 투자계획은 소득증대·일자리 부문 516건에 4,572억 원이고, 복지·문화 부문 90건에 542억 원, 교통개선 부문 38건에 2,486억 원, 관광활성화 부문 224건에 2,814억 원, 주민정주여건개선 부문 369건에 4,250억 원이며, 마을생활개선 패키지 사업 19건에 468억 원이다.

시·도별 투자계획은 전라남도가 680건의 7,262억 원으로 가장 많고, 경상남도 223건에 2,490억 원, 충청남도 100건에 1,019억 원, 인천광역시 92건 2,414억 원, 제주특별자치도 65건 466억원, 전라북도 58건 896억 원, 경상북

표 3-24 제4차 도서종합개발계획의 시도별 투자계획

구분	합 계				특수상황지역(행정안전부)				성장촉진지역(국토교통부)			
					사업 건수	사업비(2018~2027)			사업 건수	사업비(2018~2027)		
	건수	비율	사업비	비율		계	국비	지방비		계	국비	지방비
합계	1,256	100	15,132	100	730	9,450	7,433	2,017	526	5,682	5,682	–
인천광역시	92	7.4	2,414	16.0	92	2,414	1,931	483	–	–	–	–
경기도	6	0.5	158	1.0	6	158	126	32	–	–	–	–
충청남도	100	8.0	1,019	6.7	90	952	689	263	10	67	67	
전라북도	58	4.5	896	5.9	42	722	578	144	16	174	174	
전라남도	680	54.1	7,262	48.0	229	2,209	1,767	442	451	5,053	5,053	
경상북도	24	1.9	267	1.8	–	–	–	–	24	267	267	
경상남도	223	17.8	2,490	16.5	198	2,369	1,889	480	25	121	121	
제주특별자치도	65	5.2	466	3.1	65	466	373	93	–	–	–	–
행정안전부	8	0.6	160	1.0	8	160	80	80				

주: 특수상황지역(7개 시도, 20개 시군구), 성장촉진지역(5개 시도, 16개 시군구)
　　내용 중 연료운반선 건조사업(8건)은 공모사업으로 사업자가 정해지지 않아 행정안전부에 포함
자료: 행정안전부, 2018.2, 개발대상도서 지정 및 제4차 도서종합개발계획(안)

9) 계획수립 당시에는 지역발전특별회계라고 했으나 이후 국가균형발전특별회계 회계로 바뀌었다.

도 24건 267억 원, 경기도 6건 사업에 158억 원이다.

3) 제4차 도서종합개발계획의 특징

제4차 도서종합개발계획의 특징은 삶의 질제고, 패키지 사업 신규 추진, 맞춤형 전략수립, 섬 발전 협력사업 등을 들 수 있으며 그 세부적 내용은 다음과 같다.

표 3-25　제4차 도서종합개발계획의 특징

내용
(1) 삶의 질 제고 연륙·연도교 등 대규모 인프라 사업은 지양하고, 소득·일자리·복지·문화 등 삶의 질과 관련 사업에 집중 투자 - 3차 계획 대비 삶의 질 관련 투자비율 11%p증가(46.5%→57.5%)
(2) 패키지 사업 신규 추진 섬 주민이 많이 사는 마을에 각종 사업*을 집약적으로 투자하여 거주지 생활여건의 실질적 개선(19건 468억원) * 소득사업(마을공방, 작업장 등), 관광사업(경관개선, 숙박시설 등), 생활기반사업(마을안길, 상하수도), 문화복지사업(커뮤니티센터 등)
(3) 맞춤형 전략수립 도서의 규모, 기초인프라, 교통여건 등에 따라 도서를 8개 유형로 구분하고 맞춤형 발전전략 수립 및 사업 발굴 * 예) 서산 고파도는 인프라가 잘 갖추어져 있고 육지와 가까워 관광 개발에 적합 → 어촌체험활동 프로그램 집중 개발로 지역소득증대

〈도서의 유형 구분〉

유형	내용	도서수
A-i	인프라가 부족하고 육지와 가까우며 농어업이 발달	116
A-ii	인프라가 부족하고 육지와 가까우며 관광이 발달	29
B-i	인프라가 부족하고 육지와 멀며 농어업이 발달	113
B-ii	인프라가 부족하고 육지와 멀며 관광이 발달	14
C-i	인프라가 갖추어졌고 육지와 가까우며 농어업이 발달	22
C-ii	인프라가 갖추어졌고 육지와 가까우며 관광이 발달	51
D-i	인프라가 갖추어졌고 육지와 멀며 농어업이 발달	6
D-ii	인프라가 갖추어졌고 육지와 멀며 관광이 발달	20

(4) 섬 발전 협력사업
섬 간 교류를 촉진하고 자원의 효율적 사용을 위해 연료운반선 공동 사용 등 섬 간 연계협력사업 추진

자료: 행정안전부, 2018.2, 개발대상도서 지정 및 제4차 도서종합개발계획(안)

4) 도서종합개발계획 외 관련 사업

　제4차 도서종합개발계획이 수행되는 기간 동안에 도서종합개발계획 이외에도 각 부처는 일반회계, 기타 특별회계 등을 통한 총 260건, 2.8조 원의 도서발전 투자계획을 마련하고 있다. 도서개발촉진법(섬 발전촉진법)을 마련하는 제도적 취지 중 하나가 산발적으로 이루어지고 있는 사업을 효율적으로 추진하려는 것에 비추어 도서종합개발계획과 협력이 필요하다고 보여진다.

　각 부처에서 제4차 도서종합개발계획 기간인 2018~2027년 동안 각 부처에서 계획하는 사업은 소득증대·일자리 부문에 49건, 2,662억 원이고, 복지·문화 부문 11건 640억 원, 교통개선 부문 14건 15,149억 원, 관광활성화 부문 44건 2,702억 원이며 주민정주여건 개선 부문에 142건 6,642억 원이다.

표 3-26　각 부처의 도서발전 투자계획(2018~2027)

구 분	사업건수	총사업비(2018~2027)(억원)			
		합계	국비	지방비	민자
합계	260	27,795	21,437	5,667	691
1. 소득증대·일자리	49	2,662	1,774	761	127
2. 복지·문화	11	640	328	312	–
3. 교통개선	14	15,149	13,860	1,277	12
4. 관광 활성화	44	2,702	1,523	1,175	4
5. 주민정주여건개선	142	6,642	3,952	2,142	548

자료: 행정안전부, 2018.2, 개발대상 도서 지정 및 제4차 도서종합개발계획(안)

Section 03　도서개발정책 수행에 관한 주민의식

1. 개설

　오랜 역사적 관성으로 인해 공간에 대한 우리의 인식은 육지 중심적 삶과 사고방식이 자리 잡게 되었고, 아직도 도서해양에 대한 소극적 공간인식의 행태를 보이고 있다. 즉 조선시대에는 초장기적 공도(空島)와 해금(海禁)의 정책으로 도서해양의 가치는 제대로 인식 받지 못하였다. 건국 이후에도 육지부 특히 대도시와 일부 거점도서지역 중심의 국토개발정책으로 인해 도서지역은 개발의 변방이며 문제지역 정도로 인식해 왔던 적도 있다. 그러나 근래 들어 해양주권과 자원에 대한 국제적 관심이 더욱 높아지면서 도서는 국토의 외연(外緣)에 자리하고 있고 다양하며 독특한 자연환경과 유·무형의 지역자원을 보유하며 해양주권과 해양자원의 거점 등으로 그 가치가 어느 지역에 비해 적지 않다.

앞서 본 바와 같이 도서지역에 대한 개발정책은 국가정책의 핵심에서 벗어나 장기 목표 수립이 부재한 상태에서 산발적으로 추진되어 오다가 1986년에 들어 비로소「도서개발촉진법」의 제정으로 도서종합개발계획이 추진되면서 보다 확실한 법적 근거를 마련하였고 이에 따라 정책의 틀을 어느 정도 갖추게 되었다. 도서개발촉진법은 도서의 생산·소득 및 생활기반시설의 정비·확충으로 생활환경을 개선함으로써 도서지역 주민의 소득 증대와 복지 향상을 도모하는 데 그 목적을 두고 있다.

한편, 지역사회의 개발 또는 발전과 관련된 주요 요소는 물리적 요소와 사회적 요소로 대별할 수 있는바, 사회적 요소에는 주민들의 의식구조가 해당 지역사회 발전에 가장 기본이라 할 수 있다. 이 같은 주민들의 의식구조는 지역사회 발전의 방향 제시뿐만 아니라, 오랜 기간 동안 해당 지역사회의 동인으로 자리하고 있기에 지역발전과 관련된 연구에서는 빼놓을 수 없는 핵심적인 사항이다. 그러나 도서지역의 주민의식구조에 대해서는 어느 여타 지역의 그것에 비해 연구가 활발하지 않다. 간헐적으로 수행된 관련 연구들도 일반적인 내용이거나 특정 사례지역을 대상으로 의식조사를 수행한 연구들[10]이 발표된 바 있다.

도서지역발전을 위해서는 합목적적인 개발정책의 방향 수립과 실효성 있는 집행이 전제되어야 한다. 합목적적인 개발정책의 방향 수립은 무엇보다 정확한 지역실상의 파악과 주민들의 합리적 의사에 따른 염원이 기본요소로

---

10) 특정 섬 지역 주민의식과 관련해서는 김재은 외 2, 2013, 대한민국 정부의 섬 정책과 관련한 국민의식 분석,「한국도서연구」25(1).; 강신겸·도경록, 2011, 슬로시티 관광개발에 대한 지역주민과 관광객의 인식비교: 슬로시티 증도를 중심으로,「한국도서연구」, 23(4).; 김농오 외, 2005, 전남도서발전을 위한 해양관광개발의 방향모색: 도초도·우이도를 중심으로,「한국도서연구」17(1).; 강평년, 2005, 증도주민의 관광태도와 개발방향에 관한 연구,「한국도서연구」17(1). 등이 있다.

자리한다. 지역개발에 대한 초점이 흔히 물적 요소를 중심으로 이루어지고 있지만, 이것의 궁극적인 목표 역시 해당 지역사회의 지속적인 발전에 있다. 이러한 의미에서 지역주민이 바라는 개발에 대한 의식과 내면에 담고 있는 가치를 파악하는 것은 매우 중요한 일이다. 또한 정부의 관리 체계적 입장에서는 추진되었거나 되고 있는 도서개발정책과 지원체계가 과연 지역주민들에게 만족스럽게 받아들여지고 있는지, 실효성에 있는지에 대한 것도 평가가 필요하다. 이러한 의미에서 도서종합개발계획은 도서지역에 미치는 영향이나 재정적 규모 측면과 정책의 추진과정 등 어느 측면에서 보더라도 도서지역의 발전이나 주민 그리고 정책 수행에서 심대한 의미를 가지고 있다. 그러나 이 종합개발계획의 정책수행에 대한 주민의식구조를 전체를 망라하여 조사하여 분석해 놓은 연구가 극히 이루어지지 않고 있다.

본 장에서는 크게 보아 두 부문으로 구성되고 있다. 그 하나는 지난 88년부터 시행된 도서종합개발계획을 중심으로 한 주민의식구조이고 또 하나는 이러한 정책이 4차에 걸쳐 시행되고 있는 시점에서 주민들의 정주여건은 어떠하며 향후 개발방향은 어떠해야 하는 주민의식구조이다.

앞의 도서개발정책에 대해서는 시계열적 구조분석을 위해 제1차 도서종합개발계획 기간 동안에 1차 설문조사를 실시했고, 2차는 제3차 도서종합개발계획 기간에 실시하였다. 도서종합개발계획이 실시된 후로 상당한 기간이 지나고 있지만 거의 일정한 대상지역에서 시행되는 국가 정책에 대해 시계열적 의식조사를 통해 그 변화상을 분석·검토하는 연구는 거의 없는 듯하다.

여기 의식구조의 내용은 첫째, 일정 단위별 정책의 흐름이 주민의 의식을 반영하고 있는지 분석하며 둘째, 1988년부터 실행되어온 도서종합개발계획의 목표와 실행내용들이 주민 삶과 의식에 어떠한 영향을 미쳤는지에 대해 살펴본다. 앞에서 언급했듯이 정책과 계획은 지속적인 모니터링과 평가를 통하여 점검하고 수정해 나가는 것은 그 계획의 실효성을 높일 수 있다.

2. 도서종합개발계획 관련 의식구조

1) 조사개요

조사목적을 달성하기 위하여 전국 도서지역의 주민들을 대상으로 도서지역의 문제점과 과제, 지역생활 만족도, 도서개발정책, 도서생활실태에 대한 조사를 실시하였다. 조사는 2회에 걸쳐 표준화된 동일 설문지로 조사하였다. 제1차 조사기간은 제1차 도서종합개발계획 기간 중인 1995년 11월 1일부터 11월 30일까지 이루어졌다. 제2차 조사는 제3차 도서종합개발계획 기간 중인 2011년 4월 18일부터 5월 12일까지 실시하였다.[11] 설문방식은 판단표본추출법(purposive sampling)의 방식으로 지역사회를 잘 알고 모집단의 의견을 대표할 수 있는 사람으로 선정하였으며, 자기기입식으로 이루어졌다.

조사대상은 전국의 모든 유인도서에 거주하는 마을의 대표자로 선정하였으며,[12] 제1차 조사에서는 전국 대부분의 도서지역에서 설문이 회수된 반면, 제2차 조사에서는 설문 회수율이 상대적으로 저조하게 나타났다.[13] 따라서 전국 모든 지역을 대상으로 비교분석하는 것은 문제의 소지가 있기에 설문회수율이 높은 지역만을 특정하여 분석하였다. 종적(longitudinal) 비교의 관점을 통일시키기 위하여 유효 응답자가 상대적으로 높게 나타난 전남, 경남, 충남, 제주도로 한정하여 비교·분석하였다. 통계처리 방법은 SPSS 21.0을 사용했으며 주된 통계처리기법은 빈도분석과 교차분석을 사용하여 분석하였다.

조사대상지역의 현황을 살펴보면, 제2차(2011년도) 조사의 경우 전남이 267곳으로 전체의 57.7%를 차지하고 있으며 뒤를 이어 경남 80곳(17.3%), 충남 32곳(6.9%), 제주 8곳(1.1%)로 조사되었다. 설문지 회수 비율은 유인도서 수에 비례하여 나타났으며, 전남의 경우 제1차 조사에 총 1,144명, 제2차 조사에는 276명이 설문에 응답하였고, 경남은 제1차 392명, 제2차 195명이 참여하였다. 충남은 제1차 86명과 제2차 85명이었으며, 제주의 경우 제1차 26명, 제2차 16명이 응답하였다(표 3-27).

---

11) 조사는 제1차 조사는 내무부 지역개발과, 그리고 제2차 조사는 행정안전부 지역발전과의 협조를 바탕으로 이루어졌다.

12) 조사대상은 우리나라 모든 유인도서별 최소 1부의 설문지가 조사되었으며(단 5호 미만의 도서는 제외하였음), 행정리 단위는 모든 이장을 설문대상으로 하였다. 단, 부득이한 경우에는 여타 마을지도자로 대체하였다.

13) 제1차 조사는 전국 대부분의 도서에서 응답을 보였으며 설문지 2,044개가 회수된 반면, 제2차 조사는 제1차 조사보다 약 4할 수준인 816개의 설문지가 회수되었다.

표 3-27	응답지역의 도서구성 및 설문회수율			
지 역 별	유인도서(2011년)		설문회수율(%)	
	도서수(%)	인구수(%)	제1차(1995년)	제2차(2011년)
전라남도	267(57.7)	194,586(23.5)	1,144(69.4)	276(48.3)
경상남도	80(17.3)	324,385(39.1)	392(23.8)	195(34.1)
충청남도	32(6.9)	18,013(2.2)	86(5.2)	85(14.9)
제주특별자치도	8(1.7)	4,678(0.6)	26(1.6)	16(2.8)
합계	387(83.6)	541,662(65.4)	1,648(100.0)	572(100.0)
전체	463(100.0)	828,831(100.0)		

　　설문의 구성은 응답자 일반적 특성과 주민의식에 관한 내용으로 나누어
진다. 주민의식에 관한 내용은 거주지역에 대한 만족도, 지역사회 문제점, 지
역개발, 지역산업, 교통, 생활환경, 지역 관광, 다른 지역 간의 관계성 등을
중심으로 구성하였다. 구체적으로 거주지역에 대한 만족도는 향후 거주의사
와 그 이유 등의 4개 항목으로 구성되어 있다. 지역문제에 관해서는 1개 문
항으로 제시하였고, 지역개발에 관해서는 개발 우선순위와 지역발전에 대한
5개 항목이 구성되어 있다. 지역산업에 관한 항목은 지역산업, 지역의 교통
및 생활기반, 사회·보건환경, 교육환경, 주거환경이다. 지역관광과 관련된
항목은 지역관광자원, 관광지 개발에 따른 장·단점에 대한 총 3개 항목으로
구성되어 있다. 마지막으로 다른 섬에 대한 방문정도와 그 이유, 그리고 주민
생활에 대한 자유의견 기술 항목이 제시되어 있다. 각 항목별 응답자의 반응
을 모아 정리하고, 도서종합개발계획의 정책방향과 비교하였다.
　　설문응답자의 인구 통계적 특성을 보면, 연령별로는 제1차 조사의 경우
50대가 36.5%로 가장 많은 비중을 보였으며, 제2차 조사는 60대 이상이
48.3%로 가장 높은 참여율을 보였다. 남녀의 성비는 제1차·제2차 조사의 남
성비율이 각각 99.5%, 89.3%로 남성의 비율이 압도적으로 많은 비중을 차지
하고 있었다. 직업은 농업(제1차 48%, 제2차 26.6%)과 어업(제1차 28.7%, 제2차
41.6%)이 높게 나타났다.
　　거주특성을 살펴보면, 제1차 조사의 경우 타지역에서 거주한 경험이 있
는 사람이 28.1%였던 반면, 제2차 조사의 경우 45.8%로 나타나 외부에서 유
입된 인구가 증가하였음을 시사하고 있다. 타지역 거주기간은 10년 이하라고

응답자의 인구 통계 및 거주 특성

인구 통계적 특성				거주 특성			
구분	응답내용	1995년	2011년	구분	응답내용	1995년	2011년
성별	남 성	1,640(99.5)	511(89.3)	타지역 거주 경험	예	463(28.1)	262(45.8)
	여 성	8(0.5)	61(10.7)		아니요	1,185(71.9)	310(54.2)
나이	20 대	65(3.9)	13(2.3)	타지역 거주 기간	10년 이하	306(66.1)	257(98.1)
	30 대	254(15.4)	22(3.8)		11~20년 이하	105(22.7)	3(1.1)
	40 대	469(28.5)	82(14.3)				
	50 대	601(36.5)	179(31.3)		20년 이상	52(11.2)	2(0.8)
	60 대~	259(15.7)	276(48.3)				
학력	초졸 이하	309(18.8)	89(15.6)	이사 이유	경제사정	242(52.3)	120(45.8)
	중졸 이하	746(45.3)	191(33.4)		결혼으로	29(6.3)	39(14.9)
	고졸 이하	559(33.9)	204(35.7)		좋은 환경	72(15.6)	48(18.3)
	대졸 이상	34(2.1)	88(15.4)		자식을 따라서	4(0.9)	0(0.0)
					기타	116(25.1)	55(21.0)
직업	농업	804(48.8)	152(26.6)	거주지역 가구 규모	10호 이하	159(9.6)	66(11.5)
	어업	473(28.7)	238(41.6)		11~50호	438(26.6)	181(31.6)
	상업	37(2.2)	29(5.1)		51~100호	371(22.5)	119(20.8)
	농업+어업	239(14.5)	88(15.4)				
	농업+상업	24(1.5)	14(2.4)		101~500호	267(16.2)	88(15.4)
	어업+상업	28(1.7)	10(1.7)		501호 이상	413(25.1)	118(20.6)
	기타	43(2.6)	41(7.2)				

응답한 사람이 제1차 66.1%, 제2차 98.1%로 나타났다. 현재 거주지역으로 이주한 사람들 가운데 직장 등 경제적 사정으로 이사했다고 답한 의견이 제1차 52.3%, 제2차 45.8%로 모두 가장 높게 나타났다. 응답지역의 가구 규모로는 11－50호가 제1차 26.6%, 제2차 31.6%로 모두 높게 나타났다. 가구수가 501호 이상이라고 응답한 사람이 제1차 25.1%에서 제2차 20.6%로 도서인구의 규모가 감소하고 있음을 시사하고 있다.

2) 주민의식 분석

주민의식분석에서는 제1차 도서종합개발계획 시점인 1995년의 주민의식과 제3차 도서종합개발계획 시점인 2011년의 주민의식을 비교하였다. 계획 시점에서 조사된 주민의식이기 때문에 제1차~제3차 도서종합개발계획 내용과 비교하여 도서개발정책과 주민의식간의 관계를 분석하였다.

(1) 지역 만족도 및 해결과제

현재 거주지에 대한 향후 거주의사를 질문한 결과 제1차, 제2차 조사 모두 약 86%의 응답자가 긍정적으로 대답하였다. 그 이유로는 직업상의 이유라고 답한 의견(30.7%, 28.0%)이 높게 나타났으며, 그 다음으로는 자라온 고향(27.8%, 20.3%)이기 때문이라는 의견도 비교적 높게 나타났다. 또한 지역환경이 좋고 오랜 시간 정이 들어 계속 거주하고 싶다는 의견이 제1차 조사에 비해 크게 증가(9.8% → 16.1%)하였다. 시대의 변화로 환경과 삶의 질을 중시하는 사고방식이 반영되면서, 맑은 공기와 아름다운 경관을 보유한 섬에서의 삶에 대한 만족도가 증가한 것으로 판단할 수 있다(신순호·박성현, 2014.12: 218).

반면, 타 지역으로 이주하고 싶다고 답한 응답자는 제1차와 제2차 조사 모두 전체의 약 13%를 차지하였다. 대표적인 이유로는 생활환경의 불편함(27.0%, 30.9%)이었다. 보건시설 부족과 교통 불편, 문화생활에 있어서 열악한 환경이 지역 만족도를 저하시키고 있는 것으로 분석되었다. 장래 지역전망 불투명(24.1%, 17.1%), 현재 하고 있는 일의 고단함(9.3%, 15.1%) 역시 대표적인 이유로 제시되었다. 특히, 현재 직업에 대한 불만도와 경제사정 악화(11.7% → 21.7%)가 제1차 조사보다 높게 나타난 것으로 보아 섬 내에서의 경제활동에 대한 만족도가 크게 떨어지고 있음을 시사하고 있다.

그림 3-2 향후 거주의사

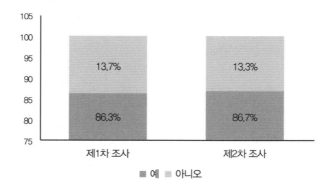

그림 3-3 현재 거주지역에 대한 만족도

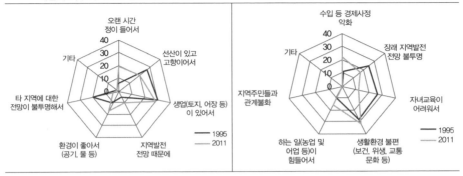

〈현재 거주지역에서 살고 싶은 이유〉

오랜 시간 정이 들어서
선산이 있고 고향이어서
생업(토지, 어장 등)이 있어서
지역발전 전망 때문에
환경이 좋아서 (공기, 물 등)
타 지역에 대한 전망이 불투명해서
기타

40 30 20 10 0

— 1995
— 2011

〈현재 거주지역에서 살고 싶지 않은 이유〉

수입 등 경제사정 악화
장래 지역발전 전망 불투명
자녀교육이 어려워서
생활환경 불편 (보건, 위생, 교통 문화 등)
하는 일(농업 및 어업 등)이 힘들어서
지역주민들과 관계불화
기타

40 30 20 10 0

— 1995
— 2011

그림 3-4 향후 거주 희망 지역 및 지역사회 해결과제

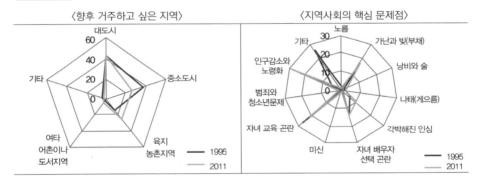

〈향후 거주하고 싶은 지역〉

대도시
중소도시
육지 농촌지역
여타 어촌이나 도서지역
기타

60 40 20 0

— 1995
— 2011

〈지역사회의 핵심 문제점〉

노름
가난과 빚(부채)
낭비와 술
나태(게으름)
각박해진 인심
자녀 배우자 선택 곤란
미신
자녀 교육 곤란
범죄와 청소년문제
인구감소와 노령화
기타

30 20 10 0

— 1995
— 2011

　다음으로 향후 이사계획이 있다면 거주하고 싶은 지역으로 대도시(43.8% → 40.8%)를 가장 높게 응답하였고 중소도시(37.1% → 26.3%), 육지 및 농촌지역(13.8% → 25.0%)이 그 뒤를 이었다. 제1차 조사에는 대도시 다음으로 중소도시에 대한 답변이 다른 답변보다 높았던 반면, 제2차 조사에는 육지 및 농촌지역에 대한 선호도도 과거보다 많이 증가한 것으로 나타났다. 하지만 타지역의 어촌이나 도서지역(1.8% → 5.3%)에 대한 이주의사는 상대적으로 낮았으나 제1차에 비해 제2차 선호도가 증가한 것으로 나타났다.

　지역에 대한 해결과제는 제1차와 제2차 조사에서 커다란 인식의 차이를 보였다. 제1차 조사에서는 자녀교육문제(27.9%)와 기타 의견(26.0%)이 가장 높게 나타났다. 제2차 조사에는 인구감소(28.1%)가 지역 내 가장 큰 문제점으로 인식되고 있었으며 자녀교육 문제(21.6%)는 그 다음으로 나타났다. 제1차와 제2차 조사 모두 가난과 빚, 배우자 선택 곤란에 대한 문제의식도 꾸준히 10%가 넘는 응답률을 보였다. 젊은 층의 이도현상이 지속되면서 지역 연령층이 고령화가 지속되고 있다는 점은 향후 개선되어야 할 중요한 과제이다 (신순호·박성현, 2014.12: 220).

(2) 지역개발 부문

지역개발의 우선순위에 관한 조사결과를 살펴보면 다음과 같다. 먼저, 산업 및 소득원 개발과 관련된 분야에 우선적으로 개발이 이루어져야 한다는 의견이 제1차 조사(29.2%), 제2차 조사(26.3%) 모두 가장 높은 응답률을 보이고 있다. [그림 3-5 (좌)]에서 볼 수 있듯이 대체적으로 모든 분야에서 비슷한 양상을 보이고 있는 가운데 두드러진 특징을 보이고 있는 분야는 교통 및 생활기반시설 개선 및 확충 분야이다. 여전히 사회·보건·복지시설 등에 대한 요구(21.6% → 23.0%)와 주거환경개선에 대한 요구(20.2% → 17.8%)도 높게 나타나고 있지만, 제1차 조사와 비교했을 때 교통 및 생활기반시설 개선에 대한 요구가 현저하게 높아졌음(16.2% → 24.9%)을 알 수 있다. 이를 통하여 도서지역 주민들의 생활에서 느끼는 불편함에 대한 생활환경 개선은 지속적으로 이루어져야 함을 시사하고 있다.

다음으로는 개발 우선순위에서 제시된 다섯 항목(산업 및 소득원, 교통 및 생활기반, 사회·보건, 교육, 주거환경)에 대해서 구체적으로 지원을 원하는 부문

그림 3-5 지역 개발 및 산업 개발 우선순위

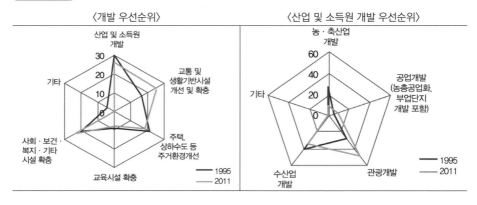

에 대하여 알아보았다. 가장 높은 관심을 보이고 있는 지역산업부문에 관한 결과는 다음과 같다. [그림 3–5 (우)]를 살펴보면, 제1차와 제2차 조사의 의식 차이를 알 수 있는데, 지역산업 육성과 경제발전을 위해 주력해야 하는 분야로 제1차 조사에 가장 응답률이 높았던 분야는 수산업개발(39.8%)이었고, 그 뒤를 이어 관광(28.3%)과 농·축산업 개발(26.2%)에 대한 응답이 높게 나타났다. 제2차 조사의 응답자 반응을 살펴보면, 관광개발이 48.1%로 압도적으로 높은 지지를 받고 있었으며, 그 뒤를 이어 수산업 개발(33.4%)이 높은 반응을 나타났다. 과거 26%에 가까운 지지를 받았던 농·축산업 개발은 9.3%로 떨어져 과거와 달리 커다란 관심을 이끌어내지 못하고 있는 것으로 나타났다.

교통 및 생활기반 시설부문에서도 지역주민의 인식에 다소 변화가 나타났다. 제1차 조사에는 도로 신설 및 도로 확·포장(35.0%)에 대한 요구가 높았지만, 제2차 조사에는 여객선 등 해상교통수단 개선(39.2%)에 대한 요구가 가장 높게 나타났다. 물론, 도로부문(31.6%)에 대한 요구도 여전히 높았다. 내륙과의 연계에 대한 부문은 제1차 24.1%, 제2차 18.9%로 다소 낮아지기는 하였지만, 여전히 내륙과의 연계에 대한 관심이 높음을 알 수 있다. 해상교통 부문은 내륙과의 연계성과도 관련이 있기 때문에 내륙과의 연계성 부문에 대한 관심이 가장 높게 나타나고 있다고 해석할 수 있다.

사회·보건 부문에서는 의료 및 보건시설 확충에 대한 응답이 제1차

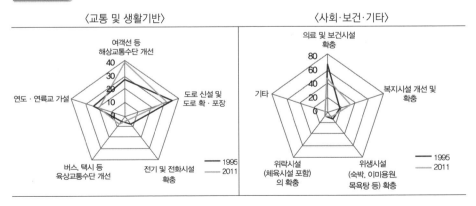

그림 3-6 교통 및 주거환경

〈교통 및 생활기반〉

여객선 등
해상교통수단 개선

연도·연륙교 가설

버스, 택시 등
육상교통수단 개선

전기 및 전화시설
확충

도로 신설 및
도로 확·포장

—— 1995
—— 2011

〈사회·보건·기타〉

의료 및 보건시설
확충

기타

복지시설 개선 및
확충

위락시설
(체육시설 포함)
의 확충

위생시설
(숙박, 이미용원,
목욕탕 등) 확충

—— 1995
—— 2011

65.1%, 제2차 48.3%로 가장 높게 나타났다. 앞서 응답지역 특성에서 나타났듯이, 본 조사의 응답 대상지는 100인 가구 이하의 도서지역이 60% 이상을 차지하고 있었다. 따라서 소규모의 도서 내에 충분한 장비와 인력을 갖추고 있는 의료 및 복지시설의 수가 부족한 현상이 지속되고 있음을 시사하고 있다. 복지시설의 개선 및 확충에 대한 의견은 제1차 17.2%에서 제2차 32.0%로 약 2배의 가까운 증가율을 보였다. 상대적으로 낮은 수치이기는 하지만 위락시설 역시 제1차 4.9%보다 제2차 8.6%에 관심이 증가되었다. 복지 및 문화시설에 대한 관심의 증가와 도서 내에서도 문화·복지시설을 느낄 수 있는 공간에 대한 요구로 해석할 수 있다.

교육부문은 전체적인 응답비율에 있어서 커다란 변화는 나타나고 있지 않는 것으로 보여 지고 있다[그림 3-7 (좌)]. 교육시설의 근대화에 대한 의견이 제1차 31.4%, 제2차 30.4% 모두에서 가장 높게 나타났고, 기존 학교의 지속적인 운영(21.4% → 21.3%)과 우수교사 확보(30.3% → 24.0%)에 대한 요구도 높았다. 보육시설과 유치원 신설에 대한 의견이 제1차(8.1%)보다 제2차(17.0%)에 2배 이상 높아진 점을 볼 때, 미취학 아동을 위한 시설에 대한 고려가 부족하다는 문제점이 지적되었다.

주거환경에 대한 응답자의 반응은 제1차와 제2차 조사 모두 비슷하게 나타났다. 주택개량(27.1% → 28.8%)에 대한 요구가 가장 높았고, 뒤를 이어 상수도 시설 개선 및 확충(26.0% → 22.2%)과 쓰레기 및 분뇨처리(19.9% →

그림 3-7 교육 및 주거환경

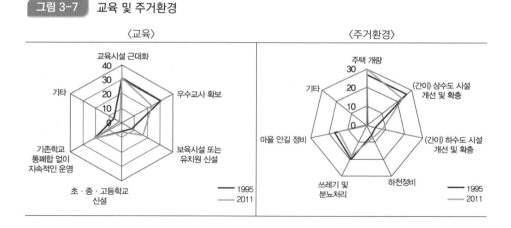

18.4%), 마을 안길 정비(16.9% → 15.4%)에 대한 부문도 지역발전을 위해 고려되어야 하는 사항이라고 지적하고 있었다.

(3) 관광 부문

앞서 산업 및 소득원 개발 부문에서 언급했듯이 관광은 정책수립 과정에서도 도서의 경제 활성화에 관광을 핵심과제로 제시하고 있다. 도서지역 주민들 역시 지역의 경제 활성화에 높은 관심을 드러내고 있었고, 지역 관광 활성화가 경제 진흥을 이끌 수 있다고 판단하고 있었다. 따라서 관광 부문에 대한 주민의식을 구체적으로 살펴보았다.

도서지역은 입지적으로 수려한 자연환경(바다, 산 등) 및 해양자원을 가지고 있으며, 내륙에 비해 지역개발 비율이 낮아 자연 보전 상태가 양호한 지역이 많다. 이러한 상황을 반영하듯 주민들 역시 바다 및 기암절벽 등의 아름다운 경관을 지역의 대표적인 관광자원으로 인식하고 있었다. 다만, 대표적 관광자원에 대한 인식이 제1차와 제2차 조사결과에서 다른 양상으로 나타나고 있다. 제1차 조사결과에서는 지역의 대표적 관광자원으로 풍부한 어족 등 수산 먹거리에 대한 의견이 44.1%로 압도적으로 높게 나타났다. 반면 제2차 조사결과에서는 아름다운 자연경관에 대한 의견이 30.8%로 가장 높게 나타났고, 그 뒤를 이어 수산물 등의 먹거리(28.5%)에 대한 의견이 높았다. 앞서 제시한 지역 만족도 결과에서도 지역환경에 대한 만족도가 제1차에 비해 증가했음을 알 수 있었다. 지역 주민들이 지역의 자연환경에 대하여 과거보다 더욱 가치 있게 생각하고 있음을 시사하고 있다(신순호·박성현, 2014: 222).

그림 3-8 지역관광

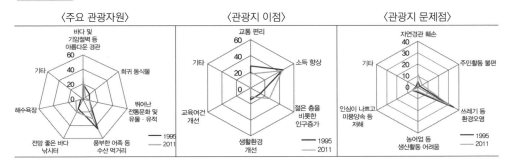

도서지역이 관광지역으로 개발될 때의 이점으로는 소득 향상을 기대하는 의견이 가장 많았고(44.4% → 43.0%), 교통 편리(27.2% → 17.7%)와 젊은 층 등의 인구증가(12.0% → 25.3%)에 대한 기대도 높게 나타났다. 특히 지역의 인구증가를 기대하는 의견이 제1차에 비하여 제2차 조사에 높은 수치를 기록하고 있었다. 앞선 결과에서부터 지속적으로 제시되고 있는 지역주민 감소와 고령화 문제에 대한 깊은 문제인식을 반영하고 있었다.

반면, 관광개발에 대한 문제점으로 지역 환경이 오염될 수 있다는 우려(68.3% → 55.7%)가 많았다. 그 다음으로 자연경관 훼손(10.7% → 24.0%)에 대한 의견이 높게 나타났는데 환경오염과 경관 훼손 등에 관한 우려가 주요 문제점으로 제시되었다. 주민활동 불편에 대한 의견(3.3% → 7.0%)은 비교적 낮은 비율로, 관광 활성화에 따라 주민생활이 불편해질 수 있는 상황에 대한 걱정은 크지 않은 것으로 나타났다.

(4) 거주도서 외 지역 방문

도서지역 주민들의 타 지역 방문은 비교적 수시로 이루어지고 있었다. 월 2~4회 정도라고 답한 의견이 제1차에 33.3%, 제2차에 25.3%로 가장 높은 응답자 비율을 나타냈다. 특히 월 5~9회라고 답한 의견(11.8% → 17.7%)과 월 10회 이상이라고 답한 의견(15.4% → 17.5%) 모두 증가하여 다른 지역을 방문 횟수는 과거보다 증가 추세에 있다. 도서지역 주민들의 80% 이상이 최소 월

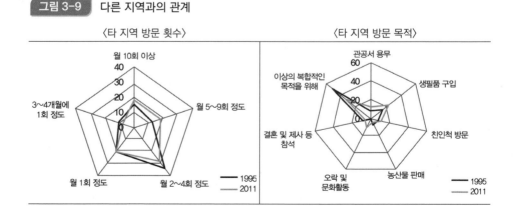

그림 3-9 다른 지역과의 관계

2회 이상 다른 지역을 방문하고 있는 것으로 나타났다.

방문목적으로 복합적인 목적(50.8% → 33.0%)이 가장 많았으며 그 다음으로 생필품 구입(15.5% → 23.6%)이라고 답한 응답자가 뒤를 이었다. 도서지역 주민들의 생활의식 수준이 향상되고, 정보화 발달에 따른 상품 정보 취득이 용이해짐에 따라 주민들의 소비수준도 향상되었음을 예상할 수 있다. 주민의 소비수준은 향상되었지만 지역내 편의시설은 주민 욕구에 충분히 대응하고 있지 못하였다. 생필품 구입 및 문화 활동(0.9% → 9.4%)을 위해 타 지역을 방문한 비율의 증가가 그 증거이다.

3) 주민의식과 도서종합개발계획과의 관계

여기서는 도서개발정책과 주민의식을 비교로 정책의 흐름이 주민의 의식을 반영하고 있는지 확인하고, 도서종합개발계획의 목표와 실행내용들이 주민 삶과 의식에 긍정적 영향을 미치고 있는지 점검하기 위함이다. 제3차 도서종합개발계획에서 제시하고 있는 것처럼 정책과 계획은 지속적인 모니터링과 평가를 통하여 점검하고 수정해 나가야지만 그 계획의 실효성을 높일 수 있다. 따라서 정책의 흐름 속에서 나타나고 있는 주민의식의 변화와 계획 실행 이후에 일어난 삶의 변화에 대해 고찰해 보았다.

도서종합개발계획의 기본목표는 제1차 계획부터 제3차 계획까지 도서지역 주민의 삶의 질 향상에 있다. 지속적으로 주민의 삶의 질 향상에 대해 언급하고 있음에도 불구하고, 도서지역은 지리적 위치상 내륙지역에 거주하고 있는 사람들에 비해 생활환경적으로 많은 불편을 겪으며 살아가고 있다. 편의시설의 부족, 주택의 노후화, 의료·복지시설의 부재 등은 가장 기본적이면서도 시급한 문제이기 때문에 계획 시점과 상관없이 주요 목표 및 추진과제로 언급되고 있다. 그렇지만, 지역에 지속적으로 거주하고 싶지 않다고 대답한 주민들의 대부분이 생활환경 불편을 주요 원인으로 제시하고 있었다. 즉 생활환경 불편으로 지역에 거주하고 싶지 않다는 의견이 제1차(27.05%), 제2차(30.9%) 조사 모두 가장 높게 나타났다. 심지어 생활환경에 대한 불만이 해결되지 않고 과거보다 증가한 것으로 나타났다. 도서종합개발계획이 20년 이상 지속되어오면서 핵심과제로 추진되어 온 목표 실행에 한계가 드러나는 부분이었다. 지리적 여건상 느끼는 불편을 완전히 해소하는 것은 불가능하겠지만 불편에 대한 의식이 증가하고 있음은 계획 실행 방법을 점검해야 할 필요성을 시사하고 있다.

　도서종합개발계획의 지역경제 활성화 정책을 살펴보면, 제1차 계획은 기반시설의 정비, 제2차 계획은 해양자원 개발 및 이용, 그리고 제3차 계획은 관광산업 활성화가 핵심 정책이라고 할 수 있다. 정책의 흐름을 주민의 의식 변화와 함께 살펴보면 맥락이 상통하는 부분이 있다. 위에서 언급하였듯이 관광은 주민들이 지역을 위해 고려하고 있는 핵심사항 중 하나이다. 제1차 조사결과에서는 지역의 주요산업을 수산업(39.8%)으로 인식하고 있었다. 하지만 제2차 조사결과에서는 관광업(48.1%)을 주요산업으로 인식한 의견이 과반수 가깝게 집계되었다. 이와 같은 결과는 도서종합개발계획이 변화하고 있는 지역주민의 의식을 반영하고 있다는 점을 보여주었다. 더불어 주민들은 지역의 수려한 자연경관을 대표 관광자원으로 인식하고 있는 만큼 구체적인 계획 실행 시 주민의 의견을 적극적으로 반영할 필요가 있다. 다행인 것은 제3차 도서종합개발계획부터 주민의 참여를 계획의 전면에 제시하고 있다는 것이다. 지역에 대해 가장 잘 알고 있는 주민들의 의견을 적극 반영하여 관광계획 시 참고할 경우 계획실행 효과를 높일 수 있을 것으로 기대할 수 있다.

　제1차 조사결과와 차이를 나타내는 제2차 조사결과의 대표적인 핵심 키워드는 인구감소 문제, 지역관광 활성화(지역경제 활성화), 주민의 활동영역 확대(지역 내 교통, 해상교통 개선)라고 할 수 있다. 제1차 조사에는 최우선적으로 고려되어야 할 사항으로 선정되지 않았지만, 제2차 조사에는 여러 문항에 걸쳐 중복적으로 언급되고 있었다. 먼저, 인구감소에 대한 주민들의 우려는 조사결과에서 중복적으로 언급되고 있다. 지역 내 가장 큰 문제로 인식하고 있었고, 관광을 통해 기대하고 있는 점 역시 지역 내의 인구증가였다. 교육부분에서도 기존학교를 통·폐합하지 않고 지속적으로 운영하길 바라는 의견(21.3%)이 높게 나타났는데, 학교의 통·폐합에 의한 지역 내 젊은 층의 이동을 걱정하고 있는 것으로 해석되었다. 인구감소 및 고령화는 비단 도서만의 문제는 아니다. 농·어촌 및 모든 중소도시 역시 같은 문제로 고민하고 있다. 그렇지만, 인구유출 문제는 더욱 심각하다. 본 조사 역시 과반수 이상이 100호 이하의 가구규모를 가진 도서였다. 지속적인 인구유출은 남아있는 지역주민의 생활의 불편을 증가시키고 지역경제를 파괴하며 결국 무인도로 전락하게 만든다. 지역주민의 가장 높은 관심사인 만큼 도서종합개발계획 시 인구유입을 유도할 수 있는 구체적인 계획방안이 검토되어야 한다.

마지막으로 고려해야 할 요인은 지역 간 연계이다. 제3차 도서종합개발계획을 보면, 개발 전략 부문에 연륙·연도교 사업의 지속적인 추진이라고 언급하고 있다. 실제로 각 지자체는 교량 건설 등으로 지속적으로 도서와 육지를 연계하려는 노력을 기울이고 있다. 하지만 정보의 발달로 인하여 주민들이 지향하는 생활수준이 높아졌고, 활동 범위 역시 넓어지고 있다. 주민들의 요구를 정확히 반영하지 못하는 교통계획으로는 도서지역 주민들의 편리성 향상을 기대할 수 없다. 주민들의 주요 동선과 요구를 반영한 교통계획을 수립할 필요가 있다(신순호·박성현, 2014.12: 228).

4) 정책적 시사점

종합적으로 살펴본 결과, 주민의 의식흐름과 계획의 주요 목표는 서로 상응하고 있었다. 제1차 산업 중심의 지역개발에서 제3차 산업인 관광 등의 서비스 산업으로 개발계획 방향의 전환이 대표적인 예이다. 또한 지속적으로 생활의 불편함을 호소하고 있는 도서지역 주민들의 생활 편리성을 향상시키기 위하여 매 계획마다 기반시설 정비를 중점적으로 다루고 있는 점도 주민의 의식과 계획의 방향이 일치하고 있는 부분이었다.

계획의 방향이 주민의 의식방향과 일치하고 있음에도 불구하고, 생활에 대한 불편함이 다소 증가된 결과를 보이기도 하였으며, 지역경제에 대한 불안감 역시 증가하였다. 즉 정책의 방향과 목표에 대한 실행력의 문제가 드러나고 있다. 도서종합개발계획 내 정책의 방향과 내용보다는 실효성 높은 계획 실행 방안에 대한 고찰을 더욱 요구되고 있다.

도서종합개발계획 수립과 더불어 지자체별로 사업실행을 위한 구체적인 계획을 수립하는 것도 실효성을 높일 수 있을 것으로 기대할 수 있다. 도서종합개발계획은 일반적이고 포괄적인 성격의 계획이므로 사업의 구체성을 제시하는 것에는 한계성을 가지고 있다. 따라서 각 지자체는 지자체별로 필요한 사업과 지역 내 우선적으로 해결해야 하는 문제점을 파악하여 이를 지자체별 사업계획에 반영하는 방안을 검토해야 한다.

본 조사를 통해 드러난 결과는 광역적 계획수립 방향이 문제점이 아닌,

그림 3-10 주민의식과 도서종합개발계획 관계

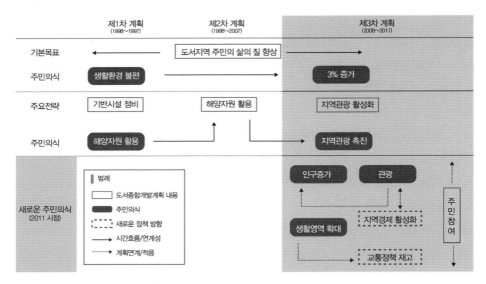

자료: 신순호·박성현, 2014.12 , 「도서문화」 제44집, 목포대학교 도서문화연구원, p.229.

지자체별로의 계획 실행력에 대한 문제가 더 시급하고 중요하다는 것으로 보여주었다. 또한 도서개발계획 수립 시에도 각 도서가 사업을 효율적으로 진행할 수 있도록 현재의 계획내용 보다는 보다 구체적인 내용으로 접근해야 할 것이다.

정책은 시대를 반영하고 지역민의 의견을 반영하여야 한다. 따라서 정책의 방향과 지역민의 의식방향, 정책의 내용과 지역의 현황 및 문제점의 연계에 대한 논의는 앞으로도 지속되어야 한다. 본 장에서는 지난 20년 이상 지속되어오고 있는 도서종합개발계획을 검토하고 앞으로의 정책수립 방향을 제시하기 위한 목적으로 실시되었다.

도서종합개발계획은 생활 및 소득기반 시설의 정비를 중심으로 지역경제를 활성화시키기 위한 방안들이 지속적으로 추가되고 있다. 제1차 계획의 소득기반시설의 정비에서 시작하여 해양자원의 이용, 관광산업 진흥까지 내용이 구체화·다양화 되고 있다. 계획의 주체도 행정주도에서 주민참여까지 확대가 이루어졌다. 도서지역 전반에 걸쳐 일반화된 계획을 제시하던 제1차 계획과 달리 유형화·특성화별로 계획을 실행하려는 방안이 제2차, 제3차 계

142   Chapter 03   도서종합개발계획

획에 제시되어 지역 맞춤형 계획으로의 시도를 꾀하고 있다.

응답자의 반응을 통하여 고찰한 결과는 다음과 같이 정리될 수 있다. 먼저, 지역 만족도 및 애착심 측면에서 살펴보면 과거에 비해 지역에 대한 애착심이 증가했음을 알 수 있다. 즉 지역 애착심과 자연환경 때문에 지속적으로 거주하고 싶다는 의견이 약 2~3배 이상 증가한 것으로 보아 지역에 대한 애착심은 과거보다 높아졌음을 확인할 수 있다. 지역에 대한 불만사항은 생활환경 불편과 경제적인 상황이 주요인으로 나타나고 있다. 제2차 조사에 지역경제와 직업의 고단함을 불만사항이라고 답한 의견이 2배 가까이 증가한 것으로 보아 도서지역의 경제가 과거에 비해 더욱 침체되어 있음을 시사하고 있다. 지역문제에 있어서 가장 눈에 띄는 점은 고령화 문제이다. 고령화 및 인구감소 문제는 다른 문항의 의견에서도 지속적으로 제기되어 인과관계를 형성하고 있다.

지역개발에 대한 선호도를 살펴보면, 지역산업 개발이 지속적으로 높은 선호도를 보이며 지역경제 활성화에 대한 주민의 요구가 높다는 점을 나타내고 있다. 제2차 조사에서 교통 및 생활기반 시설에 대한 요구가 급증하고 있다.

도서지역 주민의 활동영역의 확장에 대한 요구를 반영하고 있다고 판단된다. 지역산업 개발에 관해서는 관광개발에 대한 요구가 급증하며 지역 내 높은 관심을 보여주고 있다. 교통부문에 있어서도 여객선 등 해상교통 수단의 개선에 대한 요구가 급증한 것으로 나타났는데, 앞서 언급한 도서지역 주민의 활동영역 확대와 같은 맥락에서 해석할 수 있다. 복지, 의료시설에 대한 관심은 꾸준히 높게 나타났고, 제2차 조사에서는 미취학 아동을 위한 시설에 대한 관심이 과거보다 높아졌음을 확인할 수 있다. 도서지역에서의 맞벌이 부부의 증가 등의 사회상을 반영한 결과라고 판단된다. 주거환경 부분은 주택개량, 상수도 시설 개선, 쓰레기 처리, 도로 정비 등에서 꾸준히 개선에 대한 요구를 들어내고 있다.

다른 한편, 주민들의 높은 관심을 받고 있는 관광분야를 살펴보면, 제1차 조사에는 수산물 등을 주요 관광자원으로 인식하고 있었지만 제2차 조사에는 지역경관을 주요 관광자원으로 인식하고 있어 인식의 변화를 보이고 있다. 앞서 직업의 고단함을 지역 내 불만사항이라고 답한 의견이 높았는데, 낮은 경제성과 고된 작업으로 인해 지역 주요산업을 농·수산업에서 자연경관 등을 이용한 관광산업으로 변화시키려는 의도로 분석된다. 관광산업에 대한 기대감 역시 지역 소득향상과 인구증가 부문에서 나타나고 있다. 제2차 조사에서 가장 두드러지는 특징이 관광 및 지역경제 활성화와 인구증가에 대한 요구였는데, 지역주민들은 관광을 통하여 지역경제를 활성화하고 인구증가를 도모할 수 있다고 기대하고 있다.

마지막으로, 주민들의 거주지역 외 타 지역의 방문은 비교적 자주 이루어지고 있었는데 제1차와 제2차 조사 모두 월 2회 이상이라고 답한 응답자가 전체의 60% 이상이었다. 방문목적에서 생필품 구입이라고 말한 의견이 약 10%정도 증가하였는데, 이는 여전히 도서지역 내의 생활편리성이 낮음을 시사하고 있다.

도서종합개발계획과 주민의식구조와의 관계를 분석한 결과는 다음과 같다.

첫째, 계획의 목표와 주민의 의식방향은 일치하고 있다. 소득기반시설, 해양자원 개발, 관광산업 육성이라는 계획 변화는 해양자원 이용, 관광산업 활성화를 요구하는 주민의 의식변화와 그 흐름을 함께하고 있다. 또한 주민이 지속적으로 요구하고 있는 생활기반시설에 대한 정비도 제1차 계획부터 제3차 계획내용 전반에 걸쳐 가장 중요한 계획요소로 배치되고 있다

둘째, 도서종합개발계획은 실효성 부분에서 문제점을 드러내고 있음을 보여주고 있다. 주민의 요구를 계획 내용에 반영하고 있지만 생활 편리성, 지역경제, 교통 그 어느 부분에서도 주민의 만족도는 증가하지 못하고 있다. 오히려 제1차 조사보다 제2차 조사에서 위의 문제점들이 더욱 부각되고 있는 것으로 나타나고 있다. 향후 도서종합개발계획 수립 시 정책의 방향보다는 계획의 실행방법 및 수단에 대한 구체적인 방안 수립이 필요하다고 보여진다.

3. 삶의 질 개선을 위한 주민의식

1) 개요

(1) 섬 지역 주민의 삶의 질

섬은 사람이 사는 바다 속의 육지 공간이다. 우리나라는 적지 않은 섬을 보유하고 있음에도 불구하고 섬에 대한 공간인식이 그동안 소극적인 경향을 강하게 보여 왔다. 근래 들어 해양의 주권과 자원에 대한 국제적 관심도가 점차 높아지면서 우리나라에서도 섬의 가치가 높아지고 있다.

'섬'이라는 단어는 우리의 인식 속에서 두 가지 상반된 상을 떠오르게 한다. 하나는 기암괴석과 짙게 우거진 자연림, 해안의 절경, 끝없는 수평선, 하얀 포말을 일으키는 파도, 드넓은 백사장, 싱그러운 갯바람과 푸른 바다가 있는 휴양의 공간이다. 다른 하나는 거센 비바람과 파도, 해상교통이 지니는 매우 취약한 접근성, 열악한 보건·의료시설, 교육·문화시설의 부재 등으로 고단한 삶을 영위하는 삶의 공간이다. 전자는 가고 싶고 찾고 싶은 섬의 매력을 보여준다면, 후자는 살고 있는 주민이 실제 겪고 있는 삶의 고단함을 보여준다. 본 연구는 후자, 즉, 섬에서 살아가고 있는 주민의 삶에 초점을 맞추어 논의를 진행한다.

우리나라의 3,300여 개의 섬 가운데서 사람이 살 수 있는 조건을 가진 비교적 규모가 있는 거의 대부분의 섬에는 사람이 거주하고 있다. 이들 섬은 상당히 오래전부터 조상 대대로 살아오고 있는 삶의 터전이다. 그러므로 이들 섬에서 추진되어야 할 정책은 주민들의 삶의 공간으로서 어떻게 함이 바람직한가가 핵심과제이어야 한다. 다시 말해, 정책수행은 사람이 사는 섬에 무엇을 할 것인가는 섬에 살고 있는 사람들이 무엇을 바라는가가 중심이 되어야 할 것이다.

섬 지역이 육지부와 본질적으로 다른 입지요건은 바다로 둘러싸여 있는 환해성(環海性)이 존재한다는 것이다. 그러기에 접근성이 취약하다. 이로 인해 이용상의 한계가 높아 비록 단순 거리가 가깝다 하더라도 인접한 다른 섬이나 해안중심지에 있는 여러 도시기능을 이용하기에 높은 한계를 가질 수밖에 없다. 이는 소위 W. Christaller의 중심지 이론에서 상위계층인 'market town'이나 'town—ship center'라 볼 수 있는 인근 해당지역이 상응되는 자체 기능을 충분히 갖고 있지 못하고 있다. 또한 이론의 핵심요소라 할 수 있는 소비자의 최소거리(distance minimization)원리가 적용될 수 없는 섬의 공간적 특성 때문이다(신순호, 1991: 15; Ranald, 1971 370—372; Keith, 1977: 18—372; 森川 洋, 1982: 29—40).

앞서 기술했듯이 우리나라 섬은 유인도를 기준으로 대부분의 섬면적이 10㎢를 넘지 않으며, 인구규모는 1,000여 명에 이르지 못한다. 인구규모는 기반시설 구축계획 수립시 중요한 척도이기 때문에 섬 지역은 인구규모가 작다는 구조적 특징으로 인해 인프라 구축에 불리한 상황이다. 또한 1차 산업 중심의 산업구조와 유통과정이 불리해 경쟁력이 낮으며 선착장·생산기반시설 등 정주환경과 교육, 문화의 기회가 열악해 젊은 층의 이동현상이 심각하다(신순호·박성현, 2017). 인구 구조를 보면 인구고령화가 급속히 진행되고 있으며, 어가소득은 농가소득을 앞질렀지만 도시근로자의 소득에 비해 매우 낮다.

제4차 도서종합개발계획 대상도서 372개에 대한 주요한 정주환경 실태를 볼 때 이들 도서에서 육지부까지의 평균 이격거리는 19.6㎞로 해상교통수단으로 상당히 먼거리이다. 또한 도로포장률은 평균 62.1%이며, 상수도보급률은 60.0%로 상당히 열악한 모습을 보여주고 있다.

또한 한국지방행정연구원(2015)은 전국 230개 시·군·구 주민 설문조사를 바탕으로 다양한 지표에 대한 부문지수 표준화를 통해 삶의 질 지수를 평가한 바 있다.[14] 분석결과에 의하면 섬 지역을 포함한 시·군·구 34개의 전

표 3-29 정주환경 현황(2016년 말)

구 분	전체	인천	경기	충남	전북	전남	경북	경남	제주
육지부와의 평균거리(㎞)	19.6	59.1	11.3	9.4	11.8	16.8	221.0	8.8	29.6
도로포장률(%)	62.1	49.8	78.3	94.8	58.6	62.0	94.8	64.0	90.3
상·하수도보급률(%)	60.0	0.002	69.0	11.8	26.7	77.1	77.7	83.9	43.5

자료: 행정자치부, 2016, 「제4차 도서종합개발10개년계획(안)(2018~2027)」, pp.36~44. 참조 작성.

14) 삶의 질 지수는 거주 지역에 대한 전반적 만족도, 주택, 안전, 교통, 산업, 경제, 교육, 문화, 환경, 복지, 의료, 생활 인프라, 주민참여의 13개 부문으로 설문 분석한 결과를 바탕으로 측정한다. 설문조사는 유효 표본수 20,020 표본으로 5개 연령구간에 따라 지역, 성별, 연령대별 인구비례 표본할당에 의해 무작위 추출하여 2015년 시점에서 조사 분석 실시하였다. 시·군·구 단위

반적인 만족도는 6.52점으로 전국 평균(6.86점)에 비해 낮게 나타났다. 특히 섬을 많이 보유하고 있는 충남 보령시, 인천 중구 및 전남 신안군 각각 220위, 222위, 229위로 주민 만족도가 낮게 나타났다.

따라서 여기에서는 이러한 삶의 여건에서 거주하는 주민들을 대상으로 하는 의식구조 분석은 정주여건과 지역사회의 문제점을 파악하고 향후 발전 방향에 대한 주민들의 생각을 살펴본다. 이는 지금까지 도서종합개발계획을 비롯한 개발정책이 수행되어오고 있는바, 지금까지 수행해 온 정책이 지역현장에 어떻게 투영되고 있으며 이를 바탕으로 향후 정책 수립과 전략 마련에 주요한 시사점을 준다.

설문내용의 주요 항목에는 주민들의 삶의 만족도와 정주의사, 섬 지역의 사회적 문제와 지역발전에 저해가 되는 요소, 그리고 향후 섬 지역 발전 방향, 섬종합개발계획 수립시 우선해야 할 사항 등이 포함되어 있다.

(2) 주민의식조사 개요

설문의 구성은 응답자의 일반적 특성과 주민의식에 관한 내용으로 구분된다. 주민의식에 관한 내용은 거주지역에 대한 만족도, 지역사회의 문제점, 각 분야별 시급 개선사항, 섬 관광객 방문에 관한 인식, 섬 개발방향, 섬 전담 연구기관 설치, 섬 개발의 공정성 등으로 구성하였다.[15] 또한 정부와 지자체에 건의하고 싶은 사항을 개방형 질문으로 제시하였다. 통계처리는 SPSS PASW 20.0을 사용했으며, 주된 통계처리기법은 빈도분석과 교차분석을 사용하여 분석하였다.

2019년 8월 9일에 개최된 전국섬주민대회에 참석한 주민대표 312명을 대상으로 설문조사를 실시하였다. 설문은 주민들이 직접 작성하여 회수하는 방식으로 이루어졌으며, 오류가 내재된 설문지를 제외한 총 176개의 응답지를 대상으로 분석하였다. 다음 <표 3-30>은 설문에 응답한 주민들이 살고 있는 섬의 현황을 나타내고 있다.

로 표본을 추출하여 분석했으므로 도서별 삶의 질 만족도는 파악하기 어렵지만, 개략적인 지역수준은 파악이 가능할 것으로 판단된다.

15) 설문의 구성은 신순호(1991)과 신순호·박성현(2014), 김재은 외(2013) 등의 연구를 참조하여 본 책자의 맥락에 맞게 재구성하였다.

표 3-30		설문 응답한 섬 현황
시·도	**시·군**	**섬(세대/명)**
인천광역시	옹진군	백령도(3,097/5,496), 덕적도(836/1,399), 연평도(1,315/2,062), 신도(355/671), 영흥도(2,760/5,222), 자월도(384/690), 대청도(733/1,305), 시도(220/392)
충청남도	보령시	장고도(135/285)
전라남도	목포시	율도(103/212), 달리도(124/211), 외달도(42/95)
	여수시	소거문도(16/22), 평도(29/41), 손죽도(100/153), 거문도(329/595)
	신안군	가거도(355/489), 흑산도(1,159/1,987), 어의도(59/100), 홍도(265/544), 매화도(125/209), 압해도(2,709/5,922), 팔금도(618/1,100), 지도(1,927/3,557), 신의도(768/1,602), 하태도(84/143), 상태도(46/71)
	영광군	안마도(113/174), 송이도(68/112), 상낙월도(144/222)
	완도군	보길도(1,249/2,840), 노화도(2,150/4,551), 충도(84/137), 소안도(1,178/2.423), 평일도(1,869/3,503), 금당도(502/958)
	진도군	가사도(139/251)
전라북도	부안군	위도(583/1,014), 식도(117/173)
경상남도	통영시	욕지도(1,270/2,086), 한산도(1,305/2,163), 상도(544/914)
	울릉군	울릉도(5,490/9,832), 죽도(1/3)
제주특별자치도	제주시	추자도(611/1,108), 우도(999/1,892), 추포도(2/6)

　　응답자 현황을 살펴보면, 성별로는 남자가 63.6%, 여자가 36.3%로 구성되어 있고, 연령별로는 60대가 43.8%로 가장 많고, 그 다음으로 50대가 22.7%, 70대 이상이 19.3%, 40대 9.1% 등의 분포를 보였다. 이를 통해서도 섬 주민들의 인구구조를 엿볼 수 있듯이 섬 거주인구의 고령화 비율이 매우 높음을 알 수 있다. 직업형태로는 어업과 기타가 각각 25.6%로 가장 높게 나타났고, 농업이 18.2%, 어업과 농업 겸업이 17.6%, 상업과 서비스업 겸업이 13.1%로 나타났다. 거주 섬의 가구규모는 501호 이상의 큰 섬이 55.1%로 가장 높게 나타났고, 101~500호 이하가 34.1%, 51~100호 이상이 5.1% 순으로 나타났다(표 3-31).

표 3-31 응답자 현황

구분		응답자(%)
성별	남자	112(63.6%)
	여자	64(36.3%)
연령대	20대	4(2.3%)
	30대	5(2.8%)
	40대	16(9.1%)
	50대	40(22.7%)
	60대	77(43.8%)
	70대 이상	34(19.3%)
직업	어업	45(25.6%)
	농업	32(18.2%)
	어업+농업 겸업	31(17.6%)
	상업+서비스업 겸업	23(13.1%)
	기타	45(25.6%)
거주 섬 가구규모	10호 이하	4(2.3%)
	11-50호 이하	6(3.4%)
	51-100호 이하	9(5.1%)
	101-500호 이하	60(34.1%)
	501호 이상	97(55.1%)

2) 주민의식구조

(1) 생활 만족도

현재 거주하고 있는 섬에서의 생활 만족도는 어느 정도인가라는 질문에 응답자(176명) 가운데 51.7%가 보통이고, 22.7%가 만족, 17.6%가 불만족으로 만족이 조금 높은 편이다. 그러나 인구규모에 따라 만족도에 의미있는 차이가 발견된다. 즉, 가구수가 10호 이하는 불만족이 더 높은 비율이 보이는 반면, 가구수가 500호 이상은 만족한다는 비율이 높다는 것이다(표 3-32 참조). 이는 규모를 지닌 섬에만 개발 및 투자가 이루어지고 있는 현실을 보여주는 중요 근거로 제시될 수 있을 것이다.

표 3-32 생활 만족도

구분	10호 이하	11~50호	51~100호	101~500호	501호 이상	계
매우 불만족	1 (25.0)	0 (0.0)	0 (0.0)	0 (0.0)	4 (4.1)	5 (2.8)
불만족	2 (50.0)	0 (0.0)	3 (33.3)	1 2(20.0)	14 (14.4)	31 (17.6)
보통	0 (0.0)	1 (16.7)	5 (55.6)	36 (60.0)	49 (50.5)	91 (51.7)
만족	1 (25.0)	4 (66.7)	1 (11.1)	11 (18.3)	23 (23.7)	40 (22.7)
매우 만족	0 (0.0)	1 (16.7)	0 (0.0)	1 (1.7)	7 (7.2)	9 (5.1)
계	4 (100.0) (2.3)	6 (100.0) (3.4)	9 (100.0) (5.1)	60 (100.0) (34.1)	97 (100.0) (55.1)	176 (100.0) (100.0)

표 3-33 정주의사 요인

구분	10호 이하	11~50호	51~100호	101~500호	501호 이상	계
정이 들어서	1 (25.0)	1 (16.7)	2 (22.2)	9 (15.0)	2 4(24.7)	37 (21.0)
선산이 있어서	1 (25.0)	0 (0.0)	1 (11.1)	7 (11.7)	7 (7.2)	16 (9.1)
생업 때문에	2 (50.0)	2 (33.3)	2 (22.2)	16 (26.7)	2 8(28.9)	50 (28.4)
살기 좋아서	0 (0.0)	3 (50.0)	1 (11.1)	16 (26.7)	19 (19.6)	39 (22.2)
타지로 갈 수 없어서	0 (0.0)	0 (0.0)	2 (22.2)	7 (11.7)	9 (9.3)	18 (10.2)
기타	0 (0.0)	0 (0.0)	1 (11.1)	5 (8.3)	10 (10.3)	16 (9.1)
계	4 (100.0) (2.3)	6 (100.0) (3.4)	9 (100.0) (5.1)	60 (100.0) (34.1)	97 (100.0) (55.1)	176 (100.0) (100.0)

정주의사 요인으로는 '생업 때문에'가 전체 응답자의 28.4%이고, '살기 좋아서'가 22.2%이며, '정이 들어서'가 21.0%로 나타나고 있어 이들 문항에 응답한 수가 전체의 71.6%를 차지하고 있다(표 3-33 참조). 신순호·박성현 (2014)의 연구에서도 '생업 때문에'라는 의견이 1995년에 30.7%, 2011년에

28.0%로 높게 나타났다. 시대의 변화가 있음에도 불구하고 섬의 정주 유인요인은 생업, 즉 경제활동과 밀접한 관련이 있는 것으로 나타났다.

(2) 섬 발전 저해문제 및 개선 분야

섬 지역의 사회적 문제로는 전체 응답자의 28.4%가 '불편한 교통'이라 답하여 가장 많이 응답하였고, 그 다음으로 '낮은 소득과 힘든 일'이 25.0%, '고령화'가 23.3%, '자녀 교육 곤란'이 19.3% 순으로 응답하고 있다. 신순호·박성현(2014)의 연구에서는 '자녀 교육 곤란'이 1995년에 27.9%, 2011년에 21.6%로 큰 문제로 인식하고 있다. 본 조사에서 '자녀 교육 곤란'보다 '불편한 교통'이 더 큰 문제로 인식되고 있는 것은 교육문제의 해결된 것이 아닌 섬 지역의 고령화로 교육문제의 관심층(대상층)이 줄어 현재적 시점에서 육지와의 접근성 문제가 상대적으로 그들에게 크게 인식되고 있는 결과라고 볼 수 있다.

한편, 인구규모에 따라 인식하는 사회적 문제가 차이가 발생하고 있는데, 11~50호는 불편한 교통을, 51~100호는 고령화와 자녀 교육 곤란을, 191~500호는 불편한 교통을, 501호 이상은 낮은 소득과 힘든 일을 심각한 문제로 지적하고 있다(표 3-34). 이 결과는 섬의 인구규모별로 다른 정책이 필요함을 보여주고 있다.

표 3-34 사회적 문제

구분	10호 이하	11~50호	51~100호	101~500호	501호 이상	계
낮은 소득과 힘든 일	0 (0.0)	1 (16.7)	2 (22.2)	12 (20.0)	29 (29.9)	44 (25.0)
고령화	1 (25.0)	0 (0.0)	3 (33.3)	16 (26.7)	21 (21.6)	41 (23.3)
자녀 교육 곤란	1 (25.0)	0 (0.0)	3 (33.3)	8 (13.3)	22 (22.7)	34 (19.3)
불편한 교통	1 (25.0)	5 (83.3)	1 (11.1)	21 (35.0)	22 (22.7)	50 (28.4)
거주환경 열악	1 (25.0)	0 (0.0)	0 (0.0)	1 (1.7)	3 (3.1)	5 (2.8)
기타	0 (0.0)	0 (0.0)	0 (0.0)	2 (3.3)	0 (0.0)	2 (1.1)
계	4 (100.0) (2.3)	6 (100.0) (3.4)	9 (100.0) (5.1)	60 (100.0) (34.1)	97 (100.0) (55.1)	176 (100.0) (100.0)

표 3-35　섬 발전 장애요인

구분	10호 이하	11~50호	51~100호	101~500호	501호 이상	계
젊은 인구 외부유출	0 (0.0)	0 (0.0)	1 (11.1)	19 (31.7)	35 (36.1)	55 (31.3)
개발 규제 심함	0 (0.0)	0 (0.0)	1 (11.1)	2 (3.3)	6 (6.2)	9 (5.1)
생산물의 유통경로 문제	0 (0.0)	1 (16.7)	1 (11.1)	9 (15.0)	11 (11.3)	22 (12.5)
불편한 교통	4 (100.0)	5 (83.3)	6 (66.7)	22 (36.7)	32 (33.0)	69 (39.2)
정부의 개발투자 미흡	0 (0.0)	0 (0.0)	0 (0.0)	8 (13.3)	13 (13.4)	21 (11.9)
계	4 (100.0) (2.3)	6 (100.0) (3.4)	9 (100.0) (5.1)	60 (100.0) (34.1)	97 (100.0) (55.1)	176 (100.0) (100.0)

　　현재 섬 발전에 가장 큰 장애요인으로 인식하고 있는 사항은 '불편한 교통'이 전체 응답자의 39.2%이며, 그 다음으로 '젊은 인구 외부유출'이 31.3%, '생산물의 유통경로 문제'가 12.5%, '정부의 개발투자 미흡'이 11.9% 순으로 나타났다(표 3-35). 특히 특징적인 사항은 인구규모가 작을수록 '불편한 교통'문제를 더 절박하게 호소하고 있다는 것으로 소규모 섬의 이동권을 보장하는 시책이 필요하다.

　　섬 지역의 생활환경 시급하게 개선해야 할 분야로는 전체 응답자의 60.8%가 '도로교통'이라 답하여 가장 높은 응답률을 보였고, 다음으로 '의료복지시설'이 23.3%, '주거환경'이 6.3% 순으로 응답하였다. 인구규모에 따른 인식 차이는 특별히 나타나지 않고 있으나, 100호 이상일수록 주거환경과 교육시설보다 문화여가시설을 상대적으로 더 필요하다고 인식되고 있다(표 3-36).

　　섬 지역의 경제 활성화를 위해 시급한 시설 투자분야로는 '산업·관광자원 개발'이 전체 응답자의 51.7%로 가장 높은 응답률을 보였고, 그 다음으로 '생활환경 개선'이 28.3%, '역사·민속·문화 자원 개발'이 11.4%, '환경 생태 자원 개발'이 8.5% 순으로 나타났다(표 3-37). 인구규모가 작은 도서일수록 '산업·관광자원 개발'에 더 높은 인식 비율을 보였다는 것은 주민들이 섬 지역의 인구감소의 원인을 산업·관광자원 개발 부족과 연관한 경제소득의 감소로 여기고 있기 때문으로 추정된다. 다음으로 섬 경제 활성화를 위해 '생활

표 3-36 섬 생활환경 시급하게 개선해야 할 분야

구분	10호 이하	11~50호	51~100호	101~500호	501호 이상	계
도로교통	3 (75.0)	4 (66.7)	7 (77.8)	35 (58.3)	58 (59.8)	107 (60.8)
의료복지시설	1 (25.0)	1 (16.7)	1 (11.1)	11 (18.3)	27 (27.8)	41 (23.3)
주거환경	0 (0.0)	1 (16.7)	1 (11.1)	7 (11.7)	2 (2.1)	11 (6.3)
교육시설	0 (0.0)	0 (0.0)	0 (0.0)	0 (0.0)	5 (5.2)	5 (2.8)
문화여가시설	0 (0.0)	0 (0.0)	0 (0.0)	7 (11.7)	5 (5.2)	12 (6.8)
계	4 (100.0) (2.3)	6 (100.0) (3.4)	9 (100.0) (5.1)	60 (100.0) (34.1)	97 (100.0) (55.1)	176 (100.0) (100.0)

표 3-37 섬 경제 활성화 시급시설 분야

구분	10호 이하	11~50호	51~100호	101~500호	501호 이상	계
산업·관광자원 개발	3 (75.0)	5 (83.3)	3 (33.3)	26 (43.3)	54 (55.7)	91 (51.7)
생활환경 개선	1 (25.0)	1 (16.7)	5 (55.6)	19 (31.7)	22 (22.7)	48 (27.3)
환경 생태 자원 개발	0 (0.0)	0 (0.0)	0 (0.0)	8 (13.3)	7 (7.2)	15 (8.5)
역사·민속·문화 자원개발	0 (0.0)	0 (0.0)	1 (11.1)	6 (10.0)	13 (13.4)	20 (11.4)
기타	0 (0.0)	0 (0.0)	0 (0.0)	1 (1.7)	1 (1.0)	2 (1.1)
계	4 (100.0) (2.3)	6 (100.0) (3.4)	9 (100.0) (5.1)	60 (100.0) (34.1)	97 (100.0) (55.1)	176 (100.0) (100.0)

환경 개선'이 필요하다는 인식이 높다는 것은 섬 주민들의 삶의 질에 직접적인 영향을 미치는 생활인프라가 취약한 것을 나타내고 있다.

섬의 관광객 방문에 대해 어떻게 생각하는지에 대해 물은 결과, '매우 긍정적'이라는 응답이 전체 응답자의 46.6%이고, 그 다음으로 '보통'이 19.9%, '다소 긍정적'이 19.3%, '다소 부정적'이 9.7% 순으로 나타났다(표 3-38 참조). 인구규모가 큰 섬일수록 관광객 방문에 대해 부정적인 시각이 높게 나타나는

표 3-38 관광객 방문에 대한 생각

구분	10호 이하	11~50호	51~100호	101~500호	501호 이상	계
매우 긍정적	4 (100.0)	3 (50.0)	2 (22.2)	27 (45.0)	46 (47.4)	82 (46.6)
다소 긍정적	0 (0.0)	2 (33.3)	6 (66.7)	9 (15.0)	17 (17.5)	34 (19.3)
보통	0 (0.0)	1 (16.7)	1 (11.1)	15 (25.0)	18 (18.6)	35 (19.9)
다소 부정적	0 (0.0)	0 (0.0)	0 (0.0)	7 (11.7)	10 (10.3)	17 (9.7)
매우 부정적	0 (0.0)	0 (0.0)	0 (0.0)	2 (3.3)	6 (6.2)	8 (4.5)
계	4 (100.0) (2.3)	6 (100.0) (3.4)	9 (100.0) (5.1)	60 (100.0) (34.1)	97 (100.0) (55.1)	176 (100.0) (100.0)

특징을 보인다. 이는 인구규모가 큰 섬일수록 작은 섬에 비해 방문객이 많아 투어리피케이션(tourification), 환경오염 등으로 주민불편을 경험한 결과가 반영된 것으로 보인다(신순호·박성현, 2019.12).

(3) 섬 개발과 발전에 관한 의식

지역개발과 환경보전 추진방안에 대해 물은 결과, '개발과 환경보전을 동시에 추진해야 한다'는 의견이 전체 응답자의 48.9%로 가장 높게 나타났으며, 그 다음으로 '섬의 개발을 최우선 추진'이 26.7%, '환경에 훼손되지 않도록 개발규모 최소'가 23.9%로 응답하였다(표 3-39 참조). 인구규모가 작은 섬보다 큰 섬일수록 환경보호에 대한 가치를 상대적으로 높이 평가하고 있는 것으로 보인다. 섬 주민들은 지속가능한 섬 발전을 위해 개발과 환경보전의 조화를 원하고 있는바, 이에 맞는 정책 추진이 필요하다.

섬 발전을 위한 개발방향에 대해 물은 결과, 전체 응답자의 52.8%가 '관광지 및 휴양지 개발'로 응답했으며, 그 다음으로 '기반시설 확충'이 25.6%, '농림업, 수산업, 축산업 진흥'이 12.5% 순으로 응답하였다(표 3-40. 참조). 인구규모가 작은 섬일수록 '기반시설 확충'이 상대적으로 응답이 높은 반면, 인구규모가 큰 섬일수록 다양한 산업의 개발을 추구하고 있는 경향을 보인다.

표 3-39 지역개발과 환경보전 추진방안

구분	10호 이하	11~50호	51~100호	101~500호	501호 이상	계
섬의 개발을 최우선 추진	1 (25.0)	2 (33.3)	0 (0.0)	16 (26.7)	28 (28.9)	47 (26.7)
개발과 환경보전을 동시 추진	3 (75.0)	4 (66.7)	7 (77.8)	28 (46.7)	44 (45.4)	86 (48.9)
환경에 훼손되지 않도록 개발규모 최소화	0 (0.0)	0 (0.0)	2 (22.2)	15 (25.0)	25 (25.8)	42 (23.9)
환경보전을 위해 섬 개발을 억제	0 (0.0)	0 (0.0)	0 (0.0)	1 (1.7)	0 (0.0)	1 (0.6)
계	4 (100.0) (2.3)	6 (100.0) (3.4)	9 (100.0) (5.1)	60 (100.0) (34.1)	97 (100.0) (55.1)	176 (100.0) (100.0)

표 3-40 섬 발전을 위한 개발 방향

구분	10호 이하	11~50호	51~100호	101~500호	501호 이상	계
농림업, 수산업, 축산업 진흥	0 (0.0)	1 (16.7)	0 (0.0)	6 (10.0)	15 (15.5)	22 (12.5)
공장 및 생산시설 유치	0 (0.0)	0 (0.0)	0 (0.0)	1 (1.7)	3 (3.1)	4 (2.3)
상업시설 유치	0 (0.0)	0 (0.0)	0 (0.0)	1 (1.7)	7 (7.2)	8 (4.5)
관광지 휴양지 개발	1 (25.0)	2 (33.3)	4 (44.4)	32 (53.3)	54 (55.7)	93 (52.8)
기반시설 확충	3 (75.0)	3 (50.0)	5 (55.6)	17 (28.3)	17 (17.5)	45 (25.6)
기타	0 (0.0)	0 (0.0)	0 (0.0)	3 (5.0)	1 (1.0)	4 (2.3)
계	4 (100.0) (2.3)	6 (100.0) (3.4)	9 (100.0) (5.1)	60 (100.0) (34.1)	97 (100.0) (55.1)	176 (100.0) (100.0)

정부 또는 지자체에서 섬 발전 종합대책 수립 시 최우선적으로 해야 할 사업에 대해 물은 결과, '해상교통 편리'가 전체 응답자의 33.5%로 가장 높은 응답률을 보였고, 그 다음으로 '소득 향상'이 25.6%, '섬 관광자원화 사업'이 24.4% 순으로 나타났다(표 3-41 참조). 인구규모별로 작은 섬은 '소득향상'과 '해상교통 편리'에 우선순위를 둔 반면, 101호 이상의 큰 섬은 '소득향상', '섬 관광자원화 사업', '해상교통 편리'에 우선순위를 두었으며, 인구규모와 관계

표 3-41　섬 발전 종합계획 수립 시 최우선적으로 해야 할 사업

구분	10호 이하	11~50호	51~100호	101~500호	501호 이상	계
소득 향상	1 (25.0)	3 (50.0)	2 (22.2)	13 (21.7)	26 (26.8)	45 (25.6)
섬 관광 자원화 사업	0 (0.0)	1 (16.7)	2 (22.2)	16 (26.7)	24 (24.7)	43 (24.4)
해상교통 편리	2 (50.0)	2 (33.3)	4 (44.4)	22 (36.7)	29 (29.9)	59 (33.5)
섬 홍보 사업	0 (0.0)	0 (0.0)	1 (11.1)	2 (3.3)	7 (7.2)	10 (5.7)
교육·문화시설	0 (0.0)	0 (0.0)	0 (0.0)	4 (6.7)	3 (3.1)	7 (4.0)
의료·복지시설	1 (25.0)	0 (0.0)	0 (0.0)	2 (3.3)	7 (7.2)	10 (5.7)
기타	0 (0.0)	0 (0.0)	0 (0.0)	1 (1.7)	1 (1.0)	2 (1.1)
계	4 (100.0) (2.3)	6 (100.0) (3.4)	9 (100.0) (5.1)	60 (100.0) (34.1)	97 (100.0) (55.1)	176 (100.0) (100.0)

표 3-42　전담 국가연구기관 설립에 대한 의견

구분	10호 이하	11~50호	51~100호	101~500호	501호 이상	계
설치해야 한다	4 (100.0)	6 (100.0)	9 (100.0)	51 (85.0)	89 (91.8)	159 (90.3)
설치할 필요가 없다	0 (0.0)	0 (0.0)	0 (0.0)	4 (6.7)	4 (4.1)	8 (4.5)
모르겠다	0 (0.0)	0 (0.0)	0 (0.0)	5 (8.3)	4 (4.1)	9 (5.1)
계	4 (100.0) (2.3)	6 (100.0) (3.4)	9 (100.0) (5.1)	60 (100.0) (34.1)	97 (100.0) (55.1)	176 (100.0) (100.0)

없이 섬 발전을 위해서는 해상교통문제의 해결이 반드시 필요함을 보여주고 있다.

　섬 개발과 보존을 위한 정책 연구 등의 역할을 수행할 국가차원의 전담 연구기관 설립에 대해 물은 결과, 대부분의 응답자가 '설치해야 한다'고 응답 하였다(표 3-42 참조).

표 3-43 기초지자체의 공공사업에 대한 추천의 공정성

구분	10호 이하	11~50호	51~100호	101~500호	501호 이상	계
그렇다	2 (50.0)	5 (83.3)	2 (22.2)	24 (40.0)	35 (36.1)	68 (38.6)
그런 편이다	0 (0.0)	0 (0.0)	0 (0.0)	11 (18.3)	13 (13.4)	24 (13.6)
보통	0 (0.0)	1 (16.7)	3 (33.3)	9 (15.0)	30 (30.9)	43 (24.4)
그렇지 않은 편이다	0 (0.0)	0 (0.0)	1 (11.1)	11 (18.3)	12 (12.4)	24 (13.6)
그렇지 않다	2 (50.0)	0 (0.0)	3 (33.3)	5 (8.3)	7 (7.2)	17 (9.7)
계	4 (100.0) (2.3)	6 (100.0) (3.4)	9 (100.0) (5.1)	60 (100.0) (34.1)	97 (100.0) (55.1)	176 (100.0) (100.0)

정부부처나 지자체에서 공공사업(계획)을 실시하고자 할 때 시·군에서 마을이나 섬을 추천하는 것이 공정하다고 생각하는지를 물은 결과, 전체 응답자의 38.6%가 '그렇다'라고 높게 응답하였고, 그 다음으로 '보통'이 24.4%, '그런 편이다'와 '그렇지 않은 편이다'가 13.6%로 나타났다(표 3-43 참조). 인구규모별로는 특별한 차이점은 존재하지 않는 것으로 보인다.

기타 의견으로 섬 발전을 위한 법 제정 추진에 관한 사항, 섬발전협의회의 활성화, 지자체와 주민의 소통, 해상교통 개선을 위한 여객선공영제, 기반시설 정비, 주민소득과 관련된 사업의 추진 필요 등이 있었다. 이는 섬 주민들의 기본적인 삶을 영위할 수 있는 사항에 대한 요구가 직접적으로 나타나고 있음을 보여주고 있다.

3) 시사점

이상의 조사결과, 섬 사람들은 생활 만족도에 대해 보통이라는 의견이 과반수를 차지하고 있으며, 정주의사 요인으로는 생업이 중요한 것으로 나타났다. 현재 섬 지역의 사회적 문제이면서 발전의 장애요인으로 내륙과의 접근성 문제를 가장 크게 인식하고 있으며, 당연히 이를 시급해 개선해야 할 사항으로 인식하고 있었다.

섬 지역의 경제 활성화를 위해 시설 투자분야로는 '산업·관광자원 개발'

이며, 섬 관광객 방문에 대해서도 매우 긍정적이라는 응답이 높았다. 또한, 섬 개발과 환경보전을 동시에 추진하기를 바라며, 섬 발전을 위한 개발방향은 '관광지 및 휴양지 개발'이 과반수 정도 응답하였다. 섬 주민들은 섬 개발과 보존을 위한 정책 연구기관의 설립을 바라고 있으며, 공공사업 수립과정에서 섬 선정이 공정하게 추진되는 편이라고 응답하였다.

조사결과를 통한 정책적 시사점을 정리하면 다음과 같다. 첫째, 인구규모가 작은 섬에 대한 정책적 배려와 관심이 더 필요하다. 지금까지의 섬 개발정책은 인구규모가 큰 섬일수록 투자대비 이용자가 많다는 경제적 논리와 함께 지방 대표자를 선출하는 유권자로서의 집단이 적다는 점에서 인구규모가 작은 섬들은 정책적 배려가 부족했던 것이 사실이다. 이제연 외(2016)의 연구에서는 전국의 47개의 10인 미만 섬 중 78.7%인 37개 섬이 향후 50년 내에 인구소멸이 이루어질 것으로 예상하고 있다. 유인도가 과소화·무인화됨에 따라 상시적으로 이용했던 해역이 점차 빈 공간으로 변화해 관리의 사각지대로 전락하는 해역의 공동화 현상이 심각하게 되어(최재선·최지연, 2018), 결국 국가차원의 자원 낭비와 해양자원 관리 차원의 사회적 비용이 발생하게 된다. 따라서 인구규모가 작은 섬에 대한 적극적인 액션플랜이 요구되는 바이다. Park & Lee(2019)는 우리나라 10인 미만 섬의 정주환경 개선을 위해 식수, 주거, 전기, 의료서비스 등 기초생활을 유지할 수 있는 조건을 만들어 주어야 한다고 주장하였다. 구체적으로 빗물저장시설 설치 지원사업, 노후주택 개량 지원사업, 메디컬드론의 도입, 태양광발전시설의 설치보급사업 등의 추진을 현실적으로 검토가능하다고 주장하였다.

둘째, 지속가능한 섬이 되기 위해서는 섬의 산업·경제에 대한 고민이 필요하다. 섬 사람들은 생업적인 이유로 섬을 떠나지 않고 있는바, 지속가능한 섬을 유지하기 위해서는 섬에서의 안정적인 소득구조가 형성될 수 있는 투자가 필요하다. 오늘날 내륙지역에 비해 섬 지역은 저출산·고령화 등 인구감소의 문제가 더욱 심각하게 나타나고 있으며, 이는 생산소득과의 관계성이 매우 높다. 즉, Park(2016)은 우리나라 섬 지역을 대상으로 섬 발전을 저해하는 구조적 요인을 분석한 결과, 소득의 감소가 섬 발전에 가장 큰 영향을 미치는 것으로 나타났다. 산업화·도시화를 거치면서 사람들은 경제적인 활동을 위해 인구이동을 하는 경향이 강해졌고, 이러한 현상에 섬 지역이 가장 큰 피해대상이 되었다. 유인도의 무인도화를 방지하고 섬의 기능을 유지하기 위해서는 섬 산업의 안정적인 지원체계가 구축되어야 한다.

셋째, 개별 섬의 특성에 맞는 정책이 필요하다. 섬은 자연, 문화, 역사, 입지적 여건 그리고 경제적으로 매우 다양한 스펙트럼이 존재한다. 하나의 예로, 본 연구의 조사결과에서도 나타나듯이 인구규모에 따라 요구되는 시설들이 다른 것을 확인할 수 있다. 섬 지역은 근원적 환경요소인 환해성, 격절성, 협소성으로 인해 연장되어지는 제반 여건이 매우 특수한바, 그 가운데서도 입지적 여건,16) 인구·면적의 규모, 교통여건, 산업구조에 따라 그 특성이 매우 뚜렷하여 여기에 적용해야 할 정책 대안도 매우 탄력성을 갖지 않으면 안 된다.

다섯째, 섬 주민의 해상 교통권을 보장하여야 한다. 섬 지역의 교통수단은 기본적으로 선박이기 때문에 섬 주민의 교통권 보장을 위해 안전하고 쾌적한 여객선의 운항이 되어야 한다. 그러나 현재 정부는 여객선 운항 여부를 선사에 맡기고 책임을 떠넘기는 무책임한 행정을 하고 있어 서비스의 질 저하, 운항사고, 불규칙적인 운행 등의 문제가 심심치 않게 발생하고 있다. 이 문제를 해결하기 위해서는 정부가 주체가 되어 여객선 현대화와 대형화, 전천후 여객선 도입 등을 통해 해상교통여건을 개선하여야 한다. 여객 안전보장과 해상교통 불편 해소를 위한 대안은 여객선 공영제이다. 캐나다와 일본 같은 선진국들이 연안여객선의 안전성 확보와 질 좋은 서비스 제공을 위해 여객선공영제를 모범적으로 운영하고 있다는 점에서 선진적인 연안여객선 운영의 궁극적인 대안은 여객선공영제라고 할 수 있다. 정책은 시대를 반영하고 지역민의 의견을 반영하여야 한다. 따라서 정책의 방향과 지역민의 의식방향, 정책의 내용과 지역의 현황 및 문제점의 연계에 대한 논의는 앞으로도 지속되어야 한다.

---

16) 인접 도서와의 관계, 해안 중심지역과의 관계, 자연·생태적 조건 등

1. 개관

교육은 개인을 성숙하게 할 뿐만 아니라 사회와 국가를 발전시키는 원동력이 된다. 사회는 교육을 통하여 경제적으로 발전하고, 새로운 문화를 창조하고 계승함으로써 인간을 문명된 삶으로 인도한다고 하고 있다(강영삼, 2011: 머리말 iii). 이와 같은 가치를 가진 교육은 "인간행동의 계획적 변화(정범모, 1991: 20–22)" 또는 "인간의 성장 가능성을 최대한으로 신장시키도록 돕는 일"이라고 정의할 수 있다(김종서 외, 1998: 19–20).

그런데 이와 같은 교육은 말할 것도 없이 어떤 형식에 구애됨이 없이 가정과 사회에서도 이뤄지는 것이나 현대에 있어서는 아주 특수한 경우를 제외하고는 학교교육을 받고 있다. 이 같은 학교는 조직화된 교육기관이며, 교육을 의도적, 계획적으로 시행하기 위해 설립한 교육기관이다(김동환·양낙진, 1996: 48–53).

학교교육에 대해서는 일부 비관적 견해도 전혀 없는 것은 아니나 (S.Bowles & H.Gitis, 1976: 1–37; 김동환·양낙진, 1996: 48–53), 학교교육에 대한 많은 긍정적 견해는 학교교육은 사회발전과 개인의 신장뿐만 아니라 구조적 안정과 사회 위계의 재생산을 통해 통합과 안정을 유지하는 기능을 하고 있

161

다고 한다.

　　다른 한편 우리나라에서는 1982년부터 대부분 지역에서 적정규모학교 정책으로 소규모 학교를 줄여가는 정책을 추진하고 있다. 여기에 대해서 부정적 의견도 있으나 일응 교육의 경쟁력을 제고 하려는 의도로 그 타당성도 일부 내재되어 있고 이러한 장점이 크게 요청되어 학교의 통폐합 정책은 일반적 학교 정책으로 자리하여 온지 오래다.

　　도서지역 역시 이 정책에 당연히 포함되고 있다. 그러나 문제는 무교 도서지역에 취학 대상자가 발생하였을 경우에 가장 중요한 문제가 제기된다. 이미 (완전히) 폐교된 도서 지역에 학교가 재 개교 되는 경우는 거의 없다.

　　지난 2017년 7월에 전국의 섬에 관련된 많은 학자들이 모여 연례적으로 개최해온 해양 학자 대회에서 발표한 논문의 첫 문장으로 던진 질문이다(신순호, 2017.7: 250). "당신이 섬에서 살고 있다고 할 때 자녀들이 교육받을 학교 시설이 없다면 어떻게 할 것인가? 그것도 유치원과 초등학교라면~".

　　이러한 정책수행의 밑바닥에는 무엇보다 도시와 대부분의 농촌지역의 지역환경과 함께 통학거리 등의 여건이 고려되었음이라 보여진다. 분명히 도시는 말할 것도 없고 대부분의 육지부 도시 외 지역 역시 교통기반시설이 놀라울 정도로 발달되었다. 그리고 소득 향상과 함께 통학 수단이 과거처럼 전적으로 대중교통수단에 의존하지 않을 수 있을 만큼의 자가용 교통수단이 보급되었다. 설령 자가용이 아니라도 대중 교통수단 자체가 매우 편리해졌을 뿐만 아니라, 각종 통학을 편리하게 할 수 있는 체제가 등장하고 있다. 예컨대 학원이나 교습소 그리고 심지어 종교기관의 차량들뿐만 아니라 때로는 학부모끼리 순번제로 학생들의 등·하교에 동원되고 있다.

　　그러나 도서지역 그 가운데서도 연륙·연도가 되지 않는 순수 도서지역은 육지부와 다른 특성으로 인해 교통여건이 매우 다르다(신순호, 1993: 190−191).

　　이러한 특성 가운데 먼저 환해성으로 인한 격절성을 들 수 있다. 도서지역은 바다로 둘러싸여 있어 제주도를 제외한 우리나라의 연륙·연도가 되지 않는 모든 도서지역은 당해 도서 밖을 왕래하기 위해서는 해상교통 수단에 의존할 수밖에 없다.

도서지역의 여건으로 인해 극히 일부 도서를 제외하고 생활권 중심지를 비롯한 섬 밖의 지역과는 해상교통에 의존 할 수밖에 없다. 즉, 도서지역에서 벗어나 다른 곳을 왕래할 때에는 여객선을 타고 다닐 수밖에 없다. 자가 선박이 있다하더라도 소형 선박은 운항을 할 수 없을 뿐 아니라 해상기상 여건 등에 의해 위험성과 불안전성이 매우 높다.[17]

이러한 도서지역의 여건으로 인해 도서지역내에서 충족 받아야 할 기본수요에 대한 정책은 크게 달라져야 함이 당연하다.

그러나 이러한 도서지역이 갖는 특성을 고려하지 않고 육지부와 동일한 시각에서 정책을 전개하는 것이 있는바, 그 가운데서도 교육부문은 많은 문제를 안고 있다.

2. 학교의 기능

1) 교육과 학교의 기능

교육이 갖는 가치에 대해서는 수없이 강조되고 있으며, 오늘 날 인간이 누리는 문명의 삶도 교육에서 비롯되고 있다고 할 수 있다. 이와 같은 교육은 가정과 사회 등에서 다양하게 이루어지나, 학교교육은 조직화된 교육기관으로서 핵심적인 기능을 가지고 있다.

학교교육에 대해서는 비관적 견해도 있는바, 이는 상당수가 "순종성과 예속성을 가르친다"거나 편협한 기술적인 사회관을 가르친다, 또는 사회적 불평등을 고조시킨다는 점에서 근거하고 있다. 그러나 학교교육은 개인의 발전을 도모하고 이를 바탕으로 다기화 되어 있는 사회의 일원으로써 참여와

---

17) 도서지역의 특성과 관련된 교통문제에 대해서는 신순호, 1988.1, '도서지역개발측면에서 본 교통체계와 그 개선방안', 『전남지역경제조사』, 제3권 제1호, 전남도청·광주은행; 신순호, 1989.1, '도서지역의 생활환경의 실상과 개선방향', 『한국지역개발학회지』, 제1권 제1호, pp.39-56; 신순호, 1983, '도서지역의 특수성과 개발필요성에 관한 연구', 『청주대학교 논문집』, 사회과학편 제16집, pp.325-348; 신순호, 2018.9, "섬 지역발전을 위한 정책이야기", 「작은 섬, 큰 이야기」, 목포대학교 도서문화연구원 <섬 아카데미>, pp.31-33; 신순호, 2020.9, '섬은 국가의 미래: 가고 싶고 살고 싶은 섬을 위한 정책 제언', 「NABIS:균형발전 종합정보시스템 블로그.」 제10호. 등에서 보다 자세히 논급되어 있음

사회적인 구조적인 안정 등을 갖게 하는데 지대한 영향을 갖는다.

더구나 학교가 있음으로서 일어나는 것으로 학교교육의 문제를 제기하고 여기에서 일어나는 문제를 개선해 가자는 의미일 것이다. 다시 말해 이들 의견은 학교를 아주 없애자는 것이나, 없는 곳이 있는 곳보다 훨씬 좋다는 주장은 아닐 것이다.

크게 보아 학교는 교육을 수행하는 중심이라는 점은 변함이 없다. 학교교육에 대한 일부 이에 대한 부정적인 견해도 있지만 특히나 농어촌에서는 학교에 대한 교육의 의존도가 도시 지역보다 훨씬 높다. 도시 지역에서는 농어촌 지역 보다 학교 외에도 많은 교육 관련 시설이 있다. 교과목과 관련된 학원과 개인의 특기 교육을 위한 교습기관이 수없이 많고, 심지어 개인 교습을 위한 개별 교육 기회도 능력의 차이는 있을 지라도 기회는 얼마든지 존재한다. 또한 농어촌의 경우 사철 계속되는 생업에 종사하는 학부모들은 도시의 학부모보다 대부분 가정의 보살핌의 기회도 적을 수밖에 없다. 이러한 점에서 학교의 기능은 단순한 정규 학습 이상의 교육적 기능과 의의를 갖고 있다.

넓은 의미의 교육은 학교에서만 이루어지는 것은 아니지만 대부분의 국가에서 현실적으로 학교는 자기발전, 가치 상승 등에 절대적 요소로 자리한다고 볼 수 있다.

교육 특히 학교교육에 대한 중요성은 대부분 매우 중요한 요소로 자리한다. 교육이 바로 신분을 비롯한 장래를 상당부분 결정하고 있는 사회에서는 더욱 강한 삶의 근본 요소로 자리한다. 일부 연구자들은 제대로 교육을 받은 사람이 마침내 '좋은 삶'의 주인이 된다고 주장하고 있다(김영란, 2019.7: 68).

2) 지역사회와 학교

학교는 이 같은 교육의 기능 외에도 지역사회와의 관계가 매우 중요하게 작용되고 있다.

교육기본법 제9조 제2항에는 학교의 공공성과 관련하여 "학교는 공공성을 가지며, 학생의 교육 이외에 학술 및 문화적 전통의 유지·발전과 주민의 평생교육을 위하여 노력하여야 한다"고 명기하고 있다. 이러한 의미에서 학교는 지역사회의 공유재이며, 지역주민 활동의 중심적 공간으로 활용되어야 하고, 이를 통해 지역의 정체성 강화 및 활성화를 통한 '지역 공공성' 구축의 역할도 수행해야 한다(조정민·신지은, 2014: 134).

그럼에도 농산어촌이나 도서지역의 소규모 학교 통폐합이 계속되어 왔던 바, 이에 따라 미치는 지역사회의 영향은 적지 않다. 이는 소규모 학교가 통폐합됨으로써 지역사회의 쇠퇴화, 교육 공간의 상실도 함께 한다는 것을 의미한다. 또한 지역사회의 문화적 측면과 학부모, 학생, 지역 주민의 정서적 문제도 함께 포함한다. 대상 지역의 주민들과 학생들은 지역 차별이나 정체성 상실 같은 정서적 상실감도 느낄 수 있기 때문이다(주동식 외, 2019: 49-66).

학교가 지역사회에서 수행하는 역할은 지역사회 발전의 중심지로서의 역할과 주민들에게 지역사회에 대한 자부심과 애착을 심어주는 역할로 대별할 수 있다.

먼저 지역사회 발전의 중심지로서의 학교의 역할을 살펴보면, 농어촌 지역 사회는 도시에 비해 인구가 분산되어 있고 공공시설, 상업지역, 문화시설 등이 거의 전무한 실정이다.

그렇기 때문에 TV나 라디오 등을 제외하고는 문화적 행사에 참여하고 접할 기회가 없다.

학교는 이러한 기회를 제공한다. 운동회나 학예회 등의 행사 때 학부형이건 아니건 지역사회의 주민이 행사에 참여하여 함께 즐긴다. 과거에 비해 교통, 통신, 문화시설의 발달로 이러한 기능이 점차 줄어들고 있지만 아직도 이러한 요소는 무시할 수 없으며 특히 도서와 벽지 지역의 학교에서는 두드러진다(김기은, 2000: 22).

단급학교라도 이들 학교가 지역사회의 유일한 문화의 상징이기 때문에 학교가 있는 것과 없는 것에는 커다란 차이가 있다. 1911년부터 1961년 사이에 영국 데이븐 지방의 학교가 있는 지역사회와 학교가 없는 지역사회간에 어떤 차이가 있는가를 400개의 지역사회를 대상으로 분석한 결과 287개의 학교가 있는 지역사회는 평균 2%의 성장을 가져왔으나 학교가 없는 지역사회는 평균 12%의 감소가 초래되었다는 것을 보여주고 있다(김용우, 1992: 52).

학교가 없어지면 해당 지역에 거주하고 있던 학생과 학부모들이 통폐합된 학교가 위치한 지역으로 이주해야 하는데, 이 과정에서 필연적으로 지역의 인구, 특히 생산가능인구가 감소하고 노동력이 부족하게 되며 이에 따라 지역 공동체가 붕괴되는 상황이 일어나고 있다(이화룡 외, 2012: 12). 즉 학교의 폐교로 인해 지역사회의 존립 기반이 무너지는 것이다. 이것은 지방소멸 완화를 위해서는 교육시설이 유치되거나 존속되어야 한다는 것을 암시하고 있다(노화동, 2018: 2).

소규모 도서지역은 해당 도서 내에 사회·문화적 인프라가 빈약하다. 이들 소규모 도서에는 타지역에 비해 문화적 혜택을 학생뿐만 아니라 지역주민들도 받지 못하고 있다(한형우, 2002: 76). 도서 규모나 인근 지역과의 입지적 환경에 따라 다소의 차이는 있을지라도 학교 외의 공적 기관이 존재하지 않는다. 학교는 단순한 학생들의 정규교육 수행 기능뿐만 아니라 지역사회에 다양한 문화 매개체로서 역할을 하고 있다.

학교는 지역사회 발전의 중심지와 같은 역할을 한다. 특히 농어촌 지역에서의 학교는 그 지역사회의 모든 측면에 걸쳐 직간접적으로 역할을 해왔다고 할 수도 있다. 그러나 지난 1982년부터 본격적으로 시작되었던 통폐합 정책의 집행결과를 살펴보면 지역의 구심점 역할을 해온 학교가 없어짐으로 해서 발생하는 지역주민의 상실감을 어떻게 보상할 것인가에 대한 구체적인 대안은 거의 마련되어 있지 않다(김기은, 2000: 92).

지역사회 발전 및 인구정착(유출)과도 높은 상관관계를 갖고 있다. 이처럼 학교는 지역의 발전 그리고 인구의 정착(유출)과 밀접한 관계를 갖고 있다. 기존에 존속 학교의 통폐합에 의한 학교의 소멸이거나 인구(학령기 아동) 감소에 따른 학교 폐교이던 학교의 부재는 해당 지역사회에 부정적 영향을 주는 것만은 분명하다(김영란 외, 2005: 111 - 112). 더욱 큰 문제는 한번 폐교된 학교는 거의 재 개교 되지 않고 있는 데 문제가 있으며, 특히나 도시나 일부 농어촌 중심 마을에 비해 교육적 여건이 매우 열악한 도서의 경우 학교의 부재는 지역사회에 어느 곳보다 큰 문제로 대두되고 있다.

3) 인구감소와의 관계

지역의 인구 유출과 감소현상에도 학교는 큰 영향을 미친다.

일정 지역사회의 지속가능성은 다음 세대 재생산이 가능한 젊은 계층, 특히 젊은 여성에게 달려있기 때문에 이 세대가 계속하여 거주할 수 있는 환경을 조성하거나 정비하고, 향후에도 계속 살고 싶다는 생각을 할 수 있도록 하는 정책이 필요하다. 이러한 정책의 중심에 교육이 존재한다.

농촌지역의 주민들은 학교의 존재에 대해서 매우 중요하게 인식하고 있다. 한 연구에 의하면, 농촌지역 주민들에게 공공서비스의 중요도에 대해 인구가 지속적으로 감소하여 현재 거주하고 있는 마을이 소멸된다고 하더라도 반드시 존속되어야 하는 공공시설 1순위는 교육시설과 보건시설이며, 거주지에서 가장 가까이 있어야 하는 시설 또한 교육과 보육을 위한 시설로 나타났다. 특히 교육시설은 저출산 문제 해결과 관련되어 가임기 여성이 농촌지역에 거주하기 위해서는 자녀교육을 위한 가장 중요한 요인이며, 인구소멸 위기의 농촌지역이 지속가능하기 위해서는 학교가 있어야 하는 것이다. 따라서 향후 농촌 중심지 정비가 초등학교를 거점으로 하여 주민의 요구를 반영할 수 있는 중심지 기능을 복합화하고 연계하여 지역주민들과 공유하도록 하는 방식을 취해야 한다고 제안하고 있다(노세희·강인호, 2018: 307-308)

어느 지역에 소재하던 학교가 없어질 경우, 그 지역에 거주하고 있던 학생과 학부모에게는 커다란 난관에 봉착되는 경우가 많다. 통학이 원활할 경우에는 이들에게 그래도 좀 다행한 일이지만 통학이 매우 불편하거나 통학이 불가능 할 경우에는 학교가 위치한 지역으로 이주도 감수해야한다. 이러한 경우는 필연적으로 지역의 인구, 특히 생산가능인구가 감소하고 노동력이 부족하게 되며 심할 경우에는 지역 공동체가 붕괴되는 상황이 일어날 수도 있다.

적지 않은 연구자들은 학교의 폐교는 해당 지역사회의 존립 기반이 무너지는 것이라고 하고 있다. 이것은 지방소멸 완화를 위해서는 교육시설이 유치되거나 존속되어야 한다는 것을 암시하고 있다(이화룡 외, 2012: 21). 또한 '교육소멸은 동시에 지방소멸, 지방 존재 자체를 없애는 것이 되고 그것의 기반이 되는 사람을 소멸시키는 가장 중요한 원인 중 하나'라고 주장하고 있다(노화동, 2018: 2-3). 이러한 관점에서 볼 때 학교는 해당 마을이나 지역사회의 재생이나 발전의 핵심적 역할을 하고 있다고 볼 수 있다.

학교들이 폐교되면서 동시에 해당 지역의 인구가 급감하는 현상이 나타나고 있음을 다양한 사례를 통해 보여주고 있다.

한 자료에 의하면 전국 119개 시·군중 79개 시·군에서 폐교와 인구감소 간에는 매우 강한 상관관계가 있으며, 1개 학교를 폐교할 경우 인구의 1.8%가 감소하는 것으로 나타났다.[18] 이것은 경제논리에 기초하여 학교운영의 효율화를 추구하기 위해 추진해 온 소규모학교 통폐합이 인구 감소로 연결되어 지방도시의 쇠퇴를 가속화하고 있다는 것을 보여준다(노화동, 2018: 2-3).

살펴본 바와 같이 기존에 있던 학교의 통폐합 또는 폐교는 해당 지역사회에 미치는 영향이 작지 않으며, 인구의 감소나 인구의 유출에 직·간접적인 요인이 되고 있다. 또한 인구의 유입, 특히나 젊은 층의 인구유입에 학교, 특히 유치원이나 초등학교의 부재는 매우 큰 걸림돌로 자리한다.

학교의 부재는 육지부의 농어촌지역에 대해서 인구감소나 유출에 관해서는 많은 연구가 되어 있으나 도서지역에 대해서는 그리 많지 않다. 특히나 소규모 도서로 해당 도서 내에 학교가 폐교되거나 부재한 경우에는 취학 대상 자녀를 가진 젊은 층의 도서지역 거주에 아주 큰 장애요인이 되고 있다.

여기에는 유치원이나 초등학교의 폐교나 부재는 해당 자녀를 가진 주민에게는 가장 큰 문제로 자리하지만, 중학교가 없는 경우에도 주민들의 정주의식에는 상당한 부정적 영향을 주고 있다. 유치원·초등학교가 있는 도서는 없는 도서보다 대부분 상대적으로 규모가 크지만 다른 한편 중학교가 있는 도서보다는 규모가 작다. 결국 자녀들의 교육과 직결된 학교가 어느 과정의 학교가 있는가에 따라 주민들의 정주의식에 그만큼 영향을 준 게 된다.

이 같은 모습은 이미 1980년대 후반, 서남권에 자리한 4개 도서 주민의 정주의식조사에서도 보여주고 있다. 즉, 자녀교육 문제가 부정적인 정주의식의 요인으로 초등학교만 있는 도서는 가장 높게 나타나고 있는 데 반해, 초·중·고 학교가 소재한 규모가 큰 도서에는 낮게 나타나고 있다(신순호, 1991: 28-47).

3. 학교관련 주민의 의식구조

섬 지역 교육에 대한 상황을 주민이 느끼는 의식을 중심으로 살펴본다.
여기에는 전남복지재단에서 실시한 「전남 섬 주민 복지실태 및 욕구실태조사」(김창표 외, 2017)에서 나타난 내용을 중심으로 살펴본다.[19] 이 조사는

---

18) 한국방송공사, 2016, "교육소멸 보고서, 35년의 기록", KBS 보도특집 다큐멘터리, 2016년 11월 14일 방송

19) 이 '전남 섬 주민 복지실태 및 욕구조사'를 중심으로 살펴보는 기본 이유는 표본설계 및 조사방법이 보다 과학적이고 충실한데서 비롯되었다. 전남복지재단이 전남 지역의 섬을 대상으로

| 표 4-1 | 지역생활 만족도(단위: %(명)) |

구분	사례 수	만족 안 함	보통	만족함	평균(5점)
전반적 생활 만족도	(489)	12.2(60)	49.8(243)	38.1(186)	3.3
환경/경관	(492)	5.2(25)	20.1(99)	74.7(368)	4.0
자연재해, 사고, 범죄, 안전	(492)	8.3(41)	43.0(211)	48.7(240)	3.5
보건의료 및 복지 서비스	(492)	38.2(188)	41.6(205)	20.1(99)	2.8
기초생활 전반	(491)	18.9(93)	61.8(303)	19.4(95)	3.0

자료 : 전남복지재단, 2017, 「전남 섬 주민 복지실태 및 욕구조사」 재구성

이 조사는 2017년 10일－11월 27일 기간에 전남의 섬 10개에 거주하고 있는 500가구주를 대상으로 실시하였다,

먼저, 지역생활 만족도에 대한 사항이다. 거주하는 섬 지역 생활 여건에 대한 전반적인 생활 만족에 대한 비율은 38.1%였으며, 세부항목별로 살펴보면 환경·경관 74.7%, 자연재해·사고·범죄·안전 48.7%, 경제여건 27.0%, 기초생활 전반 19.4%, 교육여건 9.5%, 문화여건 6.6% 순으로 나타났다. 이를 평균 점수(평균 5점 기준)별로 살펴보면 전반적인 생활 만족도는 3.3점으로 나타났으며, 세부항목별로는 환경·경관(4.0점), 자연재해·사고·범죄·안전(3.5점)에 대한 평균 만족도는 전반적인 만족도 보다 높게 나타난 반면, 문화여건(2.0점), 교육여건(2.1점), 보건의료 및 복지서비스(2.8점)에 대한 평균 만족도는 3점을 밑돌며 상대적으로 낮게 나타났다.

현재 거주하는 섬에 계속 거주하고 싶지 않은 이유에 대한 사항이다. 현재 섬에 계속 거주하고 싶지 않다고 응답한 응답자(72명)의 이유에 대해서 살펴보면 <표 4-2>와 같다. 교육문화생활이라는 응답이 33.6%(24명)로 가장 많았고, 이어서 불편한 교통 23.6%(17명), 가족 친지 타지역 거주 18.1%(13명), 의료 시설 부족 11.1%(8명), 일이 고되다 7.0%(5명), 기타 2.7%(2명), 사생활 보장 안 됨 및 물건 구입 어려움, 이웃 관계 불편 각각 1.3%(1명) 순으로 나타났다.

응답자 특성에 따라 남성은 교육문화생활이 21.1%이지만 여성은 44.6%

전남의 4개 권역으로 나누고 표본추출은 지역별 성별 인구비례를 고려한 다단계층화추출법으로 목표표본은 500가구로 비교적 많은 표본을 대상으로 하였다. 또한 표본오차는 95% 신뢰수준에서 최대 허용오차 ±3%p.이며, 조사방법은 설문지를 이용한 전문면접원의 가구방문을 통한 대면조사로 이루어졌다.

표 4-2 계속 거주하고 싶지 않은 이유(단위: %(명))

구분			사례수	일이고되다	불편한교통	의료시설부족	교육/문화생활	물건구입어려움	가족/친지의타지거주	사생활보장이안됨	잦은자연재해	이웃관계불편	기타	
전체			(72)	7.0 (5)	23.6 (17)	11.1 (8)	33.6 (24)	0 (0)	18.1 (13)	1.3 (1)	1.3 (1)	1.3 (1)	2.7 (2)	
가구특성	가구원수	1인	(4)	0.0	25.0	0.0	25.0	0.0	50.0	0.0	0.0	0.0	0.0	15.339 (0.910)
		2인	(26)	11.6	27.0	7.7	27.6	0.0	23.2	0.0	0.0	2.8	0.0	
		3~4인	(38)	5.3	21.1	15.8	34.2	0.0	13.2	2.6	2.6	0.0	5.3	
		5인 이상	(4)	0.0	25.0	0.0	75.0	0.0	0.0	0.0	0.0	0.0	0.0	
응답자특성	성별	남성	(34)	14.8	17.4	17.8	21.1	0.0	17.8	0.0	3.0	2.1	5.9	17.546 (0.025)
		여성	(38)	0.0	29.2	5.2	44.6	0.0	21.4	0.0	0.0	0.0	7.1	
	연령	40세미만	(16)	6.3	37.5	0.0	43.8	0.0	6.3	6.3	0.0	0.0	0.0	53.547 (0.010)
		40대	(28)	7.1	7.1	10.7	46.4	0.0	21.4	0.0	0.0	0.0	7.1	
		50대	(18)	5.6	34.3	5.6	16.8	0.0	33.6	0.0	0.0	4.0	0.0	
		60대	(8)	0.0	24.0	49.7	13.9	0.0	0.0	0.0	12.4	0.0	0.0	
		70세이상	(2)	51.8	48.2	0.0	0.0	0.0	0.0	0.0	0.0	0.0	0.0	

자료 : 전남복지재단, 2017, 「전남 섬 주민 복지실태 및 욕구조사」 재구성

로 2배 이상 높게 나타나 계속 거주하고 싶지 않은 이유로 여성이 교육문화생활에 대한 욕구가 높았다. 연령은 40대 미만은 교육문화생활이 가장 큰 이유였지만 50대는 불편한 교통이 가장 높았으며, 60대는 의료시설 부족이 49.7%로 가장 큰 이유였다.

섬 생활에서 불편한 점에 대한 내용이다. 섬 생활에서 불편한 점에 대해서 살펴보면 <표 4-3>과 같다. 섬에서 생활하면서 가장 불편한 점에 대해서 교통이라는 응답이 45.6%(228명)로 가장 많았고, 이어서, 의료시설 22.1%(111명), 교육시설 10.5%(53명), 문화여가·체육시설 6.2%(31명), 생활비 부담 4.6%(21명), 생필품 조달 4.2%(21명), 환경오염 3.4%(17명), 복지시설 2.6%(13명) 순이었다.

가구 특성별로 구분하여 보면, 가구원수가 적을수록 교통 및 생활비 부담에 대하여 높게 나타났으며, 가구원수가 많을수록 교육시설에 대한 불편함을 느끼는 정도가 더 높았다. 응답자 특성은 성별에 따른 특성은 여성이 남

| 표 4-3 | 섬 생활의 불편한 점(단위: %(명)) |

구분			사례 수	교통	생필품 조달	환경 오염	생활비 부담	의료 시설	복지 시설	문화 여가 체육 시설	교육 시설	기타	
전체			(500)	45.6 (228)	4.2 (21)	3.4 (17)	4.6 (23)	22.1 (111)	2.6 (13)	6.2 (31)	10.5 (53)	0.8 (4)	
가구 특성	가구 원수	1인	(114)	51.6	7.0	0.9	6.9	19.6	2.5	8.0	1.8	1.7	62.862 (0.000)
		2인	(216)	45.4	5.1	3.2	5.1	25.6	2.8	6.0	5.9	0.9	
		3~4인	(129)	43.5	0.8	6.2	2.3	20.1	3.1	3.9	20.1	0.0	
		5인 이상	(41)	36.6	2.4	2.4	2.4	17.1	0.0	9.8	29.3	0.0	
응답 자 특성	연령	40세 미만	(45)	46.9	4.4	2.2	4.4	8.8	2.2	15.5	15.5	0.1	104.75 0 (0.000)
		40대	(108)	38.3	1.8	2.8	2.8	15.5	3.7	9.2	25.9	0.0	
		50대	(127)	52.2	2.4	4.7	2.4	16.4	0.8	9.4	11.0	0.7	
		60대	(106)	47.0	8.5	3.8	7.5	26.1	3.7	0.9	2.5	0.0	
		70세 이상	(113)	43.3	4.4	2.7	6.0	36.4	2.7	1.0	0.9	2.6	

자료 : 전남복지재단, 2017, 「전남 섬 주민 복지실태 및 욕구조사」 재구성

성보다 생필품 조달에 대해 상대적으로 더 불편한 점을 느끼고 있었다. 연령대는 연령이 높을수록 교통 및 생필품 조달, 의료시설, 복지시설에 대해 상대적으로 높게 나타났으며, 연령이 낮을수록 문화여가체육시설, 교육시설에 더 많이 불편함을 느끼고 있었다.

섬 생활에서 지원이 필요한 서비스에 관한 사항이다. 섬 생활에서 지원이 필요한 서비스에 대해서 살펴보면 <표 4-4>와 같다. 섬에서 생활하는데 있어 가장 지원이 필요한 서비스는 소득보장이라는 응답이 27.6%(137명)로 가장 많았고, 이어서 의료지원 21.4%(106명), 교육지원 11.5%(57명), 응급의료 서비스 9.8%(49명), 일자리 지원 9.7%(48명), 교통지원 8.8%(44명), 문화여가활동지원 7.8%(39명), 가사지원 2.4%(12명), 기타 1.0%(5명)순이었다. 소득보장 및 일자리 지원이 37.3%, 의료지원 및 응급의료 서비스가 31.2%로 경제활동 및 의료지원에 대해서 매우 높게 나타났다.

가구 특성으로는 1인 및 2인, 3~4인 가구는 소득보장에 대한 욕구가 높은 반면 5인 이상은 교육지원에 대한 욕구가 상대적으로 높게 나타났다. 기초생활수급자의 경우에는 소득보장 및 의료지원에 대해서 높게 나타났으며, 수급자가 아닌 경우에는 상대적으로 교육지원에 대한 욕구가 높았다.

표 4-4 지원이 필요한 서비스(단위: %(명))

구분		사례 수	소득 보장	일자리 지원	가사 지원	의료 지원	교육 지원	문화 여가 활동	응급 의료 서비스	교통 지원	기타
전체		(495)	27.6 (137)	9.7 (48)	2.4 (12)	21.4 (106)	11.5 (57)	7.8 (39)	9.8 (49)	8.8 (44)	1.0 (5)
가구 특성	가구 원 수 1인	(112)	29.0	9.1	4.5	22.8	2.6	7.3	10.6	14.0	0.9
	2인	(215)	29.0	10.2	2.8	23.3	4.7	8.2	11.1	9.3	1.4
	3~4인	(129)	26.2	11.6	0.8	18.9	19.4	9.2	7.0	6.2	0.8
	5인 이상	(40)	22.8	2.5	0.0	15.0	47.5	2.5	9.7	0.0	0.0
응답 자 특성	연령 40세 미만	(44)	11.3	11.3	0.0	14.0	38.5	9.0	4.5	11.3	0.0
	40대	(108)	30.6	9.4	0.0	9.4	24.0	10.1	10.1	5.5	0.9
	50대	(125)	26.3	14.4	0.8	18.9	7.2	14.8	8.7	7.2	1.6
	60대	(105)	28.8	11.4	2.9	25.5	2.9	3.8	13.2	11.5	0.0
	70세 이상	(113)	31.4	2.6	7.1	34.6	1.7	1.0	9.6	10.3	1.7
	최종 학력 중졸 이하	(221)	29.1	9.0	5.4	29.2	2.7	4.0	10.8	8.9	0.9
	고졸	(177)	26.2	11.9	0.0	15.2	17.5	10.1	11.2	6.8	1.1
	전문대졸 이상	(93)	26.8	7.5	0.0	13.4	21.5	12.8	4.2	12.7	1.1

자료 : 전남복지재단, 2017, 「전남 섬 주민 복지실태 및 욕구조사」 재구성

　　응답자 특성에 따라 살펴보면, 남성은 여성에 비해 소득보장 및 교통지원에 대해 상대적으로 높게 나타났으며, 여성은 남성에 비해 문화여가활동지원, 교육지원에 대해서 상대적으로 더 높게 나타났다. 연령대별로 살펴보면, 연령이 높을수록 의료지원 및 응급의료서비스, 교통지원이 상대적으로 높았으며, 연령이 낮을수록 교육지원 및 문화여가활동지원이 상대적으로 더 높았다.

　　교육여건에 대한 만족도에 대한 사항이다. 섬 지역의 교육여건에 대한 만족도를 확인한 결과는 <표 4-5>와 같다. 교육여건 만족도에 대해 만족하지 않는다는 응답이 66.0%(325명), 보통이라는 응답이 24.5%(121명), 만족한다는 응답이 9.5%(47명)순으로 나타났다. 5점 만점으로 환산했을 때, 평균 만족도는 2.1점이었다. 섬 지역의 지리적 특성과 학생 인원수로 인하여 중·고등학교와 지역아동센터, 학원 등 교육지원을 할 수 있는 인프라가 없기 때문

표 4-5 교육 여건 만족도(단위: %(명))

구분			사례 수	만족 안 함	보통	만족함	평균
전체			(492)	66.0(325)	24.5(121)	9.5(49)	2.1
섬 특성	가구 수	100호 미만	(62)	79.0	9.7	11.3	1.8
		100~500호 미만	(109)	67.5	25.2	7.4	2.0
		500~1000호 미만	(122)	76.4	17.3	6.3	1.9
		1000~2000호 미만	(159)	54.1	32.1	13.8	2.4
		2000호 이상	(40)	57.5	37.5	5.0	2.4
가구 특성	가구원 수	1인	(112)	57.8	32.5	9.7	2.3
		2인	(213)	71.8	19.4	8.8	2.1
		3~4인	(128)	67.7	22.1	10.2	2.1
		5인 이상	(40)	52.6	37.3	10.0	2.2
응답자 특성	성별	남성	(235)	64.6	22.6	12.8	2.2
		여성	(257)	67.3	26.3	6.4	2.0
	연령	40세 미만	(44)	49.8	32.1	18.1	2.4
		40대	(107)	73.0	19.5	7.5	2.0
		50대	(125)	72.0	20.7	7.3	2.1
		60대	(103)	66.9	24.3	8.7	2.1
		70세 이상	(113)	58.3	30.6	11.1	2.3
	현 섬 거주 기간	20년 미만	(96)	76.8	18.9	4.3	1.9
		20~40년 미만	(133)	71.5	20.3	8.2	2.0
		40~60년 미만	(128)	64.3	27.9	7.8	2.1
		60년 이상	(126)	52.9	31.5	15.6	2.4

자료 : 전남복지재단, 2017, 「전남 섬 주민 복지실태 및 욕구조사」 재구성

에 교육여건 만족도가 낮게 나타난 것으로 사료된다.

가구수 특성으로는 1000~2000호 미만 13.8%, 100호 미만 11.3%, 100~500호 미만 7.4%, 500~1000호 미만 6.3%, 2000호 이상 5.0% 순으로 나타났다. 2000호 이상 큰 섬이 오히려 100호 미만 작은 섬에 비해 만족도 수준이 상대적으로 낮았다.

가구특성은 가구원수 3~4인 10.2%, 5인 이상 10.0%, 1인 9.7%, 2인 8.8% 순으로 대체적으로 가구원수가 많을 경우 만족 수준이 높았다.

응답자 특성별로 구분하여 보면, 성별은 남성이 12.8%, 여성이 6.4%로 남성이 여성에 비해 약 2배 정도 더 만족하고 있었다. 연령대는 40세 미만 18.1%, 70세 이상 11.1%, 60대 8.7%, 40대 7.5%, 50대 7.3% 순으로 만족도가

표 4-6 여성의 섬 지역 생활 어려움(단위: %(명))

구분	사례 수	저소득 과다 지출	부채 청산 어려움	환자, 장애인 돌봄	자녀 양육 및 교육	정신 건강	건강, 질병	가사와 노동 이중고	부부 관계	시부모 및 친지와 갈등	기타
전체	(496)	7.8 (39)	2.8 (14)	2.2 (11)	28.6 (142)	4.5 (22)	10.8 (54)	36.3 (180)	0.6 (3)	1.4 (7)	4.9 (24)

자료 : 전남복지재단, 2017, 「전남 섬 주민 복지실태 및 욕구조사」 재구성

높게 나타났다.

현 섬 거주기간은 거주기간이 길수록 교육여건 만족도가 상대적으로 높았다.

섬에서 여성의 생활상 어려움에 대해서이다. 섬에서 여성이 생활하는 데 어려운 점에 대해서 살펴본 결과 <표 4-6>과 같다. 거주하는 섬에서 여성이 생활하는 데 가장 큰 어려움으로는 가사와 노동의 이중부담이라는 응답이 36.3%(180명)으로 가장 많았고, 이어서 자녀양육 및 교육 28.6%(142명), 건강, 질병 10.8%(54명), 저소득·과다지출 7.8%(39명), 정신건강 4.5%(22명), 부채청산의 어려움 2.8%(14명), 환자·장애인 돌봄 2.2%(11명), 시부모 및 친지와의 갈등 1.4%(7명), 부부관계 0.6%(3명) 순이었다.

미취학 자녀의 양육 어려움에 대한 사항이다. 섬에서 미취학 자녀 양육 어려움에 대해 살펴본 결과 <표 4-7>과 같다. 거주하는 섬에서 미취학 자녀를 양육하는 데 가장 큰 어려움으로는 또래 친구 부족이라는 응답이 30.1%(148명)로 가장 많았고, 이어서 생활·학습지도 21.2%(104명), 맡길 곳 부족 16.8%(83명), 돌봐줄 사람 부족 15.9%(78명), 아동 건강관리 5.1%(25명), 양육 비용부담 4.7%(23명)순이었다. 미취학 자녀 양육의 가장 큰 어려움으로는 돌봐 줄 사람과 맡길 곳이 부족하다는 의견이 32.7%로 나타난 것은 섬 지역의 자녀를 양육하는 세대수가 적기 때문이고 또한 보육시설 부족으로 인한

표 4-7 미취학 자녀 양육 어려움(단위: %(명))

구분	사례 수	아동건강 관리	양육비용 부담	생활학습 지도	돌봐 줄 사람 부족	맡길 곳 부족	또래 친구 부족	기타
전체	(493)	5.1(25)	4.7(23)	21.2(104)	15.9(78)	16.8(83)	30.1(148)	6.2(31)

자료 : 전남복지재단, 2017, 「전남 섬 주민 복지실태 및 욕구조사」 재구성

표 4-8 초·중·고 자녀 양육의 어려움(단위: %(명))

구분			사례 수	아동 건강 관리	교육비 부담	원거리 통학	생활 ·학습 지도	인성 교육	특기 ·적성 교육	또래 친구 부족	기타
전체			(493)	1.8 (9)	7.5 (37)	18.9 (93)	23.3 (115)	4.7 (23)	21.9 (108)	18.4 (91)	3.6 (18)
섬 특성	가구 수	100호 미만	(62)	1.6	16.1	37.1	11.3	0.0	8.1	22.6	3.2
		100-500호 미만	(108)	1.8	7.0	23.5	15.8	3.1	11.3	26.7	10.8
		500호-1000호 미만	(124)	0.7	11.8	14.2	41.8	4.7	14.2	10.3	2.4
		1000호-2000호 미만	(160)	2.5	1.3	16.3	20.0	6.9	45.0	7.5	0.6
		2000호 이상	(39)	2.6	7.7	2.6	17.9	7.7	2.6	59.0	0.0

자료 : 전남복지재단, 2017, 「전남 섬 주민 복지실태 및 욕구조사」 재구성

어려움이 높은 것으로 사료된다.

초·중·고 학생의 양육 어려움에 대한 사항이다. 섬에서 초·중·고등학생 양육 어려움에 대해 살펴본 결과 <표 4-8>과 같다. 거주하는 섬에서 초·중·고등학생이 자라는 데 가장 큰 어려움으로는 생활·학습지도라는 응답이 23.3%(115명)로 가장 많았고, 이어서 특기·적성 교육 21.9%(108명), 원거리 통학 18.9%(93명), 또래친구 부족 18.4%(91명), 교육비 부담 7.5%(37명), 인성교육 4.7%(23명), 아동 건강관리 1.8%(9명)순이었다.

가구 수에 따라서는 100호 미만에서는 원거리 통학 37.1%, 100~500호 미만은 또래친구 부족 26.7%, 500~1000호에서는 생활·학습지도 41.8%, 1000~2000호 미만에서는 특기·적성교육 45.0%, 2000호 이상에서는 또래친구 부족이 59.0%로 가장 큰 어려움으로 나타났다.

타 지역 거주에 대한 사항이다. 섬 주민들의 따로 거주하는 실태를 살펴보면, 전체 응답자 중 13.6%(67명)가 섬 지역 이외에 따로 거주하는 지역이 있다고 하였다. 이들의 연령대는 40대가 21.9%이고, 50대가 16.8%, 40세 미만이 14.8%의 순이었다. 따로 거주하고 있는 사람들 중에 건강상태는 '매우 건강하지 않음'이 23.2%로 가장 높고, '매우 건강함'은 21.2%, '건강한 편'은 16.3%, '보통 6.8%, 순으로 나타나 건강한 사람이 따로 거주하는 경우가 훨씬 높았다.

생활근거지 섬에 거주기간은 '20년 미만'이 28.5%, '20~40년 미만'은 15.9%, '40~60년 미만'은 10.1%로 섬에 거주하는 기간이 짧을수록 타지에 거

표 4-9   따로 거주하는 지역 유무(단위: %(명))

구분			사례수	없다	있다
전체			(493)	86.4(426)	13.6(67)
응답자 특성	성별	남성	(236)	85.2	14.8
		여성	(257)	87.5	12.5
	연령	40세 미만	(44)	86.0	14.0
		40대	(105)	78.1	21.9
		50대	(124)	83.2	16.8
		60대	(106)	87.9	12.1
		70세 이상	(113)	96.5	3.5
	건강상태	매우 건강함	(109)	78.8	21.2
		건강한 편	(185)	83.7	16.3
		보통	(116)	93.2	6.8
		건강하지 않은 편	(64)	95.3	4.7
		매우 건강하지 않음	(12)	76.8	23.2
	현 섬 거주기간	20년 미만	(99)	71.5	28.5
		20~40년 미만	(130)	84.1	15.9
		40~60년 미만	(128)	89.9	10.1
		60년 이상	(128)	96.9	3.1

자료 : 전남복지재단, 2017, 「전남 섬 주민 복지실태 및 욕구조사」

주하는 응답자 비율이 높았다.

따로 거주하는 지역이 있는 경우, 다른 지역에 거주하는 주된 이유로는 '자녀(자녀 교육) 때문'라는 응답이 48.3%(28명), '가족 때문'이라는 응답이 34.5%(20명)로 대부분을 차지했다. 이어서 '경제활동 때문'이라는 응답이 8.6%(5명), '병원 때문'이라는 응답이 6.9%(4명)였다. 이는 섬에서 자녀교육에 대한 어려움과 겨울철 및 금어기 기간 동안 가족이 있는 육지로 나오는 것이 주된 이유가 되고 있다.

결국 전남의 10개 섬 주민 500을 대상으로 한 의식실태조사를 교육여건에 초점을 맞추어 종합하여 보면 다음과 같다.

① 지역생활 만족은 38.1%가 만족하고 있는 편이며, 그것은 환경·경관과 자연재해·사고·범죄·안전 부문은 높으나 문화여건과 교육여건이 가장 낮았고 다음으로 보건의료 및 복지서비스가 낮은 만족도를 보였다(교육여건 : 8개 항목 중 7번째).

표 4-10 다른 지역 거주 주된 이유

응답 유형	사례 수(명)	비율(%)
가족	20	34.5
경제활동	5	8.6
병원	4	6.9
자녀(자녀 교육)	28	48.3
휴식	1	1.7
합계	58	100.0

자료 : 전남복지재단, 2017, 「전남 섬 주민 복지실태 및 욕구조사」 재구성

② 현재 거주하는 섬에서 살고 싶지 않는 응답자의 주된 이유는 교육·문화생활이 가장 높고 다음으로 불편한 교통인데, 교육·문화생활에는 여성이 남성보다 2배가량 높은 응답사례수를 보였다(교육·문화 생활 : 10개 항목 중 1번째).

③ 섬 생활에서 가장 불편한 점은 교통이 가장 높고 다음이 의료시설, 교육시설, 문화여가 체육시설 순이었다(교육 문화 체육 시설 : 9개 항목 중 3번째).

④ 섬 생활에서 지원이 필요한 서비스는 소득보장, 의료지원, 교육지원, 응급의료 순 이었다(교육지원 : 9개 항목 중 37번째).

⑤ 섬 지역의 교육여건에 대한 불만족은 만족보다 2.7배가량 높고, 여성이 남성보다 2배가량 더 만족하지 못하며, 섬 거주 기간이 짧을수록 불만족도가 높다.

⑥ 섬에서 여성이 생활하는 데 어려운 점은 가사와 노동의 이중부담이 가장 높고, 이어 자녀양육 및 교육, 건강·질병 순이었다(자녀양육 및 교육 : 10개 항목 중 2번째).

⑦ 섬에서 미취학 자녀 양육 어려움에서는 또래 친구 부족이 가장 높고 이어 생활·학습지도, 돌봐줄 사람 부족, 맡길 곳 부족, 아동 건강관리, 양육비용 부담 순이었다.

⑧ 섬에서 초·중·고등학생 양육 어려움은 생활·학습지도가 가장 높고 이어 특기·적성 교육, 원거리 통학, 또래친구 부족, 교육비 부담, 인성교육, 아동 건강관리 순이었다.

⑨ 섬 주민들의 따로 거주하는 실태를 살펴보면, 전체 응답자 중 13.6%(67명)가 섬 지역 이외에 따로 거주하는 지역이 있고 이들 연령대는 40

대가 21.9%, 50대 16.8%, 40세 미만이 14.8% 순이었다. 타 지역 거주의 주된 이유는 '자녀(자녀교육) 때문'이라는 응답이 48.3%(28명), '가족 때문'이 거의 대부분을 차지했다.

Section 02 무교(無校) 도서의 교육 실상

1. 무교도서지역의 문제의 본질

도서지역의 교육의 실상은 일반적으로 농어촌지역과 유사하지만 특히나 육지부와 육상교통으로 연결되지 않는 비연도연륙 도서의 경우에는 교육여건, 특히 학교시설 이용관계가 매우 다르다.

도서지역 내에 학교가 소재하지 않을 경우에는 학교가 있는 거주 도서 외의 지역의 학교에 취학해야 한다. 그러나 가장 큰 문제는 비연도연륙 도서의 경우, 거주하고 있는 도서에서 외부 지역을 통행할 경우에는 해상교통 수단 밖에 없다는 점이다.

기술한 바와 같이 우리나라에서는 대부분 지역에서 적정규모학교 정책으로 소규모 학교를 줄여가는 정책을 추진하고 있다. 여기에 대해서 부정적 의견도 있으나 일응 교육의 경쟁력을 제고하려는 의도로 그 타당성도 일부 내재되어 있다. 도서지역 역시 이 정책에 당연히 포함되고 있다.

그러나 문제는 무교 도서지역에 취학 대상자가 발생하였을 경우에 가장 중요한 문제가 제기된다. 이미 (완전히)폐교된 도서 지역에 학교가 재 개교되는 경우는 거의 없다.

학교가 존속되어 오다 재학생이 없을 경우에는 곧바로 완전 폐교를 하지 않고 일정 기간 동안 폐교유예기간을 두고 있다. 그러나 이 기간이 지나서 폐교가 된 후 다시 취학 대상학생이 생겨나도 폐교된 학교는 재 개교되지 않는다(신순호, 2017.7: 251; 신순호, 2019.10).

이렇게 폐교나 통합과 관련하여 비교적 규모가 있어 해당 도서지역 내에 다른 학교가 소재할 경우에는 육지부 마을처럼 학교를 다니는 데 그리 큰 문제가 없다. 즉, 거주지에서 도보나 자전거, 통학 버스나 자가용 차량 등으로 통학할 수 있기 때문이다.

　　그러나 도서지역 내에 학교 없을 경우 문제가 그리 간단하지 않는다.

　　여기에는 ① 학교가 소재하는 모도(중심도서) 또는 중심지인 도시지역으로 통학하거나 ② 부모와 떨어져 학교 소재지에 혼자 거주(친척, 또는 하숙하거나 자취) ③ 가족이 분리하여 가족 일부(주로 어머니)와 함께 학교 소재지에 거주하는 경우여야 하는 한계적 상황이 내재되어 있기 때문이다.

2. 무교도서의 현황과 지원 정책

1) 현황

　　이러한 여건 속의 도서지역의 학교교육의 실상을 파악하기 위해 전라남도의 도서지역의 학교 현황을 중심으로 살펴본다.

　　2017년 말 기준, 전라남도 내에 있는 전체 유인도서는 273개이다. 이 가운데 유치원·초등학교·중학교·고등학교 중 어느 한 종류의 학교가 소재하고 있는 도서는 78개이다(2019. 3.1일 기준).

　　여기에는 유치원 62개교, 초등학교 88개(분교 포함), 중학교 36(분교 포함), 고등학교 14개로 총 200개의 학교가 있다. 여기에 취학하고 있는 학생수는 유치원 661명, 초등학교는 3,337명, 중학교는 1,483명, 고등학교 1,868명으로 총 7,349명이다.

　　전체 273개 유인도 가운데 학교가 없는 무교(無校)도서는 195개이다. 학교가 없는 도서는 전체 유인도 가운데 71.4%에 해당된다.

　　이들 학교가 없는 도서지역에 살고 있는 학생은 유치원생 157명, 초등학생 231명, 중학생 11명, 고등학생 129명으로 전체 학생은 628명이다. 이들 가운데 연도연륙도서 15개에 살고 있는 학생은 전체 158명으로 25.2%에 해당된다. 연도연륙이 되지 않고 교통편으로 볼 때 순수한 도서지역에 살고 있는 학생은 470명으로 전체의 74.8%이다. 이들 학교가 없는 비연도연륙도서지역에 살고 있는 학생들 가운데 유치원생은 112명이고, 초등학생은 181명, 중학생은 83명, 고등학생은 94명이다.

표 4-11 도서지역의 학교 및 학생수(기준 : 2019. 3. 1.)

지역	급별 학교 및 학생 수 현황										비고
	유		초		중		고		계		
	학교수	학생수	학교수	학생수	학교수	학생수	학교수	학생수	학교수	학생수	
목포시	2	–	3	2	–	–	–	–	5	2	
여수시	14	42	17	233	6	91	2	218	39	584	
광양시	2	162	3	812	1	385	1	898	7	2,257	
고흥군	5	24	6	164	3	88	–	–	14	276	
보성군	–	–	1	–	–	–	–	–	1	–	
해남군	1	3	1	–	–	–	–	–	2	3	
영광군	2	–	2	4	–	–	–	–	4	4	
완도군	12	233	18	1,030	11	488	4	213	45	1,964	
진도군	2	23	8	86	1	20	1	39	12	168	
신안군	22	174	29	1,006	14	411	6	500	71	2,091	
계	62	661	88	3,337	36	1,483	14	1,868	200	7,349	

자료 : 전라남도의회 우승희 의원실 (전라남도 교육청 제공)

표 4-12 학교가 없는 도서지역 거주학생 현황(단위 : 명)

구분	지역	유치원생 (2015~ 2013년생)	초등학생 (2012~ 2007년생)	중학생 (2006~ 2004년생)	고등학생 (2003~ 2001년생)	학생 계	비고
합계	195 개	157	231	111	129	628	
연도연륙	15	45	50	28	35	158	
비 연도연륙	180	112	181	83	94	470	

주 : 2019. 3. 1. 자 주민등록통계의 출생연도별 인구수를 기준으로 작성하였으며, 미취원·조기입학·주민등록상 주소와 실거주지를 달리하는 경우 등의 사유로 실제 학생수와 상이할 수 있음
자료 : 전라남도의회 우승희 의원실 (전라남도 교육청 제공)

2) 무교(無校) 도서지역 거주 학생의 지원 정책

학교가 없는 도서지역에 거주하는 학생에 대한 전라남도교육청은 통폐합으로 인해 학교가 없는 도서지역 학생에 대해서 지원을 하고 있다. 이는 「폐지학교 학생 통학편의 지원 지침」에 근거를 두고 있다. 지원 사업목적은 학교 통·폐합에 따른 폐지학교 학구 내 초·중학생들의 통학 편의 제공에 있으며, 지원 항목은 대상 학생에 대한 하숙비, 버스·택시비 지원이다.

표 4-13 무교(無校) 도서지역에 거주하는 학생에 대한 교육청 지원 현황

사업항목	지원학생수(명)			'19년 지원예산 (천원)	지원기준
	초	중	계		
하숙비	224	17	241	941,200	대중교통 및 차량으로 등하교가 불가능한 지역 폐지학교 학구 내 학생
버스비	4	14	18	5,670	연륙, 연도된 섬 중 통폐합에 따른 폐지학교 학구 내 학생
택시비	25	5	30	55,745	
계	253	36	289	998,615	

주 : 하숙비의 경우 보호자 중 1인이 도서지역에 거주하면서 생업에 종사하고 있고, 1인은 학생과 함께 도서 외의 지역에 거주하고 있는 경우도 지급이 가능한 관계로 주민등록통계상 학생 수와 상이함
자료 : 전라남도의회 우승희 의원실(전라남도 교육청 제공)

한편으로 학교가 없는 도서지역에 거주하는 학생이라 할지라도 전라남 도교육청은 당초 학교가 없는 도서지역에 거주하는 학생에 대해서는 별도 지 원 대책이 마련되어 있지 않다.

3. 사례지역의 취학 실상

1) 마을의 개괄

연구 사례지역인 전라남도 완도군 금일읍 충도는 면적 약 1.2㎢로 행정 구역상으로는 금일읍 충도리이다. 충도는 단일 마을로 구성되어 있는데, 2017 년 4월 1일자 기준으로 총 83호 가구, 주민 146명(실제 거주자)이 살고 있다. 이들 주민의 연령 분포는 다음과 같다(신순호, 2017.7: 251 – 252; 신순호, 2019.10).

90세 이상	3명
80-89세	23명
70-79세	31명
60-69세	26명
50-59세	30명
40-49세	8명
30-39세	8명
20-29세	3명
10-19세	5명
0-9세	9명

충도 마을은 60~70년대에 양질의 김 생산이 전국 최고로서 전국 섬 중에서 가장 잘 사는 마을 중 하나였다. 충도는 단일 마을로서 여기에 초등학교는 1947년 9월 1일에 금일초등학교 분교로 시작하여 1953년 5월 20일에 충도국민학교로 승격하였고, 1992년 9월 1일에 충도분교장으로 되었다가 1998년 3월 1일자로 학생수 감소와 재학생 부재로 폐지되었다(신순호, 1992.12: 43 – 70).

한때는 약 150명 넘는 학생이 재학하기도 했으나 주민들의 격감으로 인한 재학생이 없는 관계로 학교가 폐교되었다. 이후 다시 미역과 다시마 그리고 전복양식으로 소득이 높아지면서 젊은 층들이 마을로 돌아와 살기 시작했다.

그러나 이미 폐교된 학교는 취학대상자가 생겨도 재 개교되지 않고 있다. 학생들이 계속 생겨나오자 한때 교육부 고위 정책결정자에게 직접 하기도 하고 해당 교육지원청에 건의해도 초등학교와 유치원의 재 개교와 관련된 어떤 조치가 없다.

2) 취학 실상

충도 마을에는 젊은 층이 돌아와서 살기 시작하면서 거주하는 주민 자녀 중에는 유치원에 4명, 초등학교 2명, 중학교 2명, 고등학교에 2명이 각 재학하고 있다. 이들은 학교시설이 없는 관계로 모두 다른 곳의 학교에서 취학하고 있다.

유치원생 4명은 모두 섬 마을을 떠나 교통편이 가장 좋은 고흥군 녹동항(도양읍)에 소재하는 유치원에 다니고 있다. 이들은 이곳에 집을 마련하여 아버지와 떨어져서 어머니가 보살피고 있다. 녹동항은 충도 마을에서 약 13km정도의 항로거리로 여객선으로 약 1시간 10분가량 소요된다.[20]

초등학생 1명(신○○, 남 8세)은 녹동항 소재 초등학교에 유치원(신○○, 여 6세)과 어린이 집(신○○, 남 3세)에 다니는 두 동생과 함께 어머니가 보살피고 있다. 다른 1명(신○○, 여 10세)은 충도 마을에서 항로거리 약 3.5km의 근접한 완도군 금당도(금당면 육산리)에 소재한 금당초등학교를 금당중학교에 다

---

20) 녹동항은 충도 마을과 행정구역이 다른 고흥군에 속해 있지만, 오랫동안 생활권 중심지로 광주나 서울 등 거의 모든 외부로의 관문 역할과 함께 생필품 구입과 생산물 판매가 이루어지는 곳이다.

표 4-14 충도마을의 학생 취학형태

번호	학생	학부모	학교	소재지	취학형태
1	이○○(6세)	이○빈(43세) 장녀	녹동 성바오로 유치원	고흥군 도양읍	모친과 학교소재지 거주
2	이○○(4세)	〃 차녀	녹동 성바오로 유치원	고흥군 도양읍	〃
3	이○○(2세)	〃 장남	녹동 비봉어린이집	고흥군 도양읍	〃
4	신○○(13세)	신○수(57세) 손녀	금당중 1학년	금당면	여객선 → 버스 통학
5	신○○(8세)	신○영(33세) 장남	녹동초 2학년	고흥군 도양읍	모친과 학교소재지 거주
6	신○○(6세)	〃 장녀	녹동 중앙유치원	고흥군 도양읍	〃
7	신○○(3세)	〃 차남	녹동 중앙어린이	고흥군 도양읍	〃
8	권○○(6세)	권○술(47) 장남	녹동초 병설유치원	고흥군 도양읍	모친과 학교소재지 거주
9	신○○(16세)	신ㅈ관(47세) 장녀	순천여고 1학년	순천시	학교소재지 자취
10	신○○(15세)	〃 차녀	금당중 3학년	금당면	여객선 → 버스 통학
11	신○○(10세)	〃 3녀	금당초 4학년	금당면	〃
12	신○○(16세)	신ㅂ수(45세)	녹동고 1학년	고흥군 도양읍	기숙사

자료 : 저자가 현지 방문 및 마을 지도자 확인을 거쳐 작성

니는 둘째 언니(신○○, 여 15세)와 함께 다닌다. 중학생 2명은(신○○, 여 13세/신○○, 여 15세) 모두 금당중학교를 다닌다.

금당도에 소재하는 초등학교와 중학교는 금당면 육산리(행정리 육동리)에 소재한다. 따라서 학교를 가는 데에는 충도 마을에서 여객선을 약 20분간 타고 금당도 울포항에 내려 다시 도보로 7~8분 걷는 후에 통학버스를 10분가량 타야 한다.

여객선 운임은 편도로 중학생 1,500원, 초등학생 800원이다. 그런데 초등학생은 교육청에서 하루에 1,600원을 지원하고 있고 중학생 지원비는 없다.

3) 우려되는 문제점

학교가 없는 충도 마을에서 실제 생활하고 있는 주민의 자녀들이 학교를 다니는 데는 모두 충도 마을을 떠나 다른 지역의 학교를 다닐 수밖에 없다. 이들이 학교를 다니는 유형은 크게 3가지이다. 첫째는 학생의 어머니가 보살피는 경우, 둘째는 통학, 셋째는 친척집이나 기숙사에서 다니거나 하숙과 자취를 하는 경우이다.

이 유형에 따라 각각의 장단점이 있으나 우려되는 부분을 살펴보면 다

음과 같다(신순호, 2017.7: 255; 신순호, 2019.10).

① 학생의 어머니가 보살피는 경우
- 가족이 자녀의 학교문제로 떨어져 살아야 함.
- 젊은 부부가 떨어져 살게 됨.
- 자녀와 떨어져 있어 아버지의 가족관계 형성과 자녀 교육에 대한 역할 부족.
- 아버지의 식사 등 생활문제.
- 사철 바쁜 도서지역 생업활동과 가사에 어머니의 참여 불능.

② 통학
- 여객선을 타는 위험과 불안전성 : 연간 약 10~15일 가량 기상 조건 등으로 학교갈 수 없음.
- 복잡한 통학교통 수단 : 충도 마을 출항 첫배 7시 30분 출발~55분 금당도착, 금당 울포항 출항 17시 10분~35분 충도 도착, 여객선 승선 외에 도보와 버스 승차.
- 금당에서 여객선을 타지 못할 경우 : 충도 마을로 돌아오기 어려움.
- 여객 통학 비용 미 지원

③ 친척집, 기숙사, 하숙과 자취 등
- 생활상 보살핌 부족, 특히 어린 나이의 자녀의 경우 더욱 어려움이 있게 됨
- 방과후의 생활과 학습지도에 매우 큰 어려움
- 자녀들의 정신적 육체적 건강문제
- 학부모들과 연대관계 절대적 부족

이와 같은 우려되는 문제들을 안고 있는바, 학령 자녀를 가진 부모들은 충도에서 사는데 학교문제만큼 큰 문제가 없다고 하고 있다.

4. 도서지역 교육에 관한 연구경향과 시사점

1) 연구경향

이러한 학교 문제에 대해서는 연구자들의 인식도 만족스럽지 못하다. 대

부분 도서지역주민들을 대상으로 정주의식이나 지역의 문제점에 대한 설문조사를 하는 것에도 학교에 대한 불만족 또는 요구사항이 크게 나타나지 않는다. 이 점으로 인해 무교 도서지역에 대한 심각한 문제를 간과하고 있는 듯하다.

여기에는 연구상의 문제가 내재되어 있다. 대부분 연구에서 행한 설문조사 설계를 보면 그 대상이 주민이 많이 사는 도서주민이 표본수에 큰 비중을 차지하고 있다.[21] 학교가 존재하는 규모가 큰 도서주민이 대부분을 차지하는 응답자들은 학교에 대한 불만이나 요구를 주요 사항으로 표출하지 않을 것이다. 다시 말해 무교 도서주민은 대부분 규모가 작은 도서로서 인구규모도 작다보니 표본에 차지하는 비율도 소수일 수밖에 없다. 따라서 학교문제는 전체 주민의식으로 볼 때 별 의미 없는 부문으로 크게 드러나지 못한 연구내용으로 결론짓고 이는 여과 없이 정책방향으로 제시하고 있어 정책당국에서도 별 주목받지 못한 때가 많다. 결국 대부분 소규모 도서에서 발생하는 학교부문에 대한 심각한 문제를 인식하지 못한 채, 연구를 추진하고 그릇된 연구내용을 제시함으로써 정책의 오류로 이어지는 한 요인으로 작용하기도 한다.

도서는 같은 도서라 하더라도 그 위치, 규모, 입지분포, 주변 여건에 따라 처한 여건이 매우 다르다. 따라서 도서에 대한 연구는 이러한 도서가 갖는 여건을 바탕으로 보다 정치(精緻)한 인식 속에서 이루어져야 한다.

또 다른 한편, 이 같은 연구와 일반화된 인식 형성은 제도와도 관련이 있어 보인다. 여타 행정이나 소득, 의료, 위생, 교통, 안전, 급수, 통신 등은 거의 대부분 중앙부처-광역지방자치단체-기초지방자치단체로 연결되어 통합적으로 용해되어 처리되고 있다. 그러나 교육부문은 중앙부처-교육청이라는 별도의 행정체계로 되어 있다. 이러한 점에서 연구자들도 대부분 지자체에서 시행하는 연구를 수행하다보니 교육부문에 대한 부문을 다소 소홀하게 다루고 있다고 보여진다.

---

21) 충청남도 도서발전종합계획(2014); 전라남도 도서종합개발계획 발전방향(2016); 농어촌연구원, 낙도지역 어촌마을 리모델링(2016); 해양수산부, 낙도지역 실태조사 및 낙도지원기본계획 수립(2015) 참조

2) 시사점

이 같은 학교가 없는 도서 수가 어느 정도인지 우리나라 전체의 자세한 자료를 구하기 힘들다.

저자가 연구책임자가 되어 지난 2011년 발간된 대한민국 도서백서[22]에 의하면 전체 유인도서 463개 가운데 312개가 학교시설이 없는 기본조사가 있었다(행정안전부, 2011).

또한 많은 연구에서도 문제를 안고 있는바, 특히 주민의 의식구조에 대해서 유의할 점이 있다. 의식구조 조사에 응답자는 자기 생활과 밀접하거나 직접적인 부문에 우선적으로 응답하는 것이 일반적이다. 마을이나 섬 지역 전체의 문제보다는 본인이나 함께 생활하는 가족과 직결되는 사항을 우선적으로 응답하기 마련이다. 예컨대 혼자 살거나 노부부만이 거주하고 있는 경우에는 섬 지역의 학교나 자녀 교육문제와 관련이 거의 없다. 이 경우에는 학교나 자녀교육에 대한 문제나 불편사항을 응답하지 않고 건강문제나 소득 등을 우선적으로 선택하게 될 수밖에 없다.

이러한 점에서 학교나 교육문제는 여타 교통, 의료·건강, 소득에 비해 전체 주민들 가운데 관련된 사람이 적고 따라서 설문조사에서도 응답자 수가 적을 수밖에 없다. 그러나 학령자녀가 있는 주민에게는 어떤 다른 요소보다 절실하고 우선되는 요소이다. 대부분 이러한 점에 대한 내부적 분석이 없이 단순히 정량적인 응답자 수나 비율만 가지고 학교나 자녀 교육 문제의 중요도를 다루고 있는 것이 일반적이다.

특히 섬 지역에서 학교와 자녀 교육문제는 주민수가 적은 섬일수록 더 심각한 문제를 가지게 된다. 이러한 소규모 도서일수록 교육부문에 여러 문제를 안고 있으며, 아예 학교 자체가 학교가 소재하지 않는 곳이 많다. 그 가운데서도 특히 연도연륙이 안된 순수한 도서지역은 교육문제가 다른 지역과 근본적으로 문제가 있다.

헌법 제31조에서도 교육에 대한 권리와 국가적 의무를 규정하고 있다. 과연 기술한 무교 도서지역의 현재 나타나고 있는 교육문제가 헌법상의 정신

---

22) 행정안전부, 2011, 「대한민국 도서백서」.

과 내용에 부합되고 있는 것인가를 보다 정밀하게 살펴 볼 필요가 있다. 앞서 살펴본 바와 같이 도서지역과 관련된 여러 법이 있으나 교육에 대한 문제점과 이를 해결하려는 내용의 법은 사실상 없다.[23]

인간·주민·지역에게 교육이 갖는 가치와 기능이 무엇이며 어떻게 이의 문제를 근본적으로 해결할 수 있는가를 계속해서 더 연구와 정책이 집중되어야만 할 것이다.

---

23) 「도서·벽지 교육진흥법」이 도서를 그 법 이름으로 제시하고 있는 교육에 관한 유일한 법으로 비교적 오래전인 1967년에 제정·시행되고 있다. 그러나 이 법은 도서벽지교육을 진흥하기 위하여 국가와 지방자치단체의 역할을 구분하고, 수당 지급의 근거를 규정하고 있으나, 사실상 도서벽지 학교에서 근무하는 교사에게 수당을 지급하기 위한 근거로서의 의미에 초점이 맞추어져 있다.

1. 개관

일본은 섬나라로서 영토 전부가 섬으로 구성된 국가이다.

많은 섬을 가지고 있는 해양국인 일본은 남북과 동서에 이르기까지 사방에 섬이 약 4,000km 길이에 달하는 넓은 바다에 크고 작은 섬들이 존재하고 있다(前畑明美, 2013: 2)

전체가 섬으로 형성된 일본에서는 국제적으로 "대륙과 섬"과의 상대적 관계를 "큰 섬과 작은 섬"의 관계로 보아 "본토와 섬(이도離島)"으로 파악하는 것이 일반적이다.

일본에서 섬에 대한 기준은 섬 주위 둘레가 0.1km 이상 해상에 드러난 육지를 섬이라 하고 있다(前畑明美, 2013: 13). 이 같은 섬에 대한 보다 구체적인 기준으로는 우선 본토와의 연결관계이다. 어떤 형태로든 본토와 연결되어 있는 섬에 대해서는 다리나 방파제와 같은 좁은 구조물로 연결되어 있는 경우는 섬으로 상정한다. 그러나 이것보다는 넓은 폭으로 연결되어 본토와 일체되어 있는 것은 제외한다. 또한 매립지는 섬에서 제외한다.[1]

일본은 2017년 4월 기준으로 전체 도서는 6,850여 개로 이루어져 있다.

---

1) 공익재단법인 일본이도센터 홈페이지(http://www.nijinet.or.jp/info/faq/tabid/65/Default.aspx)

이 중 5개의 일본에서 본토라고 불리는 5개의 큰 섬과 이도라고 하는 6,840여 개의 섬이 있다.[2] 이들 이도 중에는 유인도가 418가 있고 무인도가 6,429개가 있다.

도서는 군도·제도·열도를 형성하거나 독립하고 있으며, 이들 도서는 우리나라와 마찬가지로 면적이나 인구규모·산업적 측면·본토로부터의 거리·지형 등 각 환경요소에 있어 천차만별이다.

이들 유·무인도서는 각 도서의 입지조건, 역사성, 개발여건 등의 관점에서 크게 「이도진흥법」을 비롯한 각각의 도서지역을 대상으로 하는 법 대상(법률 지정)도서와 법 대상 외(법률 무지정) 도서로 분류되어 있다.

이들 도서에 대한 국가 진흥책은 주로 국토보전, 생산진흥, 교통정비, 생활환경의 기반 정비 또는 문교, 후생, 소방 등의 시설정비에 관계하는 각종 공공사업실시에 두고 있으나 국고 부담율과 보조율은 지역의 특별한 사정을 반영한 시책에 따라 달리하고 있다.

도서지역의 특별한 여건에 따른 별도의 법률 대상이 아닌 도서는 우리나라 섬발전촉진법과 그 성격이 유사한 이도진흥법의 지정 대상이 된다. 이도진흥법은 당초 1953년 7월에 의원입법으로 제정되었고 그 유효기한은 10년이었다. 그러나 당시의 사회상황으로 봐서 도서지역이 이 법의 목적을 만족할 만큼 개발되지 않았다. 따라서 이후 1963년 이래 계속하여 연장이 이루어졌고, 그동안에 수십 차례의 법률개정을 통해 국가가 행하는 사업의 효율적 추진을 위한 내용 확보와 보조율의 인상 등이 행해졌다(신순호, 1996: 41-42).

이도진흥법이 제정된 가장 큰 원인은 1950년에 제정된 「국토총합개발법」에서 규정하는 「균형있는 국토발전을 위한 사업계획」에 도서가 그 내부여건에 적합한 개발계획을 갖지 못하고 소외되었기 때문이다.[3]

이 같은 연유에서 마련된 이도진흥법에 따라 정부는 이도진흥대책지역의 지정과 함께 이도진흥계획을 수립하여 강력하고 꾸준히 사업을 전개하고 있다.

---

2) 일본의 자료에는 이도의 수치를 6,847개라고 기재되어 있으나 여기에는 독도를 포함하는 오류를 범하고 있다. 国土交通省, 2081, 離島地域における振興施策, p.2 참조.
3) 도서지역은 너무나도 소규모이고 전체적인 사회 경제 부문이 낙후되었다. 당시에 일본의 도서진흥추진을 위한 표어로는 '섬에 물과 빛을'라고 불릴 정도로 기반 시설이 열악하였다.

표 5-1	이도진흥 대상 이도의 현황(기준 : 2017년 4월 1일)

항목	수치
지정지역수	78
지정유인도수	258
면 적	5,339㎢
인 구	380천명
관계 시정촌 수	112

자료: 国土交通省, 2081, 離島地域における振興施策, p.2

이도진흥법 대상 이도의 면적과 인구는 전체 258개 도서에 면적은 5,339㎢ 이다. 여기에 거주하는 인구는 380천명이고 이들 도서는 112개 시·정·촌에 속해 있다.

일본의 지정유인이도는 본토에서 시간 거리, 지리적 조건, 인구 규모 등에 따라 내해·본토근접형 이도, 외해·본토근접형 이도, 군도형 주도, 군도형 속도, 고립대형 이도, 고립소형 이도 등 6가지 유형으로 분류하고 있다.[4] 이 같은 유형에 따라 다양한 여건을 분석하고 이에 대한 대책을 마련하고 있다. 여기에는 가장 먼저 인구구조로서 인구 감소율과 고령화 등과, 재정력지수와 지방채, 집촌 유지여부, 소득, 물가, 소비지출, 여타 정주환경을 유형별로 파악하여 이에 합당한 대책을 수립하고 있다(国土交通省 都市·地域整備局 離島振興課, 2011).

일본에서는 섬과 관련하여 대표적인 법으로 이도진흥법과 함께 해양기본법을 들 수 있다. 이도진흥법은 이도의 진흥 및 자립적 발전을 촉진하고 주민의 생활안정 및 복지향상을 도모하기 위해서 제정되었으며, 해양기본법은 2007년 해양의 종합적 이용과 관리 강화를 위해서 제정되었다. 이도진흥법이 주민의 정주여건 조성을 위한 법률이라면 해양기본법은 유·무인도서 전반을 아우르는 해양의 종합적 이용·관리를 위한 법률이라 할 수 있다(박진경, 2017: 140 − 141).

일본은 이 밖에도 섬에 관련한 필요한 제도를 마련하는 등의 국가적 시책을 계속 강화하여 가고 있다.

---

4) 일본의 지정유인도서에 관한 유형은 신순호, 1991, '우리나라 도서지역의 특성과 개발방향', 『서울시립대학교 박사학위논문』과 앞의 chapter 01 「섬의 유형」에서 보다 자세히 기술하고 있음.

그림 5-1 일본이 주장하는 배타적 경제수역

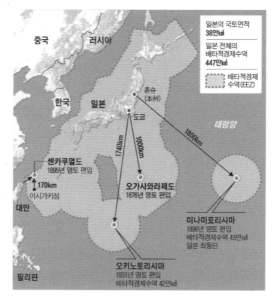

자료: 신순호,2010.6, "섬의 인식과 정책방향",「지역균형발전위원회 발표자료」, p.8/, 조선일보, 2012.5.1.일자/
日本の島嶼の構成 https://www.mlit.go.jp/common/001290710.pdf 참조

　　일본의 섬은 일본 열도의 외연에 넓게 분포되어 국토의 영역과 배타적
경제수역 등의 보전을 비롯하여 대륙붕 자원과 각종 에너지 개발, 전통문화·
역사적 유산 등의 보존, 국제교류의 거점, 자연환경·생태계의 보호·의존이
라는 역할을 천명하고 있다(신순호, 2012).

　　이러한 상황과 관련하여 일본은 국토면적에 비하여 매우 넓은 면적의
수역을 관할하고 있다. <그림 5-1>은 일본이 제시하는 배타적 경제수역을
나타내고 있다.

2. 섬 관련 법률 및 제도

　　기술한 바와 같이 일본은 국토 전체가 섬으로 구성되어 있어 5개의 큰 섬
을 제외한 6,846개5)의 섬을 '이도(離島)'라고 부르면서 이도에 대한 진흥정책

---

5) 해안선의 길이가 100m 이상인 섬을 기준으로 삼고 있다. 또한 당초 일본 자료상의 무인도 수는
6,429개로 기재하고 있으나 이는 독도를 포함한 수치로 잘못된 것으로 수정하였다.

그림 5-2　일본의 도서구성(2017년 기준)

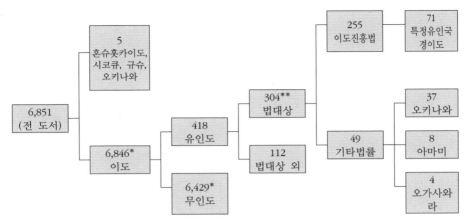

주:　* 당초 일본 자료상의 무인도수에 독도를 포함한 잘못된 수치이므로 바로잡음
　　　** 내수면 이도인 오키시마沖島를 포함함
자료: 国土交通省, 2018, 離島地域における振興施策

(振興政策)을 추진하고 있다. 2019년 기준으로 총 6,851개의 도서 가운데 사람이 살고 있는 유인도는 비교적 큰 섬들로 전체 도서의 6.1%에 해당하는 418개이고 무인도는 6,429개이다. 418개의 유인도 중에 법적 대상이 되는 도서는 304개이고 법적 대상 외 도서는 112개이다. 법적 대상 도서 중 255개는 이도진흥법의 적용을 받고, 나머지 49개의 섬은 다른 법률의 적용을 받고 있다.[6]

　　도서와 관련된 법률로는 「이도진흥법」과 「유인 국경이도법」 그리고 아마미·오가사와라·오키나와의 지역진흥을 위한 근거가 되는 특별법 등이 있다. 이들 특별법은 각각 전후 일본에서의 행정분리 및 순차복귀·반환이라는 역사적 배경을 바탕으로 제정되었다. 「아마미군도 진흥개발특별조치법」[7]은 1954년에, 「오가사와라제도 진흥개발특별 조치법」[8]은 1972년에, 「오키나와 진흥특별조치법」[9]은 1972년에 제정되었다. 아미미와 오가사와라는 5년, 오

6) 「이도진흥법」의 적용을 받는 258개 도서 가운데 71개는 「유인국경이도법」(2016년 제정)의 적용을 받는다.

7) e-GOV 奄美群島振興開発特別措置法
　　(https://elaws.e-gov.go.jp/document?lawid=329AC1000000189_20190401_431AC0000000008)

8) e-GOV 小笠原諸島振興開発特別措置法
　　(https://elaws.e-gov.go.jp/document?lawid=344AC0000000079_20200701_502AC0000000008)

키나와는 10년의 한시법으로, 현재까지 각각 제정·연장되어 오고 있다. 또한, 이른바 본토 5섬(혼슈本州, 홋카이도北海道, 시코쿠四國, 큐슈九州, 오키나와沖繩 본섬) 사이에 가교(架橋) 등이 건설되고 상시 교통이 확보된 경우, 원칙적으로 법률의 지정은 해제된다.

이도진흥법에 의한 도서진흥의 기본이념은 도서주민의 소득향상과 생활의 안정을 도모하기 위해 기반정비를 강력히 추진하는 것이다. 구체적으로는 법률제정 당시의 1953년부터 1972년까지의 사이는, 항만, 어항, 공항의 정비에 대해서는 전액 국고로 시행하였으며 그 밖의 도서내 도로는 75%의 국고보조와 나머지 잔액은 관계 지방자치단체(都道県)간의 부담으로 하여 도서 시정촌(市町村) 또는 도서주민은 직접부담이 전혀 없도록 하였다. 그 뒤로 국고부담은 약간(5~10%) 낮아졌지만 보조대상사업은 확대되어 국토보전, 산업기반, 생활환경, 교육시설, 소방, 후생 등의 분야에서는 보조율을 높이고, 도서의 독자 사업비가 추가로 지원되었다(신순호 외, 2006: 373).

2007년 4월에는 해양의 종합적 이용과 관리 강화를 위해 「해양기본법」[10]을 제정하였다. 유엔 해양법 협약의 발효로 인한 해양 질서 개편과 한국·중국 등 동중국해 해양영토 및 해양 관할권 문제 등의 갈등이 대두되었다. 당초 2013년 종료되는 한시법으로서 「이도진흥법」이 주로 유인도서를 대상으로 하고 있고 무인도서에 대한 지원 근거가 미약하며, 정주 여건의 개선을 목적으로 하고 있어 최근의 도서에 대한 가치와 해양의 종합적 이용·관리 측면을 반영하지 못하고 있음이 지적되었다.

이러한 사정을 반영하여 2007년 제정된 「해양기본법」과 2008년 수립된 해양기본계획에서는 도서에 대한 해양의 종합적 이용과 관리를 강화하고 유인도서와 무인도서를 통합 관리하기 위한 기본방향을 제시하였다. 「해양기본법」은 향후 일본이 중점적으로 처리해야 할 12개 분야의 해양문제를 명기하고 있으며, 정책추진체계를 일원화하였다.

정주여건 조성 중심의 「이도진흥법」과 해양의 종합적 이용·관리 중심의 해양기본법을 통해 미시적·세부적 뿐만 아니라 거시적·통합적 관점에서 방안을 마련 중이다. 「이도진흥법」은 생활기반, 산업기반 정비 등에 관한 개선,

---

9) e-GOV 沖縄振興特別措置法(https://elaws.e-gov.go.jp/document?lawid=414AC0000000014)

10) e-GOV 海洋基本法(https://elaws.e-gov.go.jp/document?lawid=419AC1000000033)

지리적·자연적 특성을 살린 진흥 등을 통해 이도의 자립적 발전 및 주민 생활 안정, 복지 향상 등을 꾀한다. 반면, 「해양기본법」은 광대한 관할 해역을 설정하는 데 중요한 근거가 되는 이도의 가치를 제고하는 한편, 해양정책 추진상의 명확한 지위 확보, 보전·관리에 관한 기본적인 방침 책정 등이 목적이다. 특히 「해양기본법」은 해양 정책상 지위 확보에 필요한 무인도서까지 이도의 개념이 확대되었다.[11]

2016년 4월에는 「유인 국경이도지역의 보전 및 특정 유인 국경이도지역에 관한 지역사회 유지에 관한 특별조치법」이 성립되어 2017년 4월부터 그 법정계획을 기본으로 이도 보전·관리를 위해 일본전체에서 시행하고 있다.[12] 유인 국경이도는 자연적, 경제적, 사회적 관점에서 일체가 된다고 인정되는 이도로 일본국민이 거주하고 있는 지역을 말하며 영해 및 배타적 경제

| 표 5-2 | 일본 이도진흥법과 해양기본법 비교 |

구분	이도진흥법	해양기본법
제정배경	• 전국적 관점에서 도서의 정주환경 개선	• 해양영토분쟁 등의 지정학적 정세 반영 • 도서 및 해양에 대한 종합적 이용관리방안 부재
대상도서	• 유인도서	• 유무인도서
도서의 가치인식	• 영역 및 배타적 경제수역 등의 보전 • 해양자원의 이용 • 자연환경의 보전	• 영해 및 배타적 경제수역 등의 보전 • 해상교통 안전의 확보 • 해양자원의 개발 및 이용 • 해양환경 보전
국가의 책임	• 산업기반과 생활환경 정비 • 도서의 지리적·자연적 특성에 맞는 진흥계획 수립 • 주민의 생활안정과 복지 향상	• 해상교통 안전의 확보와 해양자원의 개발 및 이용을 위한 시설 정비 • 주변 해역 자연환경의 보전 • 주민 생활 기반의 정비
도서관리 정책	• 도서의 보전 및 관리	• 해양영토 관리와 해양의 종합적 이용·관리
중점사항	• 산업기반과 생활환경 정비 • 도서 특성에 맞는 계획 수립 • 주민의 생활안정과 복지향상	• 해양 보전 및 해상교통안전 확보 • 해양자원 개발 및 이용을 위한 시설 정비 • 주변해역 자연환경 보전 • 주민 생활기반의 정비

자료: 박진경, 2015, 「도서 미래발전을 위한 효율적 관리방안」, 한국지방행정연구원, p.66.

---

11) 「海洋基本計画」の見直しの視点(https://www.mlit.go.jp/common/000192846.pdf)
12) 国境離島WEBページ '有人国境離島'(http://www.kantei.go.jp/jp/singi/kaiyou/kokkyouritou/yakuwari01.html)

수역의 보전 등에 관한 활동을 하는 거점을 말한다. 특정 유인 국경이도지역은 유인 국경이도지역 중 계속적인 거주가 가능한 환경을 정비하여 그 지역사회를 유지하는 데 필요한 섬이라 할 수 있다.[13] 주요시책으로는 행정기관 및 시설 설치, 국유화, 항만 정비, 외국선박에 의한 불법입국 등의 위법행위 방지 등이 있다. 그리고 특정 유인 국경이도지역에 관한 시책은 국내 일반 여객정기항로 사업에 관한 운임의 저렴화, 국내 정기항공 운송사업에 관한 운임의 저렴화, 생활 또는 사업 활동에 필요한 물자비용 부담 경감, 고용기회 확대, 안정적인 어업경영의 확보 등이 있다.[14]

3. 이도진흥정책

1) 개요

현재 일본 섬들은 우리나라 보다 상대적으로 생활여건이 잘 정비되어 있고 자연환경이 양호하며 독특한 지역 특산물이 있고 문화가 비교적 잘 전승되고 있다. 그 이유는 여러 가지 측면에서 살펴볼 수 있겠지만, 무엇보다 일찍이 해양과 도서에 대한 인식을 중요시한 결과, 도서개발에 대한 법제 정비를 비롯한 구체적 정책이 지속된 결과라 볼 수 있다(신순호, 2011). 즉, 일본은 도서의 중요성을 바탕에 두고 「이도진흥법」에서 국가보조금에 대한 특례와 세제상의 조치 등 각종 내용을 담고 있으며, 이 법 외에도 「이도 항로정비법」(1952년), 「해양기본법」(2007년), 「유인 국경이도지역의 보전 및 특정 유인 국경이도지역에 관한 지역사회 유지에 관한 특별조치법」(2016년) 등의 법제를 완비하여 국익과 도서발전을 위한 장기적 안목에서 관련 계획과 시책을 시행하고 있다.

여기에서는 우리나라 「섬발전촉진법」과 유사한 내용을 담고 있는 「이도진흥법」을 중심으로 일본 도서개발정책의 특징을 살펴본다.

일본 섬 개발정책의 근간을 이루고 있는 이도진흥법은 1953년 제정되어

---

13) 首相官邸 政策会議 '平成28年度第1回 国境離島の保全´ 管理及び振興のあり方に関する有識者 懇談会 配布資料'(http://www.kantei.go.jp/jp/singi/kaiyou/ritou_yuusiki/h28_01/index.html,

14) 首相官邸 政策会議 '海洋の年次報告について'(http://www.kantei.go.jp/jp/singi/kaiyou/annual/annualreport.html)

10년간 한시법으로 제정[15]되었다. 이후 6차에 걸쳐 한시법의 기간이 지속적으로 연장되어 현재 제7차 이도진흥계획이 추진 중이다. 이 법률은 섬의 후진성을 제거하여 개발시킨다는 목적으로 추진되었으며, 현행 개정 법률의 목적은 다음과 같은 내용을 강조하고 있다. 첫째, 이도의 영역·배타적 경제수역 등의 보전, 식료의 안정적인 공급 등의 국가적·국민적 역할의 명확화이다. 둘째, 다른 지역과 비교하여 척박한 자연적·사회적 조건하에 있는 이도의 현상과 배경의 명확화이다. 셋째, 지역간 교류의 촉진, 무인도의 증가 및 인구의 현저한 감소 방지, 안정의 촉진 등 이도진흥 목적의 확대이다.

이도진흥법은 도서 자체가 가지고 있는 근본적인 한계를 개선하기 위한 것으로, 생활과 산업의 기반이 약한 도서들을 이도진흥대책 실시지역으로 지정하고, 높은 국고보조사업으로 전기와 수도, 항만, 어항, 도로, 항공, 산업의 기반 등 사회자본을 정비, 치료와 교육 등의 환경개선을 도모할 근거가 되어왔다.

섬 지역의 근본적 한계성(限界性)을 극복하기 위한 법률의 이념과 목적은 경제·사회 상황에 대응하여 변화해 왔다. 1993년에 개정으로 '해양자원의 이용' 등 섬이 담당하는 중요한 역할이 처음 알려지게 되었다. 2003년의 개정에서는 그간 도서진흥의 근간 인식이었던 '본토와의 격리성이 가져오는 후진성', '일본의 영토 보호를 담당하는 중요성'이 개정되어 배타적 경제수역의 보전 등의 다양한 국가적·국민적 역할과 함께 국익에 기여하는 존재로 도서의 위상이 명확하게 되었다.

도서지역에 이러한 사회자본 정비가 진행되어 왔지만, 섬 지역의 총인구는 50년간 거의 반으로 감소하였다. 고령화율도 일본 전국(이도 제외) 평균을 15년 정도 선행하는 형태로 해마다 높아지고 있다. 또한 대부분의 섬 지역의 주산업인 농림수산업의 생산액, 특히 수산업에서 최근 20년간 반 이하로 감소하고 있다. 특히, 모든 섬 지역의 공통된 최대 한계점은 본토와 섬 지역 간의 교통비용의 과다문제에 있다. 육지지역보다 보다 비싼 교통비용으로 섬 지역의 산업발전과 생활 안전에 부정적인 영향을 끼치고 있다.

---

15) 1950년 당시 일본의 국토총합개발계획에 도서의 사업을 포함시키는 데 있어서 그 규모가 작을 뿐만 아니라, 도서개발에 대한 민도 또한 매우 낮아서 별도의 이도진흥법을 제정할 필요를 느껴 개별법을 제정하였다.

이러한 문제점들을 극복하고자 일본정부는 2013년에 「이도진흥법」을 개정하였다. 이 개정에서는 도서진흥에 대한 국가의 책무 규정 등이 포함되어 종래의 물리적(hard) 정비지원과 함께 각종 비물리적(soft) 지원 시책의 대폭 확충이 도모를 추구하고 있다. 구체적으로 '항로 및 항공로의 비싼 요금의 저렴화', '무인도 증가와 인구의 대폭 감소의 방지', '정주의 촉진' 등이 명기되어 있다. 또한 의료, 개호·복지, 교통, 정보통신, 산업, 생활환경, 교육·문화, 관광·교류, 자연환경, 에너지, 방재 등에 관한 각종 비물리적 시책의 충실을 도모하기 위한 조항을 담고 있다(三木剛志, 2015).

2) 이도진흥시책

「이도진흥법」 제3조 제2항에서는 이도진흥계획 정책의 지침이 되는 기본사항을 정하고 있다. 그 내용으로는 교통통신 확보, 농림수산업·상공업 등의 산업진흥·자원개발의 촉진, 고용기회 확충·직업능력 개발·기타 취업 촉진, 생활환경 정비(폐기물의 감량, 기타 적정한 처리 포함), 의료 확보 등(임산부 지원 포함), 개호서비스 확보, 고령자의 복지 및 기타 복지 증진, 교육 및 문화 진흥(아동의 학업기회 확보·지원 포함), 관광 개발, 국내 및 국외 지역과의 교류 촉진, 자연환경 보전 및 재생, 재생가능 에너지 이용 및 기타 에너지대책, 방재대책, 인재 확보·육성 등이다.

이에 따라 이도진흥계획의 기본방침은 다음과 같다(国土交通省, 2018: 8−9).
① 교통통신 확보
② 농림수산업, 상공업 등의 산업진흥과 자원개발 촉진
③ 고용기회 확충, 직업능력 개발, 기타 취업촉진
④ 생활환경 정비
⑤ 의료부문 확보
⑥ 간병 서비스 확보
⑦ 고령자 복지와 여타 복지 향상
⑧ 교육과 문화의 증진
⑨ 관광개발
⑪ 국내·외 지역과 교류 촉진
⑫ 자연환경 보전과 재생

⑬ 방재대책

⑭ 인재 확보와 육성

이도진흥계획의 기본 방침에 따른 이도진흥시책(2016년)의 주요 내용은 다음과 같다.

먼저, 지역활성화를 추진하여 정주 촉진을 꾀하는 지원으로 이도활성화교부금사업(50개 기초지방자치단체, 198건), 산업활성화사업(전략산품 개발 및 우송 지원 등), 교류촉진사업, 정주유인사업(U·J·I턴 희망자 상담창구 설치 등), 안전안심향상사업(피난시설 정비 등) 등이 있으며, 방재대책 강화를 지원하기 위해 이동의 방재기능강화사업에 대한 지방재정조치(공공사업채 등 교부세 조치)함과 함께, 이도지역의 세제특별조치의 적용기한을 2019년 3월 31일까지 2년간 연장하는 내용이다.

교통체계 정비, 고도의 정보통신 네트워크 확충 사업으로는 이도항로 및 이동항공로 유지와 운송 학보, 이도항로 및 이동항공로의 사람의 왕래 및 물자 유통에 필요한 비용의 저렴화사업을 추진하는 것과 정보통신 이용환경 정비 추진사업에 따라 초고속 브로드밴드 기반 정비 실시와 케이블TV망의 2가지 루트 설치 등 지원 등의 내용이다.

이 같은 시책에 따라 일본에서는 교통부문에 많은 시책이 추진되고 있고 섬의 교통 불편을 해소하기 위해 항공편에서도 많은 진전이 있어 왔다.

이러한 시책의 영향으로 이도(이도진흥법 대상 도서) 가운데 정기항로가 있는 섬은 2015년 4월 기준으로 224개이고, 정기항공로가 있는 섬은 13개이다.[16]

이도지역의 농림수산업 진흥을 위하여 농산어촌진흥교부금을 활용하여 4개 기초지방자치단체에 농산어촌의 체류교류형 여가활동 및 농림어업체험을 추진하고, 연료기름 가격이 일정 기준 이상에 도달했을 경우 보조금을 교부하는 어업경영 안전망 구축사업을 실시한다. 이도지역 산업진흥을 위해 농산어촌진흥교부금을 활용하여 농산어촌이 가진 자연 등을 활용한 지역활동 지원, 이도어업재생지원교부금을 활용하여 해양자원의 고부가가치화, 체험어

---

16) 이도진흥법 대상 섬이고 이외의 항로나 항공로나 있는 섬은 더 많이 있음.

표 5-3　일본 이도의 정기항로와 정기항공로 현황

	2012년 4월	2015년 4월
항로	220개 섬 / 245개 섬	224개 섬 / 260개 섬
항공로	13개 섬 / 254개 섬	13개 섬 / 260개 섬

자료: 国土交通省, 2018, 離島地域における振興施策, pp.16-17.

업 등의 지역의 자주성과 창의성을 살려낸 실천적인 활동 지원(51개 기초지방자치단체) 등을 추진하는 것이다.

이도지역 고용기회 확충을 위해서는 지역고용개발장려금 및 실천형지역고용창조사업을 활용하여 자발적인 고용창조 활동을 지원(5개 기초지방자치단체)하는 것과 더불어 작업능력 개발을 위해 민간기관을 활용한 다양한 직업훈련 기회 확보로 직업능력 개발 등을 통해 섬 주민 및 이주자의 취업을 촉진하는 내용이다.

이도지역의 기초인프라 중 하나인 생활환경 정비를 위해서는 농산어촌지역정비교부금을 활용하여 오수처리에 관한 활동을 추진(10개 기초지방자치단체)하거나, 순환형사회형성추진교부금을 활용하여 폐기물처리시설 정비 추진(8건)을 추진하는 내용이다.

의료확보를 위해서는 벽지 보건의료대책비를 활용하여 지역의 중핵적인 병원과의 협력체계 구축 및 원격 의료서비스를 추진(75시설)하고, 의료시설 등 설비정비비 등을 활용하여 벽지진료소 정비 및 운영지원, 지역의 실정에 맞는 벽지보건의료계획 실시(37시설)하는 내용이다.

이도의 저 출산 문제를 해결하기 위해서는 임산부의 건강검진 또는 출산과 관련되는 보건의료 서비스를 제공하는 병원, 진료소 등이 설치되어 있지 않은 이동에 거주하는 임산부의 건강검진이나 분만 시에 드는 교통비 및 숙박비 지원에 필요한 경비에 특별교부세를 조치하는 내용이다.

간병서비스 확보를 위해서는 방문간병의 기본서비스 비용의 15%를 특별지역가산으로 가산한다. 에에 따라 이용자 부담액도 증액되기 때문에 사업자가 저소득자의 이용자부담액의 10%를 감액(통상 10%의 이용자 부담을 9%로 감액)했을 경우에는 사업자에게 조성금을 교부한다. 그리고 고령자 복지 및 기타 복지 증진을 위해서 벽지 보육소 운영에 필요한 비용을 보조한다.

이도지역의 교육진흥을 위해서는 이도 고교생 학습지원사업을 활용하여 고등학교 등 미설치된 이도의 고교생에 대한 통학 등을 지원(3개 광역지방자치단체, 44개 기초지방자치단체)하고, 고등학교 등의 교직원 정수 결정에 관하여 특별 배려 조치한다. 문화진흥을 위해서 국보중요문화재 등 보존정비비보조금을 활용하여 국가지정 등 문화재의 보존·활용 등을 위한 각종 사업을 보조한다. 또한, 문화예술을 통한 아동육성사업을 활용하여 우수한 무대예술 등을 직접 접할 수 있는 기회를 제공한다. 뿐만 아니라 해양환경보전 등의 조사 및 연구도 추진한다.

관광개발을 위해서는 농산어촌진흥교부금, 에코 투어리즘을 통한 지역의 매력향상사업 등을 활용하여 에코 투어리즘, 그린 투어리즘 및 블루 투어리즘 등을 추진한다.

국내 및 해외 지역과의 교류 촉진을 위해 농산어촌진흥교부금을 활용하여 체류교류형 관광을 지원하고, 이도·도시간의 교류사업인 '아일랜더(island + er)'를 개최한다.[17] 또한, 이도와 기업을 연결하는 매칭교류회인 '시맛칭구(島 + matching)'를 개최하는데, 그 내용은 섬에서 워크숍 개최와 동경에서 교류회를 개최하는 내용이다.

자연환경 보전 및 재생을 위하여 국립공원 등 민간활용 특정 자원환경보전활동사업을 활용하여 국립공원 청소 등을 실시(27건)하고, 해안에 밀려오는 부류물 등에 대해서는 지역대책추진사업을 활용하여 해양쓰레기의 회수 및 처리를 실시(85건)하는 것이다.

재생가능 에너지 이용, 기타 에너지 대책을 위해 이도의 저탄소만들기추진사업을 활용하여 자립·분산형 에너지 구축을 추진(5건)하고, 이도의 가솔린 유통가격 대책사업을 활용하여 운송형태와 본토로부터의 거리를 감안한 보조단가를 설정하여 실질적인 가솔린 소매가격이 낮아질 수 있도록 지원(164개 섬)하는 내용이다.

마지막으로 수해, 풍해, 지진재해, 쓰나미재해, 기타 재해를 방지하기 위해 필요한 국토보전 시설을 정비한다. 즉, 이들 재해의 피해를 미연에 방지하도록 방조제 등 국토보존시설을 정비하고, 피난시설, 비축창고 및 통신시설 등을 정비한다.

---

17) 전국의 섬이 전부 참여하여 개최되는 행사로, 2019년에는 도쿄 이케부쿠로에서 '아일랜더 2019'가 개최되어 83개의 부스가 출전하였고, 약 190개 섬이 참가했다. 관광객은 약 11,000명이었다.

표 5-4 이도진흥관계 예산(국비, 2017년도)(단위 : 백만 엔)

	경비 구분	2017년도 예산액	2016년도 예산액	전년도 대비 비율	2016년도 보정 예산액(제2차)
공공사업 (일괄 계상분)	1. 치산치수	802	1,127	71%	70
	치수	0	330	0%	0
	치산	802	797	101%	70
	2. 항만·공항	4,547	4,591	99%	0
	항만	3,390	3,390	100%	0
	공항	1,157	1,201	96%	0
	3. 수도·폐기물 처리	1,714	1,845	93%	132
	간이수도	526	657	80%	132
	폐기물처리시설	1,188	1,188	100%	0
	4. 농림·수산기반 정비	18,707	19,091	98%	2,103
	농업농촌 정비	1,544	1,483	105%	456
	산림 정비	619	609	102%	0
	수산기반정비	11,445	11,649	98%	1,647
	농림어촌시설 정비(교부금)	5,099	5,350	95%	0
	5. 사회자본 총합정비(교부금)	17,339	17,448	99%	3,307
	사회자본정비 총합교부금	10,336	10,607	97%	1,333
	방재·안전교부금	7,003	6,841	102%	1,974
	공공사업 합계	43,109	44,102	98%	5,612
비공공사업	1. 이도활성화교부금	1,550	1,150	135%	650
	2. 이도지역 진흥 경비	19	28	70%	0
	비공공사업 합계	1,569	1,178	133%	650

주: 이상의 비용 외에 복구·부흥사업(동일본대지진 부흥특별회계)에 이도와 관련하여 2,326백만 엔이 있음.
또한 후생노동성 계상의 '생활기반시설 내진화 등 교부금(비공공)'에도 이도 관련 비용이 있음
자료: 国土交通省, 2018, 離島地域における振興施策, pp.10-11

　　이 같은 사업을 추진하는 이도진흥 관련 사업의 각 부문별 예산(2017년)
은 <표 5-4>와 같다.

　　2017년도 국가 예산 중 공공사업(일괄계상분) 부문은 전체 43,109백만 엔
이다. 각 부문별로는 치산치수에 802백만 엔, 항만·공항 4,547백만 엔, 수도·
폐기물 처리 1,714 백만 엔, 농림·수산기반 정비 18,707백만 엔이며 사회자
본 총합정비(교부금)에 17,339백만 엔이다. 비공공사업 부문은 이도활성화교
부금과 이도지역 진흥 경비로 총 1,569백만 엔이다.

3) 체류교류형 관광을 통한 이도창생(離島蒼生)플랜 추진[18]

이도창생플랜은 섬 고유 자원의 효과적인 사용이 요구되고, 국경 이도에 대한 관심이 높아지고 있으나 실제로 국경지역에 분포한 섬을 방문하여 체험하는 경우가 별로 없었으며, 일본을 방문하는 외국인을 섬으로 유인할 필요에 의해 만들어졌다. 이는 2017년 4월 26일 국토교통성 국토정책국 이도진흥과에서 책정하였다.

이도창생플랜은 체류교류형 관광을 통해 섬을 활성화하는 방향성을 가지고 있다. 즉, 섬의 자원을 충분히 활용하여 '섬 여행, 섬 돌아보기(島たび, 島めぐり)'를 실사하고, 섬 내부에 광범위하게 경제파급효과를 불러올 수 있도록 '관광지역만들기'를 추진한다.

주요 활동내용으로는 첫째, '섬 여행, 섬 걷기'를 통한 도업(島業)[19]을 확립한다. 즉, 섬 자원을 활용하여 특색 있는 '관광지역만들기'를 추진하고, 섬의 컨셉을 명확히 하여 활동체제 구축 등 전략을 세워 섬 전체에서 소득을 얻을 수 있는 구조로 도업을 확립한다. 이를 위해 섬 내부 관계자의 연계, 융합을 꾀하여 합의형성과 일체되는 활동이 필요하다. 둘째, '섬 여행, 섬 돌아보기 컨시어지'의 일원적 대응이다. 각종 정보를 파악하여 욕구에 맞게 안내하는 원스톱 서비스 창구로서 '섬 여행, 섬 걷기 컨시어지'를 설치한다. 이는 '섬 여행, 섬 돌아보기' 진행을 통합 도업 전략세우기, 섬을 즐길 수 있는 프로그램 만들기, 숙박시설과 가이드 이용의 매력 향상, 정보 발신, 경과·역사유산·자연환경 보전 및 관리, 정기적 평가 등의 활동과정을 거친다.

섬에서의 활동을 뒷받침하는 활동으로는 첫째, 지역홍보 강화와 지혜의 공유화를 위한 플랫폼을 구축한다. 이를 위해 섬 전체의 이미지 쇄신, 지역매력의 홍보 강화, 외국인을 포함한 여행자를 위한 정보 확충, 행정 등 관계자 간의 정보공유 강화한다. 둘째, 혁신을 유발하는 섬 이외 지역과의 교류기회를 확충한다. 이를 위해 이도와 기업과의 교류 강화(시맛칭구), 이도와 다른 지역과의 교류 강화(아일랜더 등), 섬으로 향하는 새로운 사람들의 흐름을 만

---

18) 滯在交流型観光を通じた離島創生プラン(https://www.mlit.go.jp/common/001182906.pdf) 참조
19) 여기서 도업이란, 농림수산자원을 비롯하여, 섬 고유의 자연, 역사, 전통문화, 산업, 생활양식 등의 다양한 자원을 활용하여 생산부터 서비스 제공까지의 일련의 경제활동을 말한다.

들 수 있는 활동을 강화한다(시마카제[20] 구상).

이와 같은 사업 외에도 섬 생활을 위해 교육과 의료 등을 지원하는 내용이 있다. 구체적으로 교육 지원은 이도유학, 도선통학 실시, 지역학 연구 추진, 공영학원·학습지원센터·ICT 활용에 의한 학외교육 확충 등이다. 의료 지원은 원격의료시스템 활용, 순회진료 헬리콥터, 순회진료선을 적극적으로 활용하는 것이다.

4) 이도활성화 교부금

2013년에 개정된 「이도진흥법」은 '이도의 정주촉진 등을 위한 시책'으로 '이도활성화교부금사업'이 핵심을 이룬다. 즉, 이도활성화를 위한 비물리적 (soft)사업 시책 등에 관한 새로운 규정이 추가되어 있고, 이러한 시책이 종합적이고 착실히 추진해 가는 구조로서 '이도활성화교부금 등 사업계획'의 작성에 관한 내용이 신설되었다. 이 사업계획은 도도부현(都道府県)이 책정하며, 국가는 이도활성화교부금 등 사업계획을 기반으로 하는 사업에 대해 각각의 사업마다 교부금 및 보조금을 교부하도록 되어 있다(제7조의 2~4).[21]

이도활성화사업의 목적은 「이도진흥법」을 근거로 이도지역의 활성화를 추진하고, 정주의 촉진을 도모하기 위해 이도활성화교부금을 새롭게 신설하고, 해상 운송비의 경감 등 전략산업의 육성에 의한 고용 확대 등의 정주촉진, 관광의 추진 등에 의한 교류의 확대 촉진, 안전하고 안심 정주조건의 정비 강화 등의 구조를 지원한다(신순호, 2015.8: 146). 구체적인 내용을 살펴보면, 이도활성화교부금의 사업주체는 도도현(都道県), 시정촌(市町村), 민간단체이다. 사업대상은 첫째, 정주촉진사업으로 산업활성화사업(고용기회의 창출을 위한 전략산품의 개발, 전략산품의 운송비 지원), 정주유인사업(U·J·I턴[22] 희망자를

---

20) 시마카제(島風) 구상이란 아동, 청년, 외국인 등이 섬으로 향하는 흐름을 마들기 위해서 섬 스스로 '섬에서 부는 바람'을 일으켜, 도시부 등지로부터 '섬으로의 새로운 바람'을 창출하기 위해 포털사이트 구축 및 정보 발신을 지원하는 국토교통성의 사업이다.
(https://www.mlit.go.jp/common/001228133.pdf#search=%27simakazekousou%27)

21) 離島活性化交付金交付要綱(https://www.mlit.go.jp/kokudoseisaku/chirit/content/001390658.pdf)/ 신순호, 2015, "일본 도서개발정책의 특징 : 이도활성화교부금사업", 목포대 도서문화연구원 외 주최 『제6회 전국해양문화학자 대회 발표논문자료집』 Ⅳ(2015.8.20.~23.). pp.144−149.

22) U턴은 태어나서 자란 고향에서 진학과 취직 시에 도회지에 이주한 후 다시 고향으로 이주하는 것을 말한다. J턴이란 태어나서 자란 고향에서 진학과 취직 시에 도회지에 이주한 후 고향에 근

위한 정보 제공, 빈집 개수 등의 인재 유입을 위한 시설 정비), 유통 효율화 관련 시설정비 등 사업(이도전략산품의 해상운송비 지원, 새로운 특산품의 개발·판로 확대 지원, 빈집은행 등록제도의 창설, 안테나 숍(Antenna shop) 개설지원이다. 둘째, 교류촉진사업(이도지역 정보의 발신, 교류확대를 위한 관계 형성, 도시지역 주민과의 교류 실시 촉진)으로, 이도 유학의 촉진, 합숙(수련회) 유치, 여행상품개발, 유입체계 정비 등이다. 셋째, 안전안심 향상사업으로 방재기능 강화사업(피난시설의 정비, 기존 방재 거점 개수, 피난로·안내판 등 시설의 정비와 무전주화, 긴급시 물자 등 운송시설의 정비, 재해응급대책 시설의 정비)와 계획책정 등 사업(지역방재계획 수정사업, 지역자원 활용 조사 실증사업, 재해시 전원확보기본계획 작성사업)이다. 사업예산은 약 12.5억 엔이고, 보조율은 도도부(都道府), 시정촌(市町村), 일부 사무조합이 예산의 범위 내에서 각 사업의 1/2 이내, 민간단체가 예산의 범위 내에서 각 사업의 1/3내[23])이다. 원칙적으로 사업기간은 3년간이며, 성과목표의 평가는 사전에 제출한 사업계획의 성과목표의 달성여부로 판단한다.

시정촌의 교부금사업에서는 정주촉진사업의 산업활성화사업에 전략산품 개발의 사례로서 니이가타현(新潟県) 사도(佐渡)의 '따오기 인증 쌀(トキ認証米)' 브랜드 확립을 위한 따오기의 먹이를 살리는 비오톱 설치 등의 작업비 보조, 교류촉진사업에 교류 확대를 위한 구조 만들기인 '아마쵸 전체 활성화(교육의 매력화)'을 위한 섬 유학 등의 조치, 안전안심 향상사업에 '유시마(湯島)의 에너지 자급자족에 의한 지역진흥모델사업' 등이 있다.[24])

일본의 섬 개발정책은 1953년부터 약 70년이라는 기간 동안 장기적으로 추진해 오고 있다. 일본은 국토개발정책수행의 초기단계에서는 시대적 상황 등으로 상당히 어려움이 있었지만, 이도가 갖는 국가적 사명을 일찍이 인식하고 자연적 사회적 특성을 깊이 있게 파악하여 정책을 꾸준히 수행해 오고 있다. 특히나 시간이 갈수록 섬이 국가에 주는 다양한 가치와 대외적인 안보

접한 지방도시에 이주하는 것을 말한다. I턴은 태어나서 자란 고향에서 진학과 취직 시에 고향에는 없는 요소를 추구하고 고향과는 다른 지역으로 이주하는 것을 말한다.

23) 단, 정부의 부담액은 지방자치단체의 부담액과 같은 금액으로 하고, 도도현, 시정촌, 일부사무조합을 통한 간접보조로 한다.

24) 離島活性化交付金事例(https://www.mlit.go.jp/common/001148198.pdf)

그림 5-3 이도활성화교부금 등 사업계획

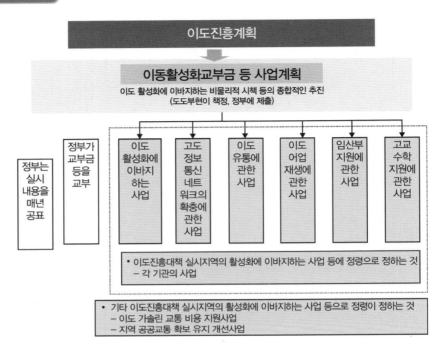

자료: 離島活性化交付金交付要綱
(https://www.mlit.go.jp/kokudoseisaku/chirit/content/001390658.pdf)
/신순호, 2015, 8, "일본 도서개발정책의 특징 : 이도활성화교부금사업", 목포대 도서문화연구원 외 주최 『
제6회 전국해양문화학자 대회 발표논문자료집』 Ⅳ'(2015.8.20.~23.). pp.144-149.

와 자원의 측면에서 보다 실질적인 새로운 제도를 마련해 가고 있다(신순호,
2015.8: 148).

4. 일본 원격도서지역의 개발정책

1) 원격도서지역의 인식

일본은 섬으로 구성된 국가로서 본토 외에도 많은 섬을 보유하고 있어
어느 국가보다 섬에 대한 중요성을 크게 그리고 일찍이 인식하여 국가적 중
요 정책으로서 제도를 마련해 오고 있다.

오래전부터 섬을 두고 국가 간에 분쟁이 있어왔지만 근래 들어 분쟁이

더욱 심화되어 가고 있는 곳은 섬과 관련이 깊다. 남사군도, 서사군도, 포클랜드, 쿠릴제도, 센카쿠(다오위다오)제도 등의 분쟁이 그 실상을 보여주고 있다. 이러한 관점에서 섬은 영해, 배타적 경제수역, 대륙붕과 함께 심지어는 방공식별구역(ADIZ)에 해양을 포함한 영토의 핵으로 부각되고 있다. 이러한 맥락에서 일본은 본토와 멀리 떨어진, 즉 원격도서지역에 대한 관심과 지원을 하고 있다.

앞서 살펴본 일본의 섬정책은 주로 우리나라의 섬발전촉진법에 의한 도서종합개발계획과 유사한 측면의 도서 일반적인 시책이었다. 다시 말해 일본의 전체 유인도서 418개 가운데 도서관련 법을 적용받지 아니한 109개를 제외한 309개가 도서관련법의 적용대상이다. 이 309개 가운데 258개는 이도진흥법 적용대상인 일반 도서라고 볼 수 있고, 여타 51개는 자연적 입지적 특성이 달라 각각 여타 개별법 적용 대상이다. 이를 원격도서라고 하여 오카나와 인근 도서 39개는 「오키나와 진흥특별조치법(沖縄振興特別措置法)」 적용 대상이 된다. 또한 아마미군도(庵美群島)의 8개 도서에는 「아마미군도 진흥개발특별조치법(庵美群島振興開發特別措置法)」의 적용대상이 되고, 오가사와라제도의 4개 도서는 오가사와라제도 진흥특별조치법(小笠原諸島振興特別措置法)의 적용을 받는다.

여기서는 이도진흥법의 대상 외의 도서에 대한 정책 즉, 일본 이도진흥법과 별도로 특별법적 성격을 갖는 여타 법률에 의해 그 대상이 되는 원격도서지역에 대한 정책을 중심으로 살펴본다.

2) 아마미군도(庵美群島)의 개발방향

아마미군도는 아마미오시마 섬(奄美大島), 기카이지마 섬(喜界島), 도쿠노시마 섬(德之島), 오키노에라부지마 섬(沖永良部島), 요론지마 섬(与論島) 등 8개의 유인도로 이루어져 있다. 가고시마시(鹿児島市) 남서쪽 약 370~560㎞ 범위에 있는 류큐(琉球)호의 일부로 구성되어 있으며, 총 면적은 1,231㎢이다. 이 지역의 특징적인 연혁을 보면, 1946년 연합군 총사령부 각서에 의해 일본 본토에서 분리되어 오키나와에 본부를 둔 미군정하에 통치를 받았고, 1953년 일본에 다시 반환되어 가고시마현(鹿児島県)으로 편입되었다.[25] 1954년에 사

---

[25] 奄美群島振興開発の現況と課題(https://www.mlit.go.jp/common/001220822.pdf); 신순호, 2014.8: 59−60).

회자본의 정비, 경제부흥·발전을 목적으로 아마미군도 부흥특별조치법(奄美群島復興特別措置法)을 제정하였고, 1964년에는 아마미군도 진흥특별조치법(奄美群島振興特別措置法)으로, 1974년에는 아마미군도 진흥개발특별조치법(奄美群島振興開発特別措置法)으로 그 명칭을 변경하였다. 이 특별조치법은 2009년에 일부 개정하였고, 금년 3월에 시효가 만료되어 일부 개정하여 5년을 연장한 상태이다.[26]

원격도서지역인 아마미군도는 풍부한 자연환경, 다양하고 개성적인 전통문화, 장수·치유의 섬, 식량의 공급, 영해·배타적 경제수역의 보전이라는 점에서 중요한 역할을 담당하고 있다. 이러한 역할을 충분히 발휘하기 위해서는 정주민이 지속적으로 거주하는 것이 중요하다. 청년층을 중심으로 한 인구유출 및 감소가 지속되고 있는 상황에서 산업진흥과 고용의 확대가 중요한 과제이다. 이를 위해 아마미군도의 진흥개발에 의해 자율적 발전, 정주의 촉진 등을 도모하는 것이 중요하다고 보고 있다(신순호, 2014.8: 59).

현재 아마미군도의 개발방향[27]은 정주(定住)의 촉진을 도모하는 관점에서 지역의 특성에 맞는 산업진흥과 고용 확대 등을 추진하고, 이를 위해 아미미군도 진흥교부금(奄美群島振興交付金)[28]을 설치·운용하고 있다. 구체적으로 첫째, 아마미군도의 특성을 살린 산업의 발전으로 고용의 기회를 확대하기 위하여 농업, 관광, 정보통신을 중점 3분야로 정하고 있다. 둘째, 생활의 편리성 향상이다. 풍부한 자연환경, 장수·치유의 섬이라는 특유한 매력과 가치를 미래 세대에게 물려준다는 이념 하에 생활의 안정 및 복지의 향상을 도모하기 위해 개호, 의료, 방재, 교육 등의 정주환경을 정비한다. 셋째, 정주를 촉진하기 위해 필요한 사회자본의 정비 및 유지 관리한다. 넷째, 세계자연유산 신청 후보지로서 적극적으로 환경보전에 대처함과 동시에 자연환경의 보

---

26) 이 법은 아마미군도의 특수사정을 감안하여 아마미군도 진흥개발에 관한 기본이념을 정하고, 국가 및 지방공공단체의 책무를 밝히고 아마미군도 진흥개발 기본방침에 따라 전체적인 아마미군도 진흥개발계획을 수립한다. 이를 바탕으로 사업을 추진하는 등 특별조치를 강구하여 그 기초조건의 개선 및 지리적·자연적인 특성에 맞는 아마미군도의 진흥발전을 도모함으로써 아미미군도의 자립적 발전, 주민의 생활 안정과 복지 향상 및 아마미군도의 정착 촉진을 도모하는 것을 목적으로 한다(법 제1조)

27) 2014년 5월 7일에 책정한 아마미군도진흥개발기본계획의 내용이다.

28) 교부금에서 가장 큰 위치를 차지하는 것은 관광객의 유치와 지역기업의 경제활동을 도모하기 위한 항공로의 운임을 보조해 주는 것이다.

표 5-5 아마미군도의 진흥개발을 도모하기 위한 기본적 사항

내용
① 지역의 특성에 맞는 농림수산업, 상공업 등의 산업의 진흥 개발
② 고용 기회의 확충, 직업능력의 개발, 기타 취업의 촉진
③ 관광의 개발
④ 도로, 항만, 항공 등의 교통시설 및 통신시설의 정비, 사람과 물자의 유통 및 폐기물 운반에 소요되는 비용의 저렴화 등
⑤ 주택 및 생활환경의 정비
⑥ 보건위생의 향상
⑦ 고령자의 복지, 기타 복지의 증진
⑧ 의료의 확보 등
⑨ 방재 및 국토보전에 관련한 시설의 정비
⑩ 자연환경의 보전과 재생 및 공해의 방지
⑪ 재생가능 에너지원의 이용, 기타 에너지의 공급
⑫ 교육 및 문화의 진흥
⑬ 국내 및 국외의 지역과의 교류 촉진
⑭ 아마미군도의 진흥개발에 기여하는 인재의 확보 및 육성
⑮ 아마미군도의 진흥개발에 관련된 독립행정법인 아마미군도진흥개발기금, 사업자, 주민, NPO, 기타 관계자 간의 연대 및 협력의 확보

자료: 奄美群島振興開発特別措置法 및 신순호, 2014.8, "일본 원격도서지역의 개발정책방향", 「제5회 전국 해양문화학자대회 발표 자료집」 참조

전과 이용의 조화를 배려하면서 지역자원을 살린 관광의 진흥을 추진한다.

아마미군도의 진흥개발을 도모하기 위한 기본 사항은 <표 5-5>와 같다. 이뿐만 아니라, 교부금사업계획과 진행개발계획에 관한 사업의 성과목표를 설정하고 정기적으로 평가를 의무화하고 있다(신순호, 2014.8: 60).

3) 오가사와라(小笠原)제도의 개발방향[29]

오가사와라제도는 도쿄에서 남쪽으로 약 1,000km에 위치한 지치지마(父島)열도 및 하하지마(母島)열도를 비롯해 이오지마섬(硫黄島), 오키노토리시마섬(沖ノ鳥島), 미나미토리지마섬(南鳥島) 등 태평양에 흩어져 있는 30여 개의 섬들로 이루어져 있다. 이 제도는 일본의 배타적 경제수역의 약 30%를 확보하는 지역으로 총 면적은 약 104km²으로, 2011년에 세계자연유산으로 등록되었다. 지역의 특징적 연혁으로는 1876년에 국제적으로 일본 영토로 인정되었고, 태평양전쟁으로 인해 1946년에 미군정 하에 설치, 이는 1968년에 일본으

---

29) 小笠原諸島振興開発の現況と課題https://www.mlit.go.jp/common/001221510.pdf)

로 다시 반환되어 동경도의 관할로 편입되었다. 1969년 오가사와라제도 부흥특별조치법(小笠原諸島復興特別措置法)을 공포하였고, 1979년에 오가사와라제도 진흥특별조치법(小笠原諸島振興特別措置法)으로, 1989년에 오가사와라제도 진흥개발특별조치법(小笠原諸島振興開発特別措置法)으로 그 명칭이 변경되었다. 이 특별조치법은 2009년에 일부 개정하였고 5년의 시효가 만료되어 금년 4월 24일에 일부 개정하여 연장한 상태이다.30)

오가사와라제도의 진흥발전을 위한 시책은 오가사와라제도가 일본의 영토, 배타적 경제수역과 대륙붕의 보전, 해양자원의 이용, 다양한 문화의 계

표 5-6	오가사와라제도의 진흥개발을 도모하기 위한 기본적 사항
내용	
① 토지(공유수면 포함)의 이용에 관한 사항	
② 도로, 항만 등의 교통시설 및 통신시설의 정비, 사람과 물자의 유통 및 폐기물의 운반에 필요한 비용의 저렴화, 오가사와라제도와 오가사와라 섬 내의 교통통신의 확보에 관한 기본적인 사항	
③ 지역의 특성에 맞는 농림수산업, 상공업 등의 산업의 진흥개발에 관한 기본적인 사항	
④ 고용기회의 확충, 직업능력의 개발, 기타 취업의 촉진에 관한 기본적인 사항	
⑤ 주택 및 생활환경의 정비(폐기물의 감량 기타 그 적정한 처리를 포함)에 관한 기본적인 사항	
⑥ 보건위생의 향상에 관한 기본적인 사항	
⑦ 고령자의 복지, 기타 복지의 증진에 관한 기본적인 사항	
⑧ 의료의 확보 등에 관한 기본적인 사항	
⑨ 자연환경의 보전과 재생 및 공해의 방지에 관한 기본적인 사항	
⑩ 재생 가능한 에너지원(태양광, 풍력 기타 비화석 에너지원 중 에너지원으로 영구히 사용할 수 있는 것)의 이용, 기타 에너지의 공급에 관한 기본적인 사항	
⑪ 방재 및 국토보전에 관한 시설의 정비에 관한 기본적인 사항	
⑫ 교육 및 문화의 진흥에 관한 기본적인 사항	
⑬ 관광의 개발에 관한 기본적인 사항	
⑭ 국내 및 국외의 지역과의 교류 촉진에 관한 기본적인 사항	
⑮ 오가사와라제도의 진흥개발에 기여하는 인재의 확보 및 교육에 관한 기본적인 사항	
⑯ 오가사와라제도의 진흥개발에 관련한 사업자, 주민, NPO, 기타 관계자 간의 연대 및 협력의 확보	
⑰ 기타 귀도(歸島)를 원하는 과거 섬 주민의 귀도 촉진 및 오가사와라제도의 진흥개발에 관한 기본적인 사항	

자료: 小笠原諸島振興開発特別措置法 및 신순호, 2014.8, "일본 원격도서지역의 개발정책방향", 「제5회 전국 해양문화학자대회 발표 자료집」 참조

---

30) 이 법은 오가사와라제도의 복귀에 따라 오가사와라제도의 특수 사정을 감안하여, 오가사와라제도의 진흥개발에 관하여 기본이념을 정하고 국가 및 지방공공단체의 책무를 분명히 하는 것과 동시에 오가사와라 제도 진흥개발정책에 따라 전체적인 오가사와라제도 진흥개발계획을 수립하고, 이를 바탕으로 사업을 실시하는 등 특별조치를 강구하여 그 기초조건의 개선 및 지리적·자연적인 특성에 맞는 오가사와라제도의 진흥 발전을 도모하고, 아울러 귀향을 도모함으로써 오가사와라제도의 자립적 발전, 주민의 생활안전과 복지향상, 오가사와라제도 정착의 촉진을 도모하는 것을 목적으로 한다(법 제1조).

승, 자연환경의 보전, 자연과의 만남의 장소 및 기회 제공, 식량의 안정적인 공급, 기타 국인 보호 및 증진에 중요한 역할을 담당하는 점을 감안하여 그 역할을 충분히 발휘할 수 있도록 오가사와라제도의 지리적 및 자연적 특성을 살려 그 매력의 증진을 이바지하는 것을 강구하고 있다(신순호, 2014. 8: 61).

오가사와라제도의 진흥개발을 도모하기 위한 기본적 사항은 <표 5-6>과 같다. 최근 개정법의 중요한 내용은 첫째, 시정촌 산업진흥촉진계획 제도의 창설이며, 이로 인해 통역안내사법, 여행업법 상의 특례조치를 받을 수 있게 되었다. 둘째, 정주환경의 개선을 위한 각종 배려 규정의 추가이다. 정주환경의 개선을 도모하기 위해 의료, 개호, 교육, 방재 등의 분야에 있어서 철저하게 대응하는 배려규정이 마련되었다.

4) 시사점

일본의 해양과 도서를 비롯한 영토에 대한 인식은 어느 국가에 비해 일찍부터 높았다. 이러한 관점에서 일본은 해양주권과 자원확보 차원에서 배타적 경제수역에 관심을 집중하여 왔고 계속하여 외연을 크게 확대하고 있다. 이러한 해양주권에 대한 일본의 관심은 도서개발정책이 그 중심으로 자리 있는바, 1953년 이도진흥법을 제정한 후 이에 따라 이도진흥계획이 수립되어 추진되었으며, 현재 제7차(2013~2022년) 계획이 추진되고 있다. 이와 더불어 이도진흥법 대상도서 외의 지역인 오키나와와 아마미군도, 오가사와라제도는 별도의 법제에 의한 개발계획을 수립하여 시행하고 있다.

일본의 원격도서지역인 아마미군도와 오가사와라제도는 미군정하에서 반환된 이후 지금까지 국가의 특별 조치 및 지방공공단체와 섬 주민들의 끊임없는 노력에 의해 기초 조건의 개선과 그 진흥 개발을 꾸준히 실시하고 제반에 걸쳐 상응하는 성과를 거두었다. 이 원격도서지역은 배타적 경제수역의 보호라는 측면에서 일본정부에서 집중적으로 관리·지원하고 있다. 특징적인 법률의 내용으로는 도서민의 정주여건을 향상시키기 위해서 지역의 특성에 맞는 산업진흥과 고용 확대 등의 시책을 지속적으로 추진하고 있고, 그에 따른 교부금제도를 설치·운영하고 있다는 점과 함께, 추진 중인 사업들의 성과목표를 정기적으로 평가하여 실천성 있는 계획집행을 유도하고 있는 점을 들 수 있다(신순호, 2014.8: 62).

1. 개관

　　문화와 예술은 우리 삶의 질을 높여주고, 그 속에서 새로운 가치를 창출하는 창조적 활동이다. 문화·예술의 개념이 협소했던 과거와 달리, 오늘날은 그 개념이 확대되었을 뿐만 아니라 지역경쟁력과 원동력이라는 새로운 역할을 부여받게 되었다. 즉, 문화·예술은 지역을 재생(regeneration)시킨다거나 새로운 이미지를 형성하는 데 지대한 영향력을 미친다(신순호·박성현, 2013: 206).

　　여기에서는 구리제련소라는 섬의 이미지를 예술의 섬으로 탈바꿈하여 세계적으로 주목받고 있는 일본의 나오시마(直島) 사례를 살펴본다. 나오시마지역은 구리제련소라는 지역의 핵심산업의 쇠퇴(decline) 등으로 인해 낙후되어 가던 지역이 연간 36만명 이상의 관광객이 찾는 예술의 섬으로 주목을 받고 있다. 이른바 '나오시마 프로젝트(Naoshima project)'가 그 중심이 되었다.[1] 이 프로젝트는 환경오염과 인구감소 노령화 등으로 버려져 가던 섬을 예술과 자연이 살아 있는 명품 섬으로 만든 프로젝트이다.

　　여기에서는 예술(Art)의 섬으로 알려진 일본 나오시마지역을 대상으로 인구·사회구조에 대해 지역산업과 관련하여 분석한다. 보다 구체적으로는 섬이라는 특수성을 가진 지역의 주요한 사회적 구조를 살펴보고 이러한 여건 속에서 핵심 산업이 지역에 미치는 영향과 그러한 핵심 산업의 쇠퇴를 어떻게 극복했는가를 살펴본다.

　　일반적으로 외부지역과 격절성이 높은 섬 지역은 핵심 산업이 빠르게 쇠퇴하거나 폐쇄될 경우 지역내에 미치는 영향이 매우 심대하고 곧 지역의 쇠퇴로 연결되기 쉽다. 이를 극복하는 데는 대부분 유사한 산업이 새로 자리하게 되거나 강한 공공정책에 의존하는 경우가 일반적이다. 그러나 나오시마의 경우 제조업인 제련소 위주의 지역경제가 오랫동안 기반이 되었던 섬 지역이 성격이 매우 다른 문화·예술로 변화하여 재탄생되는 사회·경제 구조

---

1) 안도 다다오[安藤忠雄]의 건축물이 구심점이 되어 섬 자체를 예술 작품으로 만든 이 프로젝트는 세계적인 여행잡지 Conde Nast Traveller에서 선정하는 '꼭 가보아야 하는 세계 7대 명소'에도 이름을 올렸다.

그림 5-4 나오시마지역의 지리적 · 공간적 위치

자료: www.naoshima.net

변화는 큰 의미를 갖게 해 준다.

2. 지역사회의 배경

나오시마(直島)라는 지명은 호겐의 난(保元の乱)에서 패한 스토쿠천왕(崇德天皇 : 1119년~1164년)이 사누키(讚岐)에 유배되던 중, 이 도서에 잠시 들렀을 때 주민들의 순진하고 소박함을 높이 평가하여 명명하였다고 전해지고 있다. 도쿠가와(德川)시대에는 막부(幕府)천황의 영지(직할지)로, 세토(瀨戶)내해의 해상 교통의 요충을 차지하고 해운업과 제염업의 도서로 번성하였다. 다이쇼 (大正) 6년(1917년)에 미쓰비시광업(三菱鑛業) 나오시마제련소가 설립된 이래,[2] 비약적인 발전을 이루었다. 헤이세이(平成) 원년(1988년)에는 일본의 대표적인 교육기업인 후쿠타케서점(福武書店)이[3] '나오시마문화촌(直島文化村)' 구상의

---

[2] 미쓰비시 메트리얼[三菱マテリアル]의 금속광산 경영은 1872년 99상회의 광업사업의 전개로 시작되었고, 1874년의 미쓰비시상회가 요시노[吉野]광산을 매수하면서 본격화되었다. 1917년에 제련소가 설치된 후, 1918년에 미쓰비시합자회사에서 광업과 관련된 자산을 승계하여 설립한 미쓰비시광업(주)이 제련소를 운영하였다. 현재는 제련소뿐만 아니라 에코타운사업 '에코 아일 랜드 나오시마 플랜[エコアイランドなおしまプラン]'에 참여하여 자원 리사이클(유가금속 리사이클), 온도제어[サーマル] 리사이클 등의 순환자원회수사업도 시행하고 있다.

[3] 현, 베네세 코퍼레이션을 말한다. 베네세 그룹(후쿠다케 회장)은 기업의 사회 환원, 기업의 이미지 제고, 실버산업으로의 영역 확장 등을 목표로 나오시마 프로젝트를 시작하여, 1987년에 나오시마 섬의 토지매입(섬의 절반, 약 10억엔), 1992년 베네세하우스 조성(안도 다다오), 1998년 이에(家) 프로젝트 시작, 2004년 지중미술관 조성, 2010년 제1회 세토우치 국제예술제 실시,

일환으로서 국제캠핑장을 개장하고, 3년 후에는 베네세하우스라는 호텔을 개설하는 등 문화성이 높은 섬으로 발전하고 있다.[4]

가가와현(香川県) 가가와군(香川郡) 나오시마지역은 다카마쓰시(高松市)에서 북쪽으로 13㎞, 오카야마현(岡山県) 다마노시(玉野市)에서 남쪽으로 3㎞의 세토내해(瀬戸内海) 동부에 위치하는 나오시마군도(島群島)로, 나오시마 섬을 비롯한 27개의 섬들로 구성되어 있다(그림 5-4 左). 나오시마 섬은 그 중앙에 위치하며 동서 2㎞, 남북 5㎞, 주위 16㎞로 섬 전체가 노화한 화강암과 그 풍화토로 덮여 있는 구릉형태의 섬으로 평지가 적다. 나오시마 섬의 남쪽은 세토나이카이국립공원(瀬戸内海国立公園)으로 지정되어 있다.

나오시마 섬의 행정소속의 변천사를 보면, 에도막부말기(江戸幕末期)는 시고쿠(四国) 다카마쓰(高松)의 소속이었지만, 1868년경에는 오카야마현(岡山県)의 소속으로, 그리고 1871년에는 가가와현(香川県)으로 이관되었다. 1890년 정촌제(町村制)의 시행으로 나오시마손(直島村)이 발족하였고, 1954년 나오시마쵸(直島町)가 되었다. 특징적인 것은 1980년의 시제정촌제(市制町村制) 시행 당시에는 1시(市) 5정(町) 176촌(村)이라는 지방자치단체가 있었지만, 그 후 각 시정촌은 합병을 반복하여 현재 8시(市) 9정(町)으로 통합되는 과정에서 유일하게 다른 지방자치단체와 합병되지 않은 독립지방자치단체를 유지하고 있다. 독립지방자치단체를 유지할 수 있던 이유는 섬에 소재한 구리제련소의 존재가 컸으며, 최근에는 후쿠타케서점(福武書店)의 '베네세 아트 사이트(ベネッセアートサイト)'활동으로 독립지방자치단체를 유지하는데 일정한 역할을 하였다고 한다.

나오시마 섬의 공간적 구조는 북서쪽에 제련소가 위치하고 있으며, 서쪽에는 미야노우라항(宮ノ浦港)을 중심으로 집락촌과 복지센터가 위치하며, 그 반대편인 동쪽에는 혼무라(本村)라는 중심 집락촌과 행정사무소, 이에(家) 프로젝트지역이 위치해 있다(그림 5-4 右). 미야노우라항과 혼무라 중간지역에는 학교시설들이 위치해 있으며, 남쪽에는 '베네세 아트 사이트'로 호텔과 미술관 등의 관광시설이 위치해 있다. 나오시마 섬은 평지가 없으며, 주로 구릉과 산으로 이루어진 지형이다. 이러한 지형적 특징은 북서쪽의 제련소에서

2013년 제2회 세토우치 국제예술제 실시를 하였다.

4) 直島町 홈페이지 참조 작성(http://www.town.naoshima,lg.jp).

발생하는 공해물질들이 주거지역에 직접적으로 피해를 주지 않게 막아주는 역할을 한다.

2020년 4월 기준, 나오시마쵸(直島町)의 면적은 14.23㎢, 주민은 1,571세대, 인구 3,066인으로, 가가와현(香川県) 내 16개 지방자치단체 중 가장 인구규모가 작은 지방자치단체이다. 보육·교육기관은 보육소와 유치원을 통합한 쵸립(町立) 나오시마유아학원, 쵸립 소학교, 쵸립 중학교 각 하나씩으로, 고등교육기관인 고등학교, 대학, 전문학교 등은 없다. 의료기간은 쵸립 진료소와 치과만이 있다.

섬으로의 접근은 항로로, 다카마쓰시의 다카마쓰항과 다마노시의 우노(宇野)항에서 출발하는 페리선, 다카마쓰항(高松港나)—나오시마 섬, 우노항—나오시마 섬이다. 섬내 도로는 가가와현도(香川県道) 256호가 있으며, 마을버스가 제련소, 미야노우라항(宮ノ浦港), 혼무라(本村) 그리고 츠즈지소(つつじ荘)를 1일 20회 정도 왕복운행하고 있다. 게다가, '베네세 아트 사이트 나오시마지구'의 경우는 무료 셔틀버스가 순환운행하고 있다.

수도시설은 가가와현의 다카마쓰시가 아닌 오카야마현의 다마노시에서, 전기시설은 시고쿠(四国)전력이 아닌 주고쿠(中国)전력에서 공급되고 있다. 또한 오카야마현(岡山県)과 가가와현의 협정으로 오카야마현립고교(岡山県立高校)로 정식 입학이 인정되고, 쇼핑 및 병원 등을 시설을 이용하기 위해 다마노시로 이용하는 주민들이 적지 않은 편이다. 나오시마지역은 행정적으로는 가가와현에 속하고 있지만, 교육·소비 등을 포함한 생활문화적으로는 오카야마현(다마노시)의 영향을 깊게 받고 있다.

3. 나오시마지역의 인구구조

1960년대부터 시작된 나오시마지역의 인구감소 경향은 2000년대 들어 4.5%(2000~2005년), 6.0%(2005~2010년), 5.6%(2010~2015년)로 감소율은 줄어들고 있지만, 멈추지는 않고 있다. 국세조사(国勢調査)에 따르면, 2015년의 총인구는 3,139인, 총세대수는 1,513세대이었으며, 2020년 4월 기준 인구 3,069인, 1,571세대이다.

먼저 나오시마지역의 세대수의 추이를 보면, 2000년 1,512세대, 2005년

표 5-7 인구동태(단위: 명)

연도	자연 증감			사회 증감			인구
	출생	사망	증감	전입	전출	증감	증감
1996~2000	155	220	-65	605	990	-389	-454
2001~2005	113	185	-70	731	890	-159	-229
2006~2010	114	241	-126	753	827	-74	-200
2011~2015	110	214	-90	796	821	-25	-115
2016~2019	100	160	-60	689	701	-15	-75

자료: 나오시마쵸[直島町] HP「통계정보」에 의해 작성함.

1,505세대, 2010년 1,510세대, 2015년 1,513세대로, 최근 들어 미세한 증가 추세를 보이고 있다. 2015년 기준, 나오시마지역의 세대구성은 일반세대 (1,513세대, 99.7%)5)가 대부분을 차지하며, 이 중 핵가족세대6) 57.3%, 단독세대7) 42.7%이다. 그 변화를 보면, 2000년 이후 세대수는 전반적으로 유지하고 있으며, 특히 핵가족세대의 감소분이 6.6%로 크게 나타났다.

나오시마지역 세대구성의 특징은 상대적으로 핵가족, 대가족이 적은 반면, 비고령 단독세대가 전체의 31.3%로 현 내 두 번째로 많다. 이러한 특징은 지역산업과 관련하여 청장년층 단독세대의 유입이 상대적으로 많다는 것을 의미한다.

나오시마지역 인구의 자연증감은 1995년 이후 사망률이 출생률을 선회하고 있다. <표 5-7>에서 보는 바와 같이, 출생보다 사망의 증가가 현저히 많았으며, 약 25년간 411명의 자연감소를 보이고 있다. 사회증감은 자연증감과 비슷한 구조로 전입자보다도 전출자가 많지만, 차츰 전입자수 증가, 전출자수가 감소하여 사회적 감소현상이 줄어드는 경향을 보이고 있다.

최근 10년간 자연감소와 사회감소는 낮아지는 추세를 보이고 있는데, 자연 감소요인은 저출산·고령화현상 때문이다. 이는 젊은 층의 증가, 혼인의 증가, 출산의욕의 증가, 출산·육아환경 등의 개선이 없으면 더욱 심각하게 진행될 것이다.

---

5) 국세조사에서 세대의 종류를 크게 '일반세대'와 '시설 등의 세대'로 구분하는데, 나오시마쵸의 0.3%는 시설 등의 세대에 속한다.
6) 핵가족세대는 부부, 부부와 아이, 부자, 모자로 구성된 세대를 말한다.
7) 단독세대는 세대인원인 1인인 세대를 말한다.

사회 증감은 나오시마지역의 고용환경에서 기인한다. 최근 청장년층을 중심으로 한 전입자수의 증가경향, 전출자수의 감소경향의 배경에는 '베네세 아트 사이트'사업에 따른 고용기회의 증가, 산업폐기물 중간처리시설과 관련한 고용기회의 증가와 관련이 있는 것으로 보인다(신순호·박성현, 2013: 213).

나오시마지역 주민의 성비와 연령구성을 살펴보면 다음과 같다.

먼저, 성비는 1940년 127.1이라는 남성적 사회에서 1960년 99.6으로 여성이 약간 높게 나타났다. 그 후 2000년 100.4, 2005년 100.1, 2010년 101.0, 2015년 106.8로 다시 남성이 약간 높게 나타났다. 그렇지만, 연령별로는 다른 양상을 보인다. 가장 특징적인 연령대는 청장년층으로, 2000년에는 20~24세 연령층이 139.9, 30~59세 연령층이 108.0, 2005년에는 20~29세 연령층이 120.1, 35~59세 연령층이 128.8, 2010년에는 15~34세 연령층이 125.8, 40~69세 연령층이 117.5로 남성의 성비가 높다. 나오시마지역에서는 청장년층에 대한 근로기회의 확대로 남성우위사회를 형성하게 되었다. 또한 2015년 기준 가가와현 내 성비가 100.0을 넘는 지방자치단체는 나오시마지역뿐이다. 고령화가 진행되면서 일반적으로 여성 고령자가 남성 고령자보다도 많기 마련인데, 나오시마지역에서는 남성 고령자가 많다는 것이 특징이다.

다음은 연령구성의 변화를 살펴보면, 2000년, 2005년, 2010년, 2015년의 아동인구와 생산연령인구는 지속적으로 감소하고 있는 반면, 고령자비율은 증가하고 있다. 즉, 65세 이상의 고령자비율은 2010년에 30.4%에서 2015년에 34.2%로 증가하였고, 2015년의 아동인구비율 10.0%는 가가와현 17개 지방자치단체 중 14번째, 고령화율에서는 6번째로 현 내에서도 높은 저출산·고령화 현상이 나타나고 있다. 단카이(団塊)세대[8]에서는 여성보다 남성의 비율이 높다.

2015년 기준, 나오시마지역의 노동력 현황을 살펴보면 다음과 같다.

나오시마지역의 15세 이상 인구 2,826인 중, 노동인구는 1,654인(58.5%)이고, 1차산업 92인(5.6%), 2차산업 585인(35.4%), 3차산업 929인(56.2%)로 나타났다. 노동력은 전국과 가가와현과 비교할 때, 남성의 노동력률이 상대적으로 높다. 나오시마쵸 73.9%, 가가와현 69.5%, 전국 69.3%로, 전국과 현의

---

8) 1947년에서 1949년 사이에 태어난 일본의 베이비 붐 세대로, 1970년대와 1980년 일본의 고도성장을 이끌어낸 세대이다.

평균에 비해 나오시마쵸가 4% 이상 높다. 그 중에서 젊은 층의 노동력률이 매우 높으며,[9] 이는 성별로 볼 때 남성 노동력으로 기인한다고 판단된다. 그에 반해, 여성 노동력률은 나오시마쵸 45.1%인 데 비해, 가가와현 47.1%, 전국 47.0%이고, 기혼여성의 경우는 각각 46.8%, 51.0%, 48.1%로 현과 전국에 비해 약간 낮다. 이처럼 여성의 노동력상태가 낮은 것은 고령화와 함께 지역 내 여성의 근로기회가 한정되었기 때문이다.

4. 나오시마지역의 산업구조

예전부터 나오시마지역은 구리제련소의 섬으로 제련소와 그 운명을 함께 해 왔다. 1960년대 이후 경기침체로 제련소의 인원감축이 실시되면서 인구감소와 함께 지역경제·산업에 큰 영향을 미쳤다. 이러한 흐름에 전환을 가져온 시기는 2000년대부터이다.

나오시마지역의 산업별 취업인구는 감소 경향을 보이며, 2015년 기준 총 1,654명이 취업인구로 나타나고 있다. 1차산업과 2차산업의 종사자는 감소하는 반면, 3차산업의 종사자들은 증가하고 있다. 즉, 1990년 조사와 비교하면 제조업 종사자수는 과반수 정도(1990년 916인, 2015년 474인)로 줄었고, 숙박업을 포함한 서비스업의 종사자가 크게 증가해 왔다. 2015년 기준, 종사자가 많은 업종은 음식점·숙박업, 제조업, 운송업, 소매업 등이다.

나오시마지역의 제조업 추이는 다음 <표 5-9>와 같다. 제조업은 제련소가 특화되어 나오시마지역의 제조업에 관한 자료는 대부분 제련소의 동향에 의해 결정되고 있다. 관계자에 따르면, 2000년대 전반의 제조품 등 출하액의 감소는 구리가격의 하락으로 인한 것이며, 2006년 이후의 종사자수와 출하액의 증가는 구리가격의 상승과 유가금속 리사이클업과 용융비회(溶融飛灰)재자원화사업 등 신규사업의 가동에 의한 것이라고 보여진다.

2018년 기준 제조업구조를 보면, 사업소수는 5개소, 종사자수는 630인이다. 종사자수 300인 이상은 1개소로, 전체 사업소 종사자의 68.0%를 점하고

---

9) 15~19세 연령층은 가가와현 14.3%, 전국 15.0%로 나오시마쵸(35.6%)가 20%이상 더 높고, 20~24세 연령층은 가가와현 76.0%, 전국 65.8%로 가가와현도 높지만, 그 이상으로 나오시마쵸는 90.3%로 매우 높다.

표 5-8 산업별 취업인구 현황(단위 : 명)

구분		1990년	1995년	2000년	2005년	2010년	2015년
1차산업	농업	24	8	3	4	0	3
	임업·채취업	0	3	2	9	8	4
	수산업	147	144	148	149	123	85
	소계	171	155	153	162	131	92
2차산업	광업	19	31	32	5	0	0
	건설업	263	209	207	185	130	111
	제조업	916	724	560	459	456	474
	소계	1,198	964	799	649	586	585
3차산업	소매업	248	225	185	166	140	123
	금융·보험·부동산업	22	25	15	14	17	16
	운송·통신업	217	181	167	170	206	141
	전기·가스·수도업	5	4	8	6	13	10
	서비스업	307	381	365	475	525	569
	공무	65	62	80	86	70	70
	기타	2	2	0	0	13	48
	소계	866	880	820	917	984	977
합계		2,235	1,999	1,772	1,728	1,701	1,654

자료: 直島町「直島町統計情報」

표 5-9   제조업의 추이

구분	2000	2005	2010	2011	2012	2013	2014	2015	2016	2017	2018
사업소수(개소)	7	5	4	4	5	5	5	4	5	5	5
종업원수(인)	550	494	612	492	532	541	541	582	548	618	630
출하액(만엔)	1,200	2,058	3,455	4,251	3,829	3,491	3,742	4,537	3,679	4,295	5,008
1인당 생산액(만엔)	21,809	41,658	56,454	86,402	71,973	64,529	69,168	77,955	67,135	69,498	79,492

자료: 각년도의 「工業統計」를 참조하여 작성하였음.

있다. 출하액은 지속적으로 증가하고 있는데, 2018년 기준 5,008만 엔이며, 1인당 생산액은 79,492만 엔으로 이처럼 출하액과 1인당 생산액이 높은 것은 제련소에 의한 것이다. 즉, 나오시마지역의 제련소 근로자는 가가와현 내에서는 상대적으로 높은 임금을 받고 있다. 이처럼 나오시마지역의 제조업은 전적으로 제련소에 의존하고 있다.

한편, 나오시마지역의 상점수와 종사자수는 감소하는 경향을 보이고 있고, 1982년과 비교하여 현재 상점수는 3분의 1 정도로, 종사자수는 약 52%로

표 5-10 나오시마지역의 상업의 추이

구분	1982	1991	2002	2007	2014
상점수(개소)	89	63	60	45	26
종사자(인)	243	189	196	153	126
연간 판매액(백만엔)	3,578	4,925	3,116	2,870	1,563
연간 1인당 판매액(만엔)	1,472	2,606	1,590	1,876	1,240

자료: 直島町「直島町統計情報」
(http://www.town.naoshima.lg.jp/smph/government/gaiyo/toukei/sanngyou20191113.html, 2020
년 11월 19일 갱신)

감소하였다. 2014년 기준, 상점수 26개, 종사자 126명으로, 이는 가가와현 내
지방자치단체 중에서 가장 적은 점포수와 종사자수이다. 2014년 기준, 1인당
연간 판매액 1,240만 엔은 현 평균 4,272만 엔에 크게 못 미친다. 한마디로
나오시마지역의 소매업 경영규모는 영세하다고 말할 수 있다.

최근, 나오시마지역에서 급속히 성장한 업종은 음식업과 숙박업이다. 그
중에서도 여관, 호텔 등의 숙박업의 성장이 눈에 띈다. 1999년에는 6개소, 종
사자수 73인이었지만, 2014년에는 31개소로 5배 이상이 되었고, 종사자수는
4배 이상인 328인이 되었다. 그러나 100인 이상의 종사자가 근무하는 업소는
1개소(193인)뿐이고, 그 외는 10인 미만(5인 이하가 13개소)의 개인영업이다. 이
러한 구조는 제조업의 구조와 비슷한 양상을 보이고 있다. 종사자의 증가는
'베네세 하우스'라는 대규모 호텔로 인한 것이다. 1999년에는 55인의 종업원
이었지만, 2014년에는 193인으로 4배 정도 증가하였다. 10년간 155인 증가
중 90%인 138인이 이 호텔의 종사자였다.

나오시마지역은 예전부터 평지가 없고 지력이 빈약하여 농업에 적합하
지 않는다는 지형적인 조건으로 농업의 활발하지 못하였다. 일본 농림업센서
스에 따르면, 1975년 기준 406,100㎡의 농업이고, 전업농가 17호, 제1종 겸업
농가 4호, 제2종 겸업농가 170호, 합계 191호의 농가가 있었다. 그 후 1988년
까지 전업농가 수가 증가추세를 보이다가 감소로 전환한 결과, 2005년에는
경영체로서의 농가가 없어졌다.

한편, 나오시마어업협동조합에 따르면, 나오시마지역의 어업은 김, 방어
치어, 도미를 비롯한 양식과 낚시 등의 일반 어업으로 구성되어 있다. 2010
년도의 양식어업경영체는 김 17개소, 방어 치어 11개소, 도미 10개소이고, 일

반어업 경영체는 정치망어업 38개소, 주낙어업 19개소, 자망어업 17개소, 일반어업에는 낚시어업이 22개소로 비교적 많다. 어획량은 압도적으로 해면양식이 차지하는 비율이 높아 나오시마지역의 어업은 해면양식어업이라고 말할 수 있다. 그러나 판매고는 1994년도(3,996백만 엔) 이후 증가하고 있지만, 2001년도의 5,458백만 엔을 정점으로 감소경향에 있다. 2009년도 경제센서스에 따르면, 나오시마지역의 어업(수산양식업)은 27개소, 종사자 195인이지만, 2011년도의 어업협동조합의 조합원은 69인이고, 1인당 어획량은 약 4,206만 엔으로 보고되고 있다.

나오시마지역는 일반 도서지역과 다르게 산업구조 중 수산업과 농업이 차지하는 비중이 작고, 제조업과 관광의 비중이 큰 것이 특징이다.

5. 제련소의 지역적 함의와 새로운 고용환경의 태동

근·현대의 나오시마지역은 지역의 성장과 쇠퇴를 나오시마제련소와 함께 하였다고 볼 수 있다.

1917년, 미쓰비시(三菱) 메트리얼 전신인 미쓰비시 합자(合資)회사는 나오시마 섬에 중앙제련소인 구리제련소를 설치하면서 지역내 활동을 전개하였다. 일반적으로 제련소는 제련과정에서 발생하는 수질오염, 아황산가스 등에 의해 인근 주변의 대기오염·식물의 고사 등의 악영향을 끼쳤다. 메이지(明治)중반에서 다이쇼(大正)까지 급성장한 일본의 구리생산업은 아시오광산 중독사건(足尾銅山鑛毒事件)[10]으로 전국 각지에서 제련하는 과정에서 발생한 아황산가스 등의 심각한 환경오염문제가 대두되었다. 이러한 공해배상문제에 골머리를 앓던 업계는 여론에 민감하지 않았던 세토내해에 있는 섬들로 시선을 돌렸다. 처음에는 데시마섬(豊島)과 교섭하였지만 중단되었고, 다음 후보로 나오시마 섬이 거론되어 교섭한 결과 1916년에 제련소의 진출이 결정되었다.[11]

---

10) 19세기 후반 메이지시대 초기부터 토치기현[栃木県]과 군마현[群馬県]의 와타라세강[渡瀬川] 주변에서 발생한 광산의 공해사건이다.

11) 자세한 내용은 四國新聞, 島びと20 世紀 第3部 豊島と直島
http://www.shikoku-np.co.jp/feature/shimabito/3/1을 참조할 수 있다

그림 5-5　나오시마 구리제련소 주변 사진

자료: 구글어스 위성사진(좌), http://d.hatena.ne.jp/(우)

　　당시, 특별한 산업이 존재하지 않으며 인구 2,000명 정도였던 나오시마섬은 제련소의 진출과 조업(1918년) 이후 제련소 인근 산에 있는 나무들은 매연으로 고사되어 벌거숭이산으로 변했다(그림 5-5 左). 그러나 섬의 동쪽에는 미쓰비시광업의 기업마을으로 제련소종사자와 그 가족의 정주하고 급격한 인구증가와 함께 지역경제가 성장하였다.

　　제1회 국세조사(1920년)에서는 총 676세대 2,944인이었던 인구가 1940년에는 1,247세대 5,524인으로 약 2배가 증가하였다. 제련소의 진출 이후, 도서 내에 젊은 남성 종사자의 유입으로 성비의 불균형이 나타났는데, 1920년의 성비는 127.1(남성 3,097인, 여성 2,437인)로 압도적으로 남성이 많은 구조였다. 또한 1965년의 국세조사에서는 금속·기계·화학공업에 종사하는 1,225명(전체 제련소 종사자의 93%)이 남성으로 나타났다.[12]

　　나오시마지역은 완전한 미쓰비시의 기업마을이라 할 수 있었다. 1955년 국세조사에서는 제조업 종사자가 55.3%를 차지하였지만 1965년에는 48.4%로 그 비율이 감소하였다. 1966년 사업소 통계에 따르면 사업소 229개소, 종사자 2,150인이었다. 이 가운데 제조업은 22개소였으며 3개의 대기업이 전체 종사자의 66%(1,221명)를 차지하였다. 호황기의 노동조합원은 1,200명이 넘었

---

12) 전쟁 후 1945년 9월부터 일시조업이 정지되었지만, 1947년 3월에 조업재개, 순조로이 생산을 증가시켜왔다. 섬의 인구도 증가하여 1955년에는 7,501인, 1958년의 주민기본대장에서는 7,842인으로 최대를 기록하고 있다.

다[13]고 하는 것을 보더라도 마을 직장인의 대부분은 제련소 종사자이었다.

　1960년의 성비는 99.6이었으며 특히 15~64세 연령층은 97.5(남성 2,203인, 여성 2,259인)이었고, 25~34세 연령층의 남성 기혼율은 92.2%이었다. 여성의 노동률은 33.8%로 다른 지방자치단체와 비교하여 현저히 낮았으며 비노동 여성의 84.4%가 전업주부였다. 즉, 제련소 배우자들은 다른 도서지역에 비해 상대적으로 고수입으로 특별한 직업을 갖지 않았다고 한다.

　제련소의 진출은 지역재정을 풍부하게 하였고, 안정적 직장, 상대적으로 높은 임금 그리고 미쓰비시의 복리후생시설에 의해 공공서비스가 제공되었다. 이로 인해 많은 도서지역의 문제라고 할 수 있는 '미혼여성의 부족', '의사의 부족'을 해소하였고, 인구증가와 풍요로운 문화생활을 향유하게 되었다.[14]

　1969년에는 제련소의 공업용수를 안정적으로 공급하기 위해 다마노시에서 나오시마 섬까지 해저관로를 설비하게 되었는데 이는 자연스럽게 주민들의 물 부족문제도 해소하게 되었다. 그러나 1960년대에 일본 경기후퇴로 제련소의 인원감축계획을 추진되었으며, 이는 섬 주민의 감소로 연동되었다. 1967년에 미쓰비시는 생산량을 증대하기 위해 새로운 제련소의 정비를 계획하였다. 신(新) 제련소 후보지로 후쿠이현[福井県]의 오나하마[小名浜]와 나오시마 섬이 거론되어 마을주민과 가가와현 지사의 진정(陳情) 그리고 노동조합의 노력으로 나오시마 섬에 신제련소의 건설이 결정되었다.

　신제련소 건설이 나오시마 섬에 결정하면서 그의 조건으로 인원증원 없이 현 인원으로 새로운 시설의 가동과 함께 보조관리업무는 외부로 위탁한다는 등이 있었다.[15] 1969년에 신제련소가 가동했음에도 불구하고 1970년에는 6,000인까지 감소하였다. 그 후에도 5년간 300인이 넘게 감소가 지속되고 2000년에는 3,705인으로 1955년과 비교하여 반 이하로 감소하였다. 제련소 종사자수의 감소는 여러 측면에서 나오시마 섬에 영향을 미쳤다. 예를 들어서 제련소가 제공하고 있는 병원시설, 극장 등의 주민서비스가 중단 또는 축

---

13) 四國新聞, 「島びと20 世紀 第3部 豊島と直島」(4) http://www.shikoku-np.co.jp/feature/shima-bito/3/4 참조.

14) 종합병원(내과, 외과, 산부인과, 소아과, 이비인후과)과 제련소 내의 문화시설인 영화관이 설치되어, 종업원과 가족들뿐 아니라 마을주민들도 이용할 수 있었다.

15) 四國新聞, 「島びと20 世紀 第3部 豊島と直島」(3) http://www.shikoku-np.co.jp/feature/shimabi-to/3/3

그림 5-6　후쿠다케 미술재단의 사업

자료: 저자 현지촬영

소되었으며, 소학교, 중학교의 학생수도 감소하여 도서지역의 활력이 저하되었다. 2000년 시점에서 주민의 반수가 제련소와 관련한 11개사의 종업원과 그 가족이었고, 마을 세수의 60%는 제련소의 세금이었으며, 개인소득도 다카마쓰시 다음으로 상위를 차지하고 있었다.[16] 이처럼, 제련소는 나오시마 섬의 지대한 영향력을 끼쳤다.

　　제련소의 종사자수가 감소하기 시작할 무렵에 나오시마지역은 새로운 전환의 움직임이 태동하였다. 1960년에 섬의 남쪽 지역의 자연을 살린 관광을 새로운 주요산업으로 하는 방침을 세웠다. 관광사업의 유치가 시작된 1966년에 후지타(藤田)관광이 해수욕장, 캠프장, 숙박시설을 구비한 '무인도 파라다이스'를 개설하였다. 이는 초기에는 많은 관광객이 방문하였지만 1973년 오일쇼크로 인해 관광객이 급격히 감소하게 되어 결국 1987년에 사업을 철수하였다. 이후 1985년부터서 오카야마시에 본사가 있는 후쿠타케서점이 예술활동을 중심으로 한 '나오시마문화촌(直島文化村)' 구상을 세우면서 관광개발을 위해 진출하였다. 베네세는 1991년에 관광사업·시설·호텔을 운영하는 나오시마문화촌을 설립하고 본격적으로 활동을 전개하였고, 아트사이트 활동의 기획·미술관 설치·운영, 이벤트사업을 실시하는 (재)나오시마 후쿠타케미술관재단(直島福武美術館財団)을 설립했다.

　　먼저, (재)나오시마 후쿠타케미술재단(直島福武美術財団)의 조직과 고용에 대해 보면 다음과 같다. 2004년 2월에 설립된 미술재단은 미술관(直島, 豊島), 이에(家)프로젝트(直島, 犬島), 뮤지엄(直島), 대중목욕탕(直島), 호텔(直島) 등 10개의 시설을 나오시마섬(犬島), 이누지마섬(犬島), 데지마섬(豊島)에 걸쳐 전

---

16) 상게 四國新聞,.

개하고 있다.

재단의 임원과 종업원의 구성을 보면, 임원은 이사장, 부이사장, 상무이사, 이사, 감사로 구성되어 있다. 이사장 이하 대부분 임원은 비상근·무급이며 2021년 3월 현재 13인이다.[17] 직원은 지추(地中海美術館)미술관관장, 관장대리, 사무국장, 동경사무국장, 사무국장 보좌, 부장, 차장 및 복수의 이사와 직원으로 구성되어 있다.

미술재단의 업무내용과 그 조건을 보면, 미술재단의 관리직은 과장을 빼고 베네세 홀딩스에서 파견된 형태이며, 총무, 인사, 총리, 재무, 교육이라는 핵심적 업무도 파견자들이 담당하고 있다. 계약사원, 아르바이트의 업무는 직접 고객을 상대하는 안내와 판매형태의 접객업무와 시설의 유지·관리라는 현장 단순 노무적 업무가 중심이다. 또한 노동조건을 보면, 계약사원, 아르바이트의 임금수준은 결코 높은 편은 아니었다.[18] 미술재단의 종업원 구성의 특징을 보면, 간부직원은 베네세 홀딩스에서의 파견되는 비상근으로 취임한다는 것과 비정규직이 많다는 점이다. 또한 조직구조는 베네세 본사에서의 파견자, 상근의 재단 판촉직원, 그리고 계약직원, 아르바이트 종사자이다. 이사의 구성과 간부직원에 베네세에서의 파견자가 많다는 것은 재단이 베네세 주도로 운영되고 있다는 것을 의미한다.

다음은 나오시마문화촌의 고용에 대해 보면, 나오시마문화촌은 베네세 홀딩스가 100% 출자한 기업이다. 베네세 하우스호텔을 중심으로 '베네세 아트 사이트 나오시마'를 운영하고 있는데, 1991년 12월에 설립되어 이미 30년 이상이 되어가고 있으며, 2020년 6월 기준 정직원 103명과 아르바이트 100여 명이 근무하고 있다. 정직원의 초임금과 그 대우는 미술재단과 비슷하다.

이상과 같이 베네세는 미술재단과 문화촌에서 정사원, 계약사원, 아르바이트 등으로 일정의 고용을 창출하고 있다. 재단은 2021년도에서 정사원 41명, 계약직원 43명, 그리고 아르바이트 53명 총 137명의 고용이 있고, 문화촌은 정사원 99명, 아르바이트 100여 명이다. 합계 약 330명의 고용이 창출되

---

17) 直島福武美術館財団, 事業報告及び決算報告の届出 (각 연도)
18) 대졸계약사원이 받는 16만 5천엔은 일본의 대졸초임급 수준 약 20만 엔 보다도 5만 엔 정도 적고, 아르바이트의 시급도 가가와현의 최저임금(2013년 8월 기준, 시급 667엔)보다는 상회하지만, 높다고 할 수는 없다(http//www.fukutake.or.jp/naoshimaart/saiyou_arbeit.shtml 2013년 9월 1일 검색).

고 있으며, 이후 일정의 고용을 창출할 가능성이 높다.

6. 정책적 시사점

지금까지 예술의 섬으로 알려진 일본 나오시마지역의 인구·사회구조에 대해 지역산업과 관련하여 분석하여 나오시마지역의 근·현대의 특성을 고찰하였다. 나오시마지역의 사례에서 확인할 수 있듯이 섬 지역은 제반 삶은 지역산업과 크게 관련되고 있다.

일반적으로 알려진 바와 같이 나오시마지역의 앞날은 단순히 낙관적인 시각으로만 볼 수 없는 형편이다.

나오시마지역의 지역사회 제반 여건에 비추어보아 향후 과제를 분석해 보면, 첫째, 나오시마지역은 미쓰비시와 베네세라는 대기업에 과도하게 의존되어 있는 특징을 보이고 있다. 일방적으로 외부의 자원과 자본의 의존성이 강하게 될 경우, 지역의 자조성이 발휘하지 못하게 되어 결국 섬 자체의 자치성이 훼손되게 된다. 따라서 섬 지역의 지속적인 성장을 위해서는 외부의 힘만이 아닌 외부의 힘과 함께 지역 내의 일정 부분의 자립적인 힘이 공존하는 형태로 구축되어야 한다(신순호·박성현, 2013: 228).

둘째, 나오시마지역은 지역산업구조의 변화로 인한 노동의 안정성에 문제가 나타나고 있다. 과거 제련소의 근로형태는 정규직, 기술직 모두가 비교적 높은 임금수준이었지만 예술·관광산업의 근로형태는 비정규직, 단순 노무직, 낮은 임금수준이라는 특징을 보이고 있다. 이러한 구조는 섬 내에서 안정적인 경제활동을 어렵게 만들어 결국 전출자를 증가시킨다. 따라서 섬 지역의 지속적인 성장을 위해서는 안정적인 경제활동이 가능한 근로형태가 조성되어야 할 것이다. 나오시마지역에서의 핵심적 산업의 쇠퇴와 새로운 문화예술을 바탕으로 한 관광산업의 등장은 지역주민의 인구와 사회구조에 커다란 영향을 주고 있다.

1. 개관

　　오늘날 우리 섬 지역의 현실은 인구 과소화와 고령화라는 어려운 과제에 직면해 있다. 이러한 문제의 근원에는 지역적 특수성과 산업구조, 소득수준 그리고 생활여건 상의 여러 취약점이 자리하고 있기 때문이다. 본 장에서는 섬 지역의 근본적인 문제라 할 수 있는 낮은 소득수준과 빈약한 산업구조에 직접적으로 관련된 섬 지역의 산업에 대해 살펴보도록 한다.

　　섬 인구의 과소화와 고령화라는 현실 속에서 새로운 산업의 창출과 신규기업의 창업, 기업유치 등 지역산업의 집적의 양적 확대를 기대하는 것은 쉽지 않다. 대부분의 섬 지역은 내륙지역에 비해 기업의 입지조건에 적합하지 않으며, 가장 큰 장애요인은 지리적 조건에 따른 불리한 교통여건이다. 일반적으로 내륙과 섬을 연결하는 교통수단은 선박뿐이며, 운항 횟수 또한 많지 않고 이동시간도 길다. 또한 섬 지역의 전력과 공업용수의 부족 등 산업기반의 측면에 있어서도 큰 제약을 받고 있기 때문에 기업유치는 한계가 있다(신순호·박성현, 2012.6: 269).

　　이러한 이유로 도시와 연륙된 극히 일부 섬을 제외하고 대부분의 섬 지역의 주된 산업은 농업과 수산업으로 구성된 제1차 산업이다.[19] 따라서 섬 지역의 활성화는 지역에서 오랫동안 지연(地緣)산업[20]으로 자리 잡고 있는 제1차 산업을 어떻게 육성하느냐가 핵심이라 할 수 있다.

　　한편, 지방자치제도가 본격적으로 실시됨에 따라 지역은 경쟁의 주체로 크게 부각되어 지역간 경쟁이 심화되고 있다. 이러한 시대적 환경 속에서 지역의 생존과 발전은 지역경영력과 지역산업경쟁력 및 사회문화력으로 구성되는 지역경쟁력 제고에 달려 있다고 할 수 있다(이태종, 2007: 363). 이러한 현

---

19) 문화자원과 관광자원을 보유한 도서의 경우, 제3차 산업인 관광산업도 일부분 차지하는 경우도 있다.

20) 지연산업은 지역에서 생산되는 원료를 사용하거나 지역의 전통기술을 사용하는 산업으로 지역의 자연, 역사, 문화적 토양에서 성장해 온 향토산업이다. 일본에서는 지장(地場)산업이라고 표현한다.

실에서 지역의 경쟁력을 향상시키고 지역주민들에게 활력과 자극을 불어 넣는데, 지방자치단체의 역할이 과거에 비해 크게 강조되고 있다.

이러한 배경 하에 본 절에서는 섬 지역의 산업 활성화를 위한 지방자치단체의 역할에 대해 살펴보고자 한다. 이를 위해 섬 지역 산업 활성화정책을 혁신적으로 추진하고 있는 일본의 섬 지역 사례를 검토·분석하여 그 시사점을 도출한다.

사례지역은 일본 시마네현(島根県) 오키군(隱岐郡) 아마쵸(海士町)로 설정하였다. 그 이유는 첫째, 중앙정부의 지원에만 의존하지 않고 지방자치단체의 자조노력과 제3섹터, 그리고 민간의 힘을 통해 위기를 기회로 바꾼 섬 지역이라는 의미를 갖기 때문이다. 둘째, U·I-턴[21]을 했던 사람들이 8년 동안 약 323명에 이르며,[22] 또한 활기 있는 지역의 모습을 시찰하기 위해 연간 1천명이 넘는 외부인이 아마쵸를 방문하고 있다(朝日新聞, 2012.1.18). 셋째, 일본시마네대학(島根大学)의 연구조사에 따르면 시마네현으로 U·I-턴을 한 사람들 중 아마쵸에 정착한 사람들의 삶의 만족도가 가장 높은 것으로 조사(朝日新聞, 2011.4.16.)되었던 점 때문이다.

2. 섬 지역 산업 활성화의 필요성

섬뿐만 아니라 모든 지역은 그 사회의 유지는 말할 것도 없이 정주하는 인적(人的)구성원이 존재하여야 한다. 인간이 정주할 수 있는 공간의 형성조건은 기초생활수준의 유지와 그 구성원들의 자활능력을 유도할 수 있는 시스템의 형성이다. 전자는 생활기반과 복지·의료정책에 관한 측면이고, 후자는 생산기반과 산업기반에 관한 측면이다.

따라서 지속가능한 섬발전(sustainable island development)의 관점에서 섬개발은 일상생활과 생산활동에 관한 인프라의 정비와 적절한 산업정책을 전개하는 것이 이루어져야 한다(大城, 1997: 148). 우리나라의 경우, 섬 지역의 항만, 도로, 전기, 상수도 등의 인프라 정비는 1988년부터 실시한 도서종합개발

---

21) U-턴이란 고향을 떠나 도외지역에서 생활하던 사람이 다시 자기 고향으로 돌아와 사는 것을 말하고, I-턴이란 고향으로 돌아가는 것이 아닌 다른 시골로 이주하는 것을 의미한다.

22) 이 중 39세 이하가 약 70%를 차지하고 있다.

계획 등으로 그 이전보다 확충되어가고 있다고 하지만,[23] 아직 만족스러운 상태는 아니다. 이러한 상태 속에서 더욱 중심적 과제는 각종 인프라의 정비효과를 지역산업의 활성화에 유기적이고 효과적으로 연계시키지 못하고 있다는 점이다. 따라서 본 장에서는 각종 인프라를 어떻게 도서지역의 산업과 연계할 것인가에 관해 살펴보고자 한다.

우리나라에서 1995년 본격적으로 실시된 지방자치제도는 지역사회에 많은 변화를 초래하였다. 지방자치단체가 자주성을 확보한 상태에서 지방재정이 지방정부의 수입의 원천을 제공한다는 점에서 지역에 입지하는 산업들은 중앙정부보다는 지방정부와 한층 긴밀성을 가지게 되었다. 또한 지역경제는 지역주민들의 취업기회와 소득의 크기를 결정하는 중요한 기능을 수행하고 있기 때문에 그 지역주민들의 정주기반을 강화하고 생활수준을 향상시켜 주게 된다. 이러한 이유로, 오늘날 많은 지방자치단체에서는 지역산업의 육성·발전을 위하여 지역사회의 주도적이고 창의적인 정책개발과 지원을 실시하고 있다. 그러나 오늘날 섬을 보유한 여러 지방자치단체는 불리한 지리적·경제적 여건으로 지역산업을 활성화시키는 데 한계가 있다는 이유로 보다 적극적인 새로운 시도를 시도하지 않는 경우를 볼 수 있다. 실제로 섬 지역의 지방자치단체는 내륙지역에 비해 상대적으로 재정자립도가 낮은 곳이 많다.

상대적으로 낮은 지방 재정력 속에 각 지역여건에 적합한 경제활성화가 지속적으로 이루지지 않는다면 생산활동의 위축뿐만 아니라 일상활동(정주활동)의 어려움을 초래할 수 있다. 이는 섬 지역의 개발기반이 상실되어 내발적인 섬발전의 에너지가 상실되어 갈 것이다. 또한 지속적인 인구감소의 주요 요인이 되어 여러 섬들이 계속하여 무인도화 될 것이다.[24] 이러한 관점에서 섬 지역의 산업 활성화는 도서지역사회의 유지와 발전의 기반동력이라 할 수 있다.

일반적인 범주에서 살펴보면, 섬 지역 산업의 문제점은 크게 산업구조의 취약성, 생산기반의 취약성, 생산의 소규모성 및 경쟁력 미흡, 시장조건의 불리,

---

23) 일본의 이도진흥정책은 2003년부터 섬의 특색을 살리는 데 초점을 맞추어 추진되고 있다. 이전까지의 이도정책은 섬과 육지의 '격차'를 해소하기 위한 인프라 구축, 즉 하드웨어 중심이었다. 2002년 이도진흥법의 개정으로 이 격차를 특색 있는 지역차로 재인식하고, 섬의 특색을 살리면서 자율적 발전을 추구하는 소프트웨어 개발에 역점을 두게 되었다(타무라 외 2인, 2009: 1041).
24) 인간의 정주공간이 점점 더 사라져 갈 것이다.

교통시설 상의 수송문제 등이라고 말할 수 있다(이동신·조상필, 2003: 25-30).

이러한 문제들을 개선하기 위해 기존연구에서 다루는 대안은 주로 섬지역의 특수성을 활용한 산업개발, 산업구조의 개선, 섬관광의 개발 및 육성과 특산품산업의 진흥 등으로 요약할 수 있다(이동신·조상필, 2003; 이태종, 2007; 타무라 요시히로 외 2, 2009 등). 기술한 문제와 대응전략의 관계성에 입각하여 그 구조를 나타내면 <그림 5-7>과 같이 표현할 수 있다. 물론 이 구조는 일반적인 맥락의 범주에서 검토한 것이기 때문에 당해 섬 지역의 여건에 따라 달라질 수도 있다.

그림 5-7 도서산업의 문제점과 대응구조

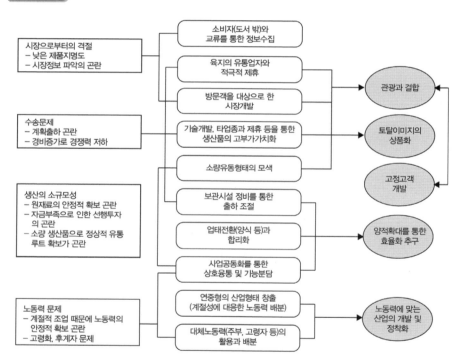

자료: 신한종합연구소, 『세계각국의 도서진흥사례』, 1997, p.59 수정

3. 아마쵸의 현황

　　시마네현 오키군 아마쵸는 시마네(島根)반도에서 동해방향으로 약 60km 떨어진 오키제도(隱岐諸島)의 나가노시마(中ノ島)에 위치해 있다. 면적은 33.5km²이며 인구는 약 2,353명(2018년 기준)이며, 본토에서 아마쵸까지는 고속선으로 약 2시간, 페리로 약 3시간에서 5시간이 소요된다.

　　아마쵸의 평년 월평균기온은 14.4℃로 오키 근해를 흐르는 대마난류의 영향을 받아 온화한 편이다. 이곳은 풍부한 용수25)와 자급자족이 가능한 반농반어(半農半漁) 도서이며, 오야마오키(大山隱岐)국립공원으로 지정되는 등 풍부한 자연 혜택을 받고 있는 도서이다. 또한 카마구라(鎌倉)시대에 조큐노 난 (承久の乱)에 의해 패한 고토바천황(後鳥羽天皇)이 유배하여 생애를 마감한 도서로 잘 알려져 있고, 귀중한 문화유산·사적과 전승이 많이 남아 있는 도서이다(海士町, 2009: 7).

　　이처럼 아마쵸는 풍부한 자연자원과 문화자원을 가지고 있지만, 시대의 흐름인 도시화와 산업화 영향으로 아마쵸의 정주인구는 지속적으로 감소 추세였다. 1950년에는 6,986인이었던 인구가 2018년에는 2,353인까지 감소했

그림 5-8　사례지역(아마쵸)의 위치

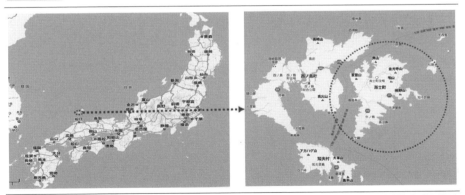

자료: 신순호·박성현, 2012, "도서지역의 산업 활성화를 위한 지방자치단체의 역할－일본 시마네현 오키군 아마쵸(海士町)의 사례를 중심으로", 『도서문화』 39. p. 276

---

25) 연평균 강수량은 1,662mm이다.

다. 또한 2010년도 국세조사 결과,[26] 65세 이상 고령자 인구비율은 39.0%, 15세 미만의 유소년 인구비율은 10.5%로 나타났는데 이는 일본 전국 대비 저출산·고령화가 훨씬 더 빠르게 진행되고 있음을 알 수 있다.

지역산업자원의 활용을 바탕으로 하는 산업발전전략은 제1차 산업에 속하는 어업과 농업에 대한 투자, 특히 가공과 유통과의 연계 등을 통한 활성화라 할 수 있다. 또한 특화산업이라 할 수 없지만 서비스 관련 사업을 포함한 복합적 산업인 관광산업의 진흥 또한 중요한 역할을 담당할 수 있으리라 여겨진다.

아마쵸의 재정상황은 실질공채비율 측면에서 주의를 요하지만 건전성은 높은 것으로 판단된다. 아마쵸의 재정건전화를 위해서는 지속적인 행·재정 개혁이 요구되며 이와 더불어 직접적으로 세수를 확대할 수 있는 지역산업 활성화전략 필요성이 대두되고 있다.

이도진흥정책의 대상에[27] 속하는 아마쵸는 일본정부와 시마네현(島根県)의 중점적인 공공투자로 항만과 도로, 공공시설 등의 사회적 기반시설 정비가 추진되어 현재는 많은 부분의 정비가 완료된 상태이다. 그러나 물리적인 조건의 조성과 더불어 이러한 기반시설을 어떻게 유효하게 활용할 것인가의 문제를 고려하여야 할 필요가 있다. 항만시설은 수산업 관련 선박의 거점과 관광객과 귀성객들의 거점역할을 한다. 또한 도서내 도로는 도서민의 생활, 산업물자의 수송, 관광객의 이동에 크게 기여한다. 이러한 사회적 기반시설은 지역 내 산업 활성화와 방문객들과의 대면적 소통 공간으로써 기능을 담당하고 있다. 따라서 이들 사회적 기반시설은 단순한 물리적 측면을 넘어 인간의 활동[28]이라는 연성적 측면보다 보다 적절한 유효활용 방안이 필요하다.

또한 도서 내 사회적 기반시설과 더불어 지역 생산물의 운송과 관광객

---

26) 2012년 1월에 일본 총무성 통계국에서 공표한 2010년 국세조사 결과이다. (http://www.e-stat.go.jp)

27) 일본정부는 이도진흥법(1953년 법률 제72호)에 의거 조사, 세제특별조치, 금융조치, 교류촉진조치, 사회자본 정비(공공사업의 실시) 등의 진흥방책을 전개하고 있다(국토교통성). 또한 시마네현은 '시마네현 이도진흥계획(계획기간 2003년도~2012년도)'을 책정하고 현 내의 이도진흥을 추진하고 있다.

28) 예를 들어, 만남의 공간 즉, 거주민과 외지인의 만남의 공간의 역할을 한다.

29) 오키광역연합은 시마네현 및 오키의 4개 도서지역인 島町, 海士町, 西ノ島町, 知夫村으로 구성된 지방자치법 상의 일부 사무조합으로 사무국은 島町에 있다(http://okikouiki.jp/ 2012년 2월 9

| 표 5-11 | 아마쵸 운항 선박과 그 소유와 운영 |

선박명	소유자와 운영
페리 오키(おき)	시마네현과 오키군의 4개 도서에서 출자한 제3섹터인 오키키센(隠岐汽船)주식회사에서 건조하였으나, 현재 오키광역연합(隠岐広域連合)[29]이 매입하여 운영하고 있음.
페리 시라시마(しらしま) 페리 쿠니가(くにが)	오키키센주식회사가 소유·운영하고 있으며, 페리 쿠니가는 오키광역연합이 새로 건조하여 오키키센주식회사를 지원하고 있음.
고속선 레인보우 2(レインボー)	시마네현과 오키군의 4개의 도서지역에서 출자한 제3섹터인 주식회사 오키진흥(隠岐振興)이 소유하고 오키키센주식회사가 운영하고 있음.

자료 : 신순호·박성현, 2012, "도서지역의 산업 활성화를 위한 지방자치단체의 역할 – 일본 시마네현 오키군 아마쵸(海士町)의 사례를 중심으로", 『도서문화』 39. P. 282

등의 인적 교류의 운송수단인 선박[30] 역시 아마쵸의 활성화에 중요한 역할을 하고 있다. 2018년 기준으로 아마쵸 운항선박은 총 4척(대형페리 3척, 고속정 1척)으로 그 소유자와 운영은 <표 5-11>과 같다.

아마쵸를 운항하는 선박 가운데 페리 2척은 오키키센주식회사(隠岐汽船株式會社)가 소유·운영하고 있으나, 페리 1척과 고속정 1척은 재정악화로 인해 오키키센주식회사에서 공공주체와 다른 제3섹터로 소유권이 이전되었다. 이는 공공주체에 의한 적극적 지원 없이는 항로의 유지가 힘든 현실을 단적으로 보여주고 있다. 또한 내륙지역과 오키군과의 항로와는 별개로, 주변도서 간을 운항하는 내항선이라는 2척의 선박이 있으며, 이 선박은 공공주체가 소유권을 가지고 있으며 도우젠쵸손조합(島前町村組合)이라는 민간사업자가 위탁·운영하고 있다.

이처럼 아마쵸의 주요 교통수단인 선박은 공공주체와 민간주체의 복잡한 소유·운영관계로 형성되어 있다. 이는 아마쵸의 항로 유지가 채산성의 문제로 인하여 순수한 민간사업기반으로는 한계가 있음을 뜻한다.[31] 따라서 이를 해결하기 위해 이 지역으로 사람과 물자의 왕래를 증대할 시책이 요구

일 취득).

30) 도서지역에서 내륙지역까지의 교통수단은 유일하게 선박에 의존할 수밖에 없다. 이러한 점이 내륙지역의 교통여건과 비교하여 몇 가지 근본적인 차이가 있는바, 그 첫째가 선박(특히 정기여객선) 외의 선택적 교통수단이 없고 둘째, 기상의 영향을 매우 크게 받고 셋째, 해상교통의 운항회수가 적고 넷째, 교통시간의 과다한 소요와 교통비용이 높으며 다섯째, 수송체계가 복잡하다는 것이다(신순호, 1993: 190–191).

31) 이러한 문제는 아마쵸뿐만 아니라, 우리나라의 대부분의 도서에서도 해당되는 부분이다.

표 5-12 아마 데파트먼트 스토어 플랜

아마 데파트먼트 스토어 플랜(海士デパートメントストアプラン)			
사업주체	아마쵸	계획구역	아마쵸 전지역
계획목표	2011년도 말까지 신규 취업자수 37명 창출	계획기간	2012년 3월말
개요	· 아마쵸 내 경제단체 등의 협의회를 중심으로, 지역고용창조추진사업 및 지역고용창조실현사업을 활용하여 고용창출을 도모하고자 함. · 이를 위해 지역 내에서 지속 순환형 자원 유지를 기반으로 한 산업화와 고부가가치 상품 개발 등을 실시하고 있음. · 지역의 잠재력을 최대화할 수 있는 판매력과 도서지역의 핸디캡을 극복할 수 있는 IT관련분야의 강화를 위해 인재육성을 실시하고 있음. · 새롭게 육성된 인재를 활용하여 해양자원의 기초조사와 신상품의 개발, 유통판로의 확대, 나아가 저탄소 비지니스 등을 병행하는 것으로 고용확대와 신규분야 진출에 의해 고용창출을 도모함.		
사업내용	지역 재생 지원 조치 사업		· 지역고용창조추진사업(실시주체: 플러스사업아마쵸추진협의회): 해양자원 활용 산업창조사업, 도서자원 이용 기술자 육성사업, 도서 생산품 매매 촉진원 육성사업, IT분야 인재육성사업 · 지역고용창조실현사업(실시주체: 플러스사업아마쵸추진협의회): 아마쵸 연안의 환경기반 및 생태계의 파악과 순환형 환경보전·자원생산시스템 구축을 통한 주요 수산물의 생산기술 향상과 인재육성, 해초 바이오마스와 어패류 자원의 보전 및 환경정화시스템 구축을 위한 인재육성, 해초를 활용한 신상품의 개발과 유통판로개척의 인재육성, 정보디지털 콘텐츠를 촉진하기 위한 인재육성
	지역 독자 사업		· 농립수산 가공시설 정비사업 · 소금 정제시설 정비사업 · 기업 참여 촉진모델사업 · 영상 배신시스템을 이용한 교류촉진사업 · 중산간지역 활성화 중점시책 추진사업
평가	계획완료 후에 플러스사업아마쵸추진협의회에서 달성현황을 평가함.		

자료: 일본수상관저(www.kantei.go.jp/jp/singi/tiikisaisei/dai13nintei/plan/12a.pdf), 2012년 2월 24일 취득

되었고, 이는 자연스럽게 지역산업과 관광의 진흥을 도모해야만 하는 당위성이 커지게 되었다. 즉, 항로의 존재를 전제로 한 유효활용을 최대화하여 사업의 채산성을 높이는 것이 필요하였던 것이다(신순호·박성현, 2012.6: 282).

4. 아마쵸의 산업 활성화 전략

1) 산업 활성화 전략의 특징

아마쵸의 산업 활성화 전략은 신산업 육성을 통한 고용 창출, 그리고 외부 수입 확대를 도모하는 것이다. 이를 위해 다음과 같은 특징적인 전략을 전개하고 있다.

첫째, 현장(現場)주의의 체제를 형성하고 있다. 2004년 4월, 행정관청의 내부 조직의 정원 조정, 즉 일반부서의 직원 수를 줄이고 산업진흥과 주민생활 관련부서에 중점적으로 직원을 배치하였다.[32] 또한 실질적인 산업육성의 실행부서인 교류촉진과(交流促進科, 담당업무: 관광과 정주), 지산지상과(地産地商科, 담당업무: 제1차 산업의 진흥), 산업창출과(産業創出科, 담당업무: 새로운 산업의 창출) 등의 사무실을 아마쵸의 현관이라고 할 수 있는 히시우라항(菱浦港)의 여객터미널에 배치하였다.

둘째, 지역재생전략인 '아마 데파트먼트 스토어플랜(海士デパートメントストアプラン)'이다. 이 전략은 2004년에 내각총리대사(內閣總理大師)로부터 지역재생계획으로 인정을 받았으며, 아마쵸의 맛과 매력을 종합적으로 브랜드화하여 홍보하는 것을 목적으로 한다.[33] 구체적으로, 실행 가능한 지원조치[34]를 최대 활용하여 인재를 육성시키며 이 인재를 활용하여 제1차 산업의 활성화를 도모하는 것이다. 또한 산업 활성화의 키워드를 '바다(海) · 아침바람(潮風) · 소금(塩)'으로 정하고 있다. 게다가 아마쵸 지역자원 전체를 연계하여 브랜드로 형성하여 활용하고 있다. 이 사업의 주요시장은 도쿄(東京)이며, 그곳에서의 엄격한 시장평가를 거쳐 전국적인 사업성을 인정받으려는 전략이다

---

32) 2012년 2월 기준, 총무과 14명, 재정과 3명, 회계과 2명, 주민생활과 5명, 건강복지과 12명, NPO 법인 담당 1명, 환경정비과 15명, 교류촉진과 2명, 지산지상과 6명, 산업창출과 6명, 후루사토 아마특별담당 1명, 지역교육 담당 6명 등이다.

33) 이 사업은 시마네현의 '리딩 프로젝트'로 지정되어 시마네현에서 한 명의 공무원이 파견되어 협조적으로 업무를 추진하고 있다.

34) 2004년도부터 지역고용기회 증대지원사업, 2005년 지역통화모델시스템의 도입지원, 2006년 지역제안형 고용창조촉진사업, 2008년 마을만들기 교부금 등을 전개하고 있다(출처: わがまち元気 特区・地域最盛(地域の民間活力を応援) http://www.wagamachigenki.jp/saisei/02_s01.htm. 2012년 2월 17일 취득).

(표 5-12 참조).

셋째, 상품개발연수생제도이다. 아마쵸에서는 1998년부터 전국 각지에서 온 I-턴자를 대상으로 계약직 공무원 채용제도를 실시하고 있다. 이 제도의 취지는 새로운 시각을 가진 I-턴자들이 특산품 개발과 커뮤니티 만들기사업 등에 종사하면서 아마쵸의 새로운 지역자원을 개발하고, 더 나아가 상품화35)까지 도전할 수 있도록 지원하는 제도이다. 여기에는 '아마쵸에 와서 자신이 하고 싶은 일을 찾아보지 않겠습니까? 그것을 상품화해 보세요!'라는 표어로 현재까지 총 60여 명이 참가하였으며, 2018년 현재 4명이 근무하고 있다. 제도시행 이래로 연수생출신으로 아마쵸에 정주하고 있는 사람은 총 19명이다. 연수생들에게는 매월 15만엔의 급여를 지급하고 있으며, 1년 계약직이지만 갱신도 가능하다.

2) 시설정비와 운영방식

아마쵸는 산업 활성화를 위해 적극적인 시설정비사업을 실시하였으며, 이렇게 정비된 시설은 지방자치단체가 출자한 제3섹터36)에 위탁·운영을 맡기는 간접주도형 방식을 택하고 있다. 아마쵸에는 두 개의 제3섹터인 '주식회사 후루사토 아마(ふるさと海士)37)'와 '주식회사 아마(海士)'가 있다. 전자는 아마쵸 산업 활성화의 주도적인 역할을 담당하고 있으며, 후자는 아마쵸 관광 활성화를 위해 히시우라항(菱浦港)의 주변에 위치한 숙박시설 '마린포트호텔 아마'를 운영하고 있다. 이의 '주식회사 후루사토 아마'가 실시하고 있는 사업일환으로 정비된 시설과 운영에 대해 살펴볼 필요가 있다. 후루사토 아마는 2005년 3월에 설립되었으며 자본금 1억엔으로38) 운영되고 있는바, 각 시설의 구체적인 정비목적과 운영내용은 <표 5-13>과 같다.

이 제3섹터는 제1차 산업 활성화를 목적으로 설립되었으며, 설립배경은 다음과 같다.

---

35) 대표적으로 '사자에 카레(サザエカレー: 소라카레)'를 개발하여 상품화시켰다.
36) 제3섹터라 함은 공공기관과 민간기업이 공동으로 자본을 투자해 설립한 특수법인을 지칭한다.
37) 주식회사 후루사토 아마의 홈페이지: http://www.ama-cas.com/index.html
38) 자본금 1억엔 중 9천만 엔은 아마쵸 부담, 1천만 엔은 3개의 민간기업과 약 50인의 주민들이 출자하였다.

표 5-13 제3섹터에 의한 시설운영 방식(주식회사 후루사토 아마)

구분	킨냐모냐센터 (キンニャモニャセンター)	CAS동결센터 (CAS凍結センター)	아마 소금가공소 (海士御塩司所)
정비목적	• 지역자원을 활용하여 농어촌 체류형 여가활용의 전개를 도모함. • 2002년에 히시우라항에 설치되어 정보발신·교류거점시설. • 충실한 대합소 기능 도모(교류인구 확대, 새로운 취업기능 창출). • 특산품판매소, 농산품직매소, 지역식재 제공코너, 수산물직매소 등의 사업 실시.	• 아마쵸에서 생산된 농·수산물의 가공과 특수 냉동(CAS: cells alive system)을 통해 내륙지역 소비자들의 호응을 위한 브랜드화와 외화 획득을 목적으로 함. • 판매처는 외식체인점, 백화점, 통신판매, 대형 수퍼마켓 등	• 바다의 지역자원을 유효 활용하고, 고부가가치상품(천일염)을 생산하여 수익확보와 취업기회 창출을 도모함. • 소금 만들기를 체험학습시설로써 활용하고, 도시와의 교류를 도모함.
사업주체	아마쵸(행정)	아마쵸(행정)	아마쵸(행정)
주요건물 및 설비	• 연면적 1,563㎡인 2층 목조건축물	• 면적 950㎡의 철근 콘크리트 • 건축물주요가공기구: CAS동결기 2기·냉동보관고 3기·주방기기 등	• 면적 288㎡의 목조건축물 3개(주요 농축동, 작업동, 천일염동)
총사업비 (재원조달)	• 700,000천엔 (국고보조 315,000천 엔, 지방자치단체부담 385,000천 엔)	• 414,550천엔 (국고보조 207,275천 엔, 지방자치단체부담 207,275천 엔)	• 89,824천엔(국고보조 44,912천엔, 지방자치단체부담 44,912천엔)
활용사업	• 어항어촌활성화대책사업, 신산촌진흥 등 농림어업특별대책사업	• 신산촌진흥등 농림어업특별대책사업	• 신산촌진흥 등 농림어업특별대책사업, 신어촌 커뮤니티 기반정비사업

자료: http://www.ama-cas.com/index.html를 토대로 작성

수산자원이 풍부한 아마쵸는 어획한 수산물을 출하시장인 시마네현 사카이항(境港)으로 운반하여 거래하고 있었는데 운반과정에서 수산자원의 신선도 유지가 빈번히 문제로 제기되었다. 보통 새벽에 어획한 수산물을 오키키센 페리로 사카이항 시장까지 출하하는 데 반나절 이상이 소요된다. 사카이항 경매시장은 새벽에 거래되기 때문에 아마쵸에서 생산된 수산물의 거래는 당일이 아닌 익일에 거래되는 것이 일반적이었다. 이러한 구조는 수산물의 신선도가 떨어지는 원인으로 그 가치를 저하시키게 되었다. 또한 매일 생산된 수산물을 페리로 간헐적으로 운반하는 것은 수송비용 부담까지 가중시켰다.[39)]

이러한 문제 해결을 위해 아마쵸는 CAS동결센터를 정비하게 되었다. 어민들은 사카이항의 경매시장으로 수산물을 출하하는 것 외에도 CSA동결센터에서 냉동·보관하는 방법을 취할 수 있게 되었다. 이 센터는 어획한 수산물

---

39) CAS동결센터 정비 후에는 대규모로 운송하기 때문에, 운송비도 절감하는 효과를 보고 있다고 한다.

표 5-14　민간사업자에 의한 시설운영 방식

아마 굴생산주식회사(海士いわがき生産株式会社)	
정비목적	• 아마쵸의 특산물인 양식 굴 '하루카(春香)'의 브랜드화를 추진하기 위해 종묘생산에서 양식, 출하까지의 공동작업화를 도모하는 것으로 고품질 굴의 안정생산·안전공급 시스템을 구축하기 위함.
사업주체	아마쵸(행정)
주요건물 및 설비	어업용 작용관리시설(출하동) 222㎡, 종묘생산시설 73㎡
총사업비 (재원조달)	70,000천엔(국고보조 42,000천엔, 지방자치단체부담 28,000천 엔)
활용사업	연안어업어촌진흥구조개선사업, 어업경영담당대책사업

자료: http://www.ama-cas.com/index.html 및 전게, "도서지역의 산업 활성화를 위한 지방자치단체의 역할－일본 시마네현 오키군 아마쵸(海士町)의 사례를 중심으로". p. 288 를 토대로 작성

을 급속 냉동처리하기 때문에 신선도를 유지할 수 있다. 또한 그동안 일회용 포장재를 사용하여 사카이항의 경매시장으로 출하하는 데 발생하는 포장재 비용도 절감할 수 있게 되었다. 이러한 CSA동결가공으로 상품의 부가가치가 높아졌으며 수송과 포장재에 소요되는 경비를 절감할 수 있는 효과도 있어 어민들의 수입이 지속적으로 증가하게 되었다.

한편, CSA동결센터에서 주로 취급하는 품목은 오징어인데, 오징어의 가격은 시기에 따라 크게 다르지만 일반적으로 가격이 높은 편이다. 이 센터에서 오징어의 인수 단가는 과거 3년간의 평균에 의한 것이며, 또한 출하시기는 시장의 가격을 고려하여 적절하게 조율하는 형태이다. 즉, 어민들에게는 과거 3년간의 평균가격인 안정된 가격으로 매입하고 있고, CAS동결센터에서는 시장가격을 고려하여 유리한 시기에 출하하는 형태로 양자이득의 효과가 나타나고 있다. 취급상품으로는 오징어 외에 굴도 있다. 이 상품들은 CAS동결법으로 신선도를 유지하여 시장에 출하하기 때문에 높은 평가를 받고 있으며, 그 판매고도 매년 증가하고 있는 추세이다.[40]

아마쵸에서는 산업 활성화를 위해 지방자치단체가 시설을 정비하고 제3섹터가 운영하는 방식 이외에도 지방자치단체가 정비한 시설을 민간기업이

---

40) 2005년도 도입 이후, 인지도가 넓어져서 수도권의 외식체인점을 비롯하여 백화점, 대형슈퍼, 특산품판매점 등의 판매가 늘어나고 있다. 2007년 7월부터는 중국 상하이로 지출하여 2008년도에는 약 7,600만 엔의 판매고를 올리고 있다.

운영하는 협력분담형 방식도 취하고 있다. 그 대표적인 사례로 '아마 굴생산 주식회사(海士いわがき生産株式会社)'가 있다.[41] 아마쵸가 굴을 공동으로 작업 할 수 있는 시설을 정비하였고, 이 시설을 민간기업인 아마 굴생산주식회사 가 위탁운영하고 있다.

아마 굴생산주식회사의 작업장 건물은 아마쵸가 정비하여 소유하고 있다. 아마쵸는 종묘생산에서 양식과 출하의 공동작업화를 도모하고, 고품질 굴의 안정생산·안정공급시스템을 구축하기 위해 생산가공시설을 정비하고, 운영은 지정관리자로서 아마 굴생산주식회사가 하고 있다. 따라서 이 회사는 사업에 필요한 건물의 초기투자 비용부담이 전혀 없다. 또한, 건물의 건축비용은 국고 보조금을 활용하였기 때문에 실질적으로 아마쵸의 부담 또한 적었으며, 이는 결국 낮은 시설 사용료를 책정할 수 있게 되었다. 건물의 개보수 또한 아마쵸 가 부담하기 때문에 실질적으로 공설(公設)운영의 형태로 운영되고 있다.

아마 굴생산주식회사는 2000년도부터 고품질 굴 생산을 목적으로 연구 를 실시하여 2002년부터 하루카(春香)라는 브랜드명으로 판매를 개시하였으 며 시장에서 높은 평가를 받고 있다. 전술한 것처럼 CSA동결기술의 활용으 로 양식 굴의 고부가가치화를 도모할 수 있게 되었고, 수도권·동경쯔키지(築 地)시장으로 출하하고 있으며 출하량도 매년 증가하고 있다.[42] 또한, 굴 출하 시기에는 이 회사에서 최대 15명의 고용을 창출하고 있다. 최근에는 어민들 과 I-턴을 한 사람들이 새로운 굴 양식연구를 시도하고 있으며, 이 시설은 특정기업을 위한 시설이 아닌 어민 전체를 위한 시설로 활용되고 있다. 아마 굴생산주식회사의 역할은 시마네현 수산기술센터 재배사업부 등에서 구입한 종묘와 천연 종묘 등을 기반으로 종묘를 공급하고 이를 통해 어민들은 굴을 양식한다. 또한 양식된 굴은 이 회사가 매입하여 품질기준에 맞게 일정하게 출하한다. 결국 이 회사의 중심역할은 어민들이 양식·수확한 굴을 매입하여

---

41) 이외에도 아마쵸 해삼작업소(海士町なまこ作業所)가 있다. 2007년에 어민들과 I턴한 사람들(6 명)이 해삼의 양식, 해삼의 가공 등을 목적으로 추진하였으며, 또한 어업소득의 향상과 젊은 어 민들의 육성을 위해 농림수산물 처리가공시설로서 아마쵸가 정비하였다. 아마쵸는 회사설립에 는 직접적인 관계는 없지만, 건물은 아마쵸가 소유하고 있다. 이곳에서 가공된 아마쵸산 해삼 은 부가가치가 높은 편이며, 이는 어민들의 소득을 증대시키고 있다.

42) 2002년에는 연간 6.1만개였던 것이 2009년에는 73만개, 2010년 59.7만개로 약 30배 이상이 증가 하였다.

표 5-15	민간사업자에 대한 사업지원 방식

유한회사 오키 시오카제 농장(隱岐潮風ファーム)	
사업목적	· 민간기업의 농업 참가에 의해 유휴농지의 유효활용과 일손 부족의 해소를 도모하고, 축산업을 중심으로 한 지역농업의 활성화와 고용의 창출을 위함.
사업내용	· 축산부문: 번식, 비육(肥育) · 퇴비부문: 건설공사에 의한 벌채목을 이용한 퇴비의 제조 판매 · 경종부문: 유휴농지를 빌려, 수도(水稻), 원예작물을 생산
아마쵸의 지원내용	· 시마네현의 보조금에 의해 이루어짐. · 지원내용: 기업참입촉진모델사업(2003년, 소 10마리와 축사 3동 등), 간바루 시마네 농림종합사업(2004년, 기계, 피육 축사 2동), 환경에 좋은 농업조건사업(2004년, 기계), 일어서는 산지육성지원사업(2004년, 기계, 피육 축사 및 창고)

자료: http://www.ama-cas.com/index.html 및 상게 , "도서지역의 산업 활성화를 위한 지방자치단체의 역할－일본 시마네현 오키군 아마쵸(海士町)의 사례를 중심으로". p. 290.

공동 브랜드로 출하하는데 굴의 품질향상과 시장의 확보 등의 역할을 담당하고 있다.

지금까지 살펴본 산업 활성화 전략은 일본의 아마쵸가 적극적으로 시설정비를 추진한 사례이다. 여기 더하여 아마쵸의 산업 활성화전략에는 시설정비를 민간사업자가 실시하고 아마쵸는 이것을 측면적으로 지원하는 간접지원형 방식도 취하고 있다. 그 대표적인 것은 '유한회사 오키 시오카제 농장(隱岐潮風ファーム)'이다. 이 회사는 지역 건설회사가 100% 출자한 회사이며,[43] 신규사업의 형태로 소의 사육에서 판매까지를 사업대상으로 하고 있다. 이 사업의 목적과 구체적인 사업내용은 <표 5-15>와 같다.

또한 아마쵸는 국토교통성에 구조개혁지구를 신청하여 2004년 3월에 '시오카제(隱岐潮風) 농업지구'로 지정을 받았다. 이를 계기로 이 회사는 본격적으로 농업(축산업)에 참가할 수 있게 되었다. 사업내용은 소의 생산을 중심으로 한 축산업, 농축산물의 생산·저장·운반·가공·판매, 퇴비의 제조·판매, 원예작물의 생산 등이다. 이 사업에 있어서 아마쵸는 국토교통성에서 '시오카제 농업지구'로 지정으로 지역기업이 농지사용에 참가할 수 있도록 제도적인 환경을 조성해 주었다. 또한 아마쵸는 시마네현의 보조제도를 알선하여 지역기업이 시설정비 등의 초기비용 부담을 절감할 수 있도록 하였다(신순호·박성현, 2012.6: 290).

---

43) 모회사는 토목, 항만공사, 레미콘 제조판매, 산업폐기물 중간처리업 등을 하고 있다.

3) 관광산업의 활성화 전략

아마쵸는 지역의 관광산업의 활성화를 위한 전략을 수립하여 수행하고 있는데 아마쵸관광협회와 협력적 관계가 중요한 요소가 되고 있다.

아마쵸관광협회에 대해 살펴보기 위해 관광협회 사무국장의 인터뷰 내용을 먼저 볼 필요가 있다.

"지금까지 아마쵸의 관광자원이라 말하면 고토바천황(後鳥羽天皇)의 사적이었지만, 지금부터는 그렇지 않다. 도서에서 생활하는 도서민의 일상의 모든 것이 관광자원이고, 상품이 된다고 생각한다. 도서에서 생활하고 일상적으로 만날 수 있는 할머니들도 관광자원이다. 제1차 산업의 농업, 수산업, 축산업과 교육까지도, 모든 현장이 관광자원이고, 이것들이 관광으로 판매될 것이라고 생각한다." 이와 같은 것을 보다 구체적으로 실현하기 위해 관광협회는 도서민의 일상과 생활정보 등을 게재한 '아마쵸관광협회신문'의 발행을 시작하였다. 또한 아마쵸의 관광 활성화를 위해 신규 관광객의 유치보다 기존 관광객을 대상으로 '다시 방문할 수 있도록'하는 구조를 만드는 것이 중요하다고 말하고 있다. 이를 위해 관광협회에서는 기존 관광객들의 의견을 수렴하고, 고객(관광객)을 관리할 수 있도록 '고객대장'을 작성하고 있다. 고객대장에는 창구에 방문한 관광객의 이름과 주소만이 기재되어 있다. 이렇게 확보된 고객대장을 활용하여 매월 아마쵸관광협회신문을 발송해 주고 있다.

아마쵸의 관광정보서비스와 관광관련 사업을 담당하고 있는 아마쵸관광협회에는 총 8명의 직원(공무원 6명과 연수생 2명)이 근무하고 있다. 마을 규모 대비 협회의 규모는 상대적으로 큰 편인데, 그 이유는 비수기와 성수기가 존재하는 관광산업의 특징 때문이다. 통상 가을부터 봄까지는 비수기로서 이 시기에는 다수의 직원들이 내륙지역으로 나가 '교쇼(行商)'라고 불리는 아마쵸 PR사업을 실시하고 있다. 즉, 2009년 봄부터는 시마네현의 특산물 통신판매소에서 아마쵸의 특산물 판매와 PR사업을 전개하고 있고, 가을부터는 시마네현 요나코시(米子市)와 동경 등의 지역에서 이동판매차를 이용하여 아마쵸에서 개발한 레토르토(Retort)식품인 '사자에카레(サザエカレー: 소라카레)'를 판매하고 있다.

아마쵸관광협회의 예산규모는 약 2,000만엔이다. 이 예산은 지역의 관광업자의 회비수입과 아마쵸의 보조금으로[44] 충당하고 있다. 아마쵸관광협회의 목표는 사업수익의 확대를 통하여 보조금과 회비를 줄여나가는 것이다. 이를 위해 협회가 직접 여행업을 실시하는 동시에 관광객에게 숙박시설을 알선하여 수수료를 받고 있으며, 또한 다양한 관광 상품의 개발을 추진하고 있다.

한편, 아마쵸관광협회는 2008년에 농림수산성(農林水産省)의 '농촌활성화 인재육성 파견지원모델사업(田舎で働き隊사업)'을 신청하여 보조금 교부대상이 되었다. 그 사업내용은 도시와 농촌의 협동이라는 주제로 각종 연수프로그램을 실시하고 구체적인 방법으로 인재육성프로그램인 '아마 데파트먼트(海士デパートメント)'를 추진하고 있다.[45] 이처럼 아마쵸관광협회의 적극적인 노력과 새로운 발상의 실현으로 아마쵸 관광 활성화를 실행시키고 있다.

일반적으로 도서지역 관광사업의 한계는 교통을 비롯한 도시적 편리성 부족으로 비용이 많이 들고, 인구의 과소화·고령화가 진행됨에 따라 관광서비스에 적합한 인재가 부족하다는 점을 들 수 있다. 이 한계를 극복하기 위해서는 도서지역의 삶 그 자체를 관광으로 재구조화하는 발상을 통해 성숙한 관광객을 대상으로 한 관광 활성화를 도모하는 것이 도서지역의 불리한 요소를 해소하고 도서의 환경용량에 적합한 관광의 전개를 도모하는 길이다(米村 洋一, 2006: 12).

관광은 지역경제 활성화의 중요한 역할을 담당할 수 있지만, 그 역할이 과도하게 되면 도서의 생활과 환경의 파괴라는 문제에 직면하게 된다. 따라서 타 사업과의 연계를 통한 균형 잡힌 관광산업의 활성화가 요구되는바, 아마쵸에서는 지역 특산물의 브랜드화를 통해 도서의 존재를 알리고 관광의 매력을 자연스럽게 발휘하는 전략을 추진하고 있다(신순호·박성현, 2012.6: 292).

또한 도서지역의 경제 활성화의 불리한 여건 중의 하나는 생산물이 거래되는 시장이 지역 외부에 있기 때문에 유통비용이 과다하게 소요된다는 점이다. 지역의 생산물을 브랜드화 하는 것은 내륙지역에서도 쉽지 않은 일이

---

44) 이는 아마쵸가 진행되고 있는 가장 큰 보조대상이다.

45) 즉, 꿈을 가지고 일할 의욕이 있는 인재를 모집하여 '사회적 책임 있는 일', '사회에 도움 되는 구조'(SRB: Social Responsible Business)로써 농림수산업의 역할과 매력, 이도(離島)의 가능성을 발견한다. 또한 생산·가공·판매활동에 적극적으로 연계하여 '자연과 사람, 사람과 사람의 연대하는 가운데, 자신을 생각하고 학습하고 성장해 나갈 수 있다'라는 실천형 연수프로그램을 제공하고 있다. 구체적인 내용은 전술한 바 있다.

며, 특히 도서지역 역시 큰 부담이 되는 것이 사실이다. 이는 인적 교류가 중요한 관광에 있어서도 비슷한 양상이다. 이동비용의 불리한 점을 극복하기 위해서는 아마쵸 단독으로 대응하는 것보다 이익의 순환이 실현되는 경제권역을 만드는 것이 필요하다. 이를 위해서는 항만과 도로의 정비와 편리성의 향상 등 물리적인 사회간접자본의 정비도 중요하지만, 지속적으로 발전할 수 있는 경제권을 확립하기 위해 관광과 경제, 비즈니스 등의 연성적인 면을 충실히 조성하는 것이 더욱 중요하다.

그러나 아마쵸의 경제권역인 시마네현(島根県)과 돗토리현(鳥取県) 간의 정보교환은 원만하지 못하며, 또한 오키군에 속한 도서간의 정보교환도 충분하지 않은 상태이다. 이러한 문제를 극복하고자 이들 3개 도서들은 2006년에 합병을 위한 협의를 하였으나 실현되지는 못하였다. 그 이유로 아마쵸는 반농반어인 데 반해 다른 두 도서는 어촌으로 환경, 문화, 생활스타일이 다른데다, 재정력의 차이와 공공시설 배치문제 등이 요인으로 작용하였다(山內道雄, 2007: 35-39). 그러나 향후 아마쵸의 관광산업 활성화를 위해서는 위와 같은 과제를 해결함이 필요하며 더 나아가 시마네현, 톳토리현, 오키군이 협력하여 지역방문을 쉽게 할 수 있도록 효과적이고 편리한 항로의 정비 등이 이루어져야 할 것으로 보인다. 이 같은 과제가 해결된다면 이 지역들이 형성하는 경제권역 전체의 이익에 크게 기여하게 될 것이다.

5. 정책적 시사점

일반적인 산업정책은 민간사업자가 자립성을 가지고 성장하도록 공공과 그에 준하는 주체가 일정 정도의 지원책을 강구하는 역할을 담당하는 것이 중요하다(河藤, 2008: 12).

그러나 아마쵸의 산업정책은 공공주체의 관여가 상대적으로 큰 편이다. 아마쵸는 수산업과 농업이라는 제1차 산업이 지역의 기반산업이고, 과소화 문제와 대규모 시장과의 공간적 거리가 있는 섬 지역의 산업 활성화를 위해 새로운 시각에서 산업정책을 추진하고 있다.

섬 지역에서는 민간기업에 대한 보조금과 저금리 융자 등의 다양한 혜택을 부여한다고 하여도, 지리적으로 불리한 여건 등으로 인하여 기업유치는 어려운 일이다. 또한 이용 가능한 토지가 부족하고 자연환경의 부하를 고려할 때, 공업단지의 조성 등의 유치전략을 도모하는 것도 거의 불가능하다. 따라서 도서지역에서 추진 가능한 산업은 전통적인 지연(地緣)산업이 중심이 되는 것이 일반적이다. 이러한 지역여건으로 인해 아마쵸는 수산물과 농산물의 가공산업을 선택하였다.

그러나 수산물과 농산물은 수확한 원 생산품은 부가가치가 낮고 신선도를 유지하는 것도 한계가 있기 때문에 대도시 근교의 제1차 산업지역과의 경쟁력에서 불리한 것이 현실이다. 이를 극복하기 위해 아마쵸는 수산물과 농산물을 가공하여 부가가치와 보존도를 향상시키는 전략을 강구하여 그 실현단계에서 지방자치단체의 직접적인 주도로 가공시설의 정비 그리고 지역주민 전체가 활용할 수 있는 구조를 형성하였다.

한편으로 가공시설의 운영에는 전문적인 기술과 숙련이 요구되며 신규시장의 개척 등을 위해서는 마케팅 전략도 필요하다. 아마쵸에서는 이와 같은 고도의 사업관리능력을 제3섹터가 담당하고 있다. 그 사업효과는 제3섹터만의 수입에 머무르지 않고 제1차 산업을 중심으로 한 지역의 기간산업으로 확대되어 지역전체의 이익이 순환되는 구조를 형성하고 있다. 또한 아마쵸는 아마 굴생산회사처럼 공동이용시설의 운영을 민간사업자가 담당할 수 있도록 하는 사업자의 자립촉진전략도 추진하고 있다. 더불어 오키 시오카제 농장과 같이 시설 그 자체부터 민간사업자가 직접 정비하고, 행정은 단지 그 사업을 간접 지원하는 형태도 병행하고 있다.

아마쵸의 관광산업 활성화 전략의 특징은 종합적으로 지역자원을 활용하여 지역 브랜드화하고 있다. 이러한 전략 속에는 도서지역의 삶 그 자체를 관광으로 재구조화하는 전략을 추진하고 있으며, 그 실현수단으로 '교쇼(行商)'와 '고객대장' 작성을 추진하고 있다.

이 같은 아마쵸의 산업 활성화 전략과 지방자치단체 역할을 그림으로 함축하면 <그림 5-9>와 같다.

끝으로, 기술한 내용을 바탕으로 우리나라 도서지역의 현실에 입각하여 시사하는 바를 정리하면 다음과 같다.

첫째, 본 장에서 가장 중요한 내용은 도서지역 활성화의 가능성은 해당 지방자치단체의 노력과 역할에 의해 크게 좌우된다는 것이다.

그림 5-9 아마쵸의 산업 활성화전략과 지방자치단체의 역할

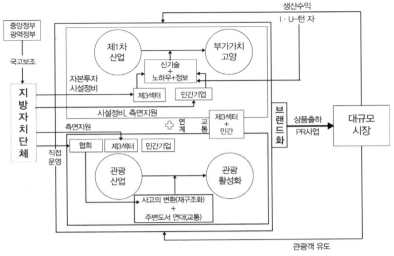

자료: 상게, "도서지역의 산업 활성화를 위한 지방자치단체의 역할 – 일본 시마네현 오키군 아마쵸(海士町)의 사례
　　　를 중심으로". p. 295.

　　일본의 도서지역 현실과 우리나라의 현실은 비슷한 측면이 많다. 기술
하였듯이 도서라는 입지적 한계로 인하여 기업의 자주적인 진출을 기대하는
것은 무리가 있으며, 또한 앞으로는 중앙정부의 공공투자를 통한 지역산업
활성화도 제한적일 수밖에 없다. 따라서 여기에서 고찰한 아마쵸의 사례는
보다 현실적으로 접근할 수 있는 대안으로서 큰 의미를 갖게 된다.

　　도서지역의 산업 활성화를 위해 무엇보다 공공주체인 지방자치단체의
적극적인 역할[46]이 중요하다. 구체적인 실천대안으로 행정의 현장주의 체계
도입, 상품개발연수생제도 등은 우리 도서지역 현실에서 적극 검토해 볼 내
용이다.

　　둘째, 산업 활성화 전략에 있어 지방자치단체의 참여 범위를 지역 환경
의 틀에 입각하여 조율하여야 한다.

　　기술한 것과 같이 아마쵸에서는 사업성격에 따라 간접주도형(제3섹터),
협력분담형(민간위탁), 간접지원형(제도 마련, 정보제공) 등의 지방자치단체 참

---

46) 적극적인 역할이라 함은 외부에서의 기업 유치를 기대하는 것이 아닌, 지역 내의 지연산업인
　　수산업과 농업의 생산성을 높이는 것과 외부의 유망한 시장을 개척하는 것이다.

여범위를 다르게 취하고 있다. 그러나 우리나라의 도서지역의 현실에서 어떠한 형태가 가장 적합하다고 제안하기는 어렵지만, 이 문제는 그 지역사회의 여건에 비추어 판단하는 것이 바람직하다(신순호·박성현, 2012.6: 296). 예를 들어 지역 내에 민간사업자가 전혀 없는 도서지역의 경우에는 제3섹터 형식을 갖춘 간접주도형 방식을 고려할 수 있을 것이고, 일정 정도의 민간사업자가 갖춘 경우에는 민간위탁 형식인 협력분담형 방식을 고려해 볼 수 있다.

셋째, 섬 지역의 활성화에 있어서 중요한 것은 그 지역에서 소득을 얻는 산업을 육성시키는 것이다.

지역산업에 의해 소득이 향상되면 결과적으로 지역산업 활동에 참여하기를 희망하는 사람들이 늘어나기 마련이다. 이러한 방식으로 산업정책이 전개될 때 시설정비와 운영에 필요한 경비를 넘어 지역산업이 생산하는 부가가치가 증대된다. 이는 주민들의 소득과 고용 증대로 이어져 지역전체의 경제효과를 기대할 수 있게 된다. 한마디로 지방자치단체는 그 지역산업 생태계의 틀을 조성하여 지역 내에서 이익이 순환되는 구조를 마련하는 것이 필요하다.

넷째, 섬 지역의 삶 그 자체를 관광으로 재구조화하는 전략을 추진하여야 한다.

지금까지의 섬관광이라 함은 역사유적지, 아름다운 자연자원을 보유하고 있는 섬 지역만의 향유물이었으나, 앞으로는 성숙된 의식을 가진 관광객 증가로 새로운 차원의 관광수요가 요구될 것이다. 따라서 해당 섬 지역 고유 특색을 활용하여 그 일상의 삶 자체를 관광 상품화하는 전략을 강구하여야 한다. 문제는 이 상품을 어떻게 기획하고 홍보하는가가 핵심인바, 이는 아마쵸의 '교쇼(行商)'와 '고객대장'이 좋은 예가 될 것이다.

다섯째, 이익 순환이 실현되는 경제권역을 확보하기 위해 주변 섬과의 연계성을 증대시켜야 한다.

여기에는 주변 섬과의 연계성을 확보할 수 있는 항로를 개설하고, 다른 섬과의 관광 네트워크를 충실히 갖출 수 있도록 노력하는 것이 필요하다. 이로 인해 관광객들에게는 선택의 폭이 넓어지고 선의의 경쟁을 통한 관광서비스 질을 향상시킬 수 있게 될 것이다.

마지막으로, 특정사회의 사회경제적·문화적 특수성을 지나치게 단순화시켜 다른 사회에 무차별적이고 평면적으로 대응시켜 보는 것은 매우 위험한 일이다.

당해 지역사회는 자체에 오랜 기간 품고 있는 특수한 지역적 문맥(Local context)이 존재하기 때문에 이 점을 충분히 고려하여 섬 지역 현실에 맞게 적용 가능한 전략을 도출하는 지혜가 필요하다.

CHAPTER 06   정책 방향과 마무리 말

Section 01   섬의 정의와 섬의 인식

1. 섬 정의의 명확성

연구나 정책의 대상인 섬에 대해 보다 명확한 정의가 필요하다. 국제적으로 학술적 측면이나 국제협약 등에서 제시된 내용들이 있지만 실제 적용은 각국마다 다르다. 우리나라에서도 이에 따라 섬에 대한 정의를 보다 명확히 하는 공론의 장이 필요하다. 이는 학제적일 뿐 아니라 정책차원에서 공동 논의가 이루어져야 한다.

지금까지 '섬'이라는 대상 자체를 너무 쉽게 생각해온 경향이 크다. 지금부터 크기, 식생, 생성요인, 형태의 변질과 소멸, 연륙관계와 함께 하천이나 호소 등 담수권의 육괴 등에 대한 논의가 필요하다. 새로 등록하는 섬에 대해서도 문제가 있는데 기존에는 주로 자치단체에서 지번을 부여하고 공부(公簿)에 등록하는 것이 일반적 절차이었으나 그 기준이 통일되지 않고 명확하지 않다.

이는 개별 분야에 대한 정책 차원이라기보다, 이러한 정책을 탐색하는 연구나 정책 수립의 가장 기본이 착수요소(initial facotr)이기에 중요한 의미를 갖는다.

2. 현황 등 자료

대부분의 연구나 정책 수립은 대상에 대한 명확한 실체파악을 바탕으로 이루어진다. 특히나 지역정책에 대한 연구는 대상지역에 대한 명확한 현황을 파악하지 않고 이루어질 수 없다. 지역연구의 목적은 경험적 과학적 연구방법을 통해 그 구조적 특성을 규명하고 궁극적으로 이의 바탕 위에서 바람직한 사회발전상을 모색하는 데 있다(신순호, 1995: 261). 지역발전정책의 목적 또한 그러하다. 이러한 목적을 성공적으로 달성하기 위한 연구나 정책은 현황이나 실상은 정확히 파악할 수 있어야 하는데 이는 정밀하고 다양한 자료가 중심이 된다.

그러나 여타 어느 지역보다도 섬 지역에 대한 자료는 너무나 부족하다. 이러한 배경에는 섬 지역 발전에 대한 연구자가 워낙 희소한데다 연구자체도 크게 이루어지지 않는 데서 그 요인을 찾을 수 있다. 또한 섬 지역에 대한 통계 등 자료에 대한 인식부족 역시 크기 때문이다.

섬 지역 발전에 관한 연구와 올바른 정책수립을 위해서 어떤 자료가 있어야 하며 이를 어떻게 지속적으로 생성해 갈 것인가가 중요하다. 구체적으로 기후(일기, 기상, 강수 등), 생태, 해양조건, 토지의 자연조건, 토지이용과 소유관계, 인구(현황, 이동 등), 주택, 산업, 경제, 교통, 보건, 교육, 법적 규제, 문화재 등을 섬 단위별로 매년 또는 일정 기간별로 현황을 과학적으로 조사하여야 할 것이다.

3. 섬의 가치인식

섬은 독특한 자원을 가지고 있으며 어느 곳보다 귀중한 국가영토이며 자산이다. 단순히 수면위로 드러나 있는 작은 규모의 땅덩어리만이 아니라 국가영토의 초석, 배타적 경제수역의 기점, 해양자원의 이용, 자연과의 공생의 장, 식량의 안정적 공급기지로서의 역할, 해난사고의 피난처 등으로 섬의 가치는 대단하며 계속 높아 가고 있다(신순호, 2014.5; 신순호, 1998.4). 그러나 우리나라에서는 오랫동안 섬은 그렇게 주목 받아오지 못했을 뿐만 아니라, 조선시대에는 왜구의 창궐 등으로 한때 공도정책(空島政策)을 펴기도 했고 60

년대부터 70년대 후반까지 '취약지대상사업'이라는 이름으로 소규모 거주도 서민들에 대한 소개(疏開)정책을 펴기도 했다. 또한 총량경제개발 시기에는 경제적 효율성 위주 정책에서 섬은 국가개발정책의 중심에서 오랫동안 벗어나 있어 왔다.

도서지역을 소수 주민들이 살고 있는 변방으로 인식하는 단순한 효율성 위주의 경제논리에서 벗어나 국토영역에 있어 도서의 중요성에 대한 획기적인 국가적 인식 변화가 이뤄져야 한다. 이미 해양이 국가의 안보와 자원의 중심지로 자리하고 특히 폭발적인 관광·레저 수요의 주요 거점으로 세계 많은 국가들은 그 가치를 인정하고 제도를 확립하는 등 국가적 관심을 집중한 지 오래다. 따라서 국가의 정책 순위에서도 해양주권과 자원 확보의 차원에서 섬 정책의 인식 전환과 함께, 도서 해양보전과 개발에 대한 국가 차원의 획기적 제도 마련이 시급하다(신순호, 2018: 285).

최근 들어 섬의 날을 제정하고 국가 연구기관 설립을 추진하고 있어 매우 고무적이다.

이러한 정책적 흐름을 맞아 섬 지역이 갖는 중요성을 다양한 각도에서 제대로 인식하는 것이 섬발전의 핵심이며, 지속적으로 올바른 섬에 대한 가치를 부각시켜 나가는 적극적 방안 모색이 더욱 필요하다.

Section 02 섬 발전 정책의 기본 방향

섬 지역에 관한 정책이나 연구에서 섬의 발전 방향에 다양한 의견이 있게 된다.

많은 섬은 섬이라는 하나의 범주에 속해 있지만 그 각각의 섬들은 어느 지역에서 보다 상이한 여건을 가지고 있다. 따라서 섬 지역이 보유하고 있는 자연적·사회적 특성을 고려한 발전정책을 모색하여야 한다.

우리나라 섬, 특히 유인도는 휴양지나 관광지 위주의 섬으로 활용하고 있는 다른 나라들의 섬과는 그 여건이 상당히 다르다. 무엇보다 우리나라 유인도는 오랫동안 섬을 삶의 터전으로 생업을 영위하여 살아온 사람들이 섬을 지켜오고 있다.

표 6-1 섬의 발전 유형

유형	발전 방향	세부목표	비고
T I 가고 싶은 섬	관광·휴양 명소 다양한 축제·이벤트 행사	자연환경보존 및 인공경관 조성	호주, 북미, 유럽 일부
T II 살고 싶은 섬	주민의 생활 공간	각종 생활기반시설 확충 정비, 소득과 문화 향상	한국, 일본
T III 가고 싶고 살고 싶은 섬	관광·휴양·치유의 공간, 주민이 살기 좋은 공간	생태자연환경 경관 조성 보편성 BN충족: 주민생활 정주여건 조성, 소득 문화 향상	

자료 : 신순호, 2010.6, '도서의 인식과 정책방향', 「지역발전위원회 포럼 발표 자료집」; 신순호, 2016.8, '섬의 인식 전환과 합리적 정책방향', 「한국지방행정연구원 섬발전센터 기념 세미나」 발표자료집.

그럼에도 일부 정책가나 연구자들은 '가고 싶은 섬'에 지나치게 초점을 두는 경우가 많다.[1]

유인도에 대한 발전정책 방향은 크게 3가지로 나눠 정책을 수립함이 필요하다(신순호, 2018. 9: 27). <표 6-1>에서 제시한 바와 같이 첫째, '가고 싶은 섬'이다. 섬에 대한 아름다움과 독특한 자연여건을 바탕으로 발전방향을 갖는 타입(T I 유형)으로서 관광·휴양 명소와 다양한 축제·이벤트 행사를 통해 섬을 발전시켜 나아가는 형태이다. 생태·경관이나 기후 등에서 좋은 조건을 갖추고 있는 섬들이 여기에 해당된다. 이들 섬들은 자연환경보존 및 인공경관 조성을 위주로 발전방향으로 두어야 할 것이며, 이러한 유형은 호주나 북미, 유럽 등 섬들에서 흔히 그 예를 찾을 수 있다.

둘째, '살고 싶은 섬'이다. 우리나라 섬 가운데 사람이 살 수 있는 조건을 가진 비교적 규모가 있는 대부분의 섬들은 사람이 거주하고 있다(T II 유형). 이들 섬은 대부분 오래전부터 조상 대대로 살아오고 있는 삶의 터전이다. 이러한 섬들은 주민들의 삶의 공간으로서 보다 편안하고 안전하게 살아가도록 가꾸어 가야 할 것이다. 우리나라의 대부분의 유인도나 일본의 유인도는 주민의 삶터로서 유사한 모습을 보이고 있다.

셋째, '가고 싶고 살고 싶은 섬'이다. 위의 T I 유형과 T II 유형의 조화를

---

1) 실제로 주요 정책기관에서 지역발전을 위한 의욕 찬 기획을 할 때에 '가고 싶은 섬'을 주요 테마로 결정하였으나, 저자는 '가고 싶은 섬' 못지않게 '살고 싶은 섬'이 중요함을 역설하여 수정하였던 적이 있다(성경륭·신순호 외, 2006: 360-385).

통해 발전시켜 나아가는 형태(TⅢ유형)이다. 기존에 주민이 거주하는 섬 지역을 주민이 살기 좋은 공간으로 조성해나가면서 관광·휴양·치유의 기능을 더해가는 것이다. 주민의 삶에 긍정적 효과를 최대한 높이도록하고 섬을 방문하는 사람들에게도 유익하도록 발전시켜가는 방향이다.

넷째, '국토영역으로서 역할을 수행하는 섬'이다. 위의 TⅢ유형에 더 나아가 국토영역으로서 배타적 경제수역 보전, 대륙붕 자원과 각종 에너지 개발, 전통문화·역사적 유산 보존, 국제교류의 거점, 자연환경·생태계의 보호, 해상안전의 교두보라는 역할을 충실히 수행할 방안을 모색함이다(신순호, 2012: 168).

Section 03 도서종합개발계획의 개선 방향

1. 도서종합개발계획의 효율성 제고

현재 수행 중인 도서종합개발계획은 제4차 계획 기간에 들어 있는 단위계획의 하나이지만 도서종합개발계획은 사실상 섬 지역 발전을 위한 핵심적인 법적 계획인바, 본 장에서 탐색하는 여러 정책방안들 대부분이 이 계획과 관련되어 있다. 따라서 이러한 방안들을 도서종합개발계획 정책수행에 고려해야 할 것이다.

이러한 점에서 여기에서 기술된 여러 정책방안을 별개로 하고 원리적인 부분에서 볼 때 도서관리의 기본원칙은 도서 주민의 삶의 질 개선과 관련된 시설의 효율적 활용과 소득창출, 생활환경개선 및 복원, 도서주민의 생명과 재산의 보호, 각종 기초 서비스 제공, 자원의 효율적 활용 및 균형발전을 통한 공동 번영 등이 핵심이 되도록 전략을 수립해야 한다(박진경, 2017: 147-148). 제도의 개선을 통해 현행 도서종합개발계획을 '도서종합발전계획(master plan)'으로 재편하며 살고 싶고 가고 싶고, 국가에 공헌하는 섬을 위해서 삶터와 일터를 조성하고 국제적 관점의 종합적인 전략이 필요하다. 또한 섬마다 매우 상이한 여건을 가지고 있음을 고려할 때 계획을 각 도서단위별로 장기목표를 우선적으로 설정하고 이에 따른 단기 또는 연차별 시행계획을 좀 더 명확히 하여야 할 것이다.

이 계획에는 모든 부서의 도서관련 사업이 총 망라되고 도서에 관련 사업은 타 사업에 우선하거나 적용에 우선하는 법상 의제 조항이 필요하다. 또한 도서종합개발계획에서 유형화는 그 제도가 왜 필요한가라는 근본 취지에서부터 분석해야 할 것으로 보인다. 이는 별도로 보다 자세히 살펴보도록 한다. 또한 도서생태계 관련법과의 연계를 통해서 도서종합발전10개년계획을 수립할 때 SDGs 목표에 따라서 도서의 난개발을 막고 자연경관 및 생태가 우수한 지역을 중심으로 친환경디자인 등을 유도할 필요가 있다(박진경, 2017).

이 밖에도 당초 도서개발촉진법(섬 발전촉진법)의 제정은 산발적이고 안정성 없이 이루어지고 있는 사업을 확실한 목표를 두고, 이에 따라 범 부처가 효율적으로 추진하려는 것이 중요한 취지 중 하나라고 볼 수 있다. 그러나 제4차 도서종합개발계획이 수행되는 기간 동안에 도서종합개발계획 이외에도 각 부처는 일반회계, 기타 특별회계 등을 통해 도서발전사업을 마련하고 있다. 섬 지역에 여러 형태의 재원을 통해 많은 사업이 추진되는 것은 긍정적이나 이를 산발적으로 추진하는 것 보다 도서종합개발계획으로 묶어서 전체적으로 더 많은 사업을 추진하는 방안으로 개선하는 것이 바람직하다.

2. 합리적인 도서유형별 계획

도서지역에 관한 제반 계획수립이나 정책수행을 위해서는 대상이 되는 모든 섬의 기본적 요소를 파악하여 각각의 도서 여건에 따라 합목적적이고 효율적인 개발 목표와 방향을 설정해 추진해 나가야 함이 최상이다. 그러나 모든 섬을 개별적으로 그렇게 한다는 것은 현실적으로 불가능하며, 이는 자칫 계획수립과 정책수행과정에서 효율성을 저해하는 근본적 요소로 작용할 수도 있다. 따라서 전체 섬을 합당한 기준에 의해 유형화하여 각 유형에 따른 계획권을 구상하고 그 계획권역의 공간체계의 내부에 사회편익시설배치를 비롯한 여러 실천적 내용이 적절히 모색되어야 할 것이다(신순호, 1991: 96 - 97).

유형화를 위한 기준으로는 도서의 어떤 요소들이 그 도서의 특성을 규정짓게 하는데 가장 큰 영향을 미치는가를 고려하여 결정해야 할 것이다. 여기에 포함되어야 할 기본 요소는 도서의 다양한 입지적 조건(인접 도서와의 관계, 해안 중심지역과의 관계, 자연·생태적 조건), 인구와 면적 규모, 교통여건, 산업구조, 특별규제 등을 들 수 있다.

이러한 기준에서 볼 때 일본의 도서정책에서 적용하고 있는 대형과 소형, 고립형과 군집형, 외해와 내해를 복합적 형태로 묶은 분류방법(국토청, 1983: 3; 일본기계진흥협회경제연구소, 1983: 3-5)도 적절한 유형으로 보여지며, 또 한편으로 도서의 특성을 바탕으로 하면서 계획단위와 공간체계를 동시에 생각하는 입장에서는 「기초 도서(지역)권」, 「선택적 완결도서(지역)권」, 「완결 도서(지역)권」으로 분류하는 방안을 제안할 수 있다(신순호, 1991: 96-104; 신순호, 1996: 57-58).

이 같은 유형화와 개발대상지역의 공간체계는 주민에게 안전성과 편리성 등의 기본목표향상을 최대한 확보할 수 있는 측면에서 구상하여야 할 것인바, 이는 무엇보다 생활서비스시설의 접근·이용 문제와 가장 큰 관련을 갖게 된다. 이러한 점에서 생활서비스시설의 배치에 관해서는 도서의 특성과 관련하여 생각하여야 할 것이고, 주민이 향유해야 할 요소 가운데 기본적이며 중요한 요소가 무엇인가를 파악하여 일부 필수적인 요소에는 규모(이용 인구의 임계치: threshold)를 탄력적으로 적용하여야 할 것이다.

이와 관련해 생활서비스시설의 배치는 인간의 욕구와 관련하여 주민의 기초수요를 중심으로 생각할 수 있다.

기초 수요의 단계와 관련시켜 사회복지 지표를 제시할 수 있는데, 기초적 수요부터 고차적 수요까지 나열한 항목에 따라 관련시설을 생각할 수 있다. 한 예로 「梶樹」 등은 가장 기초 단계로는 ① 소득 ② 안전 ③ 건강을, 다음 단계로 ④ 자연환경의 보전 ⑤ 거주 ⑥ 노동을, 상위 단계로 ⑦ 교육·문화 ⑧ 여가 ⑨ 지역사회 참여를 나열하고 여기에 적절한 시설을 갖추어야 한다고 주장하고 있다(山田學·梶秀樹 외, 1978: 74-75).

따라서 기초도서권이라고 할 수 있는 도서(예컨대 인구 200명 이하의 비교적 소규모 도서)에는 안전성과 건강성 그리고 기본적 문화복지와 관련된 부문은 해당 도서 내에서 최대한 충족할 수 있도록 한다. 이와 관련된 것으로는 여객선과 철부도선 등의 해상운송수단이 직접 접안할 수 있는 선착장, 기초 행정 요원과 의료인의 상주, 1일 1회 이상의 정기 여객선 왕래, 생활용수시설, 초등학교와 병설 유치원, 공동목욕탕 등을 들 수가 있다.

　비교적 규모가 큰 도서에서는 마을간 도로를 완비토록 하여 기능에 따라 일정시설은 마을 단위보다는 넓은 공간단위로 투자를 집중하여 완벽한 시설을 갖추도록 하는 것이 요구된다. 이와 관련된 시설로는 항만시설, 의료시설, 공동목욕탕, 중·고등학교, 유통·판매·수리시설 등을 들 수 있다.

　도서의 위치와 면적 그리고 생활권과 관련해서 반드시 생각해야 할 것은 도서지역 개발을 위한 권역화와 개발전략이 기존 행정단위를 중심으로 주변도서 및 해안도시와 묶어서 추진하려는 관념에서 벗어나 가능한 한 각각의 도서(설령 규모가 작더라도)를 기본단위로 하여야 한다. 이것으로 불가능한 부분에 한해 접근성이 매우 높은 중심도서와 묶고, 그렇지 않은 위치에 있을 때에는 기존의 높은 중심기능을 가진 해안도시와 직접 관계를 맺도록 하여야 한다. 다만, 해안도시와 너무 멀리 떨어져 있어 1일 왕복이 불가능한 (외해)고립도서 경우에는 중심도서를 중심으로 권역화하여 개발하는 방안 즉, 도서 위치에 따른 개별적 방법을 사용해야 한다.

　이는 도서지역에서의 교통여건과 크게 관련되어 있는바, 주민이 거주하는 도서를 떠나 업무를 수행할 때는 단순히 하나의 업무만을 위해 해당 지역에 가기보다는 일회의 통행에서 생활과 관련된 모든 업무를 일시에 수행코자 하는 소위 「1회통행에 의한 업무수행(one-stop shopping or service)」 형태가 일반적이다(신순호, 1993: 205-206; 신순호, 1996: 59). 따라서 인근에 위치하는 중심 도서에 어떤 편익시설이 있다 하더라도 여타의 모든 중심기능이 낮을 경우에는 근접된 중심도서보다는 일정한 거리가 있더라도 보다 완벽한 기능이 갖추어진 해안중심도시와 왕래가 크게 이뤄진다. 따라서 교통이 원활한 내륙지역에서 이뤄지는 중심지의 계층 패턴이 도서지역에서는 적용되지 않을 경우가 많음을 개발계획시 시설배치에서 특별하게 고려해야 할 것이다(신순호, 1996: 59).

1. 도서종합개발 사업 부처의 일원화

　오랫동안 인식부족으로 섬 지역에 대한 국가정책은 매우 빈약한 상태로 간헐적으로 정책을 시도해오다 도서개발촉진법이 1986년 제정(이후 섬발전촉진법으로 개정)으로 제도적 틀을 갖추고 도서종합개발계획이 마련되어 시행되고 있다. 이러한 제도가 도서지역개발 정책을 수행하는 근간으로 자리해오고 있었다. 이 같은 법 제도에 따라 도서종합개발 대상도서를 정하고 행정안전부가 소관부처로 관리해 왔다. 그러다가 지난 2010년 국가균형발전특별법(이하 균특법)의 개정으로 대상 도서가 성장촉진지역과 특수상황지역으로 나누어지게 되고 이를 수행하는 소관 부처가 분리되었다.

　이 같은 균특법상의 지역구분은 내면적으로 전국을 지역의 개발 수준에 따라 분리하여 적정한 정책을 수행하고자 하는 제도의 취지이다. 그러나 이는 전체 시·군의 지역발전수준을 대상으로 측정하였던 것이므로 그 해당 시·군의 일부인 도서지역의 낙후도(발전수준)와는 다를 수 있다. 같은 섬 지역임에도 시·군 전체의 낙후도에 따라 섬 지역의 낙후도와는 관계없이 개발사업 지역이 달리 분류되고 있는 문제를 안고 있다(신순호, 2018.7: 282-288; 신순호, 2016: 32-60).

　지역의 구분 취지는 지역의 여건, 특히 경제적·사회적 여건에 따라 지원조치를 현실에 알맞게 차등 지원을 하려는데 있다. 이러한 지역 지정은 시·군을 대상으로 연평균 인구변화율, 소득수준, 재정 상황, 지역 접근성 등을 기준으로 5년마다 종합평가하여 지정한다.

　이러한 취지와 평가 기준에 따른 지역지정은 해당 시·군 지역 전체를 대상으로 하는 것이지 섬 지역만을 대상으로 하는 것은 아니다. 다시 말해 섬 자체로 보았을 때는 속해있는 시 또는 군 자체는 비록 양호한 조건이라 할지라도 섬 자체는 매우 열악한 여건을 가지고 있을 수 있다. 다시 말해 섬들 간의 낙후도에 대한 정확한 비교가 아니다. 그러기 때문에 바로 인접한 섬이지만 행정구역이 다르면 아주 낙후되었을 경우에도 그 낙후에 대한 개별 여건을 평가받지 못하는 결과가 될 수밖에 없다. 즉 섬의 여건, 특히 균특법에서 목표로 하는 낙후도와는 상관없이 섬이 속해있는 해당 시·군의 여건에 따라 섬발전촉진법의 대상 섬이 성장촉진지역이나 특수상항지역으로 분리되어 속하게 된다(그림 6-1 참조).

여기에다 포괄보조금제도 도입 시행으로 인해 인구규모가 작거나 투자 대비 효율성이 낮다는 정책적 판단으로 인해 특히나 소규모 섬 지역이 정책적 소외대상으로 전략될 개연성이 높다. 결과적으로 섬 지역간 아주 유사한 낙후도를 가진 인접 도서간에도 시·군 경계가 달라 있을 경우 상호 다른 개발사업군(群)으로 분류되는 모순을 갖게 된다.

이러한 맥락에서 도서의 특성을 고려할 때 도서에 적합한 정책이 수행되어야 하고 동일부서에서 도서발전정책을 수행해야 한다.

실제로 특수상황지역에서는 2011년도부터 매년 5~6개 도서를 선정하여 대략 3년 기간 동안 도서당 약 30억원 내외 규모의 '찾아가고 싶은 섬 특성화 사업'을 수행하고 있다. 그러나 성장촉진지역 내 여타 도서는 이 사업대상지역에서 빠져있어 주민들은 형평성 문제를 제기하고 불만을 갖게 된다. 오히려 낙후도가 상대적으로 더욱 심한 도서일지라도 다른 지역유형에 속한 관계로 이 같은 집중적 개발사업대상으로 선정될 기회가 봉쇄되는 현실에 처하게 된다(신순호, 2018.7: 286).

또한 4차 계획의 경우에도 낙후도가 심하다고 지정된 성장촉진지역의 도서사업비는 단순 수치로 볼 때 특수상황지역 도서사업비의 약 60% 정도 수준이다.

함축하여 볼 때 가장 중요한 것은 도서지역 정책이 도서지역 특성을 바탕으로 마련되어야 한다. 이러한 관점에서 지역사업체계의 지역구분에 있어

그림 6-1 균특회계 지역개발사업 지역유형

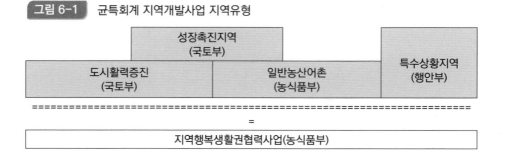

도서지역의 특성을 고려하여 제도의 개선이 필요하다.

여기에는 무엇보다 국가균형발전특별법에 의한 개발사업의 지역구분에 있어 도서지역은 현재의 제도를 개선함이 바람직하다(신순호, 2016.8: 3-28). 그리고 국비지원을 강화하고 주무부처를 일원화하는 등 기존 도서개발관련 법제도를 정비하여야 한다.

도서종합개발 사업 섬은 기존 자치단체의 낙후도 기준에 함께 포함시키는 것 보다 별도의 평가 등 섬만을 대상으로 하는 특별한 정책이 이뤄지는 제도가 요청된다.

이러한 시각을 바탕으로 제도개선으로 몇 가지 방안을 들 수 있는바, 첫째, 당초 도서개발촉진법(현, 섬발전촉진법)의 적용을 그대로 두는 방안이다. 구체적으로 적시하면 국가균형발전특별법의 제2조 7호의 특수상황의 정의 규정의 나목의 단서 조항을 삭제·개정함이다. 이는 섬발전촉진법 제4조의 개발 대상 섬으로 지정되는 것을 균특법 관련 조항으로 인해 같은 섬인데도 대상 지역이 분리되기 때문이다.

둘째, 보다 적극적인 제도 개선으로 균특법에서 정하는 기존의 지역 외에 도서지역을 별도 지역으로 신설·지정하도록 하는 것이다. 이는 기술했듯이 균특법에서 지역을 분류하는 것은 대상지역을 낙후도 등의 발전 상황과 특성에 따라 보다 효율적으로 발전시켜 나가는 데에 목적이 있다. 따라서 지역 중에서도 지역 특성이 여타 지역과는 매우 상이한 섬 지역을 분리하여 별도 발전정책 대상 지역으로 지정하는 것이 높은 타당성을 갖는다. <그림 6-2>에서 보여주는 바와 같이 섬 지역이 성장촉진지역과 특수상황지역 내

그림 6-2 균특회계 지역개발사업의 새로운 지역유형

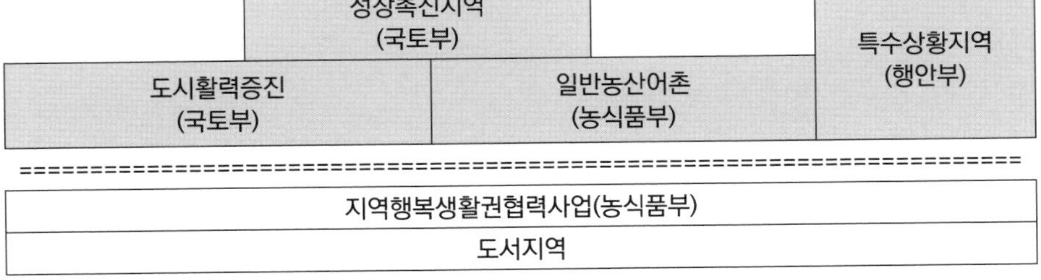

	성장촉진지역 (국토부)		특수상황지역 (행안부)
도시활력증진 (국토부)	일반농산어촌 (농식품부)		

지역행복생활권협력사업(농식품부)
도서지역

에 포함되어 있는 섬 지역을 떼어내어 별도로 섬(도서)지역으로 분리·지정함이 바람직하다(신순호, 2016.7: 32-60; 신순호, 2016.8: 3-32; 신순호, 2018.7: 285-287; 박진경, 2017: 148-149).

2. 행정체제의 효율화

섬 지역 정책수행이 행정안전부, 해양수산부, 환경부 등으로 다원화되어 있어 연계성이 떨어지고 각 부처의 고유한 과제에 국한된 기능만을 수행하고 있다. 도서개발심의위원회와 실무위원회가 활성화되어 있지 않아서 부처 간 협조체계는 미흡하고, 관계부처 협의는 계획수립에 한정적이다. 그러나 기술한 바와 같이 일본은 우리나라와 달리 도서를 하나의 부처에서 종합 관리하는 체제로 일원화된 체계를 구현하고 능동적으로 환경에 대응하고 있다. 국토교통성 국토정책국 내 이도진흥과는 이도관련 대책을 총괄·관리하는 부서로서 주요 정책 결정 및 추진, 이도진흥대책분과회 개최 등을 담당한다. 더욱이 최근 개정된 이도진흥법은 이도의 실정과 주민의 소리를 감안해서 이도진흥에 대한 국가의 책무규정과 주무대신을 추가하였으며, 시책별로 소관부처를 열거하고 있다(박진경, 2017: 141-142).

우리나라에서는 현실적으로 도서종합개발 업무뿐만 아니라, 유인도서 관련 업무가 여러 부처로 분산되어 있다. 이들 분산된 업무 가운데 섬 지역에 보다 밀접한 업무와 특성상 여타 지역과 상이한 여건의 섬 지역 업무를 한 부처에서 총괄하는 방안을 우선적으로 고려할 수 있다. 여기에는 연안여객선 운영, 섬 지역의 재해, 섬 지역 의료·복지, 섬 지역 교육 분야 등을 생각할 수 있겠다.

그 밖에도 조직 내 업무 수행 인력의 문제이다. 일본의 경우, 국토교통성의 이도진흥과는 1개과(課) 단위로 오래전부터 이도진흥 업무를 전담하고 있다. 그러나 우리나라의 경우 행정안전부와 국토교통부에서 각 2명의 인원이 관련 업무를 수행하고 있다. 섬 지역의 발전목표를 수립하고 섬에 대한 국가적 의무와 국민적 인식 등과 각종 업무를 고려할 때 업무의 통합과 함께 조직과 인력 보강이 절실한 과제이다.

3. 섬 관련 법제의 체계화

섬에 대한 제도가 각기 소관 부처의 업무에 따라 오랫동안 진행되어 오는데다 섬에 대한 새로운 여러 환경 변화가 일어나고 있다. 따라서 이에 대한 섬 주민과 섬에 대한 환경변화에 따른 수요를 폭넓게 반영하는 제도개편이 필요하다. 장기적으로는 일본과 마찬가지로 우리나라도 유인도서와 무인도서 등 모든 유형의 도서를 총괄할 수 있는 (가칭)도서기본법이 필요하다.

도서기본법은 도서에 대한 학문적 정의를 토대로 도서를 개발·이용·보전하는 방향과 이념에 관한 기본법을 의미한다. 도서는 국토의 일부이자 도서주민의 삶의 터전으로써 도서의 균형 있는 발전, 도서주민의 삶의 질 향상, 도서와 주변 해역의 환경보전 및 영토수호 등을 이념으로 수용할 필요가 있다. 유인도서 관련의 섬발전촉진법, 무인도서의 보전 및 관리에 관한 법률, 서해 5도 지원 특별법, 독도의 지속가능한 이용에 관한 법률 등 성격이 다른 법의 추진 목적, 도서의 개발, 이용, 보전 등을 도서에 대한 전체적인 관점에서 도서기본법의 기본 방향에 따라 보다 명확하게 정리하고 상호 보완과 연계성을 갖도록 할 필요가 있다.

이는 법을 집행하는 소관부서가 나뉘어 있음으로 인해 야기되는 여러 복잡한 사항을 보다 명확하게 할 수 있다. 또한 기본법에는 영토나 안보 등 섬과 관련된 제반 법에 대해서도 기본의 제정을 통해 기본법의 전체적인 방향에 따른 체계화가 필요하다

Section 05 접근성(accessibility)의 향상

도서지역을 효과적으로 개발하기 위해서는 앞서 밝힌 바와 같은 개발틀의 마련 외에 적절한 접근체계가 필수인바, 모든 정책은 도서지역의 여건 중 가장 불리한 부분인 교통을 중심으로 한 접근성의 개선을 우선 과제로 삼아야 한다.

도서지역의 교통체계는 앞서 살펴 본 바와 같이 육지부의 그것과는 매우 다른 특수성을 가지고 있고, 또 그 자체가 가지고 있는 문제점이 너무 많

다(Shin, 1985). 이 부문의 개선을 위해서는 지속적인 투자가 필요하기 때문에 무엇보다도 개발정책의 시각에 커다란 변화가 요구된다. 도서개발 측면에 있어서 교통이 갖는 비중은 어떠한 타 부문보다 높기 때문에 단순한 효과성이나 경제성만으로 논의될 성질의 것은 아니다(신순호, 1991: 104).

　　도서지역의 해상교통과 관련하여 핵심이 되는 것이 연안해운(연안여객선)이다. 연안여객선은 오랫동안 대중교통 범주에 포함되지 못하였다. 그러다가 지난 2020년 10월 8일 「대중교통의 육성 및 이용촉진에 관한 법률」(이하「해상대중교통법」)의 개정시 대중교통에 포함되었으나 아직 이후 후속적인 조치는 이루어지지 않고 있다.

　　해상교통 문제에 있어 여러 여건을 고려할 때 공영제 시행이 가장 바람직하다(김태일·박성화, 2018.8: 요약문; 김상완·이철우 외, 2021.3). 관련하여 현재, 해양수산부에서는 도서민 교통기본권 보장의 일환으로 도서지역의 일일 생활권이 보장되지 않거나 지속적인 적자를 시현하는 적자항로를 보조항로로 지정하여 지원하는 준공영제를 제도화하였다. 그러나 공영제 실현이 최선의 방안이나 이의 전면적 실시에 어려움이 있을 경우, 우선 보조항로 적용대상 항로 중 원거리 도서 항로에 대하여 공영제를 실시하고 그 효과를 평가한 후 일반항로 전체로 확대하는 것도 검토해 봄직하다(김상완·이철우 외, 2021.3)

　　다른 한편 해상교통 관련 법률들이 산재되어 있는 바, 이들의 입법목적과 여타 규정의 특성에 따라 해상대중교통에 해당하는 여객선과 관련하여 규정하여야 할 영역을 명확하게 나누어 규정함이 필요하다. 이는 국민들에게 법제도의 예측 가능성과 법적 안정성을 확보할 수 있음은 물론이고, 도서주민의 삶에 필수인 여객선 이용에 편리성을 높이게 될 것이다.

　　이와 관련하여 보조항로 지정에 따른 손실보상과 운항명령 및 여러 지원책, 그리고 여객선의 공영제 등과 관련된 방안을 구체적으로 제시할 필요가 있다. 이 제도들의 주된 목적이 도서지역 주민들의 교통기본권 확보에 있다는 점을 고려하면 특별법인 '해상대중교통법'에 규정되도록 하는 것이 바람직하다. 또한 같은 맥락에서 '해운법'에서는 여객선의 운항 전반과 민간 여객운송사업자의 일반항로 운항 및 선박의 안전과 항로에 관한 사항을 중점적으로 다루는 것이 타당하다. 이와 함께 '대중교통법'에서는 해상대중교통과 기존 육상대중교통 간 종합적인 관리계획 및 연계와 관련 내용을 중점적으로 규정하는 것이 각 법의 입법 취지 및 예측 가능성을 고려할 때 적절해 보인다(김상완·이철우 외, 2021.3).

이러한 해상 교통수단의 개선과 함께 해상교통이 섬 지역 내부와 원활하게 연계되어야 한다. 또한 섬 지역 내부의 교통망도 불편이 없도록 하여야 한다. 도서지역과 외부지역과의 연결이 선박에 의존한다면 도서 내에서의 흐름은 도로가 중심이 된다. 그러나 도로가 개설되지 않는 도서가 많고 설령 개설되어 있다 하더라고 도로로서의 기능을 제대로 발휘하지 못한 경우가 대다수이다. 따라서 비교적 규모가 큰 도서의 경우에는 모든 마을을 연결하는 일주도로(자동차 통행이 가능한) 개설이 이뤄져야 하고, 소규모 도서에는 선착장에서 최소한 마을까지라도 경운기의 통행이 가능한 도로가 개설되어야 한다. 또한 도서기상여건은 폭풍우가 심하고 파도가 심할 때가 많기 때문에 호안도로나 개설도로는 반드시 포장이 되어야 한다.

접근성 향상과 관련해서 가장 획기적인 방안으로 연륙화 및 연도화를 들 수 있다. 연륙화는 도서가 갖는 제반 약점을 해소하는데 더할 나위없는 방안이다. 최근 과학기술의 눈부신 발전으로 인해 연륙교도 과거에 비해 훨씬 효율적이며 다양하게 건설되어 접근성의 획기적 개선과 함께 그 자체가 명소가 되고 있다. 이는 비단 연륙교뿐만 아니라 해저터널이나 삭도 등 여러 종류의 연결수단이 현실화 되고 있다. 그러나 입지여건상 연륙화가 어려운 경우가 많데, 이 경우에는 인접도서와 연도가 가능한 지역을 최대한 연도화시켜 자체 내에서 규모의 경제를 이루도록 한다. 이는 무엇보다 각 단위 도서들이 갖는 소규모 인구로 인한 시설이용인구의 임계치(threshold) 문제를 극복할 수 있어, 상위기능의 시설들을 좀 더 다양하게 배치할 수 있는 바탕이 되는 것이다(신순호, 1991: 105).

Section 06 교육 부문의 개선

섬 지역을 발전하는 데는 많은 요소가 관련되어 있다. 기초적인 요소에서부터 고차적인 것 그리고 복합적 요소가 있다. 이 요소들을 발전정책과 관련하여 모두 같은 비중으로 다루기는 불가능하기 때문에 주민의 삶에 기본을 둔 발전정책에 보다 더 중요 인자를 파악하고 이를 집중적으로 다룰 수밖에 없다. 여기에서 교육문제는 매우 중요한 가치를 갖는다.

섬 지역이 발전하기 위해서는 주민이 삶의 보람을 갖고 살 수 있는 여건이 마련되어야 한다. 특히 젊은 층의 계속적인 정착와 귀도(歸島)는 중요하다. 이들 자녀의 교육환경은 이들의 정착과 젊은 귀도인에게는 필수적인 요소이다. 뿐만 아니라 교육은 인간을 인간답게, 인간을 문명된 삶으로 인도하는 그리고 인간의 성장 가능성을 최대한 신장시키는 기본요소이고 이의 핵심적 수행기관은 학교이다.

그럼에도 불구하고 사실상 교육의 거의 모든 것이 이루어질 수 있는 학교가 섬 지역에 없다는 것은 큰 문제일 수밖에 없다. 여기에는 섬 지역의 여건이 다른 지역과 매우 다르다는 특성을 간과한 것이 가장 큰 요인이라 보여진다. 학교가 없는 섬에 사는 학령기 아동들은 살고 있는 섬 밖의 지역으로 통학할 수밖에 없다. 그러나 통학은 해상교통수단에 의할 수밖에 없는데 해상교통은 육상교통에 비해 매우 불안전하고 위험성이 높다. 이러한 섬 지역의 교통여건을 제대로 파악하고 있다면 특히 학교가 없는 상태가 계속되는 정책적 문제는 일어나지 않을 것이라 보여진다(신순호, 2020; 신순호 2019).

섬 지역의 교육은 섬 지역이 아닌 도시나 일반 농산어촌 지역과 다른 방향의 정책을 강구해야 한다. 섬 지역의 학교에 대한 교육의 질(質) 문제도 있지만, 보다 급한 것은 무교(無校) 도서에 취학대상자가 있을 경우 학교의 개교를 용이하게 할 수 있는 특별 정책이 마련되어야 한다. 이와 함께 부수적 대안으로는 섬의 여건에 따라 무교 섬 주민들이 가장 왕래가 잦은 해안 중심 도시지역에 섬 주민들의 자녀들이 안심하고 학교를 다닐 수 있는 시설과 학부모들이 함께 기거할 수 있도록 하는 방안을 마련하는 것이다. 이러한 과제는 교육청의 소관 사안으로 둘 것이 아니라 중앙부처 차원의 특별 제도가 조속히 마련되어 운영되어야 할 것이다.

교육은 개인을 성숙하게 할 뿐만 아니라 사회와 국가를 발전시키는 원동력이 된다. 그 교육의 핵심적 기능을 수행하는 학교가 없다는 것은 교육받아야 할 적령기 아동이나 그의 부모들에게는 섬 거주에 가장 큰 문제가 된다. 도시나 학교가 있는 곳에서는 교육의 질을 얘기하지만 교육을 받을 학교가 없는 섬 지역에서는 교육을 받을 수 있는 학교 그 자체가 없는 실정이다.

당신이 섬에서 살고 있다고 할 때 자녀, 특히 유치원생과 초등학생들이 교육받을 학교시설이 없다면 어떻게 할 것인가? 유치원과 초등학교가 없어 5살 유치원생과 7살 초등학생이 20분 남짓한 거리의 바닷길을 이른 아침부터 여객선을 타고 가서 선착장에 내려 다시 통학버스를 타고 학교에 가야 한다(신순호 2019; 신순호, 2017.7; 신순호, 2019.7: 57-58). 그리고 다시 오후에 그 같은 코스를 반대로 거처 집으로 되돌아와야 한다. 파도치고 바람 세차게 부는 날 아침, 어린 아이들이 배타고 다른 곳으로 유치원이나 초등학교를 다닐 때 국가는 어떤 답을 하여야 할까!

헌법에서는 '모든 국민은 능력에 따라 균등하게 교육을 받을 권리를 가진다(제31조 제1항)'와 '모든 국민은 그 보호하는 자녀에게 적어도 초등교육과 법률이 정하는 교육을 받게 할 의무를 진다(제31조 제2항)'라고 정하고 있다.

Section 07 섬 지역 발전을 견인하는 국가 섬정책연구기관

오랫동안 섬 지역 발전과 사회구조에 대한 연구를 수행해 오면서 가장 아쉬운 것 중 하나가 전문연구기관의 부재였다. 우리나라의 연구환경에서 전문연구기관의 부재는 섬에 대한 연구를 극히 일부 연구자가 개별적으로 연구를 수행할 수밖에 없다. 섬 연구는 일부 인문적 분야나 환경·생태적 측면에서는 나름의 연구들이 지속되어 왔지만, 주민들의 삶의 공간과 국토 및 영토라는 측면에서 미래 발전을 제시하는 연구는 크게 이루어지지 않았다. 기술했던 바와 같은 주민들의 삶과 관련된 통계나 각종 현황이 제대로 이루어지지 않고 있다. 이러한 연구나 정책방향 모색의 어려움과 함께 섬의 중요성을 생각할 때 국가 섬 연구기관의 설립 필요성을 이미 90년대부터 수없이 제시하고 각종 정책 또는 연구 발표회 등에서 촉구해왔다(신순호, 1996: 54-55; 신순호, 1998.4: 74-75; 신순호, 1999.12: 255).

지역의 연구는 대상에 대한 정확한 실상 파악부터 시작된다. 그러나 일부 지역이 아니고 전국에 산재되어 있는 섬에 대한 의미 있는 실상을 제대로 파악한다는 것은 한 두 사람의 연구자에 의해 이루어질 수 없는 일이다. 연구에 필수적인 정확한 기초 통계자료 역시 취득하기 힘들 때가 많다. 통계자료와 관련하여 '우리나라 모든 시·군·구별로 매년 통계연보가 생산되지 않는 가' 라는 얘기를 듣는 경우가 드물지 않다. 이러한 종류의 통계연보와 각 섬 단위의 관계를 제대로 인지하지 못한 데서 비롯된 일들이다. 통계관련 기관에서도 섬통계는 다루고 있지 않다. 80년대 내무부에서 '도서현황'이라고 전국 도서의 기초통계자료 책자를 발간해 왔으나 근래에는 접하기가 쉽지 않다. 과거 내무부에서 1975년과 1985년에 각 지방을 통해 자료를 수집하여 '도서지'를 발간하였다. 이후 1995년에 내무부의 의뢰로 저자가 연구책임자로 '한국 도서백서'와 '한국 도서통계'를 발간하고, 2011년에 역시 행정안전부의 의뢰로 저자가 연구책임자로 '대한민국 도서백서'를 발간 한 후 도서전반에 대한 기초 현황을 파악하는 자료가 발간되지 않고 있다. 국가 연구기관(한국섬진흥원)은 체계적이고 정밀한 통계자료를 마련하는 것부터 시작해야 한다.

모든 국책 연구기관은 해당 분야의 기본적 연구 수행을 통해 설립목적에 따라 그 분야의 가장 합당한 국가정책 방향을 제시해야 한다. 섬 관련 연구기관도 역시 그러한 원리적인 목적 수행에 충실해야 할 것이다. 또한 섬 연구기관은 '섬'이 갖는 지역적 여건이 매우 특수하고 각종 행정수행 체계도 크게 분산되어 있는바, 섬 정책 방향을 선도적으로 제시하는 타워역할을 하여야 한다.

앞에서 기술했던 바와 같이 우선 명확한 정의도 확립해야 한다. 유인도와 무인도에 대한 정의뿐 아니라 근본적으로 무엇을 섬이라 해야 할 것인가부터 시작해야 한다.

지금까지 학자들이 해야 한다는 주장도 있지만 이 부분에 대한 학계 인식이 충분하지 않음을 고려할 때 학문적 의미와 정책적 의미를 함께 담아갈 필요가 있다.

먼저, 섬지역 발전에 필요한 종합적이고 체계적인 조사연구이다. 섬 지역 발전과 관련 연구를 수행하는 데 있어 기본 자료가 너무 없는 실정이다. 연구기관에서는 체계적이고 정밀하고 꼭 필요한 통계자료를 마련하는 것부터 시작해야 한다. 또한 섬에 대한 자원과 특성에 따른 제반 자료를 생산하고 또 다양한 자료를 수집 관리하여야 한다. 이들 자료는 각 공공기관이나 연구자에게 섬에 대한 정책이나 연구에 널리 활용하도록 하여야 한다. 이는 국립 섬 연구기관(한국섬진흥원)의 역할 중 대단히 중요하며 이것을 통해 섬

발전에 대한 정책과 연구가 크게 촉진되는 촉매제 역할이 되도록 해야 한다.

다음으로는 섬에 대한 정책방향을 올바르게 제시함이 필요하다. 이는 이 책에서 전반적으로 제시하고 있다. 섬에 대한 모든 자료를 갖추고 정보를 제공하고 적실성 있는 정책을 제시함으로써 산재되어 있는 부처나 지방자치단체, 공공기관, 연구기관 등에 대해 중심기관으로의 역할을 수행해 가야 한다. 섬 지역은 법제에서나 정책부처, 그리고 연구기관 모두가 크게 산재되어 있어 집중성이 떨어지고 업무 수행에 어려움이 많다.

그러나 무엇보다 국립 섬연구전문기관이 설립되어 가장 기본적으로 수행할 역할은 섬이 섬 주민들이 행복하고 편리한 삶의 장소가 되도록 하는 것이다. 섬 지역의 인구가 어느 여타 지역보다 감소율이 높으며 이와 관련되어 유인도가 빠르게 소멸되어 가고 있다.

또한 섬이 단순한 국내적 한 공간으로서가 아니라 날로 높아가는 각종 해양자원, 안보, 통상 등 영토적 가치를 최대한 높여 국가에 공헌하는 섬이 되도록 하여야 한다.

Section 08 자연환경보전과 지역특성의 자원화

섬이 가지고 있는 자연여건을 충분히 활용하여 이를 자원화하는 것이 필요하며, 다른 한편으로 섬이 보유한 천연의 보고인 자연자원을 최대한 보호하는 것도 대단히 중요하다.

지금까지 개발이 대부분 효율성에 지나치게 치우친 나머지 자연환경보전에 미흡한 부분이 적지 않았다. 일부지역에는 해상국립공원 등이 지정되어 상당히 자연환경보전에 기여해 오고 있기도 하다. 그러나 이러한 지역 외에서는 개발사업 수행상 어려움을 들어 무분별하게 자연환경의 파괴가 종종 행해져 오기도 한다. 국립공원지역에서 자연환경을 보전하는 측면에서는 계속 이를 지속해야 하지만 여타 불편 사항은 최대로 해소토록 제도적 방안이 강구되어야 할 것이다. 또한 섬 지역에 대한 실태조사시 자연환경에 대한 심층적 조사분석이 별도로 이뤄져야 할 것이며, 이를 기초로 장기적인 계획 아래 더욱 아름다운 도서의 자연환경이 유지 보전되도록 하여야 할 것이다.

다른 한편으로 대부분 섬 지역 주민이 일차산업에 종사하고 있는바, 이들의 소득향상을 위해서는 기후, 토질, 연근해어장 여건에 따라 소득원을 특화시킬 필요가 있다. 예컨대 자연조건에 따라 기존의 주업 외에 특수작물과 고소득 유실수 등을 집중 재배하고 수산물의 양식을 확대시켜 나가는 방안이 필요하다. 그리고 특히나 수산업 양식에 있어서는 섬 단위별로 가능한 생산과정의 기계화와 생산물의 가공시설을 세우도록 하고 이것이 여의치 않는 섬 지역에는 모도나 근접한 해안도시의 해안에 이를 입지토록 함이 필요하다.

그 밖에도 관광자원의 개발을 들 수 있는데 섬이 갖고 있는 자연경관이나 해수욕장, 바다낚시 장소 등의 천혜조건을 적절히 개발시켜야 한다. 여기에다 야영장, 민속관, 휴양농원, 휴양양어장, 전통산품의 생산 실연장, 민속마을 시설, 향토음식점, 어구대여 및 실습장, 보트장, 민박시설, 산책로, 다목적 잔디 광장, 산장·방갈로 등의 숙박시설들을 합리적으로 배치시키고, 일정한 곳에는 관광단지를 조성시키도록 한다. 일부 입지조건이 가능한 섬들이 장래 교량이나 해저터널에 의해 연결될 때에는 이러한 인공시설물과 섬 지역만이 갖고 있는 자연요소들이 최상의 관광자원이 되도록 계획해야 한다.

그러나 여기에서 특히 고려해야 할 것은 섬 지역이 단순한 장소 제공의 역할만 하고 실질적인 수익이 인근 해안도시나 몇몇의 투자자들에게만 돌아갈 수 있는 개연성 등의 문제를 미리 생각하여 해당 섬 주민들의 소득이 실질적으로 향상될 수 있도록 해야 할 것이다.

또한 섬 지역에서 행하는 대단위 공공사업을 수행할 때 단순한 효율성에 집착할 것이 아니라 주위의 여건을 충분히 고려해 장기적인 측면에서 사업을 수행한다면, 그 자체 관광자원화할 수 있는 등 복합적인 효과를 가져올 수 있을 것이다.[2]

이 같이 도서지역에서 공공사업을 마련할 경우에는 사전에 관계부처와 협의를 통해 관광측면을 고려한다면 도서의 천혜 자연경관과 함께 보다 나은 관광자원으로 가치를 더하게 될 것이고, 사업이 끝난 후에 별도의 관광계획을 추진하는 비능률을 사전에 제거하는 이점도 안게 될 것이다. 따라서 앞으로 일정 사업을 시행할 경우에는 관광측면을 동시에 계획·시행토록하는 일

---

2) 실례로 신안군 안좌-팔금을 연결하는 신안1교의 경우 단순히 양 도서간 연도의 기능만을 생각한 건설사업으로 교량 주위의 해변경관에 부정적 영향을 주고 있다.

명 「관광영향평가제도」를 도입하는 관련 법제를 마련할 필요가 있다(신순호, 1990.9: 36-37).

다른 한편 도서지역은 지역의 특성이 환해성(環海性)과 격절성(隔絶性)으로 말미암아 일상생활에 필수적인 부문의 대부분을 자체에서 기본적으로 해결해야 하나 이것이 원활하지 못한 경우가 많다.

그 가운데 하나로 대부분 섬 지역은 용수사정이 원활치 못하다. 지역조건상 수원이 발달하지 못하고 또 일부 지역은 지하수에서 염분이 노출되기도 한다. 게다가 식수 외에도 특히 갈수기에 집중되는 김 생산 등 용수는 특별한 대책을 필요로 한다.

이를 위해서는 우선 각 섬 단위로 최대한 급수문제를 해결토록 하여야 하는 것이 바람직하다. 각 섬 단위에서의 급수해결을 위해서는 첫째로 섬 지역 내에 물이 고일 수 있는 계곡을 전체적으로 조사하여 장기간 저수 가능한 특수공법의 수원지를 최대한으로 넓혀나가고, 둘째로 염분이 노출되지 않는 도서에서는 지하수개발에 역점을 두며, 셋째로 김생산 등의 생산용수는 우기에 물을 저장할 수 있는 지하저수지를 대규모로 마련하도록 한다.

한편, 섬 단위별로 용수 해결이 어려운 지역에서는 먼저 인근의 수원이 풍부한 지역에 대규모의 수원지를 마련하고 해저송수관을 통해 송수하도록 한다. 그러나 이 같은 해저송수관 연결이 어려운 지역에는 특수구조를 갖는 급수선을 확보하여 안정적으로 급수하여야 할 것이다. 생산에 필요한 용수는 장기적으로 해수를 경제적으로 담수화시키는 방안도 확보해야 한다(신순호, 1987: 61-88; 신순호, 1991: 107).

Section 09 아름다운 섬과 효율적 토지공간 조성

우리나라의 섬 지역은 대부분 오랜 거주 역사를 가지고 주민들에게는 삶의 터전으로 도서공간을 활용하고 있다.

섬 지역의 최대의 특성은 앞에서 기술했던 바와 같은 4면이 바다로 둘러싸여 있고, 육지 중심지 등 도서 밖의 지역과 접근성이 매우 열악하며 내부 면적이 좁은 공간이라는 도서성(insularity)(유철인, 1984: 121)과 해안 및 육상생태의 독특한 경관 보유라는 양 측면을 들 수 있다. 이러한 도서지역의 특성 가운데 전자는 오랫동안 도서주민들의 삶에 불리한 여건으로 자리하고 있고, 후자의 경우에는 도서가 갖는 훌륭한 자원이기도 하지만 이를 더욱 보전하는 입장에서 볼 때 단기적으로는 도서주민들에게 규제라는 측면으로 작용하게 된다.

우리나라의 도서지역의 많은 주민은 농업과 수산업에 종사하고 있어 장기적 관점에서 도서가 갖고 있는 천연적 생태·경관이라는 특장을 살리는 목표와는 상당히 유리되는 삶의 형태라 볼 수 있다. 따라서 주민의 생업유지에 따른 소득향상 및 편리성 추구와 도서가 갖는 자연적 특성 – 청정바다, 아름다운 해안, 독특한 식생, 경관–과 조화를 이루는 데는 상당히 섬세한 접근방안이 모색되어야 한다(성경륭·신순호 외, 2006: 382; 신순호, 1999).

여기에는 주민들에 대한 적극적인 유인책을 통해 아름다운 도서를 스스로 가꾸는 것과 품격 있는 삶의 공간을 위해 공공부문이 해야 할 몫을 나누어 생각할 수 있다. 기본적으로 도서지역에 사람이 찾아들 수 있는 기반시설(식수, 내부도로, 항만시설 등)을 공공부문에서 마련하도록 하고, 기존의 주민들은 삶을 영위하는 공간을 청결하고 아름답게 가꾸는 노력을 전개해 나가도록 해야 한다.

이를 위한 구체적 내용으로서 첫째로 생각 할 수 있는 것은 도서지역의 자연환경과 조화를 이루는 시설물의 건설과 배치이다. 지역의 기반시설이나 공공시설을 건설할 때에 설계단계에서 형태와 위치에 대한 정밀한 분석을 필수적으로 검토하는 제도를 마련해야 한다. 또한 주민들이 거주하는 주택을 건축할 경우에도 재질과 형태, 건축양식, 색상 등에 대한 일정한 기준을 도입함이 바람직하다.

둘째, 일정 규모이상의 도서에 대해서는 용도지구를 지정하는 방안을 들 수 있다.

미국의 산호안 카운티(San Juan County)에서는 중심구역(활동센터), 농어촌지역, 자원생산지역으로 용도를 구분지역하고 있다. 또한 해안선이 있는 곳은 해안선 환경을 위해 도시환경, 농촌환경, 농촌주거환경, 농촌농림환경, 보존환경, 자연환경, 수역환경, 해양서식지관리환경 등으로 구분하고 각 지구의 특성에 따라 장려와 규제를 정해 놓고 있다.3)

그림 6-3　산호안 프라이데이항

　또한 해상 또는 해안지역의 보전시스템이 가장 발달되어 있는 호주의 경우에도 지역에 따라 다소의 차이를 보이지만, 대부분의 경우 몇 개의 용도지구로 구분하여 보전을 합리적으로 하고 있다. 뉴사우스웨일즈(NSW)의 경우에는 해양생태보전지구, 해양공원지구, 자연보호구 및 국립공원의 해양보전지구로 구분하여 지정하고 있고, 북동부지역의 퀸슬랜드(Queensland)주의 케언스 지구의 경우에는 절대보전지구, 국립공원지구, 완충지구, 보전공원지구, 염하구보존지구, 서식처보호지구, 일반이용지구로 지정하여 용도지구는 지구별 특성에 알맞게 관리하고 있다(최종관, 2005: 19－20).

　셋째, 장기적 관점에서 토지의 질, 육상과 해안 서식의 생태, 가치있는 경관요소를 조사하여 이의 이용과 보전 방안을 마련하여야 한다. 이를 위해서는 토지와 기후조건에 알맞은 식생 조성이 무엇보다 필요하다.

　넷째, 지역의 자연여건에 알맞은 특산물을 장려하고 이의 안정적인 판로 개척과 함께 고부가 상품화가 필요하며, 자연환경친화적 생활여건을 마련해

---

3) San Juan County 의 섬 지역은 휴양관광적인 이용이 많으나 주민이 생산활동을 하는 데에는 보다 적극적으로 허용하는 용도지구제도를 수립하고 있다. San Juan County Comprehensive Plan (1995－2015) 및 신순호, 1999, 「외국 도서지역개발계획의 사례: San Juan County Comprehensive Plan」, 국회도서지역발전연구회 참조.

그림 6-4　외도

가야 한다.

일본의 하찌죠지마(八丈島)의 특산 술의 생산과 높은 수온의 지하수를 이용한 에너지 활용 등은 좋은 예가 될 수 있다.

풍력과 조력, 그리고 태양열 발전을 통한 자연친화적 에너지 활용과 이를 관광자원화 하는 것을 검토해 볼 수 있다.

다섯째, 비교적 경관이 좋은 도서지역의 토지를 국가나 지방자치단체에서 꾸준히 매입하여 관리하는 방안이 필요하다(성경륭·신순호 외, 2006: 384).

사유지에 대한 이용행위를 근본적으로 규제할 수 없는바, 장기적으로 보존해 가는 가장 확실한 방법은 국·공유화하는 방안이다. 대부분의 도서지역의 지가가 매우 저렴하기 때문에 이를 매입하는 데 따른 부담은 그리 크지 않는 점도 이 같은 방안을 현실화하는 데 유리한 점으로 작용한다. 호주의 경우 IUCN 카테고리에 등록된 16개 국립공원은 사유지가 전혀 없으며, 육상과 해상의 생태계가 가장 완벽하게 보존되고 있음도 큰 시사점을 주고 있다(성경륭·신순호 외, 2006: 384; 신순호, 1999).

섬은 참으로 귀중하고 가치 있는 곳이다. 그러나 섬 지역 주민들의 인구감소율은 어느 곳보다 높고 많은 섬들이 인구소멸로 무인도화 되어 가고 있다. 이들 섬들이 가지고 있는 가치를 최대로 살려나가 섬들이 국가 이익에 공헌하고 섬 지역 주민들이 편리하고 행복하게 살 수 있는 공간이 되는 정책을 펴나가야 한다. 이를 위해서는 어느 지역과 비교할 수 없이 독특한 특성을 갖고 있는 섬의 여건을 먼저 이해하고 이를 바탕으로 여기에 적합한 정책을 구상하여야 한다.

📖 찾아보기

📖 참고문헌

Chapter 01 섬의 의의와 기본 현황

강봉룡, 2014, "섬의 인문학 담론－섬과 바다의 일체성과 양면성의 문제", 「도서문화」, 제44집, 목포대학교 도서문화연구원.

강신택·권태준 외, 1982, 「정책학개론」, 법문사.

국토개발연구원 1981. 「지역분석을 위한 계량적 접근방법」.

국토해양부, 2010, 「무인도서종합관리계획」.

김철수, 1991, "도서의 자연생태계와 보존", 「도서문화와 도서개발」, 목포대학교 도서문화 연구소 제6회 도서문화심포지움 주제발표논문집.

남궁근, 2008, 「정책학－이론과 경험적 연구」, 법문사.

내무부, 1981, 「도서낙도현황」, 지방개발기획자료.

내무부, 1985, 「도서지」.

내무부, 1996, 「한국 도서백서」.

내무부, 1996, 「한국 도서통계」.

류지태·박종수, 2019, 「행정법 신론」, 박영사.

박광순, 1989, "도서의 특성과 개발의 기본방향", 「도서지역의 개발현황과 미래상」, 한국도서연구 창간호, 한국도서연구회.

박진경·김선기, 2013, 「섬지역활성화지원센터 설립·운영방안」, 한국지방행정연구원.

신순호, 1983, "도서지역특수성과 개발필요성에 관한 연구", 「청주대학교 논문집」 제16집.

신순호, 1986, "도서지역개발촉진을 위한 이론모색", 「임해지역개발연구」 제5집, 목포대학교 임해지역개발연구소.

Shin, Soon－Ho, 1987, "The Strategies for the Development of Backward and Isolated Areas'－with the Focus on the Islands or Korea", 「임해지역개발연구」 제6집, 목포대학교 임해지역개발연구소.

신순호, 1989, "도서지역 생활환경의 실상과 개선방안", 「도서지역의 개발현황과 미래상」, 한국도서연구 창간호, 한국도서연구회.

신순호, 1991, "우리나라 도서지역의 특성과 개발방향에 관한 연구", 「서울시립대학교 대학원 박사학위논문」.

신순호, 1991, "도서지역의 문화와 지역개발", 「도서문화와 도서개발」, 목포대학교 도서문화연구소 제6회 도서문화심포지움 주제발표논문집.

신순호, 1995, "지방화 시대에 있어 지역(개발)연구의 주요과제", 「임해지역개발연구」 제14집, 목포대학교 임해지역개발연구소.

신순호, 1996, 「도서개발전략」, 내무부.

신순호 편, 1996, 「한국 도서백서」, 내무부.

신순호, 1999, "도서지역의 인식전환과 개발정책방향", 「임해지역개발연구」 제19집, 목포대학교 임해지역개발연구소.

신순호 외, 2008, 「도서진단제도 및 평가시스템 구축을 통한 도서개발 효율화 방안 연구」, 행정안전부.

신순호, 2010. "섬의 인식과 정책방향", 「지역균형발전위원회 발표자료」.

신순호, 2011.8, "일본의 이도 활성화 정책", 「국토연구」 통권 358호.

신순호, 2016.7, "섬, 정의의 혼선과 정립에 관한 고찰", 「전국해양문화학자대회 발표자료집4」.

신순호, 2018.9, "섬지역 발전을 위한 정책이야기", 「작은 섬, 큰 이야기」 목포대학교 도서 문화연구원 <섬 아카데미> 강좌 교재.

신순호, 2020.9, "섬은 국가의 미래: 가고 싶고 살고 싶은 섬을 위한 정책 제언" 「NABIS뉴스레터」 10호 커버스토리.

이제연, 2017, "접근성에 따른 도서지역인구변화 분석", 「도서문화」 제50집, 목포대학교도서문화연구원.

전라남도, 1985, 「도서현황」.

최재율, 1990, 「농촌후진성의 사회학적 해석」, 도서출판 청진.

최장호, 2007, 「지방자치학」, 삼영사.

해양수산부, 무인도서종합정보시스템.

행정안전부, 2007, 「제3차 도서종합개발계획」.

행정자치부, 2008.1, 「제3차 도서종합개발 10개년(08~17) 계획」.

행정자치부, 2008, 「도서진단제도 및 평가시스템 구축을 통한 도서개발사업 효율화 방안연구」.

홍경희, 1981, 「도시지리학」, 법문사.

홍선기, 2011, "섬의 생태지리와 지속가능성에 대한 소고", 「도서문화」 제37집, 목포대학교 도서문화연구원.

前畑明美, 2013, 『沖縄島順の架橋化と社会変容』, 御茶の水書房.

藪內芳彦, 1972, 「島－ その社會地理」, 東京: 朝倉書店.

藤岡廉二郎·浮田典良, 1975, 「離島診斷」, (京都 : 地人書房)

森川洋, 1982, 「中心地論(I)」, (東京 : 大明堂).

日本 国土交通省, 2018, 離島地域における振興施策.

日本 国土交通省, 2018, 離島地域における振興施策.

日本 国土交通省 都市·地域整備局 離島振興課, 2011, 離島振興計画フォローアップ,

日本 海上保安庁, 1987, 「海上保安の現況」.

日本 「離島振興法」.

Bhooshan, B.S.,(1981), "Regional Development: The Search for Directions" in A.L. Mabogunje and R. P.Misra (ed.), Regional Development Alternatives:Internal Perspectives, Shingapore:Maruz en Asia.

Doxiadis, Constantinos A.,(1969), Ekistics, Hutchinson & Co. LTD.

Friedmann, John,1978), "Basic Needs, Agropolitan Develpment and Planning from Below, in New Dimensions of Spatial Development" (Proceedings of the International Symposium at Regional Development at Seoul National Univ. and U.N.C.R.D).

Higgins, Benjamin,(1981), "The Disenthronement of Basic Needs: Twenty Questions" in Haruo Nagamine(ed.), Human Needs and Regional Development, Shingapore:Maruzen Asia.

Hodgson, R. D. and Smith, R. W.(1976). "The Informal Single Negotiating Text(Committee II): A Geographical Perspective," Ocean Development and International Law, Vol. 3.

Keith, Beaven S. O, (1977), Central Place Theory A Reinterpretition, (London & N.Y. : Longman.

Misra, R.P. & Prantilla, ED. B.,(1981). "Basic Needs and Development Planning: Focus on India and the Philippines", in Haruo Nagamine(ed.), Human Needs and Regional Development, Shingapore: Maruzen Asia.

Ranald. et al.,(1971) Spatial Organization : The Geographer's View of the World (N.J. : Prentice Hall. Inc.)

Ringe, Donald A, (200)6. A Linguistic History of English: From Proto−Indo− European to Proto−Germanic. Oxford University Press.

Mitchell P, Stroh (1963), The International Law of Bays, The Hague: Martinus Nijhof Publishers

동아원색대백과사전. http://uii.mof.go.kr/UII/INTRO/sub_state.html

https://kosis.kr/visual/nsportalStats/index.do?menuId=all

Chapter 02 법제도와 정책

건설부, 1984, 「다도해특정지역개발(다도해)개발계획」.

경상남도, 2020, 「경상남도 섬 발전 종합계획」.

국가균형발전위원회, 2006, 「살기 좋은 지역 만들기」, 제이플러스애드.

국토교통부, 「제5차 국토종합계획(2020−2040)」.

국토연구원, 2020.8, 「섬발전연구 진흥원 설립 타당성 등 연구」.

국회예산결산특별위원회, 2006, 「국가지원 지역개발사업의 투자효율성 제고방안」.

권영성, 2009, 「헌법학원론」, 법문사.

김재은·홍선기·이경아, 2013, "대한민국정부의 도서정책과 관련한 국민의식 분석", 「한국도서연구」 25−1, 한국도서학회.

김준, 2012, "도서정책의 성찰과 지속가능한 도서 만들기를 위한 시론", 「경남발전」 121호, 경남발전연구원.

김준, 2012, "우리나라 도서개발 정책의 성찰과 지속가능한 섬 만들기 전략", 「도서문화」제40집, 목포대학교 도서문화연구원.

김준, 2016, 「도서자원 이용형태와 지속가능한 도서발전 전략」, 광주전남연구원.

농림축산식품부, 「제4차 농어업인 삶의 질 향상 및 농어촌 지역개발 기본계획 (2020−2024)」

류재형, 2011, "섬과 섬, 섬과 육지를 연결하는 연안여객 운송실태와 정책과제", 「월간국토」통권 358호, 국토연구원.

대한국토도시계획학회, 1987.7, 「한국국토·도시계획사」.

대한국토도시학회 편, 2019 「국토와 도시」보성각.

대한민국 헌법.

문화관광체육부, 2006, 「가고 싶은 섬 시범사업 기본계획(안) 연구」.

문화체육관광, 「제3차 관광개발기본계획(2012 – 2021)」

미래도시연구회 편, 2013 , 「지역계획론」, 보성각.

박상우 외, 2019, 「어촌뉴딜 300사업 성과평가 체계구축」, 한국수산개발원.

박성현, 2017, "지방정부의 공간정보 정책수단에 관한 연구", 『아주법학』 제11권 제2호, 아주대학교 법학연구소.

박진경, 2015, 「도서미래발전을 위한 효율적 관리방안」, 한국지방행정연구원.

박진경, 2017, "주민 삶의 질 개선을 위한도서개발정책 추진방안에 관한 연구", 「도서문화」 제50집, 목포대학교 도서문화연구원.

송태갑, 2006, 「도서(섬)지역 개발전략 연구용역」, 행정안전부.

신순호, 1983, "도서지역특수성과 개발필요성에 관한 연구", 「청주대학교 논문집」, 제16집.

신순호, 1986.1, "도서지역개발촉진을 위한 이론 모색", 「임해지역개발」, 제5집, 목포대 임해지역개발연구소.

신순호, 1987.12, "도서지역개발정책의 실상과 발전적 접근", 「도시행정연구」 제2집, 서울시립대학교.

신순호, 1988.1, "도서지역개발의 여건과 정책방안", 「임해지역개발연구」 제7집, 목포대 임해지역개발연구소.

신순호, 1988.1a, "도서지역의 개발현황과 정책과제", 「임해지역개발연구」 제7집, 목포대 임해지역개발연구소.

신순호, 1988.1b, "도서지역개발 측면에서 본 교통체계와 그 개선 방안", 「전남지역경제조사」 제3권 제1호, 전라남도·광주은행.

신순호, 1989.6, "도서지역의 생활환경의 실상과 개선방향", 「한국지역개발학회지」, 제1권 제1호.

신순호, 1990.12, "도서지역교통체계와 개선방안", 「어항」 통권 13호.

신순호, 1991, "우리나라 도서지역의 특성과 개발방향", 서울시립대학교 대학원 박사학위논문.

신순호, 1992.6, "도서지역의 실상과 개발방향의 모색", 「제3회 세미나 자료집」, 한국도시행정학회.

신순호, 1996.6, 「도서개발전략」, 내무부.

신순호, 1996.8, "도서개발정책의 경과와 방향 모색", 「국회 도서발전연구회 주제발표논문집」.

신순호, 1998.4, "도서지역의 새로운 인식과 합리적 개발방향", 「해양도서의 관광진흥을 위한 정책세미나 논문집」, 한국해양수산개발원·해양수산부.

신순호, 1998.4, "도서지역의 새로운 인식과 합리적 개발방향", 「해양도서의 관광진흥을 위한 정책세미나 발표 논문집」, 한국수산개발원.

신순호·오은주·김선기, 2010, 「도서지역 개발실태 및 개선방안」, 한국지방행정연구원.

신순호, 2010.6, "섬의 인식과 정책방향", 「지역발전위원회 수요포럼 발표자료집」.

신순호, 2011.4, "한국의 도서개발정책의 실상과 과제", 「목포대 도서문화연구원·일본 류큐대학 국제학술대회 발표논문집」.

신순호, 2011.8, "일본이도의 활성화 정책", 「국토」(통권 제358호), 국토연구원.

신순호, 2011.8, "도서개발 정책의 현안과 발전적 논의", 「전국해양문화학자대회 자료집3」, 목포대학교 도서문화연구원.

신순호, 2011 "호남권 도서의 관광자원과 관광활성화", 「호남권문화 관광 콘텐츠의 특성 및 개발방안」, 호남권광역경제발전위원회.

신순호, 2011.4, "한국의 도서개발정책의 실상과 과제", 「목포대 도서문화연구원·일본 류큐대학 국제학술대회 발표논문집」.

신순호, 2014.4, "도서개발정책의 실상과 합리적 방향", 「섬의 정치학 : 한국정치학회 춘계특별학술회의 논문집」.

신순호·박성현, 2014, "도서개발정책에 대한 주민의식구조의 변화 분석: 1995년과 2011년의 주민의식조사결과를 중심으로", 「도서문화」 제44집, 목포대학교 도서문화연구원.

신순호, 2017.7, "무교 도서지역의 교육문제의 실상", 「제8회 전국해양학자대회 발표논문집」, 목포대 도서문화연구소·국립 해양문화재 연구소.

신순호·박성현, 2017, "지방정부 도서정책의 특징과 시사점", 「도서문화」 제50집, 목포대학교 도서문화연구원.

신순호, 2018.9, "섬 지역발전을 위한 정책이야기", 「작은 섬, 큰 이야기: 목포대 도서문화연구원 섬 아카데미 강좌 교재」.

신순호, 2019.7, "섬의 현실과 발전을 위한 기본적 인식", 「제1기 광주전남해양아카데미교재」, 사단법인 대한민국 해양연맹.

엄기철·황성수·이범수, 1996, 「도서지역의 유형별 개발전략에 관한 연구」, 국토연구원.

윤상현 외, 2016, 「낙도 정주여건 개선방안 연구」, 한국농어촌공사 농어촌연구원.

윤찬영, 2013, 「사회복지법제론」, 나남출판.

이기우, 2008, "조례 활성화를 위한 지방의회의 역할 강화", 「지방자치법연구」, 통권 제20호 8(4), 한국지방자치학회.

이동신·조상필, 2003, "21세기 전남도서 지역산업의 활성화 방안", 「한국도서연구」, 한국도서(섬)학회.

이순자·장철순 외 2, 2012, 「국토품격과 삶의 질 제고를 위한 섬 자원 활용방안 연구」, 국토연구원.

이순자, 2014, "지속가능한 도서지역 발전의 요건과 과제: 자원특성에 기반을 둔 도서지역발전 사례를 중심으로", 「도서문화」 44, 목포대학교 도서문환연구원.

이제연·박진경·양원탁, 2016, 「도서의 인구변화 분석 및 발전방안 연구」, 한국지방행정연구원.

이호상 외, 2020.10, "도서산림 관리정책 형황 및 시사점", 「산림정책이슈」, 국립 산림과학원.

임연기, 2017, 「도서지역 교육진흥 및 안전관리를 위한 정책연구」, 교육복지정책중점연구소.

전기선, 2011, 「조례는 법률의 씨앗이다」, 한국행정DB센터.

전라남도, 2008, 「제3차 전라남도 종합계획」.

정시채, 2016, 「정시채 자서전 : 나의 삶 나의생각」, 도서출판 오래.

정환용, 1999, 「도시계획학원론」. 박영사.

주간경향, 2011.8.30. "독도 영유권 관련 사업: 탁상정책."

최상일·우장명, 2014, "충청북도 농업·농촌 조례 분석", 「지역정책연구」 제25권 제

1호, 충북연구원.

충청남도, 2020, 「충청남도 섬 가꾸기 종합계획」.

해양수산부, 「제2차 연안통합관리계획 변경계획(2016－2021)」.

해양수산부, 「제2차 해양수산발전기본계획(2011－2020)」.

해양수산부, 「제3차 어촌·어항발전기본계획(2020－2024)」.

해양수산부, 「제2차 해양수산발전기본계획(2011－2020)」

해양수산부, 「제5차 해양환경종합계획(2021－2030)」.

해양수산부, 「제2차 무인도서 종합관리계획(2020~－029)」.

행정안전부, 2009.3, 「도서지역활성화 방안 연구」.

행정안전부, 2011, 「대한민국 도서백서」.

행정안전부, 2012, 「자치법규입법실무」.

행정자치부, 2007, 「제3차 도서종합개발계획」.

행정자치부, 2016, 「제4차 도서종합개발 10개년 계획(안)(2018~2027)」.

홍장원 외, 2018, 「도서지역 해양관광 발전전략 연구」 한국해양수산개발원,

환경부, 「제2차 특정도서 보전 기본계획(2015~2024)」.

일본 이도진흥협의회, 1999, 「이도진흥30년사」.

일본 국토교통성 도시·지역정비국 이도진흥과, 「이도진흥대책 2008」.

일본 이도센타, 2004, 「이도진흥핸드북」.

일본 이도센타, 2009, 「일본의 섬이 주는 역할」.

일본 이도센타, 「離島統計年報」.

日本 国土交通省, 2018, 離島地域における振興施策.

山口広文, 2009, 「離島振興の現況と課題」, 国立国会図書館調査及び立法考査局.

Chapter 03 도서종합개발계획

강신겸·도경록, 2011, "슬로시티 관광개발에 대한 지역주민과 관광객의 인식비교", 「한국도서연구」23(4), 한국도서(섬)학회.

강평년, 2005, "증도 주민의 관광태도와 개발방향에 관한 연구", 「한국도서연구」 17(1), 한국도서(섬)학회.

건설부, 1984.4, 「다도해특정지역개발(도서개발)계획」.

광주전남발전연구원, 2006.12 「도서(섬)지역개발전략 연구」.

구광모, 2003, "정책평가와 프로그램평가의 비교: 우리나라 정부평가정책의 발전방향 모색을 중심으로", 「국가정책연구」 17(2).

김농오 외, 2005, "전남도서발전을 위한 해양관광개발의 방향모색: 도초도·우이도를 중심으로', 「한국도서연구」 17(1).

김민석·이우형, 2013, "주민의식조사를 통한 주민참여 중심의 창조도시 조성 방안에 관한 연구: 인천시 원도심 중심으로", 「디자인융복합연구」 43.

김재은·홍선기·이경아, 2013, "대한민국 정부의 섬 정책과 관련한 국민인식 분석", 「한국도서연구」 25(1), 한국도서(섬)학회.

김준, 2012, "우리나라 도서개발 정책의 성찰과 지속가능한 섬 만들기 전략", 「도서문화」 제40집, 목포대학교 도서문화연구원.

김형서, 2011, "무인도서의 인식과 관광행태에 관한 연구: 전남해안 무인도서를 중심으로", 「도서문화」 38, 목포대학교 도서문화연구원.

남정호·강대석, 2005, "무인도서의 지속가능한 관리를 위한 기본 정책방향", 「한국해양환경공학회지」 8(4), 한국해양환경공학회.

내무부 특수지역과, 1978, 지역개발 및 특수지역관계 자료.

내무부. 「도서종합개발계획 '85 - '89」.

노화준, 1995, 「정책학원론」, 박영사.

대한민국 국회, 도서개발촉진법(의안번호 090287).

대한국토계획학회, 1989.7, 「한국국토·도시계획사」.

박진경, 2017, "주민 삶의 질 개선을 위한도서개발정책 추진방안에 관한 연구", 「도서문화」 제50집, 목포대학교 도서문화연구원.

방극태·최저일·이옥동, 2014, "강원도 폐광지역의 카지노 관련 정책에 대한 인식 분석", 「디지털정책연구」 12(8).

신순호, 1991, 「우리나라 도서지역의 특성과 개발방향에 관한 연구」, 서울시립대학교 박사학위논문.

신순호, 1996.6, 「도서개발전략」, 내무부.

신순호, 1996.8, "도서개발정책의 경과와 방향 모색", 「국회 도서발전연구회 세미나 주제발표논문집」.

신순호, 1996.12, "한국의 도서지역 현황과 개발정책의 기초연구", 「임해지역개발연구」 제16집, 목포대학교 임해지역개발연구소.

신순호, 1998, "도서지역의 새로운 인식과 합리적 개발방향", 「해양도서의 관광진흥을 위한 정책세미나 발표 논문집」, 한국수산개발원.

신순호, 2010, "섬의 인식과 정책방향", 「지역발전위원회 수요포럼 발표자료집」.

신순호, 2011, "호남권 도서의 관광자원과 관광활성화", 「호남권문화 관광 콘텐츠의 특성 및 개발방안」, 호남권광역경제발전위원회.

신순호, 2014.4, "도서정책의 실상과 합리적 방향", 「섬의 정치학」, 한국정치학회 춘계특별학술회의 발표 논문집.

신순호, 2018.7, "도서지역발전정책의 제도 개선 방향", 「제9회 전국해양학자대회 발표논문집」 3권, 목포대 도서문화연구소·국립 해양문화재 연구소.

신순호·오은주·김선기, 2010, 「도서지역 개발실태 및 개선방안」, 한국지방행정연구원.

신순호·박성현, 2019.12, "섬지역 삶의 질 개선을 위한 실증적 연구", 「사회융합연구」, 제3권 제4호, 대구과학대학교 국방안보연구소.

전라남도, 2008, 「제3차 전라남도 종합계획」.

전태갑, 2004, "한일 도서개발 정책의 비교연구", 「한국도서연구」 16(1), 한국도서(섬)학회.

정시채, 2016, 「나의 삶, 나의 생각」, 도서출판 오래.

타무라 요시히로·키무라 츠토무·이병오, 2009, "일본 도서지역 산업진흥 정책의 현황과 과제: 나가사키현의 사례를 중심으로", 「농업경영·정책연구」 36(4).

한국지방행정연구원, 2014, 「제3차 도서종합개발 10개년('08~'17)계획 변경(안) 타당성 검토」.

행정안전부, 2007, 「제3차 도서종합개발계획」.

행정안전부, 2011, 「대한민국 도서백서」.

행정자치부, 2006.12, 「도서(섬)지역 개발전략 연구」

행정자치부, 「제2차 도서종합개발 10개년 변경계획('96~'07)」.

행정자치부, 2008.1, 「제3차 도서종합개발 10개년('08~'17)」.

행정자치부, 2015.3, 「제3차 도서종합개발 10개년('08~'17) 변경계획」.

행정안전부, 2018.2, 개발대상도서 지정 및 제4차 도서종합개발계획(안).

내무부, 도서개발촉진법안 입법참고자료.

대한민국 국회 의안정보 시스템.

대한민국 국회 내무위원회 회의록.

목포대학교 도서문화연구원, 2009, 2009년도 인문한국지원사업 인문분야 신청서－
    섬의 인문학(http://islands.mokpo.ac.kr/).

日本 離島振興協議会´ 1999, 「離島振興30年史」.

Beaven, Keith S. O, (1977), Central Place Theory A Reinterpretition, (London &
    N.Y. : Longman.

Chandrasekhara, C. S., Mather, G. D., and Sundaram, K. V., (1972) "The Role of
    Growth Foci in Regional Development Strategy", in R. P. Misra et. al., Urban
    Systems and Rural Development, Vol.1.

J.S. Wholey et al.,(1976), Evaluation Policy, Washington D.C: The Urban Institute.

Ranald. et al.,(1971), Spatial Organization : The Geographer's View of the
    World (N.J. : Prentice Hall. Inc.)

Park, Sung－hyun, 2016, A strategic approach to policy tasks for the development
    of Korea's island areas, Journal of Marine and Island Cultures, 5(1).

Park,Sung－hyun & Lee, Gyeong－A, 2019, Policy Suggestions to Improve Living
    Conditions of Small Islands with Fewer than 10 Residents, Journal of Marine
    and Island Cultures, 8(1).

Chapter 04 도서지역의 교육 실상

강영삼 외, 2011, 「교육학개론」, 교육과학사.

김기은, 2000, 「소규모 초등학교 통폐합 정책 평가에 관한 연구」, 중앙대학교교육대
    학원 석사학위논문.

김남희·엄다원·김영란, 2019.1, 「전남 섬 복지 전달체계 개선방안 연구」, 전남복지
    재단.

김동환·양낙진, 1996, 「교육학개론」, 상조사.

김영란 외, 2005, 「도서지역 아동·청소녀의 삶」, 양서원.

김영란, 2019.7, "섬복지로서의 섬 교육 제언", 「2019. 섬 교육 혁신포럼－지속 가능한 섬 지역 교육 활성화, 현실과 과제」, 전라남도교육청.

김용우 외, 1992, 「농어촌 소규모 초등학교 경영개선 방안에 관한 연구」, 한국교육개발원.

김종서 외, 1998, 「최신 교육학개론」, 교육과학사.

노세희·강인호, "인구소멸시대의 농촌중심지 기능변화에 대한 실증적 연구", 「한국공공관리학보」 제32권제1호(2018. 3).

노화동, 2018, 「인구소멸위기 대응 지방재생 전략으로서의 학교 살리기 연구」, 서울시립대학교 박사학위논문.

신순호, 1983, "도서지역특수성과 개발필요성에 관한 연구", 「청주대학교 논문집」, 제16집.

신순호, 1986, "도서지역개발촉진을 위한 이론 모색", 「임해지역개발」, 제5집, 목포대 임해지역개발연구소.

신순호, 1988.1, "도서지역개발측면에서 본 교통체계와 그 개선방안", 「전남지역경제조사」, 제3권 제1호(전남도청·광주은행).

신순호, 1988, "도서지역의 개발현황과 정책과제", 「임해지역개발연구」 제7집, 목포대학교 임해지역개발연구소.

신순호, 1989.1, "도서지역의 생활환경의 실상과 개선방향", 「한국지역개발학회지」, 제1권 제1호.

신순호, 1991, 「우리나라 도서지역의 특성과 개발방향에 관한 연구」, 서울시립대학교 박사학위논문.

신순호, 1992.12, "금일지역의 사회구조", 「도서문화」 제10집.

신순호, 1993, "서지역개발을 위한 공공서비스 수행체계", 「지방자치와 지역개발」, 한국행정학회 학술발표대회 발표 논문집.

신순호, 2017.7, "무교(無校) 도서지역의 교육 문제의 실상", 「제8회 전국해양학자대회 발표논문집」 3권, 목포대 도서문화연구소·국립 해양문화재 연구소.

신순호, 2018.9, "섬 지역발전을 위한 정책이야기", 「작은 섬, 큰 이야기」, 목포대학교 도서문화연구원 <섬 아카데미>

신순호, "배타고가는 섬 마을 아이들, 언제까지?", 「프레시안」 2019.10.11.일자.

신순호, 2020.9, "섬은 국가의 미래: 가고 싶고 살고 싶은 섬을 위한 정책 제언", 「NABIS: 균형발전 종합정보시스템 블로그.」 제10호.

이화룡 외, 2012, "소규모학교 통폐합에 따른 통합초등학교의 공간구성 및 폐교 활용에 관한 연구", 「한국교육시설학회논문집」, 제19권, 제3호, 한국교육시설학회.

전라남도, 2016, 「도서종합개발계획 발전방향」.

전창표 외, 2017, 「전남 섬주민 복지실태 및 욕구조사」, 전남복지재단.

정범모, 1991, 「교육과 교육학」 배영사.

조정민·신지은, 2014, "지역 공공성과 로컬리티 – 폐교 문제를 통해 본 공공성 개념의 확장 가능과 그 방향", 「로컬리티 인문학」, 제11호, 부산대학교 한국민족문화연구소.

주동식 외, 2019, "소규모학교 통폐합 영향평가를 위한 합리적 모델 개발연구", 「한국자치행정학보」, 제33권 제4호.

최성광·강용태·박진채, 2019, 「한국자치행정학보」 제33권 제4호.

충청남도, 2014.3, 「충청남도 도서발전종합계획」.

한형우, 2002, 「소규모학교 통폐합 정책의 문제점과 개선방안에 관한 연구」, 한남대학교 행정정책대학원 석사학위 논문.

해양수산부, 2015.11, 「낙도지역 실태조사 및 낙도지원기본계획 수립」.

행정안전부, 2011, 「대한민국 도서백서」.

한국방송공사, 2016, "교육소멸 보고서, 35년의 기록", KBS 보도특집 다큐멘터리, 2016년 11월 14일 방송

J.S. Wholey et al.,(1976), Evaluation Policy, Washington D.C: The Urban Institute.

S.Bowles & H.Gitis, Schooling in Capitalist America, (N.Y.:Macmillan, 1976)

Chapter 05 외국의 섬 발전 정책 : 일본

김선명·정순관·이수창, 2008, "도서개발 효율화를 위한 도서유형 개발에 관한 연구", 「한국지방자치학회보」 제20권 제3호, 한국지방자치학회.

박진경, 2015, 「도서 미래발전을 위한 효율적 관리방안」, 한국지방행정연구원.

박찬호, 2002, "섬의 국제법상 지위: 바위섬의 해양관할권을 중심으로", 「국제법학

회논총」제47권 제2호, 국제법학회.

신순호, 1983, "도서지역의 특수성과 개발 필요성에 관한 연구", 「청주대학교 논문집」제16집.

신순호, 1987, "지도지역의 사회·공간구조", 「도서문화」 5.

신순호, 1988, "흑산지역의 사회·공간구조", 「도서문화」 6.

신순호, 1989, "도서지역 생활환경의 실상과 개선방안", 「한국지역개발학회지」 창간호(제1권 제1호).

신순호, 1990.9, "신안지역의 관광개발여건과 제도적 개선방안", 「2000년대를 향한 신안군 관광개발(목포대학교 임해지역개발연구소·신안군 주최 심포지움 : 1990.9.28.) 주제발표 논문집」.

신순호, 1991, 「우리나라 도서지역의 특성과 개발방향에 관한 연구」, 서울시립대학교 박사학위논문.

신순호, 1991.11, "도서지역의 문화와 지역개발", 「도서문화와 도서개발' 주제발표 논문집」(목포대학교 도서문화연구소 주최 심포지움 : 1991.11.7.).

신순호, 1993, "도서지역개발을 위한 공공서비스 수행체계", 「한국행정학회 학술대회 발표논문집」.

신순호, 1994.4, "도서지역의 산업개발과 생활환경 개선방안", 대통령 직속 「농어촌발전위원회」「발표자료 논문집」 5집.

신순호, 1996, "신지지역의 사회·공간구조", 「도서문화」 14.

신순호, 1996, "도서개발정책의 경과와 방향 모색", 「국회도서발전연구회 세미나 주제발표논문집」.

신순호, 1996.7, "해양관광의 잠재력과 개발방향", 목포해양대학교 해양산업연구소 「창립 기념 세미나 주제발표논문집」, (1996.7.25.).

신순호, 1997, "노화지역의 사회·공간구조", 「도서문화」 15.

신순호, 1998, "낙후된 도서개발 정책수립에 크게 기여", 「국토」 vol.197.

신순호 외, 2008, 「도서진단제도 및 평가시스템 구축을 통한 도서개발 효율화 방안 연구」, 행정안전부.

신순호, 2010.6, "섬의 인식과 정책방향", 「지역균형발전위원회 발표자료」.

신순호, 2011, "일본의 이도 활성화 정책", 「국토연구」 통권 358호.

신순호, 2011.4, "한국의 도서개발정책의 실상과 과제", 「목포대 도서문화연구원·

일본 류큐대학 국제학술대회 발표논문집」.

신순호, 2012, "일본의 도서개발정책과 시사점", 「제3회 전국해양문화학자대회, 발표논문집, 목포대 도서문화연구원」.

신순호·박성현, 2012, "고즈시마 섬(神津島)의 사회·공간 구조에 관한 연구", 「도서문화」 40.

신순호·박성현, 2012.6, "도서지역의 산업 활성화를 위한 지방자치단체의 역할 - 일본 시마네현 오키군 아마쵸(海士町)의 사례를 중심으로", 「도서문화」 39.

신순호·박성현, 2012, "고즈시마 섬(神津島)의 사회·공간 구조에 관한 연구", 「도서문화」 40.

신순호, 2013, "최근 일본 도서개발관련 법제도의 변화와 의미", 「제4회 전국해양문화학자대회, 발표논문집」, 목포대 도서문화연구원.

신순호·박성현, 2013, "예술의 섬, 나오시마[直島]지역의 인구·사회구조에 관한 연구", 「도서문화」 42.

신순호, 2014.8, "일본 원격도서지역의 개발정책 방향", 「제5회 전국해양문화학자대회, 발표논문집」, 목포대 도서문화연구원.

신순호, 2015.8, "일본 도서개발정책의 특징 : 이도활성화교부금사업", 목포대 도서문화연구원 외 주최, 「제6회 전국해양문화학자 대회다 발표논문자료집」·

신한종합연구소, 1997, 「세계 각국의 도서진흥사례」.

엄기철·황성수·이범수, 1997, 「도서지역의 유형별 개발전략에 관한 연구」, 국토개발연구원.

여운상, 2009, 낙후된 작은 섬이 예술의 섬으로 나오시마, 「부산발전포럼」 통권 제119.

이동신·조상필, 2003, "21세기 전남도서 지역산업의 활성화 방안", 「한국도서연구」 제15권 제1호, 한국도서(섬)학회.

이정민·허정석, 2011, "융·복합시대 환경재생과 문화예술을 활용한 부동산 공간개발 시사점 연구 : 일본 나오시마 지역 중심으로." 「기업경영연구」 Vol.39.

이재준·김도영·박상철, 2013, "역사문화자원을 활용한 마을 만들기 사례분석 연구 : 일본 나오시마와 수원시 행궁동 사례를 중심으로", 「국토지리학회지」 Vol.47, No.1.

이태종, 2007, "도서지역의 경쟁력 있는 관광자원개발 정책방안", 서울행정학회

2007년 동계학술대회.

이호상·이명아, 2012, "문화예술을 매개로한 도시재생 전략에 관한 사례연구 : 부산 감천문화마을과 나오시마 사례를 중심으로", 「한국과학예술포럼」 Vol.10.

차미숙, 2007, "해외의 섬개발정책 사례와 시사점", 「국토」 311, 국토연구원.

행정안전부, 2011, 「대한민국 도서백서」. 도서개발촉진법 및 시행령, 일부개정 2009.4.1. 법률 제9570호.

일본 이도센타(2012.9), 「季刊 しま」 No. 231.

일본 이도센타(2013.6), 「季刊 しま」 No. 234.

일본 이도센타(2014.4), 「季刊 しま」 No. 237.

일본 국토교통성(http://www.mlit.go.jp/).

타무라 요시히로·키무라 츠토무·이병오, 2009, "일본 도서지역 산업진흥 정책의 현황과 과제: 나가사키현의 사례를 중심으로", 「농업경영·정책연구」 제36권 제4호.

国土交通省(http://www.mlit.go.jp/).

国土交通省, 2018, 「離島地域における振興施策」.

国土交通省 都市·地域整備局 離島振興課, 2011, 離島振興計画フォローアップ

三木剛志, 2015, わが国における離島振興政策の概要とその展開, Proceedings of the General Meeting of the Association of Japanese Geographers.

前畑明美, 2013, 「沖縄島嶼の架橋化と社会変容」, 御茶の水書房.

福武総一郎·安藤忠雄, 2013, 「直島瀬戸内アートの楽園」, 新潮社.

香川県健康福祉経済課, 「100の指標からみた市町(平成23年度版)」.

直島福武美術館財団, 「事業報告及び決算報告の届出」.

日本 国勢調査 각 연도.

事業所·企業統計調査 2001년, 2004년, 2006년.

経済センサス 2009년.

工業統計 각 연도.

農林漁業センサス 각 연도.

四国新聞, "利用者100万人, 6年半で達成/直島町営バス", 2009年1月26日.

四国新聞, 「島びと20 世紀 第3部 豊島と直島」

　(1) (http://www.shikoku－np.co.jp/feature/shimabito/3/1, 2013년 9월 3일 검색일).

四国新聞, 「島びと20 世紀 第3部 豊島と直島」

    (3) (http://www.shikoku－np.co.jp/feature/shimabito/3/3, 2013년 9월 3일 검색일).

四国新聞, 「島びと20 世紀 第3部 豊島と直島」

    (4) (http://www.shikoku－np.co.jp/feature/shimabito/3/4, 2013년 9월 3일 검색일).

三菱マテリアル 「2011 海士町, 2009, 「第四次 海士町総合振興計画 島の幸福論」.

隠岐國・海士町, 2008, 小さな島の挑戦：ICTを活用した地域再生モデル, 海士町.

島根県, 2002, 「島根県離島振興計画 平成15年度～平成24年度」.

米村洋一, 2006.12, 流と観光による離島振興,「観光」No. 482.

大村肇, 1959, 「島の地理：島嶼地理学序説」, 大明堂.

大城肇, 1997, 島嶼地域の産業振興政策,「琉球大学経済研究』第53号

小野博司, 1961, 「島嶼の地理学的研究における方法論的諸問題」, 古今書院.

中俣均, 1988, 島嶼地理学の再生を,「地理」33(1).

山内道雄, 2007, 「離島発 生き残るための10の戦略」 東京：日本放送出版協会.

山口広文, 2009, 離島振興の現況と課題, 国立国会図書館調査及び立法考査局.

山階芳正, 1952, 島嶼性に関する考察,『東京大学地理学研究」 vol 2.

河藤佳彦, 2008, 「地域産業政策の新展開：地域経済の自立と再生に向けて」, 文眞堂.

朝日新聞, 2012.1.18., 海士の魅力, 地元で体感 特産品・名所：移住者が案内.

朝日新聞, 2011.4.16., 収入減り, 満足感増え 島根へのU・Iターン 島根大研究者
    グループ調査.

海士町(http://www.town.ama.shimane.jp).

島根県(http://www.pref.shimane.lg.jp).

日本首相官邸(www.kantei.go.jp/jp/singi/tiikisaisei/dai13nintei/plan/12a.pdf).

日本統計総合センター(http://www.e－stat.go.jp).

わがまち 元気特区・地域最盛(http://www.wagamachigenki.jp/saisei/02_s01.htm.).

隠岐汽船株式会社(http://www.oki－kisen.co.jp/index.php.

首相官邸ホームページ(http://www.kantei.go.jp/).

総務省(http://www.soumu.go.jp/).

離島振興法(2013년 개정).

国境離島WEBページ'有人国境離島'(http://www.kantei.go.jp/jp/singi/kaiyou/kok－
    kyouritou/yakuwari01.html).

首相官邸 政策会議‘平成28年度第1回 国境離島の保全゛管理及び振興のあり方に関する有識者懇談会配布資料’(http://www.kantei.go.jp/jp/singi/kaiyou/ritouyuusi-ki/h28_01/index.html,

首相官邸 政策会議‘海洋の年次報告について’

(http://www.kantei.go.jp/jp/singi/ kaiyou/annual/annualreport.html).

島からの風を島への新しい風の流れに〜(https://www.mlit.go.jp/com-mon/001228133.pdf ＃search＝%27simakazekousou%27.

「海洋基本計画」の見直しの視点(https://www.mlit.go.jp/common/000192846.pdf).

滞在交流型観光を通じた離島創生プラン(https://www.mlit.go.jp/com-mon/001182906.pdf)離島活性化交付金交付要綱(https://www.mlit.go.jp/kokudo-seisaku/chirit/content/001390658.pdf).

離島活性化交付金事例(https://www.mlit.go.jp/common/001148198.pdf).

奄美群島振興開発の現況と課題(https://www.mlit.go.jp/common/001220822.pdf).

小笠原諸島振興開発の現況と課題https://www.mlit.go.jp/common/001221510.pdf).

e－GOV海洋基本法(https://elaws.e－gov.go.jp/document?law-id＝419AC1000000033).

e－GOV沖縄振興特別措置法(https://elaws.e－gov.go.jp/document?law-id＝414AC0000000014).

e－GOV原諸島振興開発特別措置法(https://elaws.e－gov.go.jp/document?law-id＝344AC0000000079_20200701_502AC0000000008).

e－GOV美群島振興開発特別措置法(https://elaws.e－gov.go.jp/document?law-id＝329AC1000000189_20190401_431AC0000000008).

e－GOV年度有価証券報告書」(www.mmc.co.jp/corporate/ja/03/04/pdf/yuka/2011－03/pdf, 2013년 9월 15일 검색일).

三菱マテリアルの環境リサイクル事業(http://www.mmc.co.jp/env/04/02－f.html 2013년 9월 15일 검색일).

直島町. (http://www.town.naoshima,lg.jp, 검색일 2013년 8월 5일).

福武書店, (http//www.fukutake.or.jp/naoshimaart/saiyou_arbeit.shtml 2013년 9월 1일 검색).

リクナビ, (http://www.isize.com/shushoku/rn824, 검색일 2013년 9월 1일 검색).

直島で働きたい－Work in Naoshima－を知る」

(http://www.naoshima.cyapo.com/work.html, 검색일 2013년 9월 1일 검색).

マテリアル直島製錬所, (http://www.mmc.co.jp/naoshima/corporate/index.html, 2013년 9월 15일 검색일).

ベネッセアートサイト直島, (http://www.benesse－artsite.jp/, 2013년 9월 15일 검색일).

総務省統計局, (http://www.stat.go.jp).

Chapter 06 정책방향 : 마무리 말

김상완·이철우 외, 2021.3, 「거문항로 여객선 운항 안정화 검토 연구용역 보고서」, 목포해양대학교.

김태일·박성화, 2018. 8. 「연안여객 해상교통의 대중교통체계 구축 방안 연구」, 한국해양수산개발원.

박진경, 2017, "주민 삶의 질 개선을 위한도서개발정책 추진방안에 관한 연구", 「도서문화」 제50집, 목포대학교 도서문화연구원.

성경륭·신순호 외, 2006, 「살기 좋은 지역만들기」, 국가균형발전위원회.

신순호, 1987, "도서개발정책의 실상과 발전적 접근", 「도시행정연구」 제2집, 서울시립대학교.

신순호, 1990.9, "신안지역의 관광개발여건과 제도적 개선방안", 「2000년대를 향한 신안군 관광개발」 심포지움보고서, 목포대학교임해지역개발연구소·신안군.

신순호, 1991, 「우리나라 도서지역의 특성과 개발방향에 관한 연구」, 서울시립대학교 박사학위논문.

신순호, 1993, "도서지역개발을 위한 공공서비스 수행체계", 「한국행정학회 학술대회 발표논문집」.

신순호, 1995, "지방화 시대에 있어 지역(개발)연구의 주요과제", 「임해지역개발연구」, 제14집, 목포대학교 임해지역개발연구소.

Shin, Soon－Ho, 1985.7, 'The Strategies for the Development of Backward and Isolated Areas' 「International Seminar on Regional Development and Decentralization」 주제발표논문집, 내무부 지방행정연수원. 독일연방공화국 개발재단 공동 주최

신순호, 1996, 「도서개발전략」, 내무부.

신순호, 1998.4, "도서지역의 새로운 인식과 합리적 개발방향", 「해양도서의 관광진흥을 위한 정책 세미나' 주제발표논문집」, 해양수산부·해양수산개발원.

신순호, 1999.12, "도서지역의 인식전환과 개발정책방향", 「임해지역개발연구」 제19집, 목포대학교 임해지역개발연구소.

신순호, 1999, 「외국 도서지역개발계획의 사례 : San Juan County Comprehensive Plan」, 국회도서지역발전연구회.

신순호, 2010.6, "도서의 인식과 정책방향", 「지역발전위원회 포럼」 발표 자료집.

신순호, 2012, "일본의 도서개발정책과 시사점", 「제3회 전국해양문화학자대회 발표 논문자료집」, 목포대 도서문화연구원.

신순호, 2014.5, "한국의 섬 이야기", 「중견리더과정 교재」, 안전행정부 지방행정연수원.

신순호, 2016.7, "가고 싶고 살고 싶은 섬의 정책방향", 「국회도서발전연구회 창립총회 및 정책 세미나 발표집」.

신순호, 2016.8, "섬의 인식전환과 합리적 정책방향", 「한국지방행정연구원 섬발전센터 기념세미나」 발표자료집.

신순호, 2017.7, "무교(無校) 도서지역의 교육 문제의 실상", 「제8회 전국해양학자대회 발표논문집」 3권, 목포대 도서문화연구소·국립 해양문화재 연구소.

신순호, 2018.7, "도서지역발전정책의 제도 개선 방향", 「제9회 전국해양학자대회 발표논문집」 3권, 목포대 도서문화연구소·국립 해양문화재연구소.

신순호, 2018.9, "섬 지역발전을 위한 정책이야기", 「작은 섬, 큰 이야기: 목포대 도서문화연구원 섬 아카데미 강좌 교재」.

신순호, "배타고가는 섬 마을 아이들, 언제까지?", 「프레시안」 2019.10.11.일자.

신순호, 2018.7, "도서지역발전정책의 제도개선", 「2018년 제9회 전국해양학자문화학자대회 발표 자료집 3」.

신순호, 2019.7, "섬의 현실과 발전을 위한 기본적 인식", 「2019 제1기 광주전남 해양 아카데미 교재」, 사단법인 대한민국해양연맹.

신순호, 2020.9, "섬은 국가의 미래: 가고 싶고 살고 싶은 섬을 위한 정책 제언", 「NABIS: 균형발전 종합정보시스템 블로그」 제10호.

유철인, 1984, "일상생활과 도서성: 제주도 문화에 대한 인지인류학적 접근", 「제주도 연구」제1집.

최종관, 2005, "오스트레일리아 해상지역의 자원보전과 지속가능한 이용시스템", 「아름다운 국립공원」겨울호(통권44호).

山田學, 梶秀樹 外. 1978, 「現代都市計劃用語錄」, 東京:影國社.

藪內芳彦, 1972, 「島 － その社會地理」, 東京: 朝倉書店.

藤岡廉二郎·浮田典良, 1975, 「離島診斷」, (京都 : 地人書房)

Lee, Eddy., 1981, "Basic－Needs Strategies: A Frustrated Response to Development from Below?", in W. B. Stohr and D. R. Fraser Taylor ed., Development from Above or Below? (John Wiliey & Sons Ltd.)

Glassen, John., 1975, An Introdution to Regional Planning, (London: Hutchinson & Co. Ltd.).

Vanhove, Novert and Klassen, Leo H., Regidnal Policy: A European Approach, (Westmad: Saxon House, 1980).

San Juan County Comprehensive Plan, (1995－2015).

UN, ESCAP., Guideline for Rural Center Planning, (1979).

신순호(申順浩)

국민대학교 법학과(법학사)
서울대학교 환경대학원 환경계획학과(도시계획학석사)
서울시립대학교 대학원 도시행정학과(행정학박사)
일본 立命館大學(리츠메이칸대학 코리아연구센터) 연구교수

청주대학교 교수, 목포대학교 교수, 목포대학교 기획협력처 처장, 목포대학교 임해지역개발연구소 소장, 한국도시행정학회 회장, 한국지적학회 회장, 한국지적정보학회 회장, 섬문화연구소 소장, 대한국토도시계획학회 광주전남지회장, 제주학회 부회장, 한국지역개발학회 이사, 한국도서(섬)학회 감사 및 이사, 목포상공회의소 서남권경제발전연구원 원장, 목포백년회 서남권발전연구원 원장 등 행정안전부 정책자문위원, 행정안전부 자체평가위원, 행정안전부 도서개발심의위원, 행정안전부 도서개발선정위원회 위원장, 국토정책위원, 지역발전위원회 위원 및 정책기획평가전문위원회 위원장, 지역발전위원회 평가자문단장, 문화관광체육부 섬관광활성화를 위한 포럼위원, 한국농어촌공사 비상임 이사, 전라남도 정책위원회 부위원장, 전라남도 도시계획위원회·전라남도 공익사업선정위원회·전라남도 관광자문평가위원단·지적위원회 등의 위원 등
지방자치 인재개발원 외래강사 및 광주·전남·충북 등 지방공무원교육원 외래강사, 국가(고등)고시·지방고등고시·5급공무원·5급승진시험 위원
신해양수산부처 추진 범국민운동전국연합 공동대표, (사)한국섬재단 이사장, 섬문화시인학교 교장, 목포포럼 공동대표

현재

목포대학교 명예교수, 해양수산부 어촌뉴딜사업자문단 총괄조정가, 국토교통부·산업통상자원부 노후거점산업단지 경쟁력강화추진위원회 위원, (사)한국차문화협회 자문위원, (사) 한국사진작가협회 정회원

수상

안전행정부 장관 표창, 근정포장, 홍조근정훈장

주요 저서 및 연구내용

저서: 도서지역의 주민과 사회(2001, 경인문화사)
      청춘 대학 지역 그리고 섬(2018, 민속원)
      섬발전정책학(2021, 박영사)
      섬과 바다-어촌생활과 어민(공저, 2005, 경인문화사)
      다도해사람들-사회와 민속(공저, 2003, 경인문화사)
      살기좋은 지역만들기(공저, 2006, 국가균형발전위원회: 제이플러스애드))
      섬과 바다의 문화읽기(공저, 2012, 민속원)
      목포권발전론(공저, 2000, 서남권발전연구원)

논문 및 학술발표: 우리나라 도서지역 특성과 개발방향에 관한 연구(박사학위), 도서지역의 특수성과 개발 필요성에 관한 연구(1983, 청주대 논문집), 도서지역 생활환경의 실상과 개선방안(1989, 한국지역개발학회지), 도서개발정책에 대한 주민의식구조의 변화분석(2014, 도서문화) 등 총 130여 편

연구보고서: 한국 도서백서(내무부, 1996), 한국 도서통계(내무부, 1996), 대한민국 도서백서(행정안전부, 2011), 도서개발효율화를 위한 연구(행정안전부, 2007). 낙도지역 실태조사 및 낙도지원 기본계획 수립 (해양수산부, 2015), 도서지역 개발실태 및 개선방안(한국지방행정연구원, 1010), 섬개발 활성화를 위한 연육·연도화사업 타당성 조서 연구(목포시, 2017) 등 총 60여 편

섬 정책의 현재와 미래

초판발행	2021년 5월 15일
지은이	신순호
펴낸이	안종만·안상준
편 집	전채린
기획/마케팅	이후근
표지디자인	배소연
제 작	고철민·조영환
펴낸곳	(주)**박영사**
	서울특별시 금천구 가산디지털2로 53, 210호(가산동, 한라시그마밸리)
	등록 1959. 3. 11. 제300-1959-1호(倫)
전 화	02)733-6771
f a x	02)736-4818
e-mail	pys@pybook.co.kr
homepage	www.pybook.co.kr
ISBN	979-11-303-1307-8 93350

정 가   24,000원